Stefanie Holtkamp / Andrea Bergmann

Entdeckertouren mit dem Wohnmobil

# Pyrenäen



Die Anleitung für
einen Erlebnisurlaub

WOMO®
Der Wohnmobil-Verlag

Die Deutsche Bibliothek – CIP-Einheitsaufnahme

**Bibliografische Information Der Deutschen Bibliothek**

Die Deutsche Bibliothek verzeichnet diese Publikation in der Deutschen Nationalbibliografie.
Detaillierte bibliografische Daten sind im Internet über <http://dnb.ddb.de> abrufbar.

**Titelbild:** Estanys dels Pessons / Andorra (Tour 5)

**Innentitel:** Lacs du Carlit (Tour 4)

**Karten:** Andrea Bergmann

**Bildnachweis:** Seite 43 Gabriel Pali @ fotolia.com, Seite 146 unten Anibal Trejo @ fotolia.com, Seite 150, 152 Sites Touristiques Ariège, alle weiteren Fotos Stefanie Holtkamp

7. überarbeitete Auflage 2023

Reihen- und Umschlaggestaltung:
www.martin.veicht.de

Druck:
Beltz Grafische Betriebe GmbH, 99947 Bad Langensalza

Vertrieb:
GeoCenter, 70794 Filderstadt

Herausgeber:
WOMO-Verlag, OT Mittelsdorf, 36452 Kaltennordheim
GPS: N 50°36'38.2", E 10°07'55.6"

0049 (0) 36946-20691
verlag@womo.de
www.womo.de

MIX
Papier aus verantwortungsvollen Quellen
FSC® C089473

Autoren-eMail: Holtkamp@womo.de

ISBN 978-3-86903-207-8

## EINLADUNG

Eine Reise durch die Pyrenäen ist eine Reise von Meer zu Meer. Von den sanften Stränden des Mittelmeeres geht es zur rauen Atlantikküste und unsere Route führt dabei mitten durch das Hochgebirge. Die 430 km lange Gebirgskette der Pyrenäen trennt die Iberische Halbinsel vom Rest Europas. Der höchste Berg ist der 3.404 Meter hohe Pico de Aneto im spanischen Maladeta-Massiv. Viele weitere Gipfel im Zentrum des Gebirges überschreiten die 3000-Meter-Grenze und einige wenige sind noch vergletschert. Die französisch-spanische Staatsgrenze verläuft meist direkt auf dem Bergkamm. Unsere Route quert die Berge mehrfach auf bis zu 2000 Meter hoch gelegenen Pässen und wechselt stetig zwischen Frankreich und Spanien.

Trotz der großen Höhe haben wir die Pyrenäen als vergleichsweise sanftes Gebirge erlebt. Die meisten Straßen sind gut ausgebaut und problemlos zu befahren. Viele leicht erreichbare Parkplätze in Höhenlagen machen es einfach, bei Wanderungen in das wilde, karge Gebiet oberhalb der Baumgrenze vorzudringen. Einige von ihnen eignen sich zudem als Übernachtungsplätze in schönster Bergeinsamkeit. In den Pyrenäen soll es inzwischen auch wieder frei lebende Braunbären geben, denen Sie aber sicher nicht begegnen werden. Allgegenwärtig sind dagegen die in Gruppen am Himmel kreisenden Gänsegeier, die ebenfalls in kaum einer anderen Region Europas heimisch sind.

Die kulturellen Highlights der Pyrenäen finden Sie dann eher am Rand der Berge. Meist sind es alte Gemäuer wie die Burgen der Katharer, trutzige Festungsbauten aus dem Mittelalter oder die romanischen Kirchen und Klöster, die faszinieren. Noch älter sind die Zeichnungen in der Grotte von Niaux, die durchaus mit den berühmten Höhlenzeichnungen von Lascaux oder Altamira mithalten können, aber im Gegensatz zu diesen, heute noch im Original zu sehen sind. Außerdem gibt es mehrere Tropfsteinhöhlen, aufregende Schluchten und manches schöne alte Dorf zu entdecken.

Meer, Gebirge, unberührte Natur und Kultur – blättern Sie weiter und kommen Sie mit uns auf eine abwechslungsreiche Reise mit vielen Höhepunkten.

Stefanie Holtkamp

# Unsere persönlichen Top Ten

**Romanische Kunst:**
Die ausdrucksstarken, leicht naiven Figuren aus der romanischen Epoche sind in vielen der alten Klöster in den Pyrenäen erhalten. Unser persönlicher Favorit ist das Felsenkloster San Juan de la Peña. Seite 280.

**Baden im Fluss:**
Wenn es im Sommer auf der südlichen Seite der Berge richtig heiß wird, ist ein Sprung in die grünblau schimmernden Badegumpen im Rio Cinca ein ganz besonderer Genuss. Seite 225.

**Geier beobachten:**
Gänsegeier kreisen auf der südlichen Seite der Pyrenäen häufig in großen Gruppen über den Berggipfeln. In den Schluchten Foz de Lumbier und Foz de Arbayún kann man sie gut beobachten. Ab Seite 291.

**Künstlerdorf Collioure:**
Rund um das charmante Dorf Collioure mit schmalen Gassen und bunten Häusern hat sich Frankreichs Mittelmeerküste eine Idylle bewahrt, die man am besten bei einer Wanderung auf dem Küstenweg entdeckt. Seite 26.

**Bergseen:**
Wenn sich im glasklaren Wasser die umliegenden Gipfel spiegeln, entfalten Bergseen ihre volle Schönheit. Unsere Favoriten sind die Lacs du Carlit und die Seen im Cercle dels Pessons. Seite 70, 121.

**Tiere auf den Bergweiden:**
Schafe, Kühe, Esel und Pferde verbringen den Sommer frei in den Bergen. Sie halten das Gras kurz, dösen am Straßenrand und stehen oft ziemlich unbeirrt mitten auf der Fahrbahn herum.

**Ainsa:**
Im gelben Licht der Straßenlaternen entfaltet das mittelalterliche Dorfzentrum von Ainsa seine volle Wirkung. Wie gut, dass direkt vor dem Stadttor ein schöner Stellplatz mit Bergblick liegt. Seite 212.

**Burgen der Katharer:**
Sie stehen hoch oben, meist auf einem Felssporn, für Angreifer kaum zu erobern. Die Ruine einer Katharerburg erreicht man nur mit Einsatz. Steil hinauf geht es immer, dafür ist der Ausblick auch gigantisch. Seite 95, 141.

**Grüne Berge im Foret d'Iraty:**
Die einsame Landschaft aus grünen Hügeln, in denen hunderte von Schafen weiden wirkt im Nebel besonders mystisch. Den perfekten Kontrast bietet das lebendige Pilgerdorf Saint-Jean-Pied-de-Port. Ab Seite 304.

**Parque Nacional Ordesa y Monte Perdido:**
Im größten der drei Nationalparks der Pyrenäen versteckt sich das Tal von Bujaruelo mit dem idyllischen Flusslauf des Rio Ara und einem kleinen Campingplatz. Ab Seite 216.

# Inhaltsverzeichnis

# Gebrauchsanleitung

Wenn dieses Buch Ihr erster Reiseführer der WOMO-Reihe ist, lesen Sie diese Gebrauchsanweisung bitte sorgfältig. Denn nur wenn Sie die Systematik und die Symbole des Buches verstehen, werden Sie sich von Anfang an gut zurechtfinden.

**Finden statt Suchen – der Aufbau eines WOMO-Buches:**
Ihr WOMO-Buch enthält viele Informationen. Damit Sie diese unterwegs auch schnell parat haben, sind die Karten ein gutes Orientierungssystem. Die Basis zur Informationssuche ist die Übersichtskarte hinten im Umschlag. Hier suchen Sie die passende Tour und wechseln dann zur Tourenkarte, in der alle Stellplätze und die wichtigsten Sehenswürdigkeiten eingetragen sind. Suchen Sie Informationen über einen bestimmten Ort, hilft Ihnen auch das Register. Wichtige Ortsnamen sind im Text fett gedruckt und so gut zu finden.

**Die Infos auf der Tourenkarte:**
Die Stellplatzsymbole auf der Tourenkarte zeigen auf den ersten Blick, ob es sich um einen Parkplatz (Oval), einen offiziellen Wohnmobilstellplatz (Camper) oder einen Campingplatz (Zeltsymbol) handelt. Die zusätzlichen Symbole geben erste Hinweise auf die Ausstattung eines Platzes, die Sie ausführlicher im zugehörigen Stellplatzkasten finden. Die Kartensymbole sind auf der hinteren Umschlagklappe erklärt.

Auch die **Farbe** eines Stellplatz-Symboles hat eine Bedeutung: Blau steht für einen Badeplatz, grün für einen Wanderparkplatz. Wanderparkplätze liegen häufig einsam und fast immer mitten in der Natur. Parkplätze, die keines dieser Merkmale haben und sich für eine Übernachtung eignen, sind gelb unterlegt. Nur Plätze, die eine Nummer tragen, sind von uns zur Übernachtung empfohlen. Bitte haben Sie trotzdem immer selbst einen Blick auf Verbotsschilder und, vor allem nach Regenfällen, auf den Zustand der Zufahrt und des Bodens.

**Die Infos in den Stellplatzkästen:**
Die Plätze im Buch sind fortlaufend nummeriert und stehen im Text in einem farbig unterlegten Stellplatzkasten. Die Bedeutung der Farben kennen Sie ja jetzt schon. In jedem Kasten finden Sie eine Kurzbeschreibung der Gegebenheiten vor Ort und Infos über die Ausstattung des Platzes mit V/E (Ver- und Entsorgung), Strom, WC, Dusche, Müll und WLAN.

Bei **Campingplätzen** nennen wir die Öffnungszeiten, wenn sie zu ermitteln sind. Kostenpflichtige Plätze haben zusätzlich die Kategorie »Preise«. Diese verändern sich besonders schnell und werden wahrscheinlich bei

Ihrem Besuch nicht mehr stimmen. Wir nennen die Preise trotzdem, um Ihnen eine ungefähre Orientierung über die Preisklasse eines Stellplatzes und das übliche Preisniveau einer Region zu vermitteln.

Ein wenig speziell ist unsere Angabe der »**max. WOMOs**«, die Sie nur bei freien Übernachtungsmöglichkeiten auf Parkplätzen finden. Wir geben hier die Zahl der Wohnmobile an, die dieser Platz unserer Meinung nach verträgt. Es geht hier ganz ausdrücklich nicht darum, wie viele Wohnmobile auf diesen Platz passen würden, denn schließlich gibt es auch noch andere Menschen, die hier ebenfalls parken möchten.

**Freie Stellplätze** in einem Reiseführer sind eine sensible Sache, denn wenn diese zu stark frequentiert werden, gibt es schnell Probleme. Alles was hier im Buch nicht »offizieller Stellplatz« heißt, fällt unter diese Kategorie. Wenn Sie auf einem »freien Platz« übernachten, machen Sie sich also bitte bewusst, dass Sie sich hier auf einem öffentlichen Parkplatz befinden und verhalten sich entsprechend rücksichtsvoll. Dazu gehört, dass Sie platzsparend parken, Tisch und Stühle nur auspacken, wenn genug Raum ist und niemand gestört wird – und eben auch, dass Sie weiterfahren, wenn die maximale WOMO-Zahl erreicht ist. Freie Plätze, die mit zu vielen Wohnmobilen überlastet werden, tragen unserer Erfahrung nach innerhalb kürzester Zeit ein Verbotsschild.

Der letzte Stichpunkt in den Tourenkästen ist die **Zufahrt**. In Zeiten der GPS-Navigation, halten wir diese möglichst knapp – es sei denn das Ansteuern eines Platzes mit dem Navi macht Probleme.

Die **GPS-Daten** des Platzes sind ganz oben im Stellplatzkasten zu finden. Zur Angabe von GPS-Daten gibt es verschiedene Formate. Wir verwenden Grad, Minuten und Sekunden (hddd° mm′ss.s″). Dieses Format müssen Sie vor dem Start an Ihrem Navi einstellen. Sie können die GPS-Daten unterwegs per Hand eingeben oder im Shop des WOMO-Verlags die **GPS-Daten aller Plätze** (Formate gpx und kml) **herunterladen** und auf Ihr Navi übertragen.

Die heruntergeladene GPX-Datei können Sie auch auf ein Handy laden und mit Apps wie Maps.me, Locus Maps oder auch Google Maps in eine Offline-Karte übertragen. So haben Sie alle Stellplätze des Buches noch einmal auf einen Blick und in einer detaillierten, zoombaren digitalen Karte. Sie können sich auf dieser Karte zudem per GPS orten, was die Orientierung vor Ort sehr einfach macht.

Die **Tipps und Infos** am Ende des Buches machen Sie mit den Besonderheiten der Reiseregion vertraut. Hier geht es um die geeignete Reisezeit, umweltgerechte Entsorgung, aber auch um regionale Spezialitäten und Outdooraktivitäten, wie Wandern und Kanufahren.

**Reiseführer und der Zahn der Zeit:** Vor allem bei unseren freien Stellplätzen kommt es im Laufe der Lebensdauer einer gedruckten Auflage immer wieder zu Veränderungen. Bevor Sie losfahren lohnt deshalb ein kurzer Blick ins Forum des WOMO-Verlags (www.womo.de). Wir versorgen Sie dort mit weiteren aktuellen Informationen.

Sie können außerdem dabei helfen, Stellplatz-Informationen für alle Leser aktuell zu halten. Melden Sie uns, wenn ein Platz nicht mehr existiert, verboten ist, sich verändert hat oder wenn Sie etwas Neues entdeckt haben. Auch geschlossene Sehenswürdigkeiten sind eine wichtige Information. Sie erreichen uns über die Mailadresse: **holtkamp@womo.de**. Wir freuen uns über jede Zuschrift.

# Das Reisegebiet

## Eine Region, drei Länder, vier Sprachen

Die französisch-spanische Staatsgrenze verläuft meist direkt auf dem Bergkamm der Pyrenäen, sodass wir auf unserer Reise durch die Berge immer wieder das Land und die Sprache wechseln. Auch kulturell, landschaftlich und klimatisch unterscheiden sich die Regionen nördlich und südlich der Berge, sodass uns eine abwechslungsreiche Reise erwartet.

Mit Katalanen und Basken sind in den Pyrenäen zwei weitere eigenwillige Völker mit eigener Kultur und Sprache zu Hause. »Catalan« unterscheidet sich deutlich vom Spanischen und ist für Spanier nicht ohne weiteres zu verstehen. Baskisch ist sogar so fremd in seinen Lauten, dass man seine Herkunft von keiner anderen Sprache ableiten kann. Echte Bestrebungen nach Autonomie gibt es eher in den spanischen Comunidades. Beide Völker verorten ihre Heimat aber grenzübergreifend. So reisen spanische Katalanen gerne in die französischen Pyrenées catalanes, denen sie sich verbunden fühlen und auch Pelota, den baskischen Nationalsport, spielt man auf beiden Seiten der Grenze.

Eine eigenwillige politische Konstruktion ist auch der Kleinstaat Andorra, das dritte Land der Pyrenäen. Hier macht zwar eine gewählte Regierung die Gesetze, das Amt des Staatsoberhauptes haben aber mit dem Bischof von Urgell und dem französischen Präsidenten zwei ausländische Amtsträger inne. Das ist einmalig in der Welt und geht zurück auf den im Jahr 1278 geschlossenen Pareatges-Vertrag, der den Frieden zwischen dem spanischen Bischof und den Grafen von Foix sicherte, die hier jahrzehntelang um Macht und Einfluss rangelten.

## Geografie und Klima

Viele Gipfel im Zentrum des Gebirges überschreiten die 3000-Meter-Grenze. So sind die Pyrenäen im Winter ein beliebtes Skigebiet. Ab November und bis in den Mai ist in den Höhenlagen mit Schnee zu rechnen. Dort bleibt es auch im Sommer meist angenehm kühl. Auch ob wir uns auf der Nord- oder Südseite der Berge befinden, macht oft einen großen Temperaturunterschied aus.

Zehn Passstraßen queren den Kamm des Gebirges. In Bielsa, in Vielha und am Col de Somport erleichtert ein Tunnel die Verbindung. Im Sommer sind die ausgebauten Passstraßen auch mit einem Wohnmobil gut passierbar. Fahrverbote für größere Fahrzeuge gibt es in den Pyrenäen kaum. Detailliertere Infos zum Wetter, der besten Reisezeit und den Besonderheiten der einzelnen Regionen, haben wir in der Rubrik »Tipps und Infos« ab Seite 340 zusammengestellt.

## Anreise

Egal, ob Sie in Deutschland, Österreich oder in der Schweiz zu Hause sind und ebenso egal, welche Route Sie wählen – der Weg in die Pyrenäen führt auf jeden Fall einmal quer durch Frankreich. 825 Kilometer sind es von Mulhouse nach Perpignan an der französischen Mittelmeerküste, rund 1100 Kilometer kommen auf dem Rückweg von Saint-Jean-de-Luz an der Atlantikküste bis nach Mulhouse zusammen. Es liegt daher nahe, die Anfahrt in mehreren Tagesetappen zu planen und zumindest zeitweise die Autobahn zu nutzen. In Frankreich ist das allerdings durchaus ein Kostenfaktor: Die Mautgebühren für größere Fahrzeuge sind beachtlich. Das macht es sinnvoll, so spät wie möglich auf französische Autobahnen zu wechseln. Aus dem Norden und Westen kommend ist Mulhouse der klassische Grenzübergang, von Bayern fahren Sie am besten durch die Schweiz und wechseln in Genf über die französische Grenze. Für ein Klasse 2 Fahrzeug (max. 3,5 t, Höhe bis 3 m) müssen Sie für den Weg quer durch Frankreich je nach Route zwischen 110 und 130 Euro rechnen. Mit einem größeren Mobil (über 3,5 t oder über 3 Meter Höhe) sind es zwischen 170 und 190 Euro, wenn Sie nicht zumindest zeitweise auf Nationalstraßen ausweichen. Die genauen Kosten für Ihre konkrete Route können Sie unter www.autoroutes.fr berechnen lassen.

**Anreise durch die Schweiz:** Die Route lohnt sich für alle, die aus Österreich und dem Osten Deutschlands kommen und dann über Bayern und den Bodensee anreisen. Eine Jahresvignette für Schweizer Autobahnen kostet Sie 40 Schweizer Franken (38,50 Euro). Mit Fahrzeugen über 3,5 t zahlen Sie stattdessen eine Schwerverkehrsabgabe von Schweizer Franken 3,25 pro Tag (jedoch mindestens 25 CHF) und müssen dazu ihr Fahrzeug an der Zollstelle oder per App anmelden.

**Autoroute oder Route Nationale:** Die Fahrt auf Nationalstraßen ist besonders zeitaufwendig, wenn viele Orte durchquert werden müssen oder wenn LKWs, die zur Einsparung der Mautkosten ebenfalls oft auf den Landstraßen unterwegs sind, nicht überholt werden können. Französische Autobahnen sind dagegen in bestem Zustand und in der Regel ziemlich leer – hier kommen Sie also meist gut vorwärts. Eine Ausnahme bilden die Autobahnringe um die großen Städte. Die Benutzung dieser Autobahnabschnitte ist gebührenfrei, dafür stehen Sie zu Stoßzeiten hier genauso im Stau wie auf deutschen Autobahnen.

Auf Nationalstraßen auszuweichen, ist vor allem dann sinnvoll, wenn sie eine Abkürzung quer durchs Land ermöglichen oder so gut ausgebaut sind, dass Sie keine Städte durchqueren. Gut funktioniert zum Beispiel die Nationalstraße zwischen Belfort, Besancon und Bourg-en-Bresse, den Sie auf dem Weg nach Perpignan nutzen könnten. Eine weitere »Abkürzung«, die sich anbietet, ist die Querverbindung von Lyon über St. Etienne zur A75. Ebenfalls eine gute Route ist die A75 von Clermont-Ferrand nach Béziers. Die landschaftlich besonders schöne Strecke kann mautfrei genutzt werden. Zahlen muss man nur für die Überquerung des Viaduktes von Millau, der längsten Schrägseilbrücke der Welt. Sie wurde am 14. Dezember 2004 eröffnet und wird bis 2079 mautpflichtig sein. Zur Zeit zahlt man etwa 15 Euro für die Fahrt über das eindrucksvolle Bauwerk.

## Routenplanung

Wenn Sie mit viel Zeit unterwegs sind, ist eine Rundfahrt durch die Provence zum Mittelmeer, durch die Pyrenäen an die Atlantikküste, am Meer bis Bordeaux und weiter ins schöne Périgord eine tolle Reise. Für einen knapperen Zeitrahmen sollten Sie zumindest einen Stopp auf halbem Weg in die Pyrenäen einplanen. Wir empfehlen Ihnen dazu Plätze, an denen es auch etwas zu sehen gibt. Es lohnt sich also, dort einen Pausentag einzulegen. Auf dem Weg nach Perpignan bietet sich die Region an der Ardèche oder die Camarque an. Auf dem Rückweg von der Atlantikküste können wir das Périgord und das Flusstal der Vézère wärmstens empfehlen. Wer aus dem Norden Deutschlands anreist, braucht noch einen zusätzlichen Stellplatz, vielleicht im französischen Jura, dem wohnmobilfreundlichen Elsass oder in der Schweiz.

### Übernachtungsplätze Schweiz/Französisches Jura

**A1_Stellplatz Murten: GPS N 46°55‘57.0“, E 7°07‘10.0“**
Parkplatz am Strandbad. Der untere Teil ist mit Höhenschranke versperrt, oben für kleinere Wohnmobile Parkbuchten (6,50 m) längs zur Fahrbahn. Kostenpflichtig von 10-19 Uhr. Zeltverbot auf der Wiese, aber kein Nachtpark- oder Caravanverbot. Direkt an der nachts kaum befahrenen Straße. Wenn hier schon mehr als 3 oder 4 Wohnmobile stehen, weichen Sie bitte auf den **Alternativplatz bei GPS N 46°55‘11.0“, E 7°05‘59.0“** am Ortsende rechts der Straße am Schotterplatz mit Obelisken aus.
**Anfahrt:** Ausfahrt 29 Murten auf der A1, immer in Richtung Murten. Der Platz liegt vor dem Ortszentrum rechts am Seeufer. Sehenswerter Ort mit intakter Stadtmauer.

**A2_Camping Aux Vernes/Rolle: GPS N 46°27.42.0“, E 6°20‘46.0“**,
April bis September. Am Ufer des Genfer Sees und am Badestrand, Spielplatz, V/E. 500 m zur Altstadt. www.campingrolle.ch.
**Anfahrt:** A1, Ausfahrt 13/Rolle. Ab Ortsmitte nach dem Sportplatz ausgeschildert.

**A3_Camping Les Lumes, L'Isle-sur-le Doubs: GPS N 47°27’11.8”, E 6°35’03.5.**
Im Grünen und in der Nähe eines netten kleinen Ortes.
**Anfahrt:** A36 kurz vor Besancon, Ausfahrt 6/L‘Isle-sur-le-Doubs, im Ort vor der Brücke rechts zum Campingplatz abbiegen. Alternativ gibt im Nachbarort Pays-de-Clerval einen netten Camping Municipal am Flussufer.

### Lohnendes Etappenziel Hinfahrt: Pont du Gard oder Camarque

**A4_Camping La Sousta: N 43°56‘53.0“, E 4°32‘44.0“**, März bis Oktober. Komfortabler Platz in Gehweite zum römischen Aquädukt Pont du Gard, Badestelle am Fluss. Im Hochsommer besser reservieren. www.lasousta.com.
**Anfahrt:** A9, Ausfahrt 23/Remoulins und durch den Ort in Richtung Pont du Gard.
**Alternative:** In Remoulins finden Sie bei **GPS N 43°56‘17.0“, E 4°33‘31.0“** einen kostenlosen, offiziellen Stellplatz für 20 Mobile.

**A5_WOMO Stellplatz Aigues Mortes: GPS N 43°33‘56.0‘, E 04°11‘45.0“**
Aigues-Mortes liegt am Rand der Camarque, etwa 6 Kilometer vom Meer entfernt und gilt als eine der am besten erhaltenen mittelalterlichen Bastiden Frankreichs. Den offiziellen Stellplatz finden Sie in bester Lage neben der Stadtmauer, zahlbar mit Visacard. **Anfahrt:** Ausfahrt 26 und in 20 Kilometern nach Aigues Mortes. Der Stellplatz befindet sich an der nördlichen Ecke der Stadtmauer auf dem P4. Zufahrt beschildert.

## Lohnendes Etappenziel auf der Rückfahrt: Das Tal der Vézère

Wenn Sie von den prähistorischen Zeichungen in der Grotte de Niaux fasziniert waren, sollten Sie auf der Rückfahrt unbedingt an der Vézère übernachten. In der Nähe von Montignac können Sie eine Nachbildung der Grotte von Lascaux besuchen, die als »sixtinische Kapelle der Steinzeit« gilt. Sicherheitshalber sollten Sie Ihr Ticket vorher unter www.lascaux.fr reservieren. In der Nebensaison geht das auch spontan, im Hochsommer sollten Sie einige Tage vorher daran denken. In der Region kann man außerdem paddeln und es gibt etliche weitere prähistorische Stätten zu besichtigen, darunter auch die Höhle Font de Gaume, die ebenfalls noch im Original besucht werden kann. Mehr Infos finden Sie in Band 27 (Südwest-Frankreich).

**A6_Offizieller WOMO-Stellplatz Montignac: GPS N 45°04'04", E 1°09'53"**
Großer Stellplatz in guter Lage am Rand des Ortes. Im Ort ausgezeichnete Bäckerei (östlich der Vézère, in der Nähe des Platzes im Zentrum) und mehrere Restaurants. Zahlbar mit Visacard am Automaten.
**Anfahrt:** Ausfahrt 17 der A89 zwischen Perigueux und Brive-la-Gaillarde, 12 km von der Autobahn entfernt.

**A7_Offizieller WOMO-Stellplatz St. Léon: GPS N 45°00'44.0", E 1°05'22.0"**
Winziger, bildhübscher Ort am Flussufer. Mehrere gute Restaurants, Stellplatz vor dem Camping Municipal auf einem großen Parkplatz am Bouleplatz und unter Bäumen, Einfahrt durch eine Schranke, Bezahlung am Automaten. Sanitäranlagen an der Touristinformation, Juli und August donnerstags Nachtmarkt. **Anfahrt:** Von Montignac weiter in Richtung Les-Eyzies-de Tayac bis nach Saint Léon.

001
002
Leucate
003
627
Étang de Leucate
N
W
E
S
004
Le Barcarès
11
41
L'Agly
9
Le Bourdigoul
81
005
006
Sainte-Marie
617
Têt
Canet-en-Roussillon
Perpignan
Étang de Canet
42
007
Saint Cyprien
008
Elne
009
Tech
010
011
012
618
Argeles-sur Mer
013
014
Collioure
016
Port Vendres
015
Site de Paulilles
Banyuls-sur-Mer
914
017
F
Cerbère
018
E
1
2
260
019
Llanca
021
W
El Port de la Selva
020
Casa Salvator Dalí
9
027
022
St. Père de Rodes
023
Castell de Sant Ferran
Dalí Museum
3
Cadaqués
025
026
Roses
024
Figueres
Empuriabrava

## TOUR 1 180 km

### Am Mittelmeer zwischen Frankreich und Spanien

Leucate – Argelès-sur-Mer – Collioure – Cerbère – Llanca – El Port de la Selva – Cadaqués – Figueres

| | |
|---|---|
| **Stellplätze:** | La Franqui, Étang de Leucate, Le Barcarès, Sainte-Marie Plage, Canet-en-Roussillon, Saint-Cyprien, Latour-bas-Elne, Argelès Plage, Collioure, Port Vendres, Cap Cerbère, Llanca Marktplatz, El Port de la Selva, Cadaqués, Roses, Figueres |
| **Campingplätze:** | Sainte-Marie Plage, Argelès-sur-Mer, Collioure, Cerbère, El Port de la Selva, Cadaqués |
| **Besichtigen:** | Collioure, Fort Saint-Elme, Site de Paulilles, Sant Père de Rodes, Casa Salvador Dalí, Dalí Museum, Castell de Sant Ferran |
| **Wandern:** | Collioure, Fort Saint-Elme, Sant Père de Rodes |
| **Märkte:** | Collioure: Mi, So; Argelès: Mi, So, im Sommer täglich; Cerbère: Di, Fr; Port Vendres Mi, Sa, So; Llanca: Mi; Figueres: Di, Do, Sa |

*Unsere Route durch die Pyrenäen beginnt an der französischen Mittelmeerküste. Hier erwarten uns südlich des Lagunensees Étang de Leucate ganz unterschiedliche Küstenabschnitte. Die Region am See von Leucate ist aufgrund der guten Windverhältnisse in Kombination mit flachem Wasser ein gefragtes Wind- und Kitesurfgebiet, das sich auch für Anfänger eignet. Außerdem werden in der Lagune Austern und Muscheln gezüchtet.*

*Südlich schließt sich mit Saint-Cyprien und dem Badeort Argelès-sur-Mer ein optisch weniger erbauliches Sommer-Badeparadies mit langem Sandstrand an. Für Campingurlaub am Meer eignet sich vor allem Argelès – Sie haben dort mehr als 50 Campingplätze zur Wahl. Während der Sommerferien sollten Sie aber trotzdem reservieren, wenn Sie ein Quartier in Strandnähe möchten.*

*Etwas beschaulicher erlebt man das Mittelmeer am bildhübschen Örtchen Collioure, einem ehemaligen Fischerdorf. Die Küste ist hier felsig und nur wenige Buchten schmiegen sich zwischen die Steilwände. Genauso beginnt auf der spanischen Seite auch die Costa Brava: unerwartet rau und mit einigen recht idyllischen Plätzchen. Ein echter Höhepunkt für Fans des Künstlers Salvador Dalí ist dann der Besuch in seinem ehemaligen Atelier in Cadaqués und natürlich das große Dalí-Museum in Figueres.*

**Surfparadies am Étang de Leucate**

Die ersten Ausläufer der Pyrenäen sind am Horizont schon zu sehen, aber am **Étang de Leucate** ist die Landschaft noch ganz platt. Der Wind fegt über den Strand und über die flachen Lagunenseen an der Küste und da auch Surfer als naturverbundene Menschen gerne im Wohnmobil reisen, gibt es hier einige offizielle Stellplätze, die direkt am See liegen. Diese eignen sich durchaus auch für nicht-surfende Fans wilder Natur. Wo kann man sonst schon direkt am Wasser stehen? Wir verlassen also die Autobahn an der Ausfahrt 40 (Leucate) und biegen kurz darauf links in Richtung La Franqui ab. Jetzt geht es direkt am Wasser entlang durch eine windzerzauste, wilde Landschaft, die ein bisschen an die Camargue erinnert. Am Straßenrand kann man an mehreren Buchten halten, zum Beispiel bei N 42°56'14.9", E 3°01'23.1" direkt an der Lagune, um bei einer Pause mit Blick über die Wasserflächen Seidenreiher und Möwen zu beobachten. Sie stehen hier oft nahe der Straße im flachen Wasser. Einen Kilometer weiter hat man dem freien Camperleben ein Ende gesetzt und auf dem Strandparkplatz einen offiziellen Stellplatz eingerichtet.

### (001) Offizieller WOMO-Stellplatz: La Franqui

**GPS:** N 42°56'35.1", E 3°01'47.6". **Öffnungszeit:** Ganzjährig.
**Ausstattung:** V/E, Strom, Sanitäranlagen und Pool des Campingplatzes können mitgenutzt werden.
**Beschreibung:** Der Stellplatz befindet sich hinter einem Parkplatz für PKW. Es gibt wenig Schatten und nach Regengüssen tiefe Pfützen. Sandiger Fußweg zu einem sehr breiten Sandstrand mit Kitesurfschule etwa 600 Meter und dann noch einmal ein gutes Stück quer über den Strand, um das Meer zu erreichen.
**Preise:** €14–17, Strom €3. Zahlung am Automaten, der wohl immer mal wieder Aussetzer hat, oder an der Rezeption des benachbarten Campingplatzes.
**Zufahrt:** Von der Zufahrt nach Leucate links in Richtung Le Franqui abbiegen. An einem der Lagunenseen entlang geht es über eine Brücke und bis zum Ende der Straße. Geradeaus kommen Sie zum Campingplatz, rechts geht es zum Parkplatz für PKW und zum Stellplatz. **Die Zufahrt ist eng** und ab einer WOMO-Länge von etwa 7,50 Meter schwierig.
**Alternative:** Benachbarter Campingplatz (Camping des Coussoules), schön angelegt, einfache Sanitäranlagen, etwas kürzerer Weg zum Meer.

Zurück auf der D627 fahren wir am rechten Seeufer weiter in Richtung **Leucate**. An der Straße gibt es mehrere Buchten mit Seeblick, an denen man ebenfalls gut eine Pause machen kann. Wer über Nacht bleiben möchte, steht ruhiger auf dem offiziellen Stellplatz am Hang unterhalb der Straße.

*Die weite Wasserfläche des Lagunensees Étang de la Palme*

## (002) Offizieller WOMO-Stellplatz: Le Goulet

**GPS:** N 42°54‘49.7“, E 3°01‘11.“. **Öffnungszeit:** Ganzjährig.
**Ausstattung:** V/E, Toilette, Surfschule und -verleih.
**Beschreibung:** Surferplatz am Seeufer des Étang de Leucate, Stellplätze auf schattenlosen Terrassen über dem See.
**Preise:** € 10,90, Juni bis September €13,90 zuzüglich Kurtaxe, zahlbar ausschließlich mit Karte am Automaten. Zufahrt durch Schranke. Bewahren Sie das Ticket unbedingt auf, Sie brauchen den aufgedruckten Code zur Ausfahrt!
**Zufahrt:** Rechts zwischen See und Straße kaum zu übersehen. Die Plätze liegen ausreichend weit von der wenig befahrenen Straße entfernt.

Die Strecke führt weiter am See entlang und kurz darauf erreichen wir den Badeort Leucate, der ebenfalls einen offiziellen Stellplatz für Wohnmobile anbietet. Er liegt am Ortsrand direkt hinter der Düne am häufig recht windigen Strand.

*Sandufer am Étang de Leucate beim Stellplatz Le Goulet*

## (003) Offizieller WOMO-Stellplatz: Leucate Plage

**GPS:** N 42°54'00.6", E 3°03'11.0". **Öffnungszeit:** Ganzjährig.
**Ausstattung:** V/E, Bäckerwagen hält am Morgen am Platz.
**Beschreibung:** Schotterplatz direkt hinter der Düne. Zugang zum breiten Strand an der rechten Seite. Oft windig und ebenfalls eine Surfer-Location. Schöner Strandabschnitt mit grobem Sand.
**Preise:** € 10,90, Juni bis September € 13,90 zuzüglich Kurtaxe, zahlbar ausschließlich mit Karte am Automaten. Zufahrt durch eine Schranke, bewahren Sie das Ticket unbedingt auf, Sie brauchen den aufgedruckten Code zur Ausfahrt!
**Zufahrt:** Vorsicht, am Kreisel bei Leucate nicht die Straße direkt am See wählen, sondern noch eine Ausfahrt weiter auf der parallel verlaufenden Straße in den Ort und rechts weiter bis zum Campingplatz fahren. Die Zufahrt zum Stellplatz liegt gegenüber dem Campingplatztor.
**Alternative:** Campingplatz mit schattigeren Plätzen benachbart.

Auf der Nehrung geht es zwischen See und Meer zum Hafen Port Leucate, in dem ausschließlich Freizeitboote ankern. Südlich des Ortes ist die Küste komplett verbaut. Vor den Häusern ist ein langer Sandstrand zu finden. Stellt man sich allerdings vor, dass sich die Bewohner aller umliegenden Hotels und Ferienanlagen dort am Meer zum Sonnenbad einfinden... Der Kollege Ralf Gréus, Autor des hier anschließenden Womo-Bandes Languedoc und Roussillon, empfiehlt die vierspurige Ortsdurchfahrt zur wohnmobilen Flucht zu nutzen. Wir schließen uns an. Wenn Sie sich lieber persönlich vom Wert dieses Rates überzeugen möchten, finden Sie am Freizeithafen von Barcarès zumindest einen akzeptablen offiziellen Stellplatz.

## (004) Offizieller WOMO-Stellplatz: Le Barcarès

**GPS:** N 42°48'05.9", E 3°01'58.1", Quai de la Tourette.
**Öffnungszeit:** Ganzjährig. **Ausstattung:** V/E, Strom, WLAN.
**Beschreibung:** Großer Stellplatz am Jachthafen, gut 500 m vom nächsten Strand entfernt. Die Umgebung ist wenig idyllisch, der Platz aber ordentlich ausgestattet und meist gut besucht. Teilweise schattig.
**Preise:** € 12, Juli und August € 14, Strom € 4, zahlbar mit Kreditkarte. Bewahren Sie das Ticket unbedingt auf, Sie brauchen den aufgedruckten Code zur Ausfahrt durch die Schranke!
**Zufahrt:** Im Ort vor dem Jachthafen rechts zum Stellplatz abbiegen. Die Zufahrt ist beschildert.

Wenn Sie einen Campingplatz am Meer suchen, werden Sie einen Ort weiter fündig. Auch Sainte-Marie Plage ist ein quirliger Badeort, die beiden Campingplätze am nördlichen Ortsrand liegen jedoch an einen unverbauten Abschnitt der Küste und hinter einem angenehmen Strand. Unser Favorit ist der nette Camping Municipal.

### (005) WOMO-Campingplatz: Sainte-Marie Plage<br>Camping Municipal La Plage

**GPS/Kontakt:** N 42°44'19.8", E 3°02'01.1", Avenue de las Illas, Tel. 0033 468 806859, www.camping-municipal-de-la-plage.com.
**Öffnungszeit:** Ostern bis Mitte Oktober.
**Ausstattung:** V/E, Pool, Wellnessberich, Spielplatz.
**Beschreibung:** Mit Hecken eingefasste, schattige Plätze, etwas ältere Sanitäranlagen mit richtig heißen Duschen. Vom Platz geht es durch ein Tor über den Radweg direkt zu einem schönen Strandabschnitt. In den Ort mit Restaurants und Souvenierläden läuft man wenige Minuten.
**Preise:** € 18 – 39, Strom € 4,50, ACSI-Tarif in der Nebensaison.
**Zufahrt:** Am nördlichen Ortsrand von Saint-Marie Plage. Die Zufahrt ist beschildert
**Alternative:** Der benachbarte Camping Le Palais de la Mer ist noch einmal deutlich komfortabler ausgestattet und bietet außerdem eine riesige Poolanlage, Sauna, Spa und einen eigenen Streichelzoo. www.palaisdelamer.com

In Sainte-Marie gibt es außerdem einen riesigen neuen Wohnmobilstellplatz, der jedoch etwas abseits vom Meer neben einem großen Reitstall zu finden ist. Der Platz ist offensichtlich beliebt bei Campern, die überwintern oder für längere Zeit an einem Platz stehen.

### (006) Offizieller WOMO-Stellplatz: Sainte-Marie Plage

**GPS/Kontakt:** N 42°43'56.6", E 3°01'31.4", 15 Rue Gustave Eiffel.
**Öffnungszeit:** Ganzjährig.
**Ausstattung:** V/E, Strom, Toilette, Dusche, Mülleimer.
**Beschreibung:** Der Platz liegt am Ortsrand und ist sehr weitläufig. Er besteht aus drei ebenen Schotterplätzen und einer kleinen Parkanlage mit Picknicktischen. P1 befindet sich direkt an der Straße, die beiden anderen Plätze sind von Grün umgeben. Auf dem sehr ruhig hinter dem Park und an einer Pferdeweide liegenden P3 gibt es keine Stromanschlüsse. Entfernung zum Strand knapp ein Kilometer.
**Preise:** € 7 – 9,50, Strom € 4
**Zufahrt:** Am ersten Kreisel am nördlichen Ortseingang auf der rechten Seite.

*Der Strand vor dem Camping Municipal La Plage.*

Eine ähnliche Zielgruppe hat der viel kleinere Stellplatz am Ortsrand von Canet-en-Roussillon. Hier gibt es ab einer Woche Aufenthalt Rabatt auf den Tagespreis, der sich noch einmal erhöht für Gäste, die 30 Tage bleiben.

### (007) Offizieller WOMO-Stellplatz: Canet-en-Roussillon Aire des Oliviers

**GPS/Kontakt:** N 42°42'28.5", E 3°00'36.5". **Öffnungszeit:** Ganzjährig.
**Ausstattung:** V/E, Strom, Mülleimer.
**Beschreibung:** Ebener geschotterter Platz im Grünen am Ortsrand. Kein Schatten. Auf dem Nachbargrundstück wird zeitweise mit Maschinen gearbeitet und LKWs fahren ein und aus.
**Preise:** € 14,90 inkl. Strom und V/E, € 11 pro Tag bei einem Aufenthalt von mindestens sieben Tagen, € 9 pro Tag bei 30 Tagen.
**Zufahrt:** An der D11 nördlich des Ortes, von Sainte-Marie-la-Mer kommen rechts an der Straße. Die Zufahrt ist beschildert.

Der nächste erwähnenswerte Ort ist **Saint-Cyprien**, der leider genauso verbaut daherkommt wie Barcarès. Auch hier gibt es in zentraler Lage am Jachthafen einen Stellplatz für Wohnmobile.

### (008) Offizieller WOMO-Stellplatz: Saint-Cyprien

**GPS:** N 42°37'03.8", E 3°02'05.6", Quai-Arthur-Rimbaud.
**Öffnungszeit:** Ganzjährig. **Ausstattung:** V/E, Strom, Müll.
**Beschreibung:** Ebene, eingezäunte Asphaltfläche mit wenigen kleinen Bäumen am Jachthafen von Saint-Cyprien. Alles andere als idyllisch, aber trotzdem gut besucht. Etwa 600 Meter Fußweg zum Strand.
**Preise:** Je nach Saison € 9 – 13 für 24 h.
**Zufahrt:** Am Kreisel am südlichen Ortsrand (auf Höhe des Schwimmbades) von der D 81 links in den Cami de la Mar einbiegen. Den nächsten Kreisel geradeaus überqueren und am dann folgenden Kreisverkehr über den Chemin des Douaniers zum Hafen fahren. Dort geht es am Hafenbecken entlang zum Stellplatz. Der Platz ist beschildert.

Wer jetzt betonmüde ist und dringend einen Übernachtungsplatz braucht, findet etwas abseits der Küste eine nette Alternative. Auf dem grünen Gelände einer Gärtnerei hat man einen wirklich angenehmen Platz für Wohnmobile geschaffen. Jenseits von Staub und Betonklötzen – aber auch weit abseits des Meeres – können Sie sich hier im grünen Garten von den ersten Reiseeindrücken erholen.

### (009) Offizieller WOMO-Stellplatz: Latour-bas-Elne

**GPS:** N 42°35‘59.7“, E 3°00‘25.2“. **Öffnungszeit:** Ganzjährig.
**Ausstattung:** V/E.
**Beschreibung:** Schön begrünter Platz mit Palmen und Oleander hinter einer ehemaligen Gärtnerei. Gepflegte, teilweise mit Büschen parzellierte Plätze. Ein Stück von der Straße entfernt, die trotzdem zu hören ist. Etwa drei Kilometer zum nächsten Strand. Rezeption April bis Oktober 7–12 und 14–21.30 Uhr, Oktober bis April 7–12 und 14–20 Uhr. Sonntag von 10 bis 18 Uhr keine Anmeldung möglich. Trucks werden nicht akzeptiert, weil der Wiesenboden nicht für ihr Gewicht ausgelegt ist.
**Preise:** € 10 für Aufenthalt von 17–10 Uhr/€ 14 für 24 h inkl. Strom und V/E.
**Zufahrt:** Hinter Saint-Cyprien auf der Höhe der Zufahrt des Freibads Aqualand dem Wohnmobilsymbol nach rechts folgen. Die Zufahrt zum Platz liegt vor dem Ort Latour-bas-Elne auf der linken Straßenseite.

Der nächste Ort **Argelès-sur-Mer** besteht aus einer Reihe von Häusern hinter dem Strand und etwa 50 Campingplätzen, die sich im Durchschnitt mit vier Sternen zieren. Eine Handvoll liegt

am nördlichen Ortsrand direkt hinter dem Strand und nahe am Naturschutzgebiet. Diese schienen uns am angenehmsten. Aufgrund ihrer bevorzugten Lage empfehlen wir folgende zwei Plätze, die im Hochsommer aber sicher gut belegt und nur mit Reservierung zu haben sind. Vor dem ersten, dem Camping Le Soleil, ist als Alternative auch noch ein Stellplatz des Anbieters Camping-Car Park zu finden.

### (010) WOMO-Campingplatz: Argelès-sur-Mer Camping Le Soleil

**GPS/Kontakt:** N 42°34'31.8", E 3°02'32.2", Route du Littoral, Tel. 0033 468 811448, www.camping-le-soleil.fr.
**Öffnungszeit:** Mitte Mai bis Mitte September.
**Ausstattung:** V/E, große Poolanlage, Restaurant, WLAN.
**Beschreibung:** Komfortabler Fünf-Sterne-Platz. Kurzer Fußweg durch die Ufervegetation zum Meer am Ortsrand und einem nicht hinterbauten Strandabschnitt.
**Preise:** €24–77, inkl. Strom.
**Zufahrt:** Von Norden kommend auf der meernahen D81 in den Ort fahren. Der Campingplatz liegt links der Straße. Die Zufahrt ist beschildert.

### (011) Offizieller WOMO-Stellplatz: Argelès Plage Aire du Soleil Camping-Car Park

**GPS/Kontakt:** N 42°34'31.8" E 3°02'33.9", Route du Littoral, www.campingcarpark.com.
**Öffnungszeit:** Ganzjährig außer Juli und August.
**Ausstattung:** V/E, Strom, Mülleimer, WLAN.
Im Mai, Juni und September ist die Nutzung der Sanitäranlagen und des Pools auf dem Campingplatz inklusive.
**Beschreibung:** Ungemütlicher eingezäunter Asphaltplatz vor dem Eingang zum Camping Le Soleil. Wenige Schritte zum Meer. Im Juli und August wird der Platz als Parkplatz des Campingplatzes genutzt und ist geschlossen.
**Preise:** € 11,70 inkl. Strom zuzüglich Kurtaxe. Für die Nutzung des Platzes brauchen Sie den Pass'Etapes. Die Karte muss einmal für €5 erworben werden und gilt dann unbegrenzt für alle Plätze des Anbieters.
**Zufahrt:** Von Norden kommend auf der meernahen D81 in den Ort fahren. und links der Beschilderung zum Camping Le Soleil folgen. Die Zufahrt befindet sich rechts direkt an der Einfahrt des Campingplatzes.

*Der Strand von Argelès am Camping Le Roussillionais*

## (012) WOMO-Campingplatz: Argelès-sur-Mer Camping Le Roussillonais

**GPS/Kontakt:** N 42°34'02.4", E 3°02'39.5", Boulevard de la mer, Tel. 0033 468 811042, www.leroussillonnais.com.
**Öffnungszeit:** März bis Dezember.
**Ausstattung:** V/E, WLAN.
**Beschreibung:** Angenehmer, vergleichsweise naturbelassener Platz im lichten Uferwald mit vielen verschiedenen Bäumen. Sanitäranlagen eher einfach aber sauber. Geniale Lage direkt hinter dem Meer und an einem schönen Sandstrand – außerhalb der Saison auch noch zu einem unschlagbaren Preis. Während der Saison preisgünstiger Wohnmobilstellplatz in einem speziellen Bereich des Platzes.
**Preise:** € 16–42 inkl. Strom, auf dem Wohnmobilstellplatz € 16–23.
**Zufahrt:** Der Camping liegt am nördlichen Ortsrand von Argelès. Von Norden kommend, auf der meernahen D 81 in den Ort fahren. Links kommt zuerst der Camping Soleil und dann folgt die beschilderte Zufahrt zum Le Roussillonais.

Wenn Sie nicht auf klassischen Badeurlaub aus sind, sollten Sie Saint-Cyprien und Argelès im Sommer weiträumig umfahren und sich der Küste erst bei Collioure nähern, aber das hatten wir ja bereits erwähnt. Bei **Collioure** bieten leider nur noch zwei Campingplätze Unterkunft. Der angenehme kleine Camping Girelle hat den Besitzer gewechselt und war bei der letzten Recherche im Herbst 2022 geschlossen. Sie haben also nur noch die Wahl zwischen dem Camping Les Amandiers, der nicht direkt am Meer liegt und dem Fünf-Sterne-Platz Les Criques

*Die Küste am Camping Les Criques de Portails*

de Portails. Er befindet sich auf den Klippen am Hochufer und hat schöne Plätze mit Meerblick zu bieten.

### (013) WOMO-Campingplatz: Argelès-sur-Mer Camping Les Criques de Portails

**GPS/Kontakt:** N 42°32'02.0", E 3°04'04.6", RD114, route de Collioure, Tel. 0033 468 811273, www.lescriques.de.
**Öffnungszeit:** April bis Oktober.
**Ausstattung:** V/E, Poolanlage, Shop, Restaurant, im Sommer Animation, WLAN am Aufenthaltsraum.
**Beschreibung:** Komfortabel, sehr schön angelegt mit Stellplätzen in Terrassen hoch über dem Meer. Moderne, sehr gute Sanitäranlagen, Zugang zu kleinen Badebuchten über Treppen in der Steilwand.
**Hinweis:** Fußweg auf dem Klippenweg nach Collioure etwa 30 bis 45 Minuten einfach. Ebenfalls lohnenswert ist die kurze Wanderung in die andere Richtung nach Le Racou mit langem Sandstrand und einer urigen Strandsiedlung, deren Häuser direkt im Sand stehen.
**Preise:** €29–120 inkl. Strom. ACSI-Tarif in der Nebensaison.
**Zufahrt:** Vor dem Ort rechts dem Hinweisschild in eine schmale Straße folgen. Diese führt unter der Bundesstraße hindurch und zum Platzeingang.

### (014) WOMO-Campingplatz: Collioure Camping Les Amandiers

**GPS/Kontakt:** N 42°31'52.1", E 3°04'21.1", Route des campings, Tel. 0033 4 68 81 14 69, www.camping-les-amandiers.com.
**Öffnungszeit:** April bis September.
**Ausstattung:** WLAN an der Rezeption.
**Beschreibung:** Kleiner familiärer Platz etwas abseits des Meeres. Gut 200 Meter Fußweg zur Kiesbucht Plage de l'Ouille.
**Preise:** €23–41, Strom €4.
**Zufahrt:** Von der küstennahen D114 kurz nördlich von Collioure vor dem Kreisel links der Beschilderung zum Camping folgen.

Das ehemalige Fischerdorf Collioure, das von beiden Plätzen mit einer kleinen Wanderung zu Fuß erreichbar ist, hat sich selbst in der Hochsaison seinen Charme bewahrt. Nicht dass es hier einsam wäre, aber die schmalen Gassen mit den bunten Häusern sind auch dann noch stimmungsvoll, wenn man sie mit vielen weiteren Touristen teilen muss.

## Über die Klippen nach Collioure

Vom Campingplatz Les Criques de Portail wandern wir auf dem markierten Küstenweg bis zur Kiesbucht Plage de l'Ouille. An der rechten Seite des Strandes führt eine Treppe in der Steilwand hinauf. Das Schild unten am Strand, das vor dem gefährlichen Weg warnt, können Sie getrost ignorieren. Es geht hier wohl vor allem um den Haftungsausschluss seitens der Gemeinde. Der Weg ist steil und uneben, aber ansonsten in gutem Zustand und bleibt immer in gehörigem Sicherheitsabstand zur abbruchgefährdeten Kante der Klippen. Viele Stufen helfen erst hinauf, dann durch eine Senke und vom zweiten Hügel schaut man dann auf Collioure. Das Fort, das wir zuerst im Blick haben, ist zwar historisch, wird aber weiterhin militärisch genutzt. Betreten des Geländes ist verboten, unser Weg biegt hier deshalb rechts ab und führt zum Parkplatz 5, der oberhalb des Dorfes liegt. Wir folgen der Straße von hier aus links hinunter, durchwandern eine Rechtskurve und erkennen dann links schnell die ersten Altstadtgassen.

Für einen Kurzaufenthalt ist der offizielle Wohnmobilstellplatz der Gemeinde Collioure am Ortsrand eine Alternative, auch wenn sein Preis sich in der Nebensaison kaum von dem der Campingplätze unterscheidet. Im Sommer fährt alle 30 Minuten ein Bus hinunter in den Ort. Zu Fuß sind Sie ungefähr eine halbe Stunde unterwegs – allerdings diesmal auf der Straße.

### (015) Offizieller WOMO-Stellplatz: Collioure / Cap Durats

**GPS:** N 42°31'33.9" E 3°4'9.2", 1216 Route de Madeloc.
**Öffnungszeit:** Ganzjährig.
**Ausstattung:** V/E, WC. Bus (Navette) in den Ort inklusive.
**Beschreibung:** In Terrassen angelegter Parkplatz in ruhiger Lage am Ortsrand. Zufahrt durch eine Schranke.
**Preise:** €20 für 24 Stunden, zahlbar am Automaten.
**Zufahrt:** Am Kreisel am Ortseingang rechts (¾ um den Kreisel) halten und auf der Route de Madeloc bis zum Parkplatz fahren. Die Zufahrt ist beschildert.

## Ein Bummel durch Collioure

Kaum erreichen wir die Altstadtgassen, reiht sich in den bunten Häuschen des Dorfes eine Galerie an die andere. Collioure hat eine imposante Geschichte als Künstlerort. Es waren die Künstler Henri Matisse und André Derain, die das malerische Fischerdorf Anfang des letzten Jahrhunderts auf einer Reise entdeckten und es mit ihren hier entstandenen Werken zur Wiege des Fauvismus machten. Vielleicht waren es die intensiven Farben des Mittelmeeres, die sie zu diesem neuen Malstil inspirierten. Jedenfalls spielt Farbe in den Bildern eine wichtige Rolle. Die Motive sind durchaus noch erkennbar, bestehen aber aus mehr oder weniger grob kombinierten Farbflächen, die nicht immer den realen Farbton eines Motives wiedergeben. Les Fauves – die Wilden – wurden die Künstler betitelt, als sie ihre Werke 1905 im renommierten Salon d'Automne vorstellen. Der Fauvismus gilt als erste Bewegung der künstlerischen Moderne und Wegbereiter des Expressionismus. Zum ersten Mal geht es den Malern nicht um die illusionistische Darstellung der Realität. In Collioure können wir heute einem Rundweg folgen, der zu 20 Plätzen führt, an denen Matisse und Derain ihre Staffeleien platzierten. Doch diese beiden Maler machten nur den Anfang. Im Gästebuch der Brasserie des Hotel des Templiers, in dem die Künstler damals logierten, sollen auch Einträge von Pablo Picasso und Salvador Dalí zu finden sein. Collioure stand hoch im Kurs bei den Künstlern des letzten Jahrhunderts.

Auch wenn Sie sich wenig für Kunst interessieren, lohnt der Bummel durch die steilen Gassen. Heute sind in den bunt gestrichenen Häusern viele kleine Läden zu finden, die neben Gemälden, meist anspruchsvolles Kunsthandwerk anbieten. Dazwischen gibt es auch einige typische Souvenir-Shops, etliche Eisdielen, Crèperien, Restaurants und Cafés. Hungern muss hier sicher niemand. Läuft man immer bergab, sieht man irgendwann zwischen den Häusern das Meer glitzern und steht am Hafen.

Auf dem großen Platz nahe am Wasser finden wir auch das Büro der Touristeninformation, wo wir eine Karte des Ortes bekommen. Rechts ragen die Mauern des Château Royal malerisch aus dem Wasser, links ist es der Turm der Wehrkirche Notre-Dame-des-Anges, der ursprünglich auch als Leuchtturm genutzt wurde. Hinter dem Château kann man an einem schmalen Sandstreifen baden und im Hafen ankern Ausflugsboote.

Für die Planung von Kirche und Schloss war Sébastien Le Prestre de Vauban, der berühmte Militärbaumeister Ludwig XIV, verantwortlich. Meist wird der glänzende Stratege einfach nur Vauban genannt. Er begegnet uns auf dieser Reise nicht zum letzten Mal, schließlich war der Mann am Bau oder Umbau von etwa 160 französischen Festungen beteiligt.

**Das Château Royal**

Eine Burg steht schon seit dem Jahr 672 am Hafen von Collioure, im 12. Jahrhundert wurde sie zur Sommerresidenz der Könige von Mallorca und im 17. Jahrhundert wird das Château von Vauban zur Festung ausgebaut. Seitdem wurde der Bau nicht mehr verändert. Beim Besuch der Burg können wir die unterirdischen Gänge, den Exerzierplatz, eine Kapelle aus dem 13. Jahrhundert, das Gefängnis aus dem 16. Jahrhundert sowie das ehemalige Schlafzimmer der Königin besichtigen.
*Geöffnet November bis März 10–17 Uhr, April bis Oktober 10–18 Uhr, August 9.30–18.30 Uhr. Eintritt €7.*

Hoch über der Stadt thront noch eine zweite Burganlage. Der Weg hinauf zum **Fort Saint-Elme** lohnt ganz besonders wegen der Aussicht. Ist ihnen der Weg zu weit, steigen Sie wenigstens bis zur restaurierten Windmühle über dem Ort hinauf. Hier treffen Sie auf einen der Bilderrahmen des Fauvisten-Rundweges und haben auch bereits einen schönen Rundblick über Ort, Hafen und die umliegenden Hügel.

## Von Burg zu Burg – Eine Wanderung zum Fort Saint-Elme

**5 km, Gehzeit 1 h 30, 200 m.** Vom Château Royal gehen wir weiter zur kleinen Badebucht, an deren Beginn ein schattig gelegener Spielplatz und die Strandbar Bora Bora zu finden ist. Wir folgen der Promenade hinter dem Strand und biegen an deren oberen Ende rechts zum Kunstmuseum ab. Am Museum beginnt ein Pfad, der zu einem sehr schönen Platz an einer gut restaurierten Windmühle hinaufführt. Im Schatten hinter der Mühle steht ein Picknicktisch. An der Mühle vorbei führt ein breiter Wanderweg weiter bergan. Über Fels und Schotter steigen wir hinauf, bis kurz vor dem Fort ein unmarkierter Pfad links abzweigt und auf die Burg zuhält. Hier geht es weiter hinauf und wenig später stehen wir am Fuß der Burganlage. Auch das Fort auf dem Berg können Sie besichtigen.

## Das Fort Saint-Elme

Fort Saint-Elme wurde 1538 errichtet. Vorher stand auf diesem Platz ein Wachturm. Auch später blieb die Festung zuallererst ein Ausguck über dem Palais Royal und die Häfen von Collioure und Port-Vendres. Bei der Besichtigung marschieren Sie zuerst um die Festung herum, dann führt eine Treppe in das verwinkelte Innere mit einigen schmalen Gängen und Treppen. Einige Aussichtsplätze hinter den Mauern zeigen fast den gleichen grandiosen Ausblick, den Sie auch schon vor dem Tor haben und der deutlich macht, warum die Festung an diesem Platz erbaut wurde. In den Vitrinen des kleinen Museums stehen vor allem kunstvoll geschmiedete mittelalterliche Waffen und Rüstungen.

*Geöffnet täglich 10.30–17 Uhr, April bis September bis 19 Uhr. Eintritt €7. www.fortsaintelme.fr*

Blick auf Collioure

*Die hintere Badebucht am Stellplatz in Port-Vendres*

Das Fort Saint-Elme ist mit kleineren Mobilen auch auf der Straße erreichbar und der Parkplatz vor der Burg ist sogar einigermaßen stellplatztauglich.

Von Collioure fahren wir dann weiter die Küste entlang, die hinter dem Dorf schnell einsamer und rauer wird. Die folgenden Orte sind längst nicht mehr so malerisch. In **Port-Vendres** gibt es noch einmal einen großen Hafen, an dem auch ein Stellplatz für Wohnmobile zu finden ist.

### (016) Offizieller WOMO-Stellplatz: Port-Vendres Anse des Tamarins

**GPS:** N 42°31'03.9", E 3°06'49.5", Route de la Jetée.
**Öffnungszeit:** Ganzjährig.
**Ausstattung:** V/E, WC, Baguetteservice.
**Beschreibung:** Schotterplatz für 40 Mobile, teilweise im Schatten hoher Bäume auf einem eingezäunten Gelände am Hafen und hinter einer kleinen, nicht sehr sauberen Badebucht, die mitten im Hafenbereich liegt, meist gut besucht.
**Hinweis:** Fußweg in den Ort immer am Hafen entlang. Das Fischrestaurant am gegenüberliegenden Ufer soll sehr gut sein sagt der Autorenkollege, der es selbst getestet hat.
**Preise:** €8–12, morgens wird vom Platzwart kassiert.
**Zufahrt:** An der Kreuzung hinter dem Ort links dem Wohnmobilsymbol in die Straße Le Pla du Port folgen und zum Stellplatz am Hafenbecken fahren..
**Sonstiges:** Läuft man auf der Straße weiter, biegt links ein markierter Weg (Sentier littoral) ab, der zu zwei längeren Kiesbuchten vor einem Fischrestaurant führt. Auch diese Buchten liegen aber noch am Rand des Hafens.

Folgt man dem Küstenweg weiter, kommt man in stetigem Auf und Ab nach einer guten Stunde zum Leuchtturm auf dem Cap Béar. Es führt auch eine Straße dorthin, die aber für Wohnmobile gesperrt ist. Am Leuchtturm beginnt ein sehr schöner, aber durch viele Steigungen auch recht anstrengender Küstenweg, der bis zur **Site de Paulille**, einem ehemaligen Dynamitwerk, und zwei schönen langen Sand-Kies-Stränden markiert ist. Bis dorthin sind es sieben Kilometer und weil Sie auch wieder zurück müssen, brauchen Sie für diese Wanderung gute Kondition.

Die Badebuchten und die Ausstellung im stillgelegten Dynamitwerk erreicht man aber auch von der anderen Seite, falls man dort an der Straße noch einen Parkplatz bekommt... Der erste befindet sich kurz vor den Stränden rechts der Straße bei N 42°30'21.1", E 3°07'07.5". Von dort kommen Sie zu einer Bucht mit grobem Sand und dem Restaurant eines Weingutes. Ein zweiter Parkplatz bei N 42°29'57.0", E 3°07'05.1" gehört zur Site de Paulilles und Sie dürfen dort nur während Ihres Besuches parken. Vor dem mit Höhenschranke versehenen PKW-Parkplatz sind zwei Plätze für Wohnmobile und drei Plätze für Busse markiert.

**Dynamit und Badevergnügen – ein Besuch in Paulilles**

1866 gelang dem schwedischen Physiker Alfred Nobel im deutschen Geesthacht eine im wahrsten Sinne des Wortes bahnbrechende Entwicklung: In seinem Labor auf einem Elbdampfer vermischt er den gefährlichen, hochexplosiven Sprengstoff Nitroglyzerin, bei dessen Einsatz es immer wieder zu katastrophalen Unfällen kam, mit Kieselgur, einem Algenmehl. Dabei wird aus der gefährlichen Flüssigkeit ein knetbares, deutlich unempfindlicheres Material, das gezielter zur Explosion gebracht werden kann. Nobel nennt seine Erfindung Dynamit und gründet die Dynamit Nobel AG, die den Stoff in Fabriken in ganz Europa produziert. Das macht ihn zu einem reichen Mann und das verschlafene Fischerdorf Paulilles zu einem Industriebetrieb. Hier entsteht im Jahr 1870 das französische Sprengstoffwerk der Nobel AG mit über 400 Mitarbeitern, die auf dem Gelände nicht nur arbeiten, sondern auch wohnen. Die Produktion wurde hier erst 1984 eingestellt und die Einheimischen wehrten sich erfolgreich gegen Pläne, die Bucht in eine gigantische Ferienanlage mit Jachthafen umzubauen. So steht das Gebiet heute unter Naturschutz. Ein großer Teil der Fabrik- und Wohngebäude wurde 2005 rückgebaut. Nur das Haus des Direktors, heute die Maison du Site mit Aus-

stellung, Café und Informationsbereich, und wenige Gebäude der Fabrik stehen noch und werden als Freilichtmuseum genutzt. In einem der Gebäude werden Boote restauriert und der ehemalige Wasserturm ist ein beliebter Ausguck. Ansonsten ist Paulilles heute vor allem ein Freizeitgelände. Die meisten Besucher kommen zum Baden an die beiden langen Sandbuchten und werfen nebenbei einen Blick auf die Gebäude der ehemaligen Fabrik, besuchen den Turm oder spazieren durch die Gartenanlage mit vielen exotischen Pflanzen. Am nördlichen Ufer lohnt außerdem die Wanderung auf dem Küstenpfad, der Argelès mit Cerbère an der spanischen Grenze verbindet. In knapp zwei Stunden geht es von Paulilles in stetigem Auf und Ab zum Leuchtturm auf dem Cap Béar, den Sie auch von unserem Stellplatz in Port-Vendres erwandern können. Der Weg von Paulilles ist aber ungleich schöner.

Hinter Paulilles führt die Küstenstraße durch den meist gut besuchten Badeort **Banyuls-sur-Mer** und dann in Serpentinen die Steilküste hinauf. Fast oben am höchsten Punkt der Straße gibt es einen kleinen Parkplatz mit Weitsicht bei N 42°28‘07.5“, E 3°09‘11.4“, der sich für eine Pause eignet.

Die Küste wird immer einsamer und wir schauen von oben in eine breite Kiesbucht, hinter der ein einfacher Campingplatz in spektakulärer Lage auf der Klippe klebt. Ausgeschildert ist hier außerdem ein Unterwasserpfad zum Schnorcheln. Folgt man den Schildern bis zum Meer, trifft man dort auf Vermeille Kayak. An der Station wird neben Kajaks und SUPs auch Schnorchelausrüstung verliehen. Der Unterwasserpfad mit sechs Stationen führt auf der linken Seite der Bucht an den Felsen entlang.

**(017) WOMO-Campingplatz: Camping Municipal de Cerbère**

**GPS/Kontakt:** N 42°27'20.6", E 3°09'51.6", 464 Cap Peyrefite, Tel. 0033 621 878102. **Öffnungszeit:** Ganzjährig zugänglich.
**Ausstattung:** V/E.
**Beschreibung:** Einfacher Platz auf der Steilküste am Cap Peyrefite, in Terrassen angelegt, sodass viele der Plätze Meerblick haben. Keine Reservierung möglich. Wenig Schatten, aber meist leichter Wind vom Meer. Außerhalb der Saison ist die Rezeption nicht besetzt, die Zufahrt zum Platz aber trotzdem möglich. Die Sanitäranlagen sind dann verschlossen..
**Preise:** Bis 6 Meter € 11, über 6 Meter € 19, Strom € 4.
**Zufahrt:** Von der Küstenstraße dem Schild zum Sentier Sous Marine und zum Campingplatz folgen. Die Rezeption befindet sich oben an der Einfahrt, der Platz ein ganzes Stück weiter unten. Unbedingt links an der Rezeption vorbeifahren! Der rechte Weg ist steil und in schlechtem Zustand.

Hinter dem Campingplatz schlängelt sich die Straße weiter am Hang entlang und durch das unspektakuläre Dorf **Cerbère**, das neben einer netten Häuserreihe vorne am Hafen eigentlich ausschließlich aus Schienen besteht. Der Bahnhof ist größer als der Ort und wenn Sie über die Grenze ins spanische **Portbou** fahren, können Sie das gleiche Phänomen noch einmal beobachten. Die Erklärung ist einfach: Das Schienennetz auf der iberischen Halbinsel hat eine andere Spurbreite als in Mitteleuropa üblich und die Züge können an der Grenze nicht weiterfahren. So gibt es in den Bahnhöfen von Portbou und Cerbère Gleise in zwei Spurbreiten: mitteleuropäische Regelspur und iberische Breitspur. Personen lässt man einfach umsteigen, für Güterwagen gibt es in Cerbère eine Umspuranlage, in der die Räder der Waggons gewechselt werden können. Das aufwändige Prozedere erklärt den großen Bahnhof...

Kurz hinter dem Ort Cerbère liegt links der Straße ein größerer Parkplatz, auf dem man teilweise mit Weitsicht stehen kann. Noch etwas besser geht das aber noch ein Stückchen weiter oben am Aussichtspunkt auf dem **Cap Cerbère**.

**(018) WOMO-Parkplatz: Cap Cerbère**

**GPS:** N 42°26‘24.0“, E 3°10‘31.0“. **Max. WOMOs:** 2–3
**Ausstattung:** Keine.
**Beschreibung:** Geschotterte Parkbucht neben dem Aussichtspunkt auf dem Cap Cerbère. Am ersten Parkplatz steht man nahe an der Straße, aber mit Aussicht. Weiterer Platz wenige Meter weiter hinter dem Zugang zum Belvedere. Geschützter, aber ohne Weitblick und nicht ganz eben.
**Zufahrt:** Direkt an der Straße. Der aufwendig angelegte Aussichtspunkt mit Leuchtturm und großer Plattform ist kaum zu übersehen.
**Alternative:** Auf dem erwähnten ebenen Parkplatz näher am Ort findet ein weiteres Wohnmobil Platz.

**Portbou**, der erste Ort hinter der Grenze, beherbergt die spanische Seite des Grenzbahnhofes und hat ansonsten nicht viel zu bieten. Dann folgt eine lange Kiesbucht, an der Sie aber mit einem Wohnmobil nicht parken dürfen. Auch **Colera**, der folgende Ort, ist komplett für WOMOs gesperrt, was uns kein großer Verlust schien. Netter wird es dann am Städtchen **Llanca**, einem der ruhigeren Ferienorte der Costa Brava. Hier können Sie ihr Fahrzeug gut parken, wenn nicht gerade Mittwoch Vormittag ist, und entspannt auf der Strandpromenade bummeln. Der zentrale Strand Platja del Port ist aber wohl eher ein Platz für alle, die sportlich unterwegs sind. Hier werden Kajaks und SUPs verliehen und es gibt auch eine Surfschule.

*Der Aussichtspunkt am Cap Cerbère*

### (019) WOMO-Parkplatz: Llanca Marktplatz

**GPS:** N 42°22'17.2", E 3°09'23.7". **Max. WOMOs:** 10
**Ausstattung:** Keine.
**Beschreibung:** Großer ebener Platz am Ortsrand mit einigen Bäumen. Fußweg zur Straße und über diese direkt auf die Uferpromenade mit Cafés und Restaurants an der Platja de Port. Zwei kleine Lebensmittelläden und eine Bäckerei mit viel Auswahl finden Sie am Ende der Bucht links in der zweiten Straße hinter dem Meer. **Vorsicht**: Mittwochs ist der Parkplatz durch den Wochenmarkt belegt.
**Zufahrt:** Am Ortseingang gleich rechts an der Brücke dem Schild zum Parkplatz folgen.

Die idyllischsten Orte an diesem Abschnitt der Küste folgen aber erst nach Llanca. Wenige Straßenkurven weiter kleben die weißen Häuser von **El Port de la Selva** am Hang. In ihrem Zentrum steht eine ebenfalls schneeweiße Kirche und vor dem Ort streckt sich eine lange Badebucht an der Straße entlang. Der Sand ist zwar recht grob und eher graugelb als blendend weiß, was aber nicht größer stört. Der PKW-Parkplatz am Strand ist jedoch mit Höhenschranke versperrt. Nur neben einer Bar gibt es einige Plätze für Wohnmobile. Diese stehen hier dicht gedrängt zwischen Straße und Meer. Uns hat der Parkplatz am Ortsrand besser gefallen, auch wenn Sie von dort zum Wasser ein paar Schritte laufen müssen.

## (020) Offizieller WOMO-Stellplatz: El Port de la Selva Camping l'Arola

**GPS/Kontakt:** N 42°20'03.8", E 3°11'50.3", Tel. 0034 972387005.
**Öffnungszeit:** Mai bis September. **Ausstattung:** Strom.
**Beschreibung:** Großer ebener Asphaltparkplatz neben einem Hostel. Vier der Plätze liegen direkt am Meer. Kurzer Fußweg zum Ortsstrand von Port de la Selva. Sehr nahe an der Straße. **Preise:** €20 inkl. Strom.
**Zufahrt:** Am Ortseingang links vor dem PKW-Parkplatz und dem Strand.
**Alternative:** Biegt man am Stellplatz rechts ab, trifft man nach 400 Metern bei N 42°19'51.6", E 3°11'56.1" auf einen kostenlosen Parkplatz neben dem Skater-Park. Hier dürfen Sie ohne Campingverhalten über Nacht bleiben.

Außerdem gibt es bei El Port de la Selva zwei kleine Campingplätze. Den besser gelegenen passieren Sie bereits kurz vor dem Ort. Er liegt direkt am Meer an einer kleinen Kiesbucht. Der zweite Platz befindet sich etwa zwei Kilometer vom Meer entfernt an der Straße in Richtung Figueres.

## (021) WOMO-Campingplatz: Camping Port de la Vall

**GPS/Kontakt:** N 42°20'31.0", E 3°10'58.4", Tel. 0034 972 387186, www.campingportdelavall.com. **Öffnungszeit:** Ostern bis Mitte Oktober.
**Ausstattung:** V/E, Laden, Restaurant, Spielplatz.
**Beschreibung:** Kurz vor Port de la Selva in einer Kurve zwischen der Straße und einer kleinen Kiesbucht. Direkter Zugang zum Meer. Sanitäranlagen zeitweise nicht ganz so sauber. Zwei Kilometer Fußweg an der Straße (und am Meer) entlang in den Ort. **Preise:** €25–44, Strom €5–7.
**Zufahrt:** In der Bucht vor dem Ort an der Küstenstraße links.

## (022) WOMO-Campingplatz: Camping Port de la Selva

**GPS/Kontakt:** N 42°19'35.0", E 3°12'18.0", Carr. de Cadaqués, 2. Tel. 0034 972 387287, www.campingportdelaselva.com.
**Öffnungszeit:** Juni bis Mitte September.
**Ausstattung:** V/E, Pool, Laden, Restaurant, WLAN an der Rezeption.
**Beschreibung:** Gepflegter, schön begrünter Platz mit einer Hecke von der Straße abgeschirmt. Gut ein Kilometer vom Meer entfernt.
**Preise:** €24–32, Strom €4–6.
**Zufahrt:** Vor Port-de-la-Selva rechts in Richtung Cadaqués. Der Platz liegt etwa 1 Kilometer außerhalb des Ortes rechts neben der Straße.

Ein Abstecher führt vor dem Ort El Port de la Selva hinauf zum Kloster **Sant Pere de Rodes,** einem interessanten Ensemble aus altem Kloster, Burgruine und einer ebenso alten Kirche. Die Route eignet sich nicht für Mobile im Reisebusformat! Zuerst geht es recht eng durch ein Wohngebiet, dann fahren wir auf einer guten, wenn auch schmalen Straße bergan. Es folgen sechs Kilometer voller Kurven und mit jeder Kurve wird der Ausblick besser. Der Parkplatz befindet sich bei N 42°19'25.5", E 3°10'17.5" unterhalb des Klosters und ist häufig gut besucht. Das Übernachten im Wohnmobil ist hier oben inzwischen verboten.

## Burgruine, Kirche und Kloster – eine Wanderrunde mit geographischen und kulturellen Höhepunkten

**5 km, 2 h, 250 m, zusätzlich Zeit für die Besichtigung des Klosters**

Sehr lohnend, wenn auch mit einem anstrengenden Aufstieg verbunden, ist der Rundweg der vom Parkplatz Llevant zur oberhalb gelegenen Burgruine in stark exponierter Lage auf einem Felssporn führt. Dann geht es quer am Hang weiter und wieder hinunter zur kleinen Wallfahrtskirche St. Helena und weiter zum Kloster **Sant Pere de Rodes**.

Vom unteren Parkplatz folgen wir der schmalen, für Autos gesperrten Asphaltstraße, bis kurz vor dem Kloster ein Naturweg links abzweigt und direkt kräftig ansteigt. Er führt zu einem Platz oberhalb der Klostermauern, wo der Serpentinenpfad zur Ruine Verbère beginnt. Dieser ist mit rot-grünen Farbstreifen markiert. In etlichen Kehren zieht er sich den Hang hinauf. Nach etwa zwei Dritteln des Aufstieges zweigt rechts ein orange markierter Pfad ab, auf dem wir später weitergehen. Jetzt geht es erst einmal links weiter hinauf. Wir folgen den rot-grünen Markierungen, bis wir unterhalb der Burgmauern stehen. Hier geht es dann rechts über die Felsen hinauf zu den letzten Mauerresten, die spektakulär dicht am Abgrund kleben. Nur ein schmales Plateau bietet Platz für eine Burg. Der Blick geht in alle Richtungen und ist wirklich atemberaubend. Sind Kinder mit von der Partie, muss man hier oben gut aufpassen.

*Weitblick vom Wanderweg auf das Kloster und über das Meer.*

Zuerst steigen wir dann auf dem vertrauten Aufstiegsweg hinunter zur Kreuzung, dann folgen wir der orangen Markierung geradeaus am Hang entlang. Der Weg steigt leicht an und bringt uns auf den Grat hinauf. Hier wechseln wir die Bergseite und wenig später wird aus unserem Pfad ein breiter Naturweg, der zwischen üppig grünen, kugeligen kleinen Kiefern bergab führt. Dann müssen wir noch einmal gut aufpassen, damit wir den Abzweig nach rechts zur Kirche St. Helena nicht verpassen. Etwas oberhalb unseres Weges zweigt rechts ein schmaler Weg ab, der mit dem Schild Menhir und St. Helena markiert ist. Etwas kratzig windet er sich durch niedrige Macchiasträucher und dicke Felsbrocken. Die Landschaft ist durchaus malerisch. Dann blicken wir von oben auf die kleine Steinkirche, die von den Grundmauern eines ehemaligen Dorfes umgeben ist. Die Kirche kann kostenlos besichtigt werden. Ein breiter Weg führt weiter hinab, und dann spazieren wir über den oberen Parkplatz und auf dem asphaltierten Sträßchen zum Kloster hinüber und stehen bald am Eingangstor. Links vor dem Kloster hinab geht es dann zurück zum unteren Parkplatz.

## Das Kloster Sant Pere de Rodes

Das Benediktinerkloster wurde bereits im Jahr 878 gegründet. Die Legende erzählt, dass sich hier eine Gruppe Mönche aus Rom niederließ, die geflohen war, um wertvolle Reliquien in Sicherheit zu bringen. Bei den Reliquien soll es sich um den rechten Arm und den Kopf des Petrus gehandelt haben. Sie versteckten sie in einer Höhle und bauten eine Kapelle. Das Kloster, das später aus der Kapelle entstand, hatte seine Blütezeit im 11. und 12. Jahrhundert. Aus dieser Zeit stammt auch das heutige Klostergebäude, das wenig verändert erhalten ist und zwischen 1998 und 1999 restauriert wurde. Das Gemäuer ist im Stil der katalanischen Romanik erbaut, zeigt aber Einflüsse aus mehreren Regionen Europas. Das hohe Gewölbe folgt römischen Vorbildern, Säulen und Kapitelle sind eher andalusisch-arabisch inspiriert. Der Chorumgang entspricht der französischen Romanik und die Türme baute man im lombardischen Stil.

Die Anlage wurde 1835 zum letzten Mal von Mönchen bewohnt und ist heute eine gut erhaltene Ruine, die Sie mit Audioguide besichtigen können. Das Klostergebäude ist innen leer. Wenn Sie durch das ehemalige Refektorium, die Kirche, den Weinkeller und den zweistöckigen Kreuzgang flanieren, betrachten Sie pure, karge Mauern. Es wirkt hier die reine Form der Architektur...

*Geöffnet Di bis So 10 – 17.30 Uhr, Juni bis September bis 20 Uhr. Eintritt €6.*

Zur Besichtigung von Kloster und Kirche können Sie auch am oberen Parkplatz unterhalb der alten Kirche parken, auf dem es aber im Sommer schnell voll wird (eher für kleinere Mobile). Von hier aus läuft man etwa 500 Meter zum Kloster und wenige Meter zur Kirche St. Helena.

Wer nicht am Wohnhaus des Künstlers Salvador Dalí interessiert ist, könnte vom Kloster direkt nach **Vilajuiga** hinunterfahren und die Route nach Figueres fortsetzen. Für alle Fans des Malers und Genies Salvador Dalí gehört der Abstecher ins abgelegene Dorf **Cadaqués** wohl zum Pflichtprogramm – auch wenn es hier im Sommer recht voll und für Wohnmobile sehr eng werden kann. Das Ticket für das Museum müssen Sie dann unbedingt vorab reservieren!

Wir kurven also auf der bekannten Straße zurück nach La Selva, halten uns am Ort in Richtung Cadaqués und fahren durch eine einsame, grüne Hügellandschaft, bis wir die ersten weißen Häuser von **Cadaqués** vor uns sehen. Um die Besucherströme zu lenken, werden Wohnmobile direkt am Ortseingang umgeleitet. Alle Zugangsstraßen zum Ort sind aus gutem Grund für Wohnmobile gesperrt. Der zentral gelegene P1, auf dem Sie früher parken durften, ist jetzt für Wohnmobile verboten. Dort wo es rechts zum Campingplatz geht, fahren Sie jetzt links bis zum P3 auf dem Sie tagsüber kostenlos parken dürfen. Fahren Sie am P3 vorbei, folgt rechts der Straße bei N 42°17'48.1", E 3°16'59.5" ein weiterer neu angelegter Platz, der 2022 ebenfalls ohne Höhenschranke und Verbotsschilder war. Außerhalb der Saison empfiehlt es sich jedoch noch bis zum **P4 in Port Lligat** [**023:** N 42°17'43.1, E 3°17'13.0] weiterzufahren. Der Parkplatz liegt nur etwa 200 Meter von der Casa Dalí entfernt. Der einzige Haken: Im Juli und August kassierte man hier 50 Euro für eine Übernachtung im Wohnmobil – ohne jede Infrastruktur versteht sich. Im September war der Preis dann verhandelbar und im Oktober konnten wir hier kostenlos über Nacht parken. Wir wagen keine Prognose für die Preispolitik in den nächsten Jahren. In der Hochsaison bietet der Campingplatz von Cadaqués sicher das bessere Preis-Leistungs-Verhältnis – auch wenn er nicht allzu einladend ist. Bitte überprüfen Sie die Öffnungszeiten! Der Platz war während der Coronazeit geschlossen.

### (024) WOMO-Campingplatz: Camping Cadaqués

**GPS/Kontakt:** N 42°17'30.5", E 3°16'59.5", Tel. 0034 972 258126. www.campingcadaques.com. **Öffnungszeit:** Juli bis September.
**Ausstattung:** V/E, Pool, Restaurant, Laden, Fahrradverleih, WLAN.
**Beschreibung:** Staubige kleine Plätze, kaum bepflanzt, wenig Schatten, einfache Sanitäranlagen. Kurzer, sehr steiler Fußweg in den Ort und in der anderen Richtung zur Casa Dalí. **Preise:** €26–37, Strom €6,75.
**Zufahrt:** Vor dem Ort links in Richtung Cap Creus und dann immer den Wohnmobilverbotsschildern ausweichen. An einer T-Kreuzung geht es dann rechts zum Campingplatz. Die unauffällige Zufahrt zum Campingplatz liegt auf der linken Seite gegenüber der Höhenschranke des Parkplatzes. Die Zufahrt ist ausgeschildert.

Folgen wir vom Campingplatz der schmalen Straße an der Kapelle vorbei, kommen wir nach **Port Lligat**. Die Casa Dalí, die der Künstler und seine Frau Gala von 1948 bis zu Galas Tod im Jahr 1982 bewohnten, liegt hier rechts der Straße an der malerischen Bucht des Fischerortes.

### Die Casa Salvador Dalí

Das Wohnhaus des Künstlers wird in kleinen Gruppen von maximal acht Personen besichtigt und es ist unbedingt eine vorherige Reservierung notwendig. Am einfachsten geht das online unter www.salvador-dali.org.
*Eintritt für die Besichtigung von Haus und Garten €15–18, im Sommer unbedingt rechtzeitig (einige Tage vorher) reservieren! www.salvador-dali.org*

Wir setzen unsere Reise jetzt in Richtung **Roses** fort und erleiden, wenn kurz vor dem Meer die ersten Hochhaus-Bettenburgen am Horizont erscheinen, den unvermeidbaren Costa-Brava Kulturschock. Wer sich Roses näher ansehen möchte, findet einen neuen, gut ausgestatteten Stellplatz in ruhiger und doch zentraler Lage am Stadtrand.

**(025) Offizieller WOMO-Stellplatz: Roses**

**GPS / Kontakt:** N 42°16'07.3" E 3°09'21.5", Carrer del Port de Reig 65, autocaravaningparkroses.com.
**Öffnungszeit:** Ganzjährig.
**Ausstattung:** V/E, Strom, 2 Toiletten, 2 Duschen, Müll, WLAN.
**Beschreibung:** Ebener, mit Bäumen unterteilter Schotterplatz. Die einzelnen Stellplätze sind großzügig bemessen und mit Stromsäule ausgestattet. Einfahrt durch Schranke, Zahlung am Automaten. Tagsüber ist aber auch Personal anwesend. 300 Meter zum Strand. **Preise:** €15–17, Strom €4.
**Zufahrt:** Von der C 260 in Richtung Figueres links in den Carrer del Port de Reig abbiegen. Der Platz liegt hier links an der Straße.

Wenn Sie noch mehr Zeit am Meer möchten, bevor Sie sich den Bergen zuwenden, ist einer der Campingplätze südlich von Roses und dem Retorten-Badeort **Empuriabrava** eine gute Wahl. Hier gibt es am langen, kaum hinterbauten Sandstrand mehrere große Campingplätze.

Wir wollen jetzt in Richtung Berge und am effektivsten geht das auf der Schnellstraße nach **Figueres**. Der Besuch der Stadt lohnt sich vor allem für das große Dalí-Museum, das der Künstler selbst geplant und gestaltet hat. Man erkennt den ungewöhnlichen Bau an den roten Mauern und den Rieseneiern auf dem Dach. Eine weitere Sehenswürdigkeit von Figueres ist die ebenfalls riesige Festung Castell de Sant Ferran, an der auch unser favorisierter Stellplatz liegt.

## (026) WOMO-Parkplatz: Figueres/Castell de Sant Ferran

**GPS:** N 42°16'19.5", E 2°57'04.4". **Max. WOMOs:** 10

**Ausstattung:** Picknicktische, Trinkwasserspender.

**Beschreibung:** Ebene Schotterfläche unterhalb der Festung. Ruhig am Stadtrand und oberhalb der Stadt gelegen. Fußweg zum Dalí Museum etwa 800 Meter den Berg hinunter und geradeaus über die Avenue Dalí.

**Zufahrt:** Wenn wir Figueres von Roses kommend ansteuern, liegen Stellplatz und Castell direkt auf der gegenüberliegen Seite der Stadt. Am einfachsten ist es, die Innenstadt auf der Ronda Sud großräumig zu umfahren und dann auf der Avenue Savador Dalí in die Stadt zu fahren. Gegenüber der Zufahrt zum Dalí Museum zweigt links die zur Festung führende Pujada Castell ab, der wir bis zum großen Parkplatz vor der Festung folgen.

## Castell de Sant Ferran

Das 1753 erbaute Castell ist eine der größten Festungsanlagen Europas. Mit seiner doppelten Wehrmauer und sechs Bastionen hat die Anlage einen Durchmesser von drei Kilometern und beansprucht eine Fläche von mehr als 32 Hektar. Die Festung verfügt über vier voneinander unabhängige Trinkwasserzisternen mit je 10 Millionen Liter Fassungsvermögen und war für 6000 Soldaten und 500 Pferde ausgelegt. Der riesige Pferdestall gehört zu den Gebäuden, die man heute besuchen kann. Das Castell wird seit 1960 nicht mehr militärisch genutzt und diente noch bis 1991 als Gefängnis. Seit 1997 ist die Anlage, die teilweise noch restauriert wird, für Besucher geöffnet. *Geöffnet Di bis So 10.30–18 Uhr, Juli bis September bis 20 Uhr, im Winter bis 15 Uhr. Die Festung kann entweder mit Audioguide besichtigt werden (Eintritt € 4) oder mit einer geführten Tour, die für € 16 eine Rundfahrt im Pickup und eine Bootsfahrt in einer der Zisternen beinhaltet. castellsantferran.com*

## Dalí-Museum

Das Museumsgebäude wurde auf der Ruine des abgebrannten ehemaligen Theaters von Figueres erbaut. Hier fand 1918 die erste Ausstellung des mit 14 Jahren noch sehr jungen Salvador Dalí statt. 1970 ließ er hier sein Museum errichten – auch um seiner Heimatstadt touristische Attraktivität zu verleihen. Im Teatre-Museu erwartet Sie viel mehr als eine Kunstausstellung. Dalí konzipierte das Museum als Gesamtkunstwerk: »Ich möchte, dass mein Museum ein großes surrealistisches Objekt wird, in dem die Leute das Gefühl haben, einen theatralischen Traum gehabt zu haben«. In den Räumen sind Arbeiten aus allen Schaffensphasen des Künstlers zu sehen: von der Lithografie bis zur surrealistischen Installation.

Wie kein anderes Museum über sein Werk ist es mit dem Leben des Künstlers verbunden. Im Turm neben dem Museum verbrachte Dalí seine letzten Lebensstunden. Sein Körper liegt einbalsamiert in der Krypta unter der Glaskuppel des Museums. Von der ersten Ausstellung bis in den Tod – das Teatre in Figueres spielte eine besondere Rolle im Leben Dalís.

*Geöffnet Juli bis September 9–20 Uhr, Oktober bis Juni Di bis So 10.30–18*

*Uhr. Eintritt €15–20 (je nach Saison), ermäßigt €10. Vorabuchungen empfehlenswert über www.salvador-dali.org.*

### Salvador Dalí – Künstler und Genie

Salvador Dalí wurde am 11. Mai 1904 in Figueres in die gut situierte Familie eines angesehenen Notars geboren und erhielt den Namen seines wenige Monate zuvor verstorbenen Bruders, was ihn als Junge wohl sehr belastete. Schon als Grundschüler interessierte ihn die Malerei mehr als alles andere und er soll im elterlichen Sommerhaus bei Cadaqués viele Stunden bei einem benachbart wohnenden Künstler verbracht haben.

Das künstlerische Interesse des Jungen wurde früh gefördert und er erhielt Malunterricht. Später besuchte Dalí die Fine Arts School in Madrid. 1926 wurde er wegen ungebührlichen Verhaltens der Schule verwiesen: Er hatte sich geweigert am Examen teilzunehmen, weil er seine Professoren für unfähig hielt, seine Arbeit zu beurteilen.

Seine Arbeiten entwickeln sich vom eher impressionistischen Stil in abstraktere Richtung. 1929 schließt er sich den Surrealisten an und wird bald zu einem der erfolgreichsten Künstler der Gruppe. Dort trifft er auch die einige Jahre ältere Russin Helena Diakonova, genannt Gala, in die er sich verliebt. Sie ist die Frau des Dichterkollegen Paul Eluard. Gala wird sich für Dalí entscheiden und spielt nicht nur als seine Muse, sondern auch als Modell und viele Jahre als Managerin eine entscheidende Rolle im Leben des Künstlers. Salvador Dalís künstlerischem Genie und dem kaufmännischen Geschick seiner Frau ist es zu verdanken, dass das Paar bald wohlhabend ist und im Luxus leben kann.

1934 wird Dalí wegen faschistischer Tendenzen aus der Künstlergruppe der Surrealisten ausgeschlossen. Im zweiten Weltkrieg leben er und Gala mehrere Jahre in den USA, wo sein realistischer Stil mit surrealen, aus einer anderen Welt entsprungenen Motiven gut ankommt. 1948 kehren die Dalís nach Europa zurück und erwerben das Haus in Port Lligat, die heutige Casa Dalí.

Nach Galas Tod im Jahr 1982 zieht Dalí in das Schloss Pubol, das er ursprünglich für seine Frau errichten ließ. Dieses verlässt er nach einem Brand in seinem Schlafzimmer, bei dem er schwer verletzt wird. Gezeichnet von seiner Parkinson Erkrankung verbringt der Künstler seine letzten Monate im für ihn umgebauten Turm Galatea neben seinem Museum in Figueres. Dort stirbt er am 23. Januar 1989.

Wer nicht auf dem Parkplatz am Castell übernachten möchte, findet sechs Kilometer nordöstlich von Figueres am Ortsrand von Cabanes einen ruhigen Stellplatz im Grünen [**027:** N 42°18'21.6", E 2°58'33.4", €10, Strom €2, V/E]. Er befindet sich auf einer großen Wiese vor einem Privathaus.

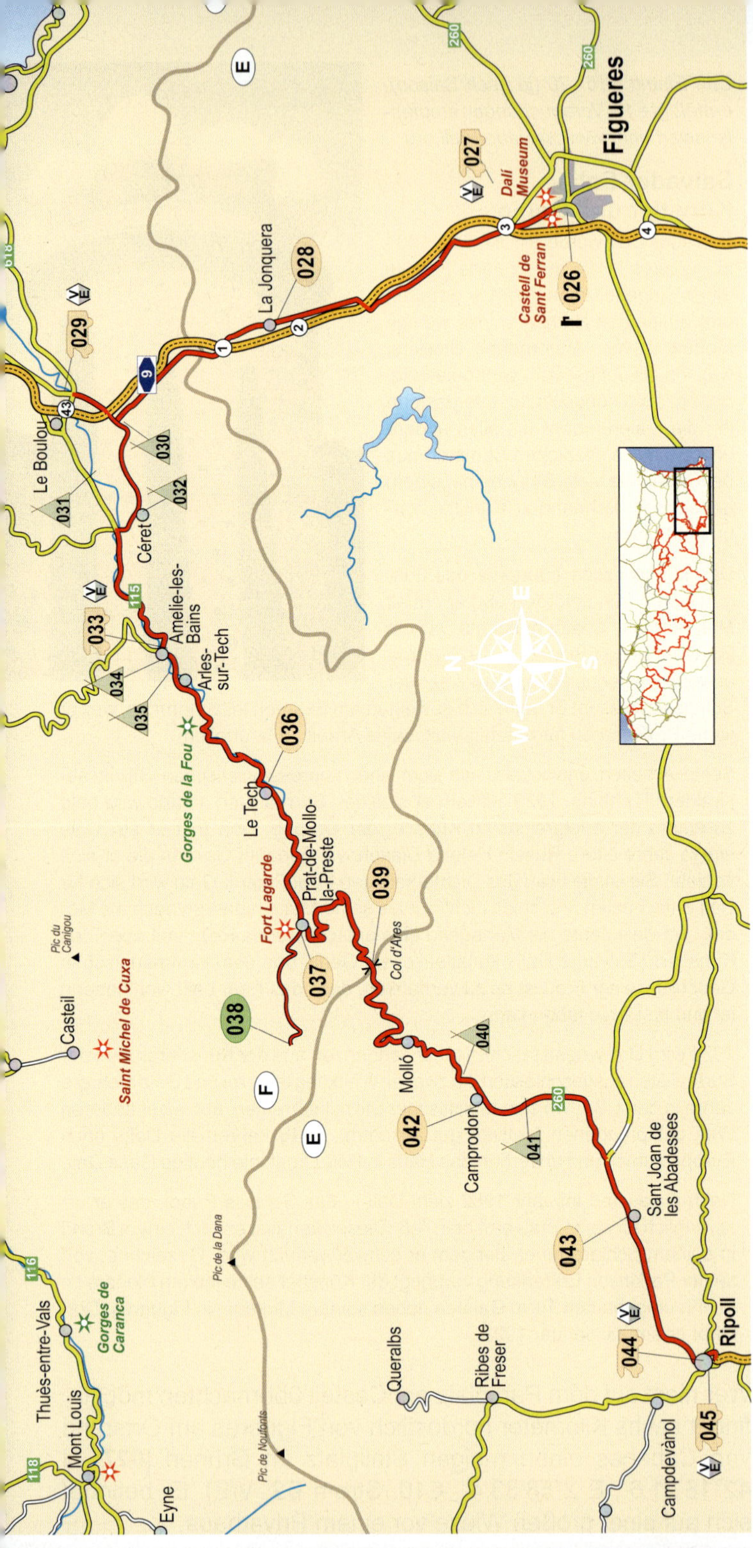

Figueres
Dalí Museum
Castell de Sant Ferran
La Jonquera
Le Boulou
Céret
Amelie-les-Bains
Arles-sur-Tech
Gorges de la Fou
Le Tech
Prat-de-Mollo-la-Preste
Fort Lagarde
Col d'Ares
Molló
Camprodon
Sant Joan de les Abadesses
Ripoll
Campdevànol
Ribes de Freser
Queralbs
Pic de la Dana
Pic de Noufonts
Eyne
Mont Louis
Thuès-entre-Vals
Gorges de Caranca
Casteil
Saint Michel de Cuxa
Pic du Canigou
026
027
028
029
030
031
032
033
034
035
036
037
038
039
040
041
042
043
044
045

## TOUR 2 140 km

### Von Figueres nach Ripoll

Figueres – Le Boulou – Amelie-les-Bains – Arles-sur-Tech – Prats-de-Molló – Col d'Ares – Camprodon – Ripoll

| | |
|---|---|
| **Stellplätze:** | La Jonquera, Le Boulou, Amelie-les-Bains, Le Tech, Prats-de-Molló, La Preste, Col d'Ares, Camprodon, Sant Joan de les Abadesses, Ripoll |
| **Campingplätze:** | Maureillas-Las-Illas, Céret, Amelie-les-Bains, Arles-sur-Tech, Camprodon |
| **Besichtigen:** | Altstadt und Kunstmuseum Céret, Fort Lagarde, Camprodon, Kloster Joan de les Abadesses, Kloster Santa Maria de Ripoll |
| **Märkte:** | Maureillias-la-Illas: Do; Amélie les Bains: täglich; Prats-de-Mollo: Fr; Ripoll: Sa |

*Die Route unserer zweiten Tour führt von Figueres in die südlichen Ausläufer der Pyrenäen. Wir durchqueren das französische Vallespir, das im Osten noch dicht besiedelt ist. Im Westen werden die Dörfer kleiner und die Berge höher. Höhepunkte der Fahrt sind das charismatische Künstlerdorf Céret und Prats-de-Mollo mit schönem Ortskern und historischer Festungsanlage. Mit dem 1513 Meter hohen Col d'Ares überqueren wir dann unseren ersten Pyrenäenpass und kurven wieder hinab in die Ebene rund um die katalanische Stadt Ripoll.*

Von Figueres fahren wir wieder zurück nach Frankreich. Dazu können Sie getrost die Autobahn nehmen, es sei denn, Sie möchten eine Runde shoppen gehen. Das spanische Einkaufsparadies für die französischen Nachbarn beginnt in **La Jonquera**. Hier sammeln sich riesige Supermärkte und auf einem der Parkplätze [**028:** N 42°25'34.8" E 2°52'04.2"] vor den Einkaufszentren stehen auch immer einige Wohnmobile. Das Spektakel setzt sich dann im Grenzort Perthus mit kleineren Geschäften fort, was im Samstagstrubel etwas unangenehm werden kann. Kommt man von Figueres, geht es im Ort bergauf und das auch mal im Stop-and-go. An Samstagen ist die Autobahn also tatsächlich eine besonders gute Alternative.

Prats-de-Molló

Spätestens in **Le Boulou** verlassen wir diese wieder. Der Ort ist sympathisch, aber nicht weiter spektakulär und bietet neben drei Campingplätzen einen offiziellen kostenlosen Stellplatz mit V/E am Ortsrand [**029:** N 42°31'38.1", E 2°50'15.9", Le Boulou]

Eine gute Alternative, nicht nur für Fahrzeuge ohne WC, ist einer der drei Campingplätze vor der Stadt oder der winzige Camping Municipal mit zugehörigem Stellplatz im Nachbarort **Maureillas-Las-Illas**.

### (030) WOMO-Campingplatz: Maureillas-Las-Illas Camping Municipal Maureillas

**GPS/Kontakt:** N 42°29'10.1", E 2°48'27.3", 137 m, Route de Las Illas. Tel. 0033 448.070636, www.camping-maureillas.com.
**Öffnungszeit:** April bis Oktober. **Ausstattung:** V/E, WLAN.
**Beschreibung:** Kleiner Platz am Ortsrand. Für einen kommunalen Campingplatz gut ausgestattet. Kleine, aber gute Sanitäranlagen mit heißem Wasser auch an den Spülbecken. Viel Schatten unter hohen Bäumen. Von November bis April ist nur der Stellplatz vor dem Campinggelände geöffnet, die Sanitäranlagen sind geschlossen.
**Preise:** €9–14, Strom €3,50. Rezeption oft nicht besetzt, Anmeldung mit Anruf.
**Zufahrt:** Ortsdurchfahrt links in die Route de las Illas und an deren Ende links zum Camping abbiegen. Die Zufahrt zum Platz ist beschildert.

Wer einen komfortabel ausgestatteten Campingplatz in schöner Lage am Fluss bevorzugt, fährt von Maureillas quer hinüber nach **Saint-Jean-Pla-de-Corts** und trifft an der Flussbrücke vor dem Ort in einem grünen Tal auf den ruhig und außerorts gelegenen Camping La Vallée.

### (031) WOMO-Campingplatz: Camping De La Vallée

**GPS/Kontakt:** N 42°30'23.0", E 2°47'41.0", 89 m, Route de maureillas. Tel. 0033 468 832320, www.campingdelavallee.com.

**Öffnungszeit:** April bis Oktober.
**Ausstattung:** V/E ohne Grauwasser, Depot de pain, Pool, Restaurant geöffnet von Juni bis September, WLAN in der NS kostenlos.
**Beschreibung:** Gepflegter, gut ausgestatteter und schön angelegter Platz vor schöner Bergkulisse und mit Wiesenplätzen unter lichtem Baumbestand. Ankunft 14 bis 19 Uhr möglich.
**Preise:** €17–21, Strom €4.
**Zufahrt:** Am südlichen Ortsrand von Saint-Jean-Pla-de-Corts auf der Südseite des Tech. Von Le Boulou kommend im Ort links die D 13 nach Maureillas wählen und hinter der Flussbrücke links zum Platz fahren.

Ein Stopp lohnt unbedingt in **Céret**, das sozusagen das Pendent im Landesinneren zum Künstlerort Collioure an der Küste ist.

## Kirschen und Kunst in Céret

Das Klima ist mild in Céret und so sind hier die Kirschen früher reif, als in allen anderen Regionen in Frankreich. Die Sonne im lichtdurchfluteten Dorf war es wohl auch, die Anfang des 20. Jahrhundert die Künstler ins Dorf zog. In Céret waren es die Kubisten, die sich zu ihren Bildern inspirieren ließen und im Grand Café und den Bars unter den großen Platanen bei einem Pastis die Welt diskutierten. Pablo Picasso lebte und arbeitete mehrere Sommer in Céret, ebenso sein Künstlerkollege Georges Braque. Fast alle spanischen und französischen Kubisten besuchten den Ort irgendwann. Dem Engagement des in Céret ansässigen Malers Pierre Brune ist es zu verdanken, dass viele Kunstwerke im Ort blieben. Er plante ein Museum und bat dafür seine Künstlerfreunde um Spenden. Im Musée d'Art moderne, dem Museum für moderne Kunst, sind heute über 50 Werke von Picasso zu sehen. An den Wänden hängt auch die Guache »Die Kuh unter dem Regenschirm« von Chagall, etliche Zeichnungen von Matisse und Werke von Miró und Aristide Maillol. Große Namen für ein kleines Museum. Wenige Straßen weiter lohnt dann auch das Museum für Musik einen Besuch.

Aber auch außerhalb seiner ungewöhnlichen Museen hat sich Céret den besondere Flair eines Künstlerortes erhalten. An den Gassen der Altstadt reihen sich mehrstöckige alte Bürgerhäuser mit verschnörkelten Balkongeländern und stuckverzierten Fassaden aneinander. Dazwischen spenden riesige Platanen angenehmen Schatten. Auf der Place Pablo Picasso und der Place de Neuf Jets stehen die Tische der Restaurants, aus denen es mittags verführerisch durftet. Das Preisniveau ist durchaus moderat und eine Einkehr zu empfehlen. Wer auf den Spuren der Kubisten unterwegs ist, findet in der Rue Saint-Ferréol auch noch das Grand Café, in dem auch Picasso seinen Kaffee trank. An der Place Picasso haben wir außerdem lange und fasziniert vor dem Brunnen mit Picassomotiven gestanden und immer wieder etwas Neues entdeckt.

Wer Céret in Ruhe entdecken und genießen möchte, kann auf dem Camping Municipal unterkommen. Der Platz ist sehr sympathisch, liegt aber leider sehr nahe an der Straße.

**(032) WOMO-Campingplatz: Céret/Camping de Nogarède**

**GPS/Kontakt:** N 42°29'02.4", E 2°45'29.2", 36B Avenue d'Espagne, Tel. 0033 660 279180, www.campingdenogarede-ceret.fr.
**Öffnungszeit:** Ganzjährig.
**Ausstattung:** Bar, kleiner Laden.
**Beschreibung:** Uriger Wiesenplatz mit sehr vielen Buddha-Statuen, moderne und gepflegte Sanitärhäuschen. Leider hört man die viel befahrene Straße ziemlich gut. Zehn Minuten Fußweg ins Ortszentrum von Céret.
**Preise:** € 12–20, Strom € 5.
**Zufahrt:** Am östlichen Ortsrand von Céret. Zufahrt links an der D 618 kurz vor der Brücke über den Tech.

Wir steuern jetzt auf die ersten richtigen Berge zu und folgen dazu der D 115. Es geht zuerst durch einige nette Orte mit guter Infrastruktur. Leider ist **Amelie-les-Bains**, der Ort der auch einen Stellplatz und einen Campingplatz anbietet, nicht gerade der schönste von ihnen. Trotzdem sind beide Plätze oft gut von den Kurgästen belegt, die im hiesigen Thermalbad ihre Gesundheit pflegen.

**(033) Offizieller WOMO-Stellplatz: Amelie-les-Bains Aire Camping-Car Park**

**GPS/Kontakt:** N 42°28'52.8", E 2°40'54.8", 4B Route de Céret, www.campingcarpark.com.
**Ausstattung:** V/E, Strom, Mülleimer, WLAN.
**Beschreibung:** Weitläufiger Platz in zwei Terrassen am Ortsrand von Amelie-les-Bains. Der Platz liegt ein gutes Stück oberhalb der Straße und relativ ruhig im Grünen. **Preise:** € 12,50 inkl. Strom und zuzüglich Kurtaxe. Für die Nutzung des Platzes brauchen Sie den Pass'Etapes. Die Karte muss einmal für € 5 erworben werden und gilt dann unbegrenzt für alle Plätze des Anbieters. Zufahrt durch Schranke, Zahlung online oder am Automaten.
**Zufahrt:** Am Kreisel im Zentrum links und gleich wieder links in den Carrer del Pardal abbiegen und der schmalen Straße aufwärts folgen. Am ersten Abzweig geht es noch einmal links zum Stellplatz.

### (034) WOMO-Campingplatz: Amélie-les-Bains Camping Amelia

**GPS/Kontakt:** N 42°28'44.5", E 2°40'27.0", Avenue Beau Soleil. Tel. 0033 468 390049, www.camping-amelia.fr.
**Öffnungszeit:** Februar bis Dezember.
**Ausstattung:** V/E mit Euro Relais, WLAN gratis an der Rezeption, Spielplatz.
**Beschreibung:** Kleiner Campingplatz unterhalb der Straße. Im Sommer kostenlose Navette (Bus) in den Ort und zur örtlichen Therme.
**Preise:** € 14 – 19,50, Strom € 3. Quickstopp 18 bis 8 Uhr € 10 – 15 (mit Sanitärnutzung), Motorhome Area außerhalb des Platzes € 7.
**Zufahrt:** Rechts an der durch den Ort führenden Hauptstraße.

Ein weiterer, größerer und im Sommer sehr lebendiger Campingplatz folgt dann außerhalb des Ortes rechts der Straße.

### (035) WOMO-Campingplatz: Arles-sur-Tech Camping Le Vallespir

**GPS/Kontakt:** N 42°28'00.4", E 2°39'05.3", Tel. 0033 468 399000, www.campingvallespir.com. **Öffnungszeit:** Februar bis November.
**Ausstattung:** V/E, WLAN, Pool und Pizzeria.
**Beschreibung:** Komfortabler Platz direkt an der Straße und durch eine Hecke abgeschirmt. Kinder freuen sich über den Eselstall, ein Trampolin und eine Minigolfanlage. Im Sommer Navette (Bus) zur Therme.
**Preise:** € 17,50 – 24, Strom € 3.
**Zufahrt:** Hinter Amelie-les Bains links an der D115.

Hinter Amelie-les-Bains sind die Orte kleiner und das Tal ist stiller. Rechts und links werden auch die Berge schroffer und hinter dem Ort **Arles-sur-Tech** mit seiner schönen alten Kirche konnte man bis vor einigen Jahren die **Gorges de la Fou** besuchen, eine der spektakulärsten Pyrenäenschluchten. Leider wurde die Steganlage durch einen Erdrutsch zerstört und die Kosten des Wiederaufbaus übersteigen die Möglichkeiten der Gemeinde. Voraussichtlich bleibt diese Schlucht geschlossen, womit das Vallesspir eine seiner wichtigsten Sehenswürdigkeit verliert.

Zurück auf der D 115 durchqueren wir die aus wenigen Häusern bestehenden Orte Can Partère und **Le Tech**, wo am Ufer des Flüsschens Tech ein Picknickplatz und ein Parkplatz [**036:** N 42°24'35.3", E 2°32'39.5"] zu finden sind. Da die Zufahrt schmal ist, eignet er sich nur für wenige Mobile.

Im nächsten Ort, dem letzten vor der Passhöhe und der spanischen Grenze, lohnt ein etwas längerer Stopp. Ein Parkplatz am Flussufer bietet sich als schöner Stellplatz an, hier stehen fast immer ein paar Wohnmobile, denn der Ort **Prats-de-Molló-la-Preste** hat eine schöne kleine Altstadt und eine ungewöhnliche Kirche. Außerdem lohnt unbedingt der Aufstieg zum alten Fort auf dem Hügel über der Stadt – entweder auf einem schmalen Fußweg oder durch den Tunnel mit endlos vielen Stufen, der vom Ort direkt zum Eingang der Festung führt.

## (037) WOMO-Parkplatz: Prats-de-Molló

**GPS:** N 42°24‘10.7“, E 2°28‘44.0“, 725 m. **Max. WOMOs:** 8
**Ausstattung:** Keine.
**Beschreibung:** Parkplatz am Tech und am Ortsrand mit Blick auf das Dorf und die Kirche. Zwei weitere Terrassen oberhalb des Flusses.
**Zufahrt:** Im Ort rechts nach La Preste abbiegen und hinter der Brücke über den Tech rechts zum Parkplatz hinunterfahren.

Über die Brücke kommen wir in den Ort mit zentralem Bouleplatz, an dem rechts auch die Tourismusinformation zu finden ist. Ein Besuch in der Info ist besonders sinnvoll, wenn Sie die Festung besichtigen möchten, wo auch geführte Touren angeboten werden. Hier können Sie sich auch über Führungen und Öffnungszeiten des Forts informieren, bevor Sie hinaufsteigen.

Links vom Bouleplatz geht es dann in die Altstadt. Steigt man zwischen den Häusern hinauf zur Kirche und geht rechts an dieser vorbei, trifft man auf den Eingang des Tunnels, der hinauf zum Fort von Lagarde führt. Der Aufstieg lohnt auch nur für den Ausblick, sollten Sie außerhalb der etwas löchrigen Öffnungszeiten des Forts hier eintreffen.

### Die Festung von Lagarde

Hier ist er wieder: Monsieur Vauban. Wie schon in Collioure war auch in Prats-de-Molló der Militärbaumeister des Königs Ludwig XIV am Werk. Im 17. Jahrhundert diente die Festungsanlage dem Schutz des Col d'Ares, einem der natürlichen Übergänge nach Spanien. Die Anlage wurde rund um einen älteren Wachtturm errichtet – den Tour de la Guardia. Er war, zusammen mit dem

ebenfalls noch existenten Tour de Mir, der nahe der Grenze auf einem Gipfel thront, und dem inzwischen zerstörten Tour de Cos, der in der Nähe des Dorfes Tech weiter im Landesinneren stand, Teil eines Informations- und Beobachtungssystems, mit dem man vor Gefahren warnte. Der alte Turm steht noch im Zentrum des sternförmigen Donjons und wurde mit der Festung umbaut. Das beeindruckendste Detail der Festungsanlage ist aber für die meisten Besucher der deutlich neuere Treppengang, über den man vom Dorf hinaufsteigt. Er wurde im 18. Jahrhundert ergänzt und führt zuerst zum Vorbau Tour Carrée und dann weiter hinauf zur Burg. *Geöffnet täglich 11–13 und 14–19 Uhr. Eintritt in die Festung €3,50. Der gedeckte Gang zur Burg und die Außenanlagen sind ohne Eintritt zugänglich.*

Auch die **Kirche Saintes Juste et Ruffine** kann man täglich von 10.30–12.30 Uhr und 15–19 Uhr besichtigen. Der ursprünglich romanische Kirchenbau wurde im 17. Jahrhundert im gotischen Stil umgebaut. Besonders bemerkenswert ist das schmiedeeiserne Tor sowie das barocke Mobiliar und ein großes Altarbild von Josep Sunyer (1693) in ihrem Inneren.

Bevor wir jetzt über den **Col d'Ares** zurück nach Spanien fahren, lohnt für alle, die naturnahe Plätze einem Stellplatz im Dorf vorziehen, die Fahrt in das Seitental von **La Preste**. Am Parkplatz am Straßenende können Sie nicht nur über Nacht parken, sondern auch in einer Käserei frischen Ziegenkäse einkaufen oder das Thermalbad besuchen. Die Zufahrt ins Tal zweigt am Ortsende rechts von der D 115 ab, ist gerade noch zweispurig, aber recht gut befahrbar. Nur auf dem letzten Kilometer vor dem Thermalbad wird es eng, aber dort gilt dann immerhin eine Einbahnstraßenregelung.

**(038) WOMO-Parkplatz: La Preste**

**GPS:** N 42°24'24.0", E 2°24'02.0", 1.130 m. **Max. WOMOs:** 4
**Ausstattung:** Keine.
**Beschreibung:** Wanderparkplatz am Ende der Stichstraße nach La Preste, vier für Wohnmobile markierte Plätze. Folgt man der Straße über die Brücke, kommt man zu einem Ziegenhof, der auch Käse verkauft. Einsame Lage. Markierte Wanderwege.
**Zufahrt:** Gute, unkomplizierte Straße, nur die letzten drei Kilometer wird es etwas enger. Dann an einer Gite und an einem Grandhotel vorbeifahren, die den Weiler La Preste fast komplett ausmachen. Hier ist es ziemlich eng, was aber nicht so tragisch ist, da es sich um eine Einbahnstraße handelt. Vom Parkplatz zurück geht es dann auf einer zweiten, weiter unten verlaufenden Strecke.

Zurück auf der D 115 kurven wir jetzt unseren ersten Pyrenäenpass hinauf. Da die Grenzlinie zwischen Spanien und Frankreich meist auf dem Kamm des Gebirges verläuft, bedeutet eine Fahrt über einen Pass häufig auch den Wechsel des Reiselandes und der Sprache. Auf der spanischen Seite kommen wir hier in die Provinz Katalonien, sodass wir nicht nur mit Spanisch, sondern auch mit Katalanisch konfrontiert sind. »Catalan«, wie man im Land die Sprache nennt, gehört zur romanischen Sprachfamilie und ist, wenn man eine der romanischen Sprachen gelernt hat, durchaus verständlich. Es ist kein spanischer Dialekt, sondern hat seinen Ursprung direkt im Vulgärlatein. Erste katalanische Texte gibt es bereits aus dem 12. Jahrhundert. In Katalonien treffen wir meist auf zweisprachige Informationen. Aber ohne profunde Spanischkenntnisse ist es manchmal gar nicht so einfach, die beiden Sprachen auseinanderzuhalten. Schnell aufgeschnappt haben wir den üblichen Gruß »Buon día« (statt Buenos dias) und die Basisvokabeln für die tägliche Versorgung. Der Begriff »Supermercat« ist ja wenig außergewöhnlich, aber die Suche nach einer Bäckerei wurde mit der neuen Vokabel »Forn del Pa« (wörtlich übersetzt: Brotofen) doch deutlich einfacher.

Aber jetzt fahren wir erstmal über den Pass, denn noch sind wir ja in Frankreich. Wenn Sie mehr Glück haben als wir und hier nicht im Regen sitzen, ermöglicht ein kleiner Picknickplatz einen entspannten Stopp auf der Landesgrenze.

### (039) WOMO-Parkplatz: Col d'Ares

**GPS:** N 42°22'01.1", E 2°27'24.9", 1.515 m. **Max. WOMOs:** 2
**Ausstattung:** Picknickplatz mit zwei Tischen.
**Beschreibung:** Kleiner Schotterplatz direkt neben der Straße.
**Zufahrt:** Auf der Passhöhe hinter dem Gasthof links.

Hinter dem Col wird aus unserer D 115 die spanische C 38 und wir passieren die ersten spanischen Pyrenäendörfer, die sich optisch durchaus von den französischen unterscheiden. Die Orte wirken unerwartet neu erbaut, gepflegt und gestylt. Es dominiert bräunlicher Naturstein. Kurz vor dem Dorf **Molló** liegt links der Straße ein Tierpark, der mit dem Wohnmobil aber leider nicht erreichbar ist, weil die enge, steile Zufahrtsstraße mit gutem Grund ein Camperverbot ziert. Dann kommen wir zum etwas größeren Ort **Camprodon**, der sich für einen kleinen Spaziergang anbietet. Im Winter ist Camprodon ein Zugang zum beliebten Skigebiet Vallter 2000. Vor und hinter dem Ort gibt es jeweils einen Campingplatz, am Ortsrand bietet ein gepflegter Park- und Picknickplatz ein Quartier für kompakte Mobile.

### (040) WOMO-Campingplatz: Camprodon Camping Els Solans

**GPS/Kontakt:** N 42°19'28.5", E 2°23'24.6", 980 m, Tel. 0034 972 130099, www.campingcamprodon.com.
**Öffnungszeit:** Ende Juni bis Mitte September, sonst nur WE.
**Ausstattung:** Cafeteria (dort kostenloses WLAN).
**Beschreibung:** Schöner, eher einfacher Platz am Fluss in Alleinlage, etwas abseits der Straße. Engagierte, freundliche Besitzer.
**Preise:** €23,50–25,50, Strom €7,50. Camperplatz €22.
**Zufahrt:** Einen Kilometer vor Camprodon links der C 38 gelegen.

### (041) WOMO-Campingplatz: Vall de Camprodon

**GPS/Kontakt:** N 42°17'24.0", E 2°21'44.0", 900 m, Tel. 0034 972 740507, www.valldecamprodon.net.
**Öffnungszeit:** Ganzjährig.
**Ausstattung:** V/E, großer Pool, Spielplatz, Streichelzoo, Picknickplatz, Restaurant und Supermarkt. WLAN kostenlos.
**Beschreibung:** Vier-Sterne-Platz mit separatem WOMO-Stellplatz.
**Preise:** €31–46, Strom €9, Camperplatz 10–18 Uhr €20.
**Zufahrt:** Zwei Kilometer hinter Camprodon links der C 38.

### (042) WOMO-Parkplatz: Camprodon

**GPS:** N 42°18'43.7", E 2°21'47.2", 953 m. **Max. WOMOs:** 4–5
**Ausstattung:** Picknicktische.
**Beschreibung:** Schön in Terrassen angelegter Parkplatz. Für Wohnmobile bis maximal 6,5 Meter auf den obersten Plätzen, an denen der Überhang über der Wiese platziert werden kann. Kurzer Fußweg ins Ortszentrum und zur Bogenbrücke.
**Zufahrt:** Am Kreisel am Ortsende rechts und kurz darauf links hinauf zu einem zweiten Kreisel, hinter dem der Parkplatz liegt.

### Rundgang durch Camprodon

Zentrum des Ortes ist die Pont Nou, die Neue Brücke. Der Name ist etwas irreführend, denn die massige Steinbrücke wurde im Jahr 1315 erbaut. In einem majestätischen Bogen überspannt sie das Flüsschen Ter. Um auf die belebtere Flussseite mit Geschäften und Restaurants zu kommen, spazieren wir erst einmal hinüber auf die andere Seite. Geht man hier rechts weiter und entfernt sich dann links vom Fluss und steigt auf den Hügel hinter den Häusern, kommt man zu den Resten einer Festung, die einst oberhalb des Ortes auf dem Hügel über den Ort wachte. Dort steht heute außerdem ein 1761 erbauter Glockenturm, von dem man einen tollen Ausblick über das Tal hat. Biegt man hinter der Pont Nou links ab, kommt man zur Mündung des Ritort in den Riu Ter. Rechts und links des Flusses stehen weitere bunte Häuser direkt am Wasser. Dahinter treffen wir auf das Ortszentrum mit der sehenswerten Kirche Iglesia Parroquial de Santa Maria aus dem 14. Jahrhundert. visitcamprodon.cat

Der nächste Ort **Sant Joan de les Abadesses** entstand im Mittelalter um ein Kloster, das bereits 880 als **Nonnenkloster der Benediktinerinnen** gegründet wurde. Das heutige Klostergebäude wurde in der ersten Hälfte des 12. Jahrhunderts erbaut. Besonders interessant sind die mit Figuren reich gestalteten Kapitelle in der äußeren Apsis des Chores. *Geöffnet Mai bis August Mo bis Sa 10–13 und 16–18 Uhr, So 10–13 Uhr. September bis April täglich 10–13 Uhr. Eintritt €5. www.monestirsantjoanabadesses.cat*

Im Ort gibt es leider keinen offiziellen Stellplatz mehr, nachdem der alte Platz umgestaltet und die V/E entfernt wurde. Auf dem neuen Parkplatz [**043**: N 42°14'07.4", E 2°17'03.2", Sant Joan de les Abadesses] ist die Übernachtung nicht verboten, die Plätze haben aber nur PKW-Größe.

Die hohen Berge der Pyrenäen haben wir jetzt schon wieder verlassen. Vor uns liegt Ripoll, die größte Stadt der Region. Sie eignet sich wunderbar zum Einkaufen und Vorräte auffüllen und auch ein kurzer Spaziergang durch den alten Ortskern bietet sich an. Auch die Stadt Ripoll entstand rund um ein Kloster und auch **Santa Maria de Ripoll** wurde bereits um 880 von Benediktinerinnen gegründet. Das Gebäude war eines der ersten im romanischen Stil erbauten Klöster in Katalonien. Besonders sehenswert sind das Portal der Kirche aus dem 12. Jahrhundert mit mehreren Bibelszenen und ausdrucksstarken Figuren und der zweistöckige Kreuzgang des Klosters.
*Die Kirche ist täglich von 10–14 und 16–19 Uhr für Besucher geöffnet. Eintritt €5. www.monestirderipoll.cat*

Zur Übernachtung stellt die Stadt Ripoll inzwischen gleich zwei Wohnmobilstellplätze zur Verfügung. Beide sind kostenlos und liegen am Flussufer. Der neue Platz gefällt uns deutlich besser.

### (044) Offizieller WOMO-Stellplatz: Ripoll Can Guetes

**GPS:** N 42°12'09.8", E 2°11'37.3", 680 m. **Öffnungszeit:** Ganzjährig.
**Ausstattung:** V/E, Cafeteria/Restaurant, Fahrradverleih.
**Beschreibung:** Sechs markierte Camperplätze auf einem asphaltierter Parkplatz, eher zweckmäßig. Nahe an der Straße und daher etwas lauter, für eine Nacht aber völlig okay. Über eine Fußgängerbrücke geht es in die Altstadt.
**Zufahrt:** Am ersten Kreisel vor der Stadt links halten und der Straße folgen. Hinter dem dritten Kreisel rechts am Restaurant auf den als Stellplatz beschilderten Parkplatz fahren.

### (045) Offizieller WOMO-Stellplatz: Ripoll Sportzentrum

**GPS:** N 42°11'35.4", E 2°11'44.1", 1 Carrer de Concepció , 680 m.
**Öffnungszeit:** Ganzjährig.
**Ausstattung:** V/E.
**Beschreibung:** Große Stellplätze auf einem ebenen Platz in sehr ruhiger Lage am Stadtrand. Einige Bäume spenden etwas Schatten
**Zufahrt:** Am Kreisel im Südwesten der Stadt rechts und am langgezogenen Rondell im Zentrum noch einmal rechts auf dem Carrer de Concepcio Ducloux bis zum Flussufer fahren.

# TOUR 3 etwa 100 km

**Vom Parc Natural Cadí-Moixeró in die Cerdagne**
Ribes-de Freser – Super Molina – Puigcerda – Angoustrine – Font-Romeu – Lac des Boulliouses – Mont-Louis

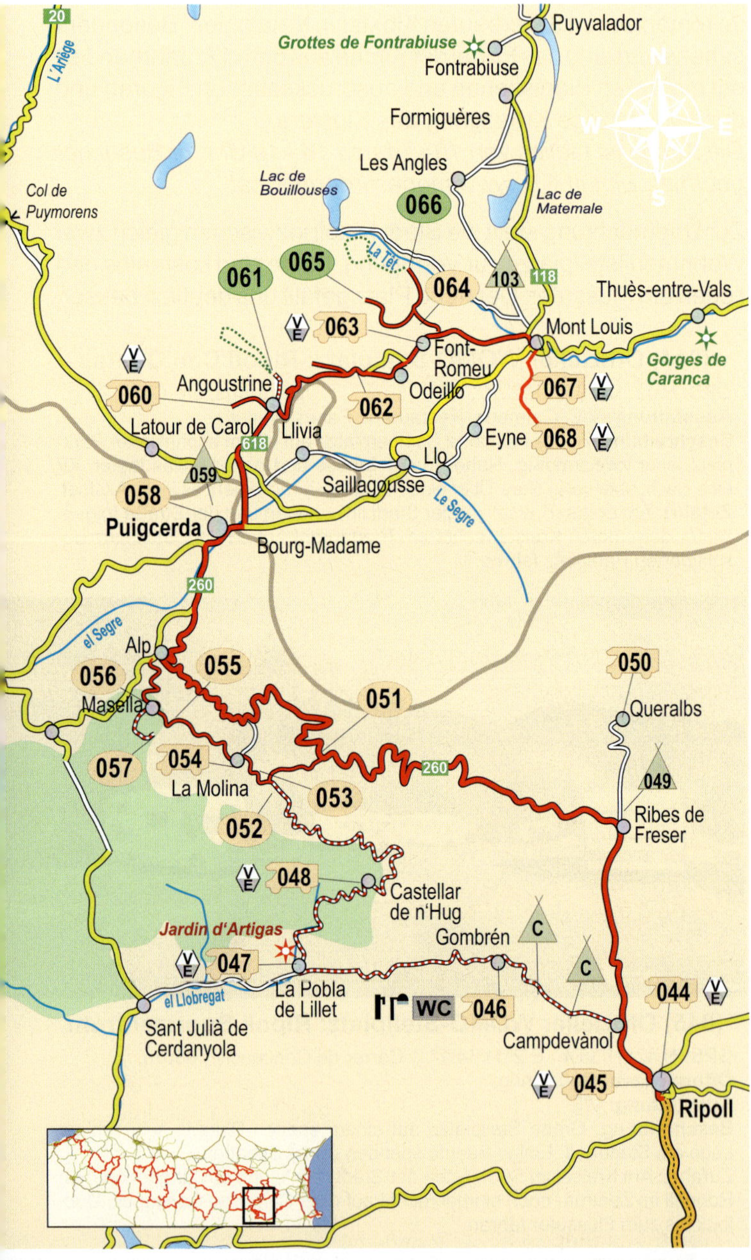

| | |
|---|---|
| **Stellplätze:** | Gombrèn, La Pobla de Lillet, Castellar de n'Hug, Queralps, Collada de Toses, Super Molina, Masella, Cadí Moixeró, Puigcerda, Dorres, Angoustrine, Egat, Font-Romeu, Col de Pam, Mont-Louis, Saint-Pierre-dels-Forcats |
| **Campingplätze:** | Ribes de Freser, Puigcerda |
| **Besichtigen:** | Jardins Artigas, Museu del Ciment Asland, Mont-Louis |
| **Wandern:** | Tal der Angoustrine, Lac des Bouillouses |
| **Märkte:** | Font-Romeu: Mi, Mont-Louis: Do |

*Von Ripoll überqueren wir den Bergkamm erneut in Richtung Norden und treffen auf der anderen Seite auf das Tal des Sègre und die Region Cerdagne. Unsere Hauptroute bleibt auf der direkten Verbindung nach Puigcerda, die kurvenreich und mit vielen schönen Ausblicken am Hang durch grüne Berge führt. Wenn Sie jetzt aber endlich richtig in die Berge wollen und schmale Straßen nicht scheuen, könnten Sie auch über Campdevànol, La Pobla de Lillet und Castellar de n'Hug einen landschaftlich sehr schönen, aber kurventechnisch recht zeitintensiven Abstecher durch den Naturpark Cadí Moixeró machen.*

**Die Alternativroute durch den Naturpark Cadí Moixeró**
Kurz hinter Ripoll verlassen wir in **Campdevànol** die gut ausgebaute N 260 und folgen dem Flüsschen el Merdás durch ein grünes Tal. Wie auch der Fluss zieht sich die Straße in sanften Schwüngen durch das Tal, was das Reisetempo deutlich reduziert. Zwei kleine Campingplätze links der Straße am Fluss bieten Quartier für alle, die nicht in Ripoll bleiben wollten und die Idylle am Fluss vorziehen. Alternativ wartet im Dörfchen Gombrèn auch ein kleiner Stellplatz.

**(046) Offizieller WOMO-Stellplatz: Gombrèn**

**GPS:** N 42°14'55.2", E 2°5'20.7", 9 Avinguda Moisès Torrens.
**Öffnungszeit:** Ganzjährig.
**Ausstattung:** Wasser, Toilette, Dusche, Mülleimer.
**Beschreibung:** Kleiner, gemischter Parkplatz unterhalb der Straße am Ortsrand gelegen. Kein Schatten. **Preise:** Dusche 50 Cent.
**Zufahrt:** Im Ort links dem Hinweisschild zum Parkplatz folgen. Die Zufahrt führt durch den Ort und ist relativ eng.

Nach 15 kurvenreichen Kilometern erreichen wir das Dorf **La Pobla de Lillet,** in dessen Zentrum eine alte Bogenbrücke aus dem 14. Jahrhundert den Llobregat überspannt. Oberhalb des Ortes wurde im Tal des Llobregat Anfang des 20. Jahrhunderts Zement hergestellt. Die zum Transport des Baustoffes eingesetzte Schmalspurbahn **Tren del Ciment** hat man 2005 als Touristenbahn wieder in Betrieb genommen. Sie verbindet auf einer 3,2 Kilometer langen Strecke den Ort mit dem Zementmuseum, dem wir später an der Straße nach Castellar de n'Hug begegnen. Fans historischer Schmalspurbahnen können am Ortsrand von Lillet ein kleines **Eisenbahnmuseum** besuchen. Die größte Sehenswürdigkeit des kleinen Ortes sind jedoch die Jardins Artigas, die ebenfalls an einer der Stationen des Zuges liegen. Neuerdings gibt es in Pobla de Lillet sogar einen kleinen Stellplatz. Die Zufahrt ist mit sehr großen Mobilen jedoch kaum zu meistern.

### (047) Offizieller WOMO-Stellplatz: La Pobla de Lillet

**GPS:** N 42°14'35.9" E 1°58'25.5". **Öffnungszeit:** Ganzjährig.
**Ausstattung:** V/E und Strom am Euro-Relais.
**Beschreibung:** Ebener Schotterplatz für 20 Camper am Flussufer. Nahe am Ortszentrum. Enge Zufahrt zwischen Häusern.
**Preise:** Strom und Wasser kostenpflichtig.
**Zufahrt:** Im Ortszentrum hinter der zweiten Bogenbrücke dem Parkplatzsymbol nach links folgen. Es geht zwischen den Häusern hinauf bis zur breiten Rampe, die rechts zum Platz hinunterführt.

### Les Jardins Artigas

Die Gartenanlage befindet sich neben einer ehemaligen Papierfabrik. Kein geringerer als Antoni Gaudi legte sie auf einem ungenutzten Grundstück der Familie Artigas an. Lange Zeit kaum beachtet, wurde der Garten vor einigen Jahren wiederentdeckt und renoviert. Zwischen vielen Pflanzen erschuf Gaudi hier eine kleine Traumwelt mit Türmchen, Brücken, Steinfiguren und vielen Symbolen.

*Geöffnet April bis Mitte Juni und Mitte September bis Ende Oktober Sa 10–14 Uhr und 15.15–18.30 Uhr, So 10–14 Uhr und 15.15–17.30 Uhr. Mitte Juni bis Mitte September täglich 10–14 Uhr und 15.15–18.30 Uhr. Eintritt €4,50, Kinder 6 bis 13 Jahre €2,20. Außerhalb der Saison ist es möglich, einen Besichtigungstermin in der Information zu vereinbaren. www.poblalillet.cat*

Wir biegen in La Pobla de Lillet rechts ab und fahren eine der wenigen Straßen, die durch die Berge des **Naturpark Cadí Moixeró** führen. In Kehren geht es bergan und nach den ersten drei Kilometern zweigt links eine Straße zum Zementmuseum ab. Ein Teil des alten Industriegebäudes ist zerfallen, im renovierten vorderen Teil informiert eine Ausstellung über die industrielle Vergangenheit des Llobregattales, die Zementherstellung und die Asland Zementfabrik.

### Museu del Ciment Asland

*Eintritt €6, Jugend 16 bis 25 €4, Kinder bis 16 Jahre frei. Geöffnet Mitte Juli bis August 11–15 Uhr und 16–18 Uhr, Mai bis Oktober an den Wochenenden von 11–15 und 16–18 Uhr. Teilweise auch Mo bis Fr von 11–15 Uhr. Einen Kalender mit den genauen Daten finden Sie unter museuciment.cat.*

Dann führt unsere Straße weiter hinauf und am Dörfchen **Castellar de n'Hug** vorbei, das malerisch am Hang klebt. Für einen Spaziergang durch die engen Gassen des Dorfes parkt man oberhalb auf dem neuen Wohnmobilstellplatz.

### (048) Offizieller WOMO-Stellplatz: Castellar de n'Hug

**GPS:** N 42°16'48.5" E 2°01'24.5". **Öffnungszeit:** Ganzjährig.
**Ausstattung:** V/E, Strom und Wasser am Euro-Relais.
**Beschreibung:** Der umzäunte Schotterplatz für 20 Wohnmobile liegt oberhalb des Ortes auf einem ehemaligen Fußballplatz, der zum Stellplatz umgebaut wurde. Etwa fünf Gehminuten sind es hinunter in den Ort mit Laden und Restaurant.
**Preise:** Strom und Wasser kostenpflichtig.
**Zufahrt:** Am Ort vorbeifahren und dann unbedingt den Wohnmobil-Schildern folgen! Die Zufahrt zweigt erst oberhalb des Dorfes links von der Straße ab und ist so neu, dass ihr Navi sie vielleicht nicht kennt.

Dann rollen wir mitten hinein in eine karge, unbewohnte Berglandschaft. Am eindrucksvollsten fanden wir die letzten Kilometer der Route, wenn sich die Straße kurz vor Molina um kahle grüne Hügel schlängelt, auf denen Schafe, Kühe und Pferde weiden. Ab und zu blitzt dunkelrote Erde unter der Grasnarbe hervor und sorgt für einen recht ungewöhnlichen Farbkontrast. Am **Stellplatz (053)** treffen wir dann wieder auf unsere Hauptroute und biegen links zum Skiort **Super Molina** ab.

**Auf der Hauptroute in die Cerdanya**

Auf unserer Hauptroute ist der nächste Ort an der Straße **Ribes de Freser** mit seiner verschachtelten Altstadt mit engen Gassen. Das Dorf ist der einfachste Zugang zum **Tal von Núria**, das quer durch die höchste Bergkette der Region eine Verbindung nach Frankreich ermöglicht – hinüber kommt man allerdings nur zu Fuß. Eine Bergbahn fährt bis zum Ski-und **Wallfahrtsort Núria**, der auf 1967 Meter ein Stück unter der Passhöhe liegt. Die Mischung ist durchaus ungewöhnlich. Neben dem Santuari de la Mare de Déu de Núria, dem Maria geweihten Heiligtum von Núria, und der kleinen Einsiedlerkapelle Sant Gil gibt es hier vier Skilifte, ein Hotel und einen Stausee, der im Winter die Schneekanonen füttert. Im Sommer liegen am Seeufer Tretboote, es gibt einen Spielplatz mit Riesenrutsche und Kinder können Ponyreiten. Mehrere gut markierte Wanderwege führen in die baumfreie Region der 3000er, die das Heiligtum umgeben.

*Der »Tren Natura a Vall de Núria« überwindet etwa 1000 Höhenmeter und fährt mehrmals am Tag ungefähr im Stundentakt. Die erste Zug startet um 7.30 Uhr, die letzte Rückfahrt von Núria ist gegen 18.30 Uhr möglich. Außerhalb der Sommersaison ist der Fahrplan ausgedünnt. Eine Fahrt hoch und wieder hinunter ab Ribes de Freser kostet etwa 31 Euro pro Person. Aktuelle Infos unter www.valldenuria.cat.*

Die Talstation der Bergbahn nach Núria liegt mitten in Ribes de Freser. Parken können Sie nur in der Nähe der Touristeninformation gleich rechts hinter der ersten Flussbrücke. Alternativ stellen Sie ihr Wohnmobil auf dem Campingplatz ab. Auch dazu müssen Sie allerdings quer durch den Ort, was nur mit kompakten, nicht allzu breiten Mobilen empfehlenswert ist.

**(049) WOMO-Campingplatz: Ribes de Freser**
**Camping Vall de Ribes**

**GPS/Kontakt:** N 42°18'40.4", E 2°10'34.9", 990 m.
Tel. 0034 972 728 820, www.campingvallderibes.com.
**Öffnungszeit:** Ganzjährig. **Ausstattung:** V/E, Pool, Restaurant, Spielplatz.
**Beschreibung:** Kleiner Camping am Hang außerhalb des Ortes, Plätze mit Ausblick, Wohnmobilplätze mit Sonderpreis vor der Einfahrt.
**Preise:** €23–26, Strom €5,50–8. Quick-Stop 18 bis 10 Uhr €20–22.
**Zufahrt:** Der Platz liegt am nordöstlichen Ortsrand. Im Ort rechts über den Fluss, vorbei an der Bergbahnstation und auf der schmalen Carrer de Nuestra Signora de Gracia durch den Ort fahren. Vorsicht! Nicht dem Navi, sondern unbedingt der Beschilderung vor Ort folgen! Einige Straßen im Zentrum sind definitiv zu schmal für WOMOs.

Mit der Fahrt durch den Ort haben Sie aber auch schon den schwierigsten Teil der Fahrt nach Queralps geschafft. An der Bahnstation oben in den Bergen, können Sie auch über Nacht parken.

### (050) Offizieller WOMO-Stellplatz: Queralps

**GPS:** N 42°21'10.1", E 2°10'00.3". **Öffnungszeit:** Ganzjährig.
**Ausstattung:** Mülleimer.
**Beschreibung:** Großer Schotterplatz oberhalb der PKW-Parkplätze mit schönem Blick in die Berge. Kurzer Fußweg zur Station der Zahnradbahn nach Nuria.
**Zufahrt:** Am Ortseingang von Ribes des Freser dem Hinweisschild »Queralps« durch den Ort folgen. Im Ort gibt es einige enge Stellen, die Straße hinauf ist dann gut ausgebaut und nur an wenigen Stellen wird es bei Gegenverkehr eng. An den Parkplätzen unterhalb von Queralps vom unteren Platz dem Wohnmobilsymbol auf die obere Terrasse folgen.

Hinter Ribes de Freser führt auch unsere Hauptroute in die Berge. Zuerst geht es in großen Kurven bergauf und dann immer am Hang hoch über dem **Tal des El Rigard** entlang. Für die nächsten 30 Kilometer ist dann außer grünen Bergen nicht viel zu sehen. Wenige kleine Buchten links der Straße, die großzügig mit Schild als Picknickplätze angekündigt werden, ermöglichen einen Stopp mit Aussicht. Wir haben hier unsere erste Gruppe von Geiern beobachtet, die lange Zeit immer wieder über dem Tal kreisten. Stellplatzmäßig ist an dieser Straße jedoch bis zum Tal von Puigcerda nichts zu wollen. Nur der Parkplatz auf der Passhöhe bietet eine »Notunterkunft«.

### (051) WOMO-Parkplatz: Collada de Toses

**GPS:** N 42°20'12.4", E 1°59'26.9", 1.790 m. **Max. WOMOs:** 1–2
**Ausstattung:** Keine. **Beschreibung:** Schotterplatz längs der Straße gegenüber einem unschönen Hotel. Toller Ausblick aber sehr nahe an der Straße.
**Zufahrt:** Links der Straße auf der Passhöhe.

Die schnellste Route führt vom Pass auf der N 260 weiter bis Puigcerda. Nur wer auf Stellplatzsuche ist, biegt auf der Passhöhe in Richtung Super Molina ab und durchquert auf schmaler Straße das Tal. **Super Molina** liegt am gegenüberliegenden Hang und ist ein Skiort, genau wie das benachbarte **Masella**. Beide Orte sind mäßig attraktiv und im Sommer ist hier nichts los, aber die großen Parkplätze an den Skiliften sind perfekte, aussichtsreiche Übernachtungsplätze. Auf den ersten davon treffen wir bereits vor dem Ort. Ein Parkplatzschild weist links hinauf zum P6.

### (052) WOMO-Parkplatz: La Molina P6/Alabaus

**GPS:** N 42°19'31.9", E 1°57'33.0", 1.830 m. **Max. WOMOs:** 10
**Ausstattung:** Keine. **Beschreibung:** Großer Parkplatz in bester Lage abseits des Ortes, Asphaltfläche in desaströsem Zustand, aber direkt an Weideflächen und mit weitem Blick. Etwas abseits der größeren Straße.
**Zufahrt:** Vor Super Molina links zum beschilderten Parkplatz abbiegen. Von der Alternativroute durch den Naturpark Cadí Moixeró kommend liegt der Parkplatz links an der Straße, bevor diese in die GI 400 mündet.

Nur knapp einen Kilometer weiter treffen wir, diesmal rechts der Straße, auf einen weiteren großen Parkplatz. Der zugehörige Skilift steht verwaist auf der gegenüberliegenden Straßenseite.

### (053) WOMO-Parkplatz: La Molina P5/El Roc Blanc

**GPS:** N 42°19'49.3", E 1°57'02.0", 1.750 m. **Max. WOMOs:** 10
**Ausstattung:** Keine. **Beschreibung:** Große Parkfläche, die unterhalb und etwas entfernt von der Straße liegt, am Sessellift (im Sommer geschlossen) guter Weitblick, ruhig und außerorts.
**Zufahrt:** Rechts unterhalb der GI 400 gegenüber der Seilbahnstation El Roc Blanc, mit P5 beschildert.

Wer gerne im Ort stehen möchte, kann sich in Super Molina die obere Terrasse des P 4b oder die Talstation der Seilbahn (P 1) aussuchen. Vom P 1 führt ein kurzer Fußweg hinauf zu einem kleinen See mit Tretbooten und kleinem Wasserspielplatz.

### (054) Offizieller WOMO-Stellplatz: Molina Alp 2500

**GPS:** N 42°20'05.3", E 1°55'58.7". **Öffnungszeit:** Ganzjährig.
**Ausstattung:** Keine.
**Beschreibung:** Der Parkplatz der Seilbahn Alp 2500 liegt am Ortsrand mit Blick auf die Häuser. Die für Wohnmobile markierten Plätze liegen ganz oben in der Ecke hinter der Kartbahn und der Hüpfburg. Auf den riesigen Parkplatz ist es aber auch kein Problem einen ruhigeren Platz zu finden.
**Zufahrt:** In Molina links dem Schild zum Parkplatz Alp 2500 folgen.

Der nächste Skiort ist nicht weit und Masella versinkt noch tiefer im Sommerschlaf als Super Molina. Schon vor dem Ort trifft man auf den ersten geschlossenen Skilift mit riesigem Parkplatz. Im Ort selbst biegt man dann links ab, um zu drei großen, ebenen Parkterrassen über dem Dorf zu kommen.

### (055) WOMO-Parkplatz: Masella

**GPS:** N 42°20'52.3", E 1°54'58.7", 1.690 m. **Max. WOMOs:** 10.
**Ausstattung:** Keine.
**Beschreibung:** Große Asphaltfläche unterhalb der Straße, Parkplatz einer im Sommer geschlossenen Seilbahn, schöner Weitblick.
**Zufahrt:** Kurz vor Masella rechts unterhalb der GI 400.

### (056) WOMO-Parkplatz: Masella 2

**GPS:** N 42°20'53.5", E 1°53'56.3", 1.630 m. **Max. WOMOs:** 10
**Ausstattung:** Keine.
**Beschreibung:** Riesiger Parkplatz mit einer Asphalt- und zwei Schotterterrassen. Blick über die Dächer der im Sommer leer stehenden Ferienhäuser.
**Zufahrt:** In Masella links hoch zu den ausgeschilderten Parkplätzen.

Außerdem gibt es oberhalb von Masella einen echten Adlerhorst – ein abgelegenes Plätzchen für alle, die gerne weit oben stehen. Fährt man am Parkplatz im Ort geradeaus weiter, zieht sich die Straße in vielen Kurven bergauf. Ein Schild verrät, dass wir jetzt in den Naturpark Cadí Moixeró kommen, dann geht es über ein Viehgatter. Bis hierher ist die Straße gut zu fahren. Sie bleibt auch weiter breit und undramatisch, aber auf dem letzten Stück hat die Asphaltdecke beträchtliche Löcher. Nach einer letzten Linkskurve erreichen wir die im Sommer geschlossene Bergstation einer Seilbahn.

### (057) WOMO-Parkplatz: Cadí Moixeró

**GPS:** N 42°20'07.1", E 1°53'17.1", 1.950 m. **Max. WOMOs:** 3–4
**Ausstattung:** Keine. **Beschreibung:** Ebene Asphaltfläche vor der Bergstation der Bahn, einsam, toller Ausblick. Lange Anfahrt durch sehr schöne Landschaft. Kein Campingverhalten.
**Zufahrt:** Auf schmaler Straße mit etlichen Schlaglöchern. Siehe Text.

Durch den deutlich lebendigeren kleinen Ort **Alp** kommen wir ins Tal von Puigcerda und halten uns rechts immer in Richtung der Stadt, um wieder auf die Schnellstraße und unsere Hauptroute zu kommen. Geradeaus geht es zügig weiter nach **Puigcerda**, wo wir uns nach so viel Natur erst einmal wieder an das städtische Gewusel gewöhnen müssen. Der Ort ist schöner als er zunächst aussieht. Wie immer verstecken sich die netten Gassen mit Bars und Cafés im Zentrum.

### (058) WOMO-Parkplatz: Puigcerda

**GPS:** N 42°26'00.9", E 1°55'53.5", 1.170 m. **Max. WOMOs:** 3–4
**Ausstattung:** Keine.
**Beschreibung:** In Terrassen angelegter Parkplatz in der Carrer Jacint Verdaguer vor einem Parkhaus. Am Stadtrand, aber zwischen Häusern, etwa 10 bis 15 Minuten Fußweg ins Stadtzentrum.
**Zufahrt:** Auf der Durchgangsstraße bis zum zweiten von zwei direkt aufeinanderfolgenden Kreiseln fahren und dort an der 3. Ausfahrt in die Av. Schierbeck einbiegen. Dieser folgen bis direkt in einer engen Rechtskurve die Carrer Jacint Verdaguer nach links abbiegt.

### (059) WOMO-Campingplatz: Puigcerda / Camping STEL

**GPS / Kontakt:** N 42°26'30.1", E 1°56'28.4", 1.160 m, Ctra de Llívia. Tel. 0034 972 882361, www.stel.es.
**Öffnungszeit:** Ganzjährig außer Oktober.
**Ausstattung:** V/E, Restaurant, Pool, Spielplatz, WLAN gratis.
**Beschreibung:** Mit Hecken eingefasster Platz an einer wenig befahrenen Straße. Etwa ein Kilometer nördlich der Stadt.
**Preise:** €31–45, Strom €6, Camp & Go 18–10 Uhr €23–28 inkl. Strom.
**Zufahrt:** Auf der Durchgangsstraße N 152 am Ort vorbei und an zwei direkt aufeinanderfolgenden Kreiseln am Ortsende den Hinweisschildern folgen.

Aus dem ziemlich verbauten Tal kurven wir wieder hinauf in die Berge. So einsam wie der letzte Abschnitt unserer Tour ist diese Strecke aber nicht. Hinter **Bourg-Madame** wird die Bebauung aber lichter und es folgen nette kleine Orte. Einer der ersten ist **Angoustrine**, und rund um den Ort gibt es mehrere schöne

Stellplätze. Auf die Zufahrt zum ersten Platz treffen wir bereits am Kreisel vor dem Dorf. Links führt hier eine Straße zum Thermalbad Dorres hinauf. Auch hier gibt es einen Stellplatz.

### (060) Offizieller WOMO-Stellplatz: Dorres

**GPS:** N 42°29'13.1", E 1°56'41.5", 1.440 m. **Öffnungszeit:** Ganzjährig.
**Ausstattung:** V/E, Müllcontainer.
**Beschreibung:** Leicht schräge Asphaltfläche in grüner Umgebung mit fünf markierten Parkplätzen für Wohnmobile. Groß genug und gut erreichbar für Mobile aller Größen.
**Zufahrt:** Vor Angoustrine am Kreisel links hinauf und bis zum Ende der Straße.
**Sonstiges:** Kurzer Fußweg zu den Bains de Dorres, einem Freiluftbecken mit 38°C warmen Thermalwasser. Geöffnet 9 bis 19 h 30, im Sommer 21.30 Uhr, Eintritt €5,50.

Der nächste Platz oberhalb des Dorfes eignet sich nur für kleinere Mobile, ist aber außerdem der Startpunkt für eine schöne Wanderung.

### (061) WOMO-Parkplatz: Vallée de la Angoustrine

**GPS:** N 42°29'49.0", E 1°57'35.0", 1.430 m. **Max. WOMOs:** 2–3
**Ausstattung:** Keine. Wertstoffcontainer an der Zufahrt im Ort Angoustrine.
**Beschreibung:** Geschotterter, leicht schräger Parkplatz auf einer Lichtung. Einsame Lage, außerorts. Im Juli und August auch Parkplatz für einen schön angelegten Hochseilgarten mit tollem, aber herausforderndem Parcours an den Felsen. Nicht geeignet für große Wohnmobile wegen sehr schmaler Zufahrt. Kein Campingverhalten!
**Zufahrt:** Im Ort ist die Zufahrt mit einem großen braunen Hinweisschild und 1ière à gauche (erste Straße links) beschildert. An der darauf folgenden Kreuzung steht kein Schild, die schmale Straße ist aber trotzdem richtig. Ab hier noch zwei Kilometer Zufahrt auf enger, schlechter Asphaltstraße ohne große Steigungen, an deren Ende es per Spitzkehre in den Parkplatz geht.

### Im Tal der Angoustrine

**Kurze Runde 2,5 Stunden.** Vom Parkplatz folgen wir dem gelb markierten Chemin des Estives auf den Fahrweg, der am linken Ufer der Angoustrine in ein stilles, unbewohntes Tal führt. Kurz vorm Wendepunkt erreichen wir einen Picknickplatz an einer alten Kapelle. Dann überqueren wir die Angoustrine an einem Stauwehr mit grauem Häuschen. Hier führt die gelbe Markierung links hinauf. Um zurück zum Parkplatz zu kommen, bleiben wir aber unten am Bach und folgen dem breiten Weg erst am Ufer entlang, dann bergan bis er sich gabelt. Rechts kommen wir wieder zum Bach hinunter. Wir überqueren diesen und treffen so wieder auf unseren Hinweg.

Fährt man weiter ins Tal hinein fällt links oben am Hang ein merkwürdiges Gebilde auf. Die »Säule« gehört zum ehemaligen **Sonnenkraftwerk Themis**. Themis wurde 1983 in Betrieb genommen und produzierte bis 1986 Strom. 2004 wurde die Anlage als Forschungsstation wieder in Betrieb genommen. Leider kann man sie nicht mehr besichtigen. Der Parkplatz bei N 42°30'02.5", E 1°58'54.8" war einmal ein ausichtsreicher Stellplatz, Wohnmobile sind hier aber leider nicht mehr erwünscht. Eine Alternative gibt es im nahen Egat.

**(062) Offizieller WOMO-Stellplatz: Egat / Super U**

**GPS:** N 42°29'52.7", E 2°00'39.6", 1.630 m. **Öffnungszeit:** Ganzjährig.
**Ausstattung:** Waschmaschinen auf dem vorderen Parkplatz.
**Beschreibung:** Ebener Asphaltplatz hinter dem Supermarkt mit schönem Blick ins Grüne.
**Zufahrt:** Vom vorderen Parkplatz rechts in den Bereich hinter dem Marktgebäude fahren.

Die Erforschung der Solarenergie begann in der Cerdagne schon vor 1983. Die meteorologischen Bedingungen sind gut: Das Hochtal wird im statistischen Durchschnitt 2400 bis 3000 Stunden von der Sonne beschienen, die wegen der Höhe von 1600 Metern außerdem besonders direkt und intensiv strahlt. So wurde Anfang der 50er Jahre nach Ideen des Wissenschaftlers Félix Trombe im nahen **Mont-Louis** der erste Sonnenofen der Welt konstruiert. Er war lange Zeit am südlichen Ortsrand zu sehen und auch sporadisch in Betrieb, zuletzt aber nicht mehr zu besichtigen. Ziel war bei der Konstruktion der Sonnenöfen zunächst nicht die Produktion von Strom. Es ging darum die Sonnenenergie stark zu konzentrieren, um eine möglichst hohe Temperatur zu erzielen und damit Metalle und andere Substanzen zu schmelzen.

Der große Sonnenofen in Odeillo, dem nächsten Ort an unserer Route, wurde 1968 nach dem Vorbild von Mont-Louis gebaut, hat aber ganz andere Dimensionen. Der Parabolspiegel, der die Strahlen bündelt, ist gut 40 Meter hoch. Odeillo war nie als Kraftwerk zur Stromerzeugung gedacht, sondern ist ein wissenschaftliches Forschungszentrum. Leider ist auch diese Anlage zur Zeit nicht zu besichtigen, weil das Personal dazu fehlt. Der riesige Spiegel sieht aber auch von der Straße aus spannend aus. Einen Parkplatz gibt es am Kraftwerk bei N 42°29‘38.7“, E 2°01‘55.0“.

**Der Sonnenofen von Odeillo**

Der riesige Parabolspiegel, der die Sonnenstrahlen reflektiert und bündelt, ist fast so groß wie ein Fußballfeld. Ihm gegenüber lenken auf acht Terrassen 83 bewegliche Planspiegel die Sonnenstrahlen auf die gebogene Spiegelfläche, die die Energie bündelt und konzentriert. Dabei entstehen Temperaturen bis 3300 Grad, mit denen man nicht nur Metall schmelzen kann. So wurden in der Anlage zuerst hauptsächlich Materialtests durchgeführt – viele davon für die Luft- und Raumfahrt. Zum Beispiel, um den Wiedereintritt einer Rakete in die Atmosphäre zu simulieren. Erst mit der Ölkrise begann man, die Sonnenenergie auch zur Stromerzeugung einzusetzen. Zuerst indem man mit der Hitze Dampf erzeugte, der dann eine Turbine antrieb. 1977 wurde das erste Versuchskraftwerk in Odeillo eingeweiht. Das Kraftwerk Themis in Targasonne war einer der ersten Versuche, mit thermischer Sonnenenergie Strom zu produzieren, der zu diesem Zeitpunkt im Vergleich aber noch viel zu teuer war. Heute gibt es weltweit etwa 100 solarthermische Kraftwerke. Der erzeugte Strom ist aber immer noch überdurchschnittlich teuer und die Technik nur für wirklich heiße, trockene Standorte geeignet. In Odeillo arbeitet man auch heute weiter an der Effizienz dieser Technik.

Am Kraftwerk zu übernachten ist nicht verboten, ganz in der Nähe des Sonnenkraftwerkes gibt es aber inzwischen einen neu angelegten Stellplatz, auf dem Sie deutlich besser stehen als auf dem kleinen Parkplatz.

**(063) Offizieller WOMO-Stellplatz: AirePark Font-Romeu**

**GPS/Kontakt:** N 42°29'50.0", E 2°2'14.3", 1.550 m.
www.aireparkreservation.com. **Öffnungszeit:** Ganzjährig.
**Ausstattung:** V/E, Strom, Müllcontainer.
**Beschreibung:** Großer Asphaltplatz mit Blick in die Berge. Ruhige Lage am Ortsrand, 28 Plätze. Zufahrt durch Schranke.
**Preise:** € 11,30 für 24 Stunden inkl. Strom, zahlbar am Automaten.
**Zufahrt:** Zufahrt von der D 618 besser nicht durch den Ort, sondern von Norden über die Rue du 19 Mars 1962 oder über die D 10 von Bolquére.

Wir fahren wieder zur D 618 hinauf und durchqueren dabei den Skiort **Font-Romeu**. Skiorte sind im Sommer meist wenig attraktiv und Font-Romeu macht da keine Ausnahme. Hinter dem Ort rechts am Hang und im Grünen gibt es einen schön gelegenen Campingplatz, aber eigentlich findet man hier noch schönere freie Stellplätze. Das ist die andere Seite der im Sommer verwaisten Skiorte: An den Liften gibt es große Parkplätze, die dann niemand braucht und wenn die Gemeinden diese nicht mit Wohnmobilverbotsschildern schmücken, sind sie im Sommer oft perfekte, schön gelegene Übernachtungsplätze. In Font-Romeu passt alles. Verbotsschilder gibt es nur für den Winter, die Zufahrt ist breit und unspektakulär und wir haben gleich vier Plätze zur Auswahl. Die Zufahrt zum Skigebiet befindet sich hinter dem Ort am **Kreisel mit den Gämsen**. Eine breite Straße führt links hinauf und teilt sich dann am zweiten Platz. Am Ende jeder der beiden Stichstraßen befinden sich ein weiterer Skilift mit großem Parkplatz.

**(064) WOMO-Parkplatz: Font-Romeu**

**GPS:** N 42°31'02.6", E 2°02'44.0", 1.885 m. **Max. WOMOs:** 4–5
**Ausstattung:** Gegenüber großer Picknick- und Grillplatz.
**Beschreibung:** Ebener Schotterplatz links der Straße, am Waldrand.
**Zufahrt:** Noch bevor sich die Straße an der ersten Liftstation teilt links direkt an der Straße, die nachts kaum befahren wird, da sie nur zu den Skiliften führt.
**Alternative:** Wenige Meter weiter folgt rechts ein zweiter, kleinerer Parkplatz am Waldrand.

Dann folgt an der Kreuzung an der ersten Seilbahnstation ein großer asphaltierter Parkplatz, der im Hochsommer auch mal mit Zirkuszelt oder Jahrmarktbuden zugestellt ist. Dort geht es links hinauf zu einer Seilbahn, die zum schönen Wandergebiet am Lac des Boulliouses fährt und während den französischen Sommerferien in Betrieb ist. Oben läuft man ohne größere Höhenunterschiede in etwa 30 Minuten zum Étang de Pradeilles und kann dort in die auf Seite 70 beschriebene Wanderung einsteigen.

### (065) WOMO-Parkplatz: Font-Romeu / La Calme

**GPS:** N 42°31'44.4", E 2°01'14.3", 2.054 m. **Max. WOMOs:** 10
**Ausstattung:** Keine. **Beschreibung:** Parkplatz an der Seilbahn.
**Zufahrt:** An der Gabelung links hinauf (bei Veranstaltungen im Hochsommer ist es eventuell schwer möglich, hier durchzukommen) und zum Seilbahnparkplatz an deren Ende.
**Alternative:** Auch der Parkplatz an der Abzweigung hinauf zum Picknickplatz ist stellplatztauglich. Schöner steht man aber weiter oben.

Fährt man stattdessen an der Kreuzung rechts hinauf kommt man zu einem weiteren, kleineren Bergbahnparkplatz, auf dem es oft ruhiger ist. Allerdings liegen auf dem Parkplatz im Sommer oft Bauteile der Bahn herum.

### (066) WOMO-Parkplatz: Col de Pam / Belvedère

**GPS:** N 42°32'00.6", E 2°02'32.3", 2.005 m. **Max. WOMOs:** 10.
**Ausstattung:** Keine.
**Beschreibung:** Großer asphaltierter Seilbahn-Parkplatz, der nicht die schönste Kulisse bietet. Je nachdem wie man das Wohnmobil platziert, kann man aber auch hier oben sehr schön stehen.
**Anfahrt:** An der Kreuzung an der ersten Seilbahn rechts hinauf und der Straße bis zum Ende folgen.

## Vom Col de Pam auf den Sentier des Trois Lacs

**3h 45, 11,5km, 450m**. Vom Wanderparkplatz an der Bergbahn Belvedère folgen wir dem an der Station beginnenden Wanderweg in Richtung Bouliousses. Der Weg ist durchgängig gelb markiert. Auf einem **breiten Schotterweg** geht es mit guter Aussicht zuerst eben und dann steil bergab gut voran. Unter der Trasse eines Sesselliftes hindurch kommen wir dann zum **Beginn eines Pfades**, der links in den Wald abbiegt. Über Stock und Stein geht es weiter hinunter und durch das Bett zweier kleiner Bäche. Dann steigt der Weg wieder an und trifft wenig später auf eine breite Schneise, die wir links weiter hinaufsteigen. An der Kreuzung lohnt ein Blick zurück, damit wir hier später unseren Rückweg finden. Jetzt geht es erstmal steil bergauf, was auf dem breiten Weg nicht ganz so viel Spaß macht. Oben angekommen, liegt vor uns der erste von drei Seen und entschädigt reichlich für die Anstrengung. Der **Étang de Pradeilles** ist der größte See an der Runde und eigentlich auch der schönste. Wir können hier eine erste Pause einlegen bevor es rechts, immer am Seeufer entlang, zu weiteren kleinen, versteckten Buchten geht. Es gibt so viele schöne Plätze am Wasser, dass wir bestimmt auch einen finden, wenn hier ein bisschen mehr los ist.

Kaum haben wir das Ufer des ersten Sees verlassen, sehen wir schon den zweiten zwischen den Bäumen hindurch glitzern. Er heißt **Estany Negre** (oder Étang noir) – schwarzer See. Die Wasserfläche ist umgeben von Wald und Felsen und wirkt entsprechend etwas finster. Unser Pfad führt links am Ufer weiter, ist aber schwer zu erkennen. Hier ist die gelbe Markierung besonders hilfreich. Wir klettern einige Zeit am See entlang und steigen dann vor einer Felswand in vielen Kehren steil hinauf. Über die Felsbarriere geht es nach links und weit unter uns liegt der dritte See unserer Runde. Der Pfad an seinem Ufer ist von

Anfang an steinig und wird dann zeitweilig zu einem Felschaos, in dem man sich seinen Weg suchen muss. Hier ist der Weg besonders spannend, aber auch entsprechend anstrengend.

Am oberen Ende des Sees befindet sich ein **Biwakplatz**. Im hinterem Bereich des Platzes steigen wir noch einmal durch dicke Steine hinauf und suchen uns den Weg, dann sind wir oben angekommen und befinden wir uns wieder auf einem »gesitteten« Wanderweg. Es geht immer geradeaus, bis wir vor uns zwischen den Bäumen die Straße zum Stausee sehen. Kurz davor kommen wir an eine Kreuzung und folgen dem hier links abbiegenden Weg. Er führt zuerst im Wald oberhalb eines Wasserlaufes entlang, dann geht es hinaus und über eine Wiese, die mit wasserführenden Gräben durchzogen und mit dicken Steinbrocken gesprenkelt ist. Auf der **Hochebene** weiden Kühe und Pferde. Die Szenerie ist äußerst malerisch, sodass wir vor lauter Schauen die Markierung nicht aus dem Blick verlieren dürfen. Der Weg ist hier kaum mehr als eine Spur durch die Wiese und überquert mehrfach die kleinen Bäche über Trittsteine. Da sind die Markierungen (hier gelb und außerdem auch rot-weiß) noch einmal sehr hilfreich. Mit der Zeit wird unser Weg trockener und wieder deutlich erkennbar. Rechts taucht unter uns der parallel verlaufende Fahrweg auf und dann erreichen wir an einer **Steinhütte** wieder den **Étang de Pradeilles**. Ab hier führt ein breiter Weg am Seeufer entlang und noch einmal zu malerischen kleinen Buchten mit Blick über den See. Dann treffen wir auf unseren Rastplatz vom Hinweg. Hier verlassen wir den See und folgen dem breiten Weg geradeaus. Wir sind jetzt auf der bereits vom Hinweg vertrauten Strecke und müssen nur noch an der richtigen Stelle rechts in den Waldpfad abbiegen. Ausgeschildert ist hier **Col du Pam**. Bald haben wir die Talsohle erreicht und es geht noch einmal hinauf und zurück zum Parkplatz.

Dann folgen wir weiter der D 618 und kurz bevor diese auf die N 116 trifft, gibt es noch den schönen kleinen Ort **Mont-Louis** mit einem riesigem Fort zu entdecken, das aber noch militärisch genutzt wird. Man kann deshalb nur auf einem markierten Weg einmal um die Mauern laufen. Wer Erklärungen möchte, sollte an einer Führung teilnehmen, die dann auch den Zutritt zu einigen Innenbereichen ermöglicht.

Die komplette Festungsanlage gehört zum UNESCO-Welterbe und ist mitsamt der Befestigung der Stadt ein weiteres Werk des allgegenwärtigen Monsieur Vauban. Die befestigte Stadt unterhalb des Forts, hinter deren wehrhaftem Äußerem sich recht gemütliche Gassen verstecken, ist jederzeit frei zugänglich. Hier kann man gemütlich an der Bar sitzen und etwas trinken und es gibt im Boulevard Vauban mit dem Rucher de l'Ours auch eine nette kleine Gaststätte mit Crèperie. Also parken wir zuerst mal unser rollendes Haus und machen uns dann auf den Weg. Der beste Parkplatz für Wohnmobile liegt sehr zentral im Graben innerhalb der äußeren Festungsmauern.

**(067) Offizieller WOMO-Stellplatz: Mont-Louis**

**GPS:** N 42°30'27.4", E 2°07'23.0", 1.570 m. **Öffnungszeit:** Ganzjährig.
**Ausstattung:** V/E.
**Beschreibung:** Parkfläche im Graben um die Festung. Die Bogenbrücke, die den Parkplatz teilt, hat eine Durchfahrtshöhe von knapp 3 Metern!
**Preise:** €7 von Mai bis September, sonst kostenlos.
**Anfahrt:** Von der D 618 dem Abzweig nach Mont-Louis folgen. Es geht rund um die Festung und vorbei am Stadttor, das man mit dem PKW durchfahren könnte. Wir steuern daran vorbei und folgen dann gleich links dem blauen Parkplatzschild zwischen die Mauern und zum Parkplatz.

Mont-Louis ist uns außerdem schon einmal im Rahmen der Geschichte der Solarkraftwerke begegnet. Der erste, 1949 konstruierte **Sonnenofen** existiert noch, kann aber leider zur Zeit nicht mehr besichtigt werden.

*Das Fort von Mont-Louis ist Teil des UNESCO-Welterbes.*

Sollte es Ihnen in Mont-Louis nicht gefallen, wäre der voll ausgestattete Camping-Car Park im nahen Saint-Pierre-dels-Forcats eine Alternative.

**(068) Offizieller WOMO-Stellplatz: Saint-Pierre-dels-Forcats / Aire Camping-Car Park**

**GPS:** N 42°29'04.9" E 2°07'15.9", 1.550 m, www.campingcarpark.com.
**Öffnungszeit:** Ganzjährig.
**Ausstattung:** V/E, Strom, Müll, WLAN.
**Beschreibung:** Asphaltplatz am Rand des Ortes. Guter Ausblick, aber bei voller Belegung sehr eng. **Preise:** € 11,50 inkl. Strom, zuzüglich Kurtaxe. Einmalig € 5 für den Pass d'Etappes, der für alle Plätze des Anbieters gilt.
**Anfahrt:** Am Ortsende von Saint-Pierre-dels-Forcats der Beschilderung folgen und die schmale Rue de Chevreuils bis zum Ende fahren.

Wenn wir jetzt auf der N 116 weiter um Mont-Louis herumfahren, gibt es auf beiden Straßenseiten einen Picknickplatz, auf dem man ebenfalls gut eine Pause machen oder auch für die Nacht stehen kann. Dann folgen auf Tour 4 erst einmal wieder viele Kurven und viel Natur und wenig Möglichkeiten zum Anhalten.

*Die gemütlichen Gassen des Dorfes unterhalb der Militäranlage.*

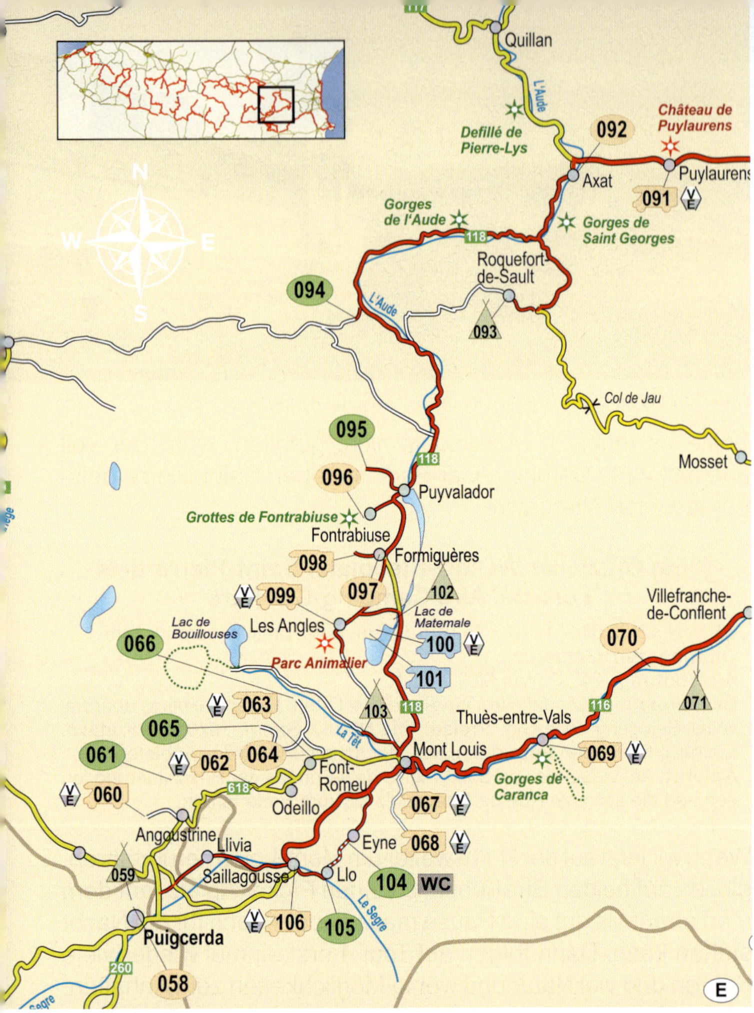


## TOUR 4 etwa 260 km

### Durch Conflent und Capcir

Thuès-entre-Valls – Villefranche – Prades – Ille-sur-Têt – Axat – Puyvalador – Formiguères – Les Angles – Saillagousse – Puigcerda

**Stellplätze:** Thuès entre Valls, Olette, Villefranche-de-Conflent, Grotte de Canalettes, Vernet-les-Bains, Casteil, Fillols, Vinça, Ille-sur-Têt, Bélesta, Lac de l'Agly, Ansignan, Gorges du Galamus, Maury, Château de Queribus, Deilhac-sous-Peyrepertuse, Puylaurens, Axat, Château Usson, Puyvalador, Grottes de Fontrabiuse, Formiguères, Les Angles, Lac de Matemale, Eyne, Llo, Saillagousse

**Campingplätze:** Villefranche, Prades, Vinça, Roquefort-de-Sault, Pla de Barrès

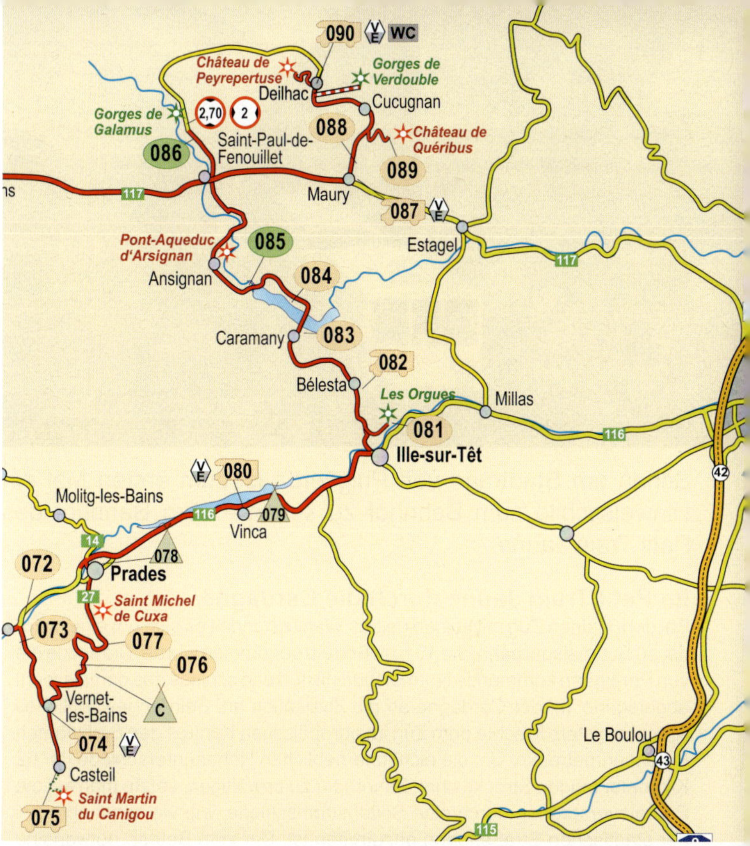


| | |
|---|---|
| **Besichtigen:** | Villefranche-de-Conflent und Fort Libéria, Tropfsteinhöhle Canalettes, Parc animalier de Casteil, Saint-Michel-de-Cuxa, Orgues von Ille-sur-Têt, Römisches Aquädukt von Ansignan, Château de Quéribus, Château de Peyrepertuse, Gorges de Verdouble, Tropfsteinhöhle von Fontrabiouse, Parc Animalier Les Angles |
| **Wandern:** | Caranca-Tal, Abbaye Saint-Martin de Canigou, Gorges du Galamus, Lac de Boulliouses |
| **Märkte:** | Mont-Louis: Do; Prades: Di, Sa; Les Angles: Di; Formiguères: Sa; Saillagouse: Mi, So |

*Conflent und Capcir sind zwei der Comarcas des ehemaligen Nordkatalonien und gehörten bis zum Pyrenäenfrieden im Jahr 1659 zu Spanien. Beide Regionen sind dünn besiedelt, das Capcir wird wegen seiner weiten kargen Landschaft sogar gerne als Kanada der Pyrenäen betitelt. Zwischen Font-Romeu und Les Angles liegt eines der größten Skigebiete der Pyrenäen. Im Sommer erfreuen hier etliche Bergseen die Wanderer. Weitere Höhepunkte dieser Tour sind das mittelalterlich anmutende Dorf Villefranche-de-Conflent, eine Fahrt mit der Schmalspurbahn, die alten Klöster Saint-Martin und Saint-Michel und der aufregende Galerieweg durch die Caranca-Schlucht.*

Schon am Stadtrand von Puigcerda ist zum ersten Mal ein Hinweisschild zum Bahnhof zu sehen – zum Bahnhof des Petit Train Jaune.

### Im Petit Train Jaune durch die Cerdagne

Bei dem kleinen Zug mit seinen gelben Wagen handelt es sich um eine historische Schmalspurbahn, die 1910 in Betrieb genommen wurde. Sie setzte die von Perpignan kommende Normalspurlinie fort und schloss das damals recht abgelegene Tal der Cerdagne an die Zivilisation an. Sein ungewöhnliches Antriebssystem brachte dem Zug im europäischen Kontext den Spitznamen Pyrenäenmetro ein. Um die nicht unerheblichen Höhenunterschiede der 62 Kilometer langen Strecke ohne Zahnräder zu bewältigen, setzte man auf die Energieversorgung durch eine Seitenstromschiene, wie sie sonst eher bei der städtischen Straßenbahn anzutreffen ist. Der zum Betrieb notwendige Strom kommt auch heute noch aus den Wasserkraftwerken des Tales. Der Zug hat aber noch einen weiteren Kosenamen, der uns noch deutlich besser gefällt: die Einheimischen nennen ihn wegen der Farbe seiner Wagen »Canari« – Kanarienvogel.

Von Villefranche führt die Bahntrasse kontinuierlich bergan bis zum Scheitelpunkt kurz vor Font-Romeu und dann geht es bis Bourg-Madame bei Puigcerda wieder hinunter. In den 1920er Jahren baute man die Strecke weiter bis Latour de Carol, sodass im Bahnhof des kleinen Ortes Schienen in drei verschiedenen Spurweiten liegen: Neben der Normalspurlinie der französischen SNCF und der Schmalspur des Petit Train beginnt hier auch noch ein Schienenweg in iberischer Breitspur, der nach Barcelona führt.

Der Canari ist heute vorrangig eine Tourismusbahn. Neben den historischen Zügen, die im Sommer mit offenen Aussichtswagen bestückt werden können, fahren seit 2004 auch zwei neuere Züge der Schweizer Firma Stadler auf der Strecke. Der Schienenweg führt zeitweise weit abseits der Straße mitten durchs Gebirge und rattert dabei durch 19 Tunnel und über mehrere hohe Brücken. Die spektakulärste ist die Pont de Cassagne, auch nach ihrem Baumeister Pont Gisclard genannt. Die Schrägseilbrücke überspannt das Tal des Têt in beeindruckenden 80 Metern Höhe. letrainjaune.fr

Unsere Route berührt die Strecke des Zugs in Bourg-Madame, Font-Romeu, Mont-Louis, Villefranche, Thuès, Saillagousse und Latour-de-Carol. Sie haben also etliche Möglichkeiten, den kleinen gelben Zug zu besteigen. Der schönste Ausgangspunkt für die Zugfahrt ist aber zweifellos der Stellplatz in **Thuès**, der gleich eine doppelt bevorzugte Lage hat. Er liegt direkt an der Zugstation **Thuès Caranca** und ist der Ausgangspunkt für eine ziemlich spektakuläre Wanderung durch die Caranca-Schlucht.

### (069) Offizieller WOMO-Stellplatz: Thuès-entre-Valls

**GPS:** N 42°31'21.1", E 2°13'18.8", 849 m. **Öffnungszeit:** April bis Oktober.
**Ausstattung:** V/E im hinteren Platzbereich, einfache Toilette tagsüber an der Bar auf dem PKW-Parkplatz, Müll.
**Beschreibung:** Schön gelegener, separater Bereich des Wanderparkplatzes am Zugang zur Caranca-Schlucht. Schotter und Wiese unter Bäumen, teilweise eingerahmt mit dicken Steinen. Zufahrt offiziell nur bis 3,5 t gestattet, worum sich aber keiner kümmert. Mit größeren Mobilen sollte man besser abends (oder morgens) kommen, wenn der vor dem Stellplatz liegende PKW-Parkplatz nicht komplett belegt ist. Eng ist die Zufahrt auf jeden Fall.
**Preise:** € 5 für 6 Stunden, € 10 für 24 h, € 7 für jeden weiteren Tag (24 h).
**Zufahrt:** Am Ortseingang rechts der Ausschilderung zum Wanderparkplatz Caranca durch schmale und steil aufwärts führende Straßen zwischen den Häusern folgen. Am Parkplatz durch die linke Schranke ohne Höhenbegrenzung fahren und links über den PKW-Parkplatz ganz nach hinten durch zum für Wohnmobile reservierten Bereich.
**Sonstiges:** Der Wanderweg beginnt unter der Bogenbrücke hinten am Parkplatz, über die auch mehrmals am Tag der Petit Train Jaune rattert. Der Bahnhof befindet sich direkt oberhalb des Stellplatzes und ist eine Bedarfshaltestelle. Sie müssen sich also bemerkbar machen, wenn Sie mitfahren und vor allem, wenn Sie auf dem Rückweg hier aussteigen wollen. Ein Fahrplan hängt am Bahnhof oder an der Bar des Parkplatzes. Der letzte Zug fährt übrigens gegen 18.30 Uhr, dann ist Ruhe auf dem Gleis.

Optimal lässt sich die Bahn als Zubringer zum bildhübschen, mittelalterlichen Städtchen **Villefranche** (siehe Seite 80) nutzen, was Ihnen dort die lästige Parkplatzsuche erspart, die vor allem im Juli und August ein Thema ist. Villefranche ist dann richtig voll. Wenn Sie lieber die spektakuläre Bergstrecke fahren wollen, könnten Mont-Louis (Station La Cabanasse einen knappen Kilometer vom Ort entfernt) oder Font-Romeu/Odeillo ein Ziel sein. Für die komplette Strecke zwischen Villefranche und Latour-de-Carol braucht der Zug etwa drei Stunden.

## Auf dem Felsenweg hoch über der Schlucht – Eine Wanderung durch das Tal der Caranca

**3 h, 7 km, 400 m.** *Nur für schwindelfreie und trittsichere Wandernde! Wanderschuhe sind unbedingt notwendig, Stöcke sind beim Abstieg nützlich, sollten auf der Corniche selbst aber besser am Rucksack befestigt werden.*

Vom Parkplatz laufen wir zur Brücke der Bahnstrecke und durch ein **Felsentor** direkt in die Schlucht. Der Weg führt zuerst einmal ziemlich eben bis zu einer **Brücke**. Wir überqueren den Fluss nicht und wählen für den Hinweg den Wanderweg am linken Ufer. Die spektakuläre in den Fels geschlagene Corniche sparen wir uns für den Rückweg auf.

Hinter der Brücke geht es in Serpentinen den Hang hinauf und bald erhaschen wir den ersten Blick auf den über uns in die Felsen geschlagenen Rückweg, der hinterher viel bequemer zu laufen ist als unser Aufstiegsweg auf der linken Seite. Kaum sind wir oben angelangt, geht es auch schon wieder hinunter. Dabei sind einige leicht ausgesetzte Stellen mit Seilsicherung zu überwinden und auch Felsen zu überklettern. Dann wandern wir wieder steil bergab und erreichen den Fluss. Hier teilt sich unser Weg: rechts geht es zur **Corniche** und zurück zum Parkplatz, links führt ein Pfad am und über dem Fluss entlang weiter hinauf bis zu einer Berghütte.

Wir biegen hier rechts ab und überqueren kurz darauf den Bach auf einer **Hängebrücke**, die nicht nur so aussieht, als würde sie schaukeln. Dafür ist sie aber nicht sehr hoch. Wer langsam und immer schön in der Mitte läuft wackelt am wenigsten. Am Ende der Brücke geht es mit ein bisschen Kletterei über eine nicht weniger schaukelnde Leiter wieder hinunter.

Auf der anderen Flussseite führt der Weg direkt an einem Wehr vorbei und dann auf einem Metallsteg über dem Bach entlang. Kurz darauf beginnt der spektakuläre Felsenabschnitt. Dort gibt an der Felsseite ein durchlaufendes Seil mental Sicherheit, auch wenn man es auf dem weitgehend ebenen Weg eigentlich nicht braucht. Wenn Sie in der luftigen Höhe trotzdem mit Schwindel und weichen Knien kämpfen sollten, schauen Sie auf den Boden und geradeaus und konzentrieren sich auf den Weg vor ihren Füßen. Viel zu schnell ist die Galerie zu Ende und die Corniche mutiert wieder zu einem Waldweg.

Wenig später folgt die nächste Kreuzung, an der wir dem Pfeil zum Parkplatz rechts steil zum Fluss hinunter und zur vom Hinweg bekannten **Brücke** folgen. Links geht es dann durch die Schlucht zurück zum Camper.

Hinter Thuès wird die N 116 endgültig zur Hauptverkehrsstraße und ist zeitweise sogar vierspurig ausgebaut. Wir folgen ihr noch bis **Villefranche-de-Conflent** und suchen uns dann eine weniger frequentierte Route. Doch zuerst passieren wir vor Villefranche einen ruhigen Parkplatz und einen komfortablen Campingplatz.

### (070) WOMO-Parkplatz: Olette / La Bastide

**GPS:** N 42°33'33.3", E 2°17'32.4", 590 m. **Max. WOMOs:** 2–3
**Ausstattung:** Keine.
**Beschreibung:** Ebener Schotterplatz vor der Ruine der Bastide, die besichtigt werden kann. Einige Plätze am Rand des Parkplatzes unter Bäumen. Ruhig gelegen ein Stück abseits der Straße.
**Zufahrt:** Von der N 116 führt hinter Olette ein Sträßchen im spitzen Winkel rechts hinunter zur Bastide. Der Abzweig ist beschildert. Mit größeren Wohnmobilen kommen Sie aber nicht um die enge Kurve und müssen zuerst wenden. Von Villefranche kommend, ist der Abzweig kein Problem.

### (071) WOMO-Campingplatz: Camping Mas de Lastourg

**GPS/Kontakt:** N 42°34'44.7", E 2°20'52.0", 475 m, Route nationale 116. Tel. 0033 614 859910, www.camping-lastourg.com.
**Öffnungszeiten:** April bis September.
**Ausstattung:** V/E, Spielplatz und Pool, Badeplatz am Fluss, Snack und Restaurant, WLAN (10 min gratis).
**Beschreibung:** Direkt rechts neben der Straße im Grünen am Hang.
**Preise:** €12–23, Strom und V/E €6, V/E extern €5–6.
**Zufahrt:** Gut 1 km vor Villefranche rechts an der Bundesstraße.

In Villefranche lohnt sich ein Blick auf den ersten Parkplatz links vor dem Ort. Von hier aus kommt man direkt in die Altstadt und außerhalb der Saison oder am Vormittag sind hier durchaus Parkplätze für kleinere Camper zu bekommen. Mit einem großen Mobil fahren Sie am besten am Dorf vorbei und auf der anderen Seite zum Bahnhof, wo bei [**072:** N 42°35'24.0", E 2°22'11.4", Villefranche Bahnhof] einige Parkplätze mit Überlänge für Wohnmobile reserviert sind (kostenpflichtig). Von hier läuft man etwa zehn Minuten ins Dorf.

## Ausflug ins Mittelalter – Villefranche-de-Conflent und das Fort Libéria

Villefranche wurde im Jahr 1092 gegründet und war von Anfang an eine militärische Siedlung, die das Tal der Têt gegen Invasionen sichern sollte. Die **Stadtmauern** (les remparts) stammen aus dem 11. Jahrhundert, die acht Türme in der Stadtbefestigung wurden im 12. Jahrhundert ergänzt. Vila Franca, wie der Ort damals hieß, war die Hauptstadt des Conflent.

In der Regierungszeit des Sonnenkönigs Ludwig XIV. kam es mehrfach zu Kriegen zwischen Frankreich und Spanien, bis 1659 mit dem Pyrenäenfrieden neue Grenzen zwischen den Ländern gezogen wurden. Villefranche wurde so zum Grenzort auf der französischen Seite. Auf dem Hügel über dem Ort baute man ein Fort und auch die Mauern der Stadt wurden mit Bastionen ergänzt, um Villefranche gegen den Beschuss mit neu entwickelten Waffen wie zum Beispiel Kanonen zu sichern. Dabei bekam der Ort auch eine doppelte Stadtmauer mit Wehrgang, die Sie heute noch besichtigen können. Und was glauben Sie wohl, wer das stattliche Fort da oben auf dem Hügel und auch die Bastionen in der Stadtmauer geplant hat? Ja, sicher. Sie liegen richtig.

Die **Stadt innerhalb der Mauer** sieht noch fast so aus wie einst im Mittelalter und trägt das Prädikat, eines der »Plus Beaux Villages de France« zu sein. Sie besteht aus zwei parallel verlaufenden, von mehrstöckigen Steinhäusern gesäumten Gassen. In etlichen kleinen Läden werden Kunsthandwerk und Souvenirs verkauft. Eis gibt es an jeder Ecke und außerdem auch einige Restaurants. Wenn Sie einmal hin und her bummeln, sind Sie etwa ein Stündchen beschäftigt.

Etwas mehr Zeit sollten Sie dann zur Besichtigung des **Fort Libéria** einplanen, denn die zum UNESCO-Welterbe gehörende Festung liegt ein Stück oberhalb der Stadt. Ein Seitenabzweig der oberen Altstadtgasse führt zu einem kleinen Platz an der Stadtmauer und über die Schienen des Train Jaune zum Eingang eines Tunnels. 734 Stufen führen im Berg zuerst zu einer Vorburg und dann hinauf zum historischen Fort. In der Saison werden hier unten am Eingang zum Tunnel die Tickets zur Besichtigung des Forts verkauft. Man empfiehlt sinnvollerweise den Aufstieg auf einem Fußweg außerhalb des Tunnels, da die vielen Stufen im Tunnel abwärts deutlich besser zu verkraften sind. Hinauf geht es jedoch auch außerhalb des Tunnels – ziemlich steil sogar. Das Fort liegt fast 200 Meter oberhalb der Stadt. Rechnen Sie mindestens 20 Minuten für den Aufstieg und nehmen Sie an heißen Tagen etwas zu trinken mit. Die Besichtigung lohnt aber unbedingt. Wer schlecht zu Fuß ist, kann sich auch per Jeep zum Eingangstor fahren lassen. Die Navette ist in der Tourist-Info buchbar, das Ticket kostet dann ein paar Euro mehr.

## Im Fort Libéria

An der Burg angekommen und mit einem Faltblatt mit deutschen Erläuterungen versorgt, spazieren wir erwartungsvoll durch den Burghof, über die Mauern, in den Burggarten mit Bäckerei und dann in den ersten Tunnel hinab. Nein, wir sind noch nicht auf dem Abstiegsweg. In den Mauern des Forts verstecken sich lange Gänge mit Schießscharten. Es geht auf und ab und um etliche Kurven und dauert eine Weile, bis uns die Gänge wieder an die frische Luft entlassen. Ein Abstecher führt noch ins Frauengefängnis, das so heißt, weil hier zu Zeiten Ludwig XIV. acht adelige Frauen einsaßen, die man wohl bei Hof aus dem Weg räumte, um einen Skandal zu verhindern. Eine von ihnen wurde der schwarzem Magie bezichtigt, den anderen warf man vor, deren Dienste in Anspruch genommen zu haben. Als im Rahmen des Prozesses die Spuren bis zur Marquise de Montespan, der Favoritin des Königs, führten, wurden die Damen schnell und ohne Prozess aus dem Weg geräumt. Zwei von ihnen überlebten etliche Jahre in ihrem Kerker in der Burg.
Dann stehen wir wieder im Burghof. Durch einen weiteren Gang, diesmal den mit den vielen Treppen, steigen wir jetzt wieder hinunter nach Villefranche. Kurz vor dem Tal weitet sich der Tunnel noch einmal zu einer Verteidigungsanlage. Der Gang zum Dorf und die vorgelagerte Bastion sind der neueste Teil der Festung und wurden erst zur Zeit Napoleons angebaut. Bei einem zweiten Bummel durch die Gassen kann man noch Hunger und Durst stillen, denn die vielen Treppen produzieren beides, dann geht es zurück zum Parkplatz.

*Öffnungszeit Fort Libéria: Mai und Juni 10–19 Uhr, Juli und August 9–20 Uhr, September bis Mai 10–18 Uhr. Eintritt €7, Kinder 5 bis 10 Jahre €4,20. Eintritt inkl. Jeep-Taxi (Navette) €11 buchbar in der Information, Kinder €5,50. www.fort-liberia.com*

*Mittelalter pur: die malerischen Gassen von Villefranche-de-Conflent*

In Villefranche verlassen wir die Schnellstraße, um auf der schmalen, kurvigen **Route de Canigou** eine Runde durch die Berge zu drehen und dabei zwei alte Klöster zu besuchen. Wir fahren dazu am Kreisel bei Villefranche rechts auf die D 16 nach **Vernet-les-Bains** und sehen gleich darauf rechts der Straße einen großen Parkplatz. Kaum einen Steinwurf von den Mauern von Villefranche entfernt ist eine große Tropfsteinhöhle zu besichtigen.

### Les Grottes des Canalettes

Canalettes ist eigentlich eine ganz gewöhnliche, aber recht große Tropfsteinhöhle. Ungewöhnlich ist, dass man sich alleine auf den Weg in die Grotte machen kann. Ein 500 Meter langer Steg führt durch die Grotte des Grandes Canalettes. Die Beleuchtung funktioniert per Bewegungsmelder und Tafeln informieren auf mehreren Sprachen über die Tropfsteinbildungen. Das Ganze wird von Musik untermalt. Die Grotte hat eine außergewöhnlich gute Akustik, sodass hier im Sommer auch Konzerte stattfinden. Nur im Juli und August ist ein weiterer Teil des Höhlensystemes mit Führung zu besichtigen. Die Besuche können einzeln oder komplett gebucht werden.

*Geöffnet April bis Juni und September 10–17 Uhr, Juli und August bis 17.30 Uhr, Oktober 11–16 Uhr. Eintritt € 11, Kinder € 6. Die Temperatur liegt in den Grottes de Canalettes ganzjährig bei 14°C. Jacke oder Pulli nicht vergessen. www.grottescanalettes.com*

### (073) WOMO-Parkplatz: Grotte des Canalettes

**GPS:** N 42°35‘01.6“, E 2°22‘14.0“, 485 m. **Max. WOMOs:** 5–6
**Ausstattung:** Keine.
**Beschreibung:** Rechts etwas unterhalb der Straße, P 3 am Ende des Parkplatzes markiert für Wohnmobile.
**Zufahrt:** Von Villefranche rechts in Richtung Vernet-les-Bains abbiegen. Kurz darauf folgt rechts die Zufahrt zum Parkplatz der Tropfsteinhöhle.

Im nächsten Ort Vernet-les-Bains gibt es hinter dem Thermalhotel auf einem großen Schotterplatz [**074:** N 42°32‘34.3“, E 2°23‘27.3“] einige Plätze für WOMOs und eine kostenpflichtige

V/E. Jetons für Strom, Entsorgung und Wasser bekommen Sie im Rathaus oder in der Touristeninformation. Zutritt zum Bad hat man nur im Rahmen einer mehrtägigen Kur. Schöner stehen Sie im Nachbarort **Casteil**, wo außerdem noch der Besuch des Klosters Saint-Martin lockt.

### (075) Offizieller WOMO-Stellplatz: Casteil

**GPS:** N 42°31'59.9", E 2°23'31.4", 470 m. **Öffnungszeit:** Ganzjährig.
**Ausstattung:** WC und Frischwasser auf dem oberen Parkplatz.
**Beschreibung:** Fünf schön angelegte WOMO-Plätze unter hohen Bäumen, nahe der wenig befahrenen Straße. Mit VW-Bussen soll und darf man auf dem oberen Parkplatz (um die Kurve und gleich wieder links) stehen. Wohnmobile passen hier aber nicht unter die Bäume. Maximal 48 Stunden.
**Zufahrt:** Vor der Ortseinfahrt nach Casteil links an der Straße. Der Platz ist beschildert. Für größere WOMOs wird die Fahrt weiter hinauf in den Ort wegen schmaler Straßen nicht empfohlen.
**Alternative:** Wenige Meter weiter finden Sie am Ortsrand den gut ausgestatteten Campingplatz Domaine Saint-Martin.
**Sonstiges:** Guter Startpunkt für die Wanderung zum Kloster.

### Von Casteil zur Abbaye Saint-Martin de Canigou

**1 h 30 min, 3 km, 260 m**. Vom Parkplatz am Ortseingang spazieren wir zunächst die Straße hinauf, bis links eine Gasse zwischen den Häusern hinaufführt. Sie endet an einer Querstraße. Links hinauf nehmen wir den beschilderten Weg. Er ist durchgängig asphaltiert, da dort auch die kleinen Jeeps der Navette hinaufdüsen, bietet aber besonders schöne Blicke über das Tal. Auf halber Strecke treffen wir auf die Kapelle Saint-Martin-Le-Vieux, hinter der sich ein schöner Platz mit Picknicktisch versteckt. Noch einige Kehren weiter oben taucht der Turm des Klosters vor uns auf.
*Karten für die Besichtigung, Souvenirs und Eis gibt es links am Ticketoffice.*

### Saint-Martin de Canigou

Das Kloster liegt auf gut 100 Meter Höhe und ist in den felsigen Westhang des 200 Meter hohen Pic de Canígou gebaut. In den Hang ist dabei wörtlich zu nehmen, das Kloster wächst förmlich aus dem Felsen, was einen guten Teil seines optischen Reizes ausmacht. Mit dem Bau der Kirche wurde 997 begonnen und im November 1009 wurde das Kloster geweiht. Seine Blütezeit erlebte es im 11. und 12. Jahrhundert. Dann verließen die muslimischen Mauren Spanien und viele Bewohner der Bergregionen, die einst vor den Mauren hierher geflohen waren, kehrten in ihre Heimatorte in den Ebenen zurück.

Das Kloster existierte mit Unterbrechungen bis 1781 und wurde dann geschlossen. Die wenigen Mönche, die auf dem Berg ausgeharrt hatten, kehrten ins weltliche Leben zurück. Das Klostergebäude verfiel und wurde zur romantischen Ruine, die 1902 den Bischof von Perpignan so faszinierte, dass er sie kaufte und mit dem Wiederaufbau begann. Denkmalschutz war dabei nicht die allererste Priorität. Das wiederhergestellte Gebäude wurde als Exerzitium genutzt und es brauchte auch Unterkünfte für die Teilnehmer. Das Kloster ist heute also nicht mehr so ganz im Originalzustand, beeindruckt aber bei einer Besichtigung schon durch seine ungewöhnliche Lage. Besonders bemerkenswert sind ansonsten die Kapitelle der Säulen im alten Teil des Kreuzganges.

Auch ein längerer Aufenthalt im Kloster ist möglich. Saint-Martin ist auch heute noch ein Ort der Exerzitien. Nach Anmeldung ist es für getaufte Christen möglich, für zwei bis sechs Tage mit den Mönchen zu leben, zu beten und zu arbeiten.

*Besichtigungen sind nur mit Führung möglich. Juni bis September 7 x täglich jeweils zur vollen Stunde. Februar bis Mai und Oktober bis Dezember nur 5 x täglich Di bis So. Eintritt €6. Die Fahrt auf den Klosterberg ist im Juli und August und nach Voranmeldung auch mit einem Taxi möglich, die Telefonnummer finden Sie am Parkplatz in Casteil. www.stmartinducanigou.org*

Sollten Sie mit Kindern reisen, lohnt der Besuch in Casteil auch wegen des Parc Animaliers, einem kleinen Tierpark, den Sie unterhalb des Ortes finden. Man fährt dazu am Parkplatz am Ortseingang von Casteil vorbei und hält sich im Ort rechts. Die Zufahrt zum Park ist beschildert.

**Parc Animalier de Casteil**
Die Gehege von Löwe, Wolf, Bär, Steinbock, Mufflon, Kamelen, Affen und vielen kleineren Tierarten verteilen sich am bewaldeten Hang und können auf einem 3,5 Kilometer langen Rundweg entdeckt werden. Dabei ist ein Höhenunterschied von 150 Metern zu überwinden, sodass die Besucher schon fast eine kleine Tierpark-Wanderung erwartet. Mindestens zwei Stunden einplanen! *Geöffnet April bis Oktober 10–19 Uhr, Juli und August bis 20 Uhr, außerhalb dieser Zeit eingeschränkt. Eintritt €15, Kinder 3 bis 12 Jahre €11, Jugend 14 bis 17 Jahre €14. www.parcanimaliercasteil.com*

Zwischen Casteil und **Fillols** wird die D27 schmaler und an einigen Stellen kommen zwei Autos nicht ohne rangieren aneinander vorbei. Mit sehr großen Mobilen sollten Sie daher besser auf dem bekannten Weg nach Villefranche zurückfahren. Alle anderen belohnt die Kurbelei durch einige Kurven mit einem tollen Ausblick über die Hügel und besonders schöner Landschaft. Auf der Höhe von Fillols biegt rechts eine schmale Straße zu einem in der Einsamkeit gelegenen Campingplatz ab und kurz darauf gibt es links einen Platz für eine freie Übernachtung.

**(076) WOMO-Parkplatz: Fillols**

**GPS:** N 42°34'17.4", E 2°24'44.8", 770 m. **Max. WOMOs:** 1–2
**Ausstattung:** Keine.
**Beschreibung:** Schotterfläche mit einigen kleineren Bäumen und Büschen links neben der Straße. Vorsicht, der Platz liegt auf einer Terrasse, an deren Rändern es steil hinunter geht. Durch die Büsche leider keine Weitsicht. Einsame Lage abseits des Ortes.
**Zufahrt:** Kurz hinter der Zufahrt zum Campingplatz links an der Straße.
**Alternative:** Ebenfalls grün und in toller Landschaft liegt der knapp einen Kilometer entfernte gut ausgestattete Campingplatz Fillols.

Dann wird die Straße wieder breiter und wir durchfahren eine Hochebene. Ziemlich plötzlich taucht der Turm des zweiten Klosters vor uns am Horizont auf. Im Gegensatz zu Saint-Martin ist dieses Kloster problemlos und mit wenigen Schritten vom Parkplatz bei N 42°35'43.0", E 2°24'57.0" zu erreichen.

## Saint-Michel-de-Cuxa

Das Kloster Saint-Michel-de-Cuxa wurde im Jahr 879 gegründet und ist damit eines der ältesten Klöster Frankreichs. Die heute noch hier stehende Kirche wurde ursprünglich 974 erbaut und gehört damit in die Epoche der Präromanik. Der monumentale Innenraum des kreuzförmigen Kirchenschiffes wirkt auf uns erst einmal recht puristisch. Das riesige Mittelschiff wurde im 16. Jahrhundert umgebaut, ursprünglich besaß die Kirche kein Deckengewölbe, sondern eine Holzdecke. In den Seitenschiffen sind jedoch noch die hufeisenförmigen Bögen der ursprünglichen Kirche erhalten. Experten ordneten die Kirche wegen dieser auf arabische Einflüsse hinweisenden Bögen lange als von den Mauren inspiriertes mozarabisches Bauwerk ein. Heute geht man davon aus, dass die Bögen eher dem westgotische Stil entspringen, der sich an antiken Formen orientierte, die auch ein Vorbild für die typisch arabische Bauweise waren. Man schöpfte quasi aus der gleichen Quelle.

Vom ersten Kirchenbau bis heute ging das Kloster durch eine bewegte Geschichte. Im 11. und 12. Jahrhundert war Cuxa das wichtigste und einflussreichste Kloster der Region und galt als Vertreter des heiligen Stuhles in Katalonien. Man hatte außerdem gute Kontakte nach ganz Europa und den entsprechenden politischen Einfluss in Katalonien. Gegen Ende des 11. Jahrhunderts gewann zum ersten Mal der Jakobsweg an Bedeutung und Cuxa, günstig dort gelegen wo mehrere beliebte Pilgerrouten aus Frankreich kommend die Pyrenäen überqueren, profitierte vom Pilgerstrom. Das Kloster konnte ausgebaut werden und in dieser Zeit wurden dann auch die Kreuzgänge fertiggestellt.

Verlassen wurde die Klosteranlage erst mit der Französischen Revolution. Der letzte Mönch musste das Kloster im Februar 1793 verlassen, das Ge-

*Das Kloster Saint-Michel-de-Cuxa hat man schon bei der Anfahrt gut im Blick.*

bäude kam in Privatbesitz. Bald war Saint-Michel dann nur noch eine Ruine mit eingestürztem Dach. 1839 ließ ein Sturm den Nordturm der Kirche einstürzen, in dem sich auch die Glocken befanden. So ging das Kloster ins 20. Jahrhundert. Ein amerikanischer Kunstsammler nutzte die Gunst der Stunde und kaufte 1907 einen Teil des antiken Kreuzganges, der heute im Metropolitan Museum in New York die europäische Klosterarchitektur des Mittelalters illustriert.

Erst 1919 stoppte man den Verfall. Die Kirche erhielt ein neues Dach, der Kreuzgang konnte, nachdem ein Teil der alten Kapitelle wieder auftauchte, teilweise wiederhergestellt werden und die Wohngebäude wurden restauriert. Das Kloster wurde Zisterziensermönchen zur Verfügung gestellt, die bis 1965 blieben. Heute leben in Cuxa wieder Benediktiner. Man kann die Kirche mit der Krypta und den teilweise wiederhergestellten Kreuzgang mit den alten figurengeschmückten Kapitellen besichtigen. Untypisch für die romanische Bildhauerkunst der Pyrenäen erzählen die Figuren der Kapitelle keine Geschichten, sondern zeigen vor allem symbolische Motive und ein fantasievolles Bestiarium mit Löwen, Affen, Monstern und verbindenden Ornamenten.
*Geöffnet April bis September 9.30–11.50 und 14–18 Uhr, Oktober bis März 9.30–11.50 und 14–17 Uhr, Eintritt €6, Jugend 12 bis 18 Jahre €3,50.*
*abbaye-cuxa.com*

Am Parkplatz des Klosters führt eine Treppe hinunter zu einer Quelle mit gutem Trinkwasser. Wenige Kilometer weiter ist kurz vor Taurinya links an der Straße **[077: N 42°34'58.9", E 2°25'36.1"]** eine große Parkbucht als Nachtparkplatz für Wohnmobile markiert. Wenn Sie also bereit sind so nahe an der Straße zu übernachten, tun Sie's hier und nicht unbedingt auf dem kleinen Parkplatz des Klosters.

In **Prades** kommen wir dann zurück auf die Hauptverkehrsstraße N 116. Prades ist der größte Ort im Tal und entsprechend unromantisch. Dafür finden Sie hier Supermärkte und einen netten Campingplatz in ruhiger Lage.

### (078) WOMO-Campingplatz: Prades Les Portes du Canigou

**GPS/Kontakt:** N 42°37'16.0", E 2°25'22.2", Plaine Saint-Martin, 334 m, Tel. 0033 468 962983, www.camping-lesportesducanigou.fr.
**Öffnungszeit:** April bis November.
**Ausstattung:** Restaurant, kleiner Laden.
**Beschreibung:** Camping am Stadtrand und im Grünen, in der Nähe des Freibades. **Preise:** € 14–22, Strom € 4.
**Zufahrt:** Der Platz liegt am nördlichen Stadtrand. Von Süden kommend durch den Ortskern hindurch und vor der Flussbrücke rechts fahren. Der Campingplatz ist hier beschildert.
**Alternative:** Parkplatz am Schwimmbad bei GPS N 42°37'12.5", E 2°24'55.5".

Prades ist die Heimatstadt des berühmten Cellisten **Pablo Casals**. Ab 1950 begründete er in seiner Heimatstadt ein jährlich stattfindendes Kammermusikfestival, das meist Anfang August für ein abwechslungsreiches Programm mit täglich wechselnden Konzerten sorgt. Aktuelle Infos über das Festival Pablo Casals finden Sie unter prades-festival-casals.com.

Ein weiteres Ziel, das Sie nicht versäumen sollten, versteckt sich in den Hügeln nördlich des Ortes Ille-sur-Têt. Hier hat die Erosion des Sandsteinbodens Felsformationen hinterlassen, die an die berühmten Felsen in Kappadokien erinnern. Das

*Die »Feenkamine« von Ille-sur-Têt*

Gebiet ist nicht sehr groß, aber trotzdem einzigartig. Wir machen deshalb noch einen Abstecher in Richtung Mittelmeer, bevor wir weiter in die Berge fahren. Auf dem Weg zu den »Orgues« kommen wir durch das Städtchen **Vinça**, das einen der wenigen Badeseen der Region zu bieten hat. Am Seeufer gibt es auch einen kleinen Campingplatz und nahe der öffentlichen Badestelle einen offiziellen Stellplatz.

### (079) WOMO-Campingplatz: Camping Lac de Vinça

**GPS/Kontakt:** N 42°38'35.2", E 2°32'01.4", Rue des Escoumes, 257 m, Tel: 0033 468 058478, camping-lac-de-vinca.com.
**Öffnungszeit:** Mitte April bis Anfang Oktober.
**Ausstattung:** V/E, Snack-Bar, Spielplatz.
**Beschreibung:** Camping Municipal am südlichen Ende des Sees mit eigenem kleinen Badestrand.
**Preise**: € 11 – 13, Strom € 6, Aufpreis für Plätze am Seeufer.
**Zufahrt:** Am südlichen Ende des Lac des Escoume. Im Ort ausgeschildert.
**Alternative:** Stellplätze am HyperU bei GPS N 42°38'24.3" E 2°31'56.9".

### (080) Offizieller WOMO-Stellplatz: Camping-Car-Park Vinça

**GPS/Kontakt:** N 42°38'56.8", E 2°31'54.1", Base nautique, Lac des Escoumes, www.campingcarpark.com. **Öffnungszeit:** Ganzjährig.
**Ausstattung:** V/E, Strom, WLAN.
**Beschreibung:** 35 Plätze auf einem ebenen, eingezäunten Parkplatz. Kurzer Weg zum öffentlichen Badestrand am See und in die Stadtmitte. Die nahe Nationalstraße ist gut zu hören. Einfahrt durch Schranke.
**Preise:** €12 – 14 inkl. Strom zuzüglich €5 für den Pass'Etapes, der dann für alle Plätze des Anbieters gilt.
**Zufahrt:** Von der N 116 kommend am ersten Kreisel links zum Parkplatz am See fahren. Der Stellplatz liegt im hinteren Bereich des PKW-Parkplatzes.

Kurz darauf erreichen wir Ille-sur-Têt und folgen im Ort den Hinweisschildern zur »Site des Orgues«.

## (081) WOMO-Parkplatz: Ille-sur-Têt / Orgues

**GPS:** N 42°40'54.0", E 2°37'21.2", 133 m. **Max. WOMOs:** etwa 10
**Ausstattung:** Kiosk und Snack-Bar am Ticket-Office. Tagsüber WC.
**Beschreibung:** Weitgehend schattenfreie, ebene Schotterfläche außerhalb des regulären Parkplatzes der Orgues, der nachts verschlossen wird. Als Wohnmobilparkplatz markiert. Ruhige Lage außerhalb des Ortes.
**Zufahrt:** Die Zufahrt zu den Orgues ist von Ille-sur-Têt gut beschildert.
**Alternative:** Wer einen Stellplatz mit Strom und V/E vorzieht, findet diesen auf dem Supermarktparkplatz am SuperU bei N 42°40'32.6" E 2°38'6.0" (Übernachtung kostenlos, Strom €2 für 6 Stunden. Der Platz liegt am südlichen Ortsrand von Ille-sur-Tet).

## Die Orgues von Ille-sur-Têt

Rund um einen großen Sandplatz entfaltet sich nördlich von Ille-sur-Tet eine magisch wirkende Landschaft. Ockerfarbene, bis zu zwölf Meter hohe Säulen umrunden den Ort, der wie ein natürliches Amphitheater wirkt. Die gigantischen Erdsäulen bestehen aus Ton und Sandstein und verändern sich ständig. Wasser, Wind und Temperaturunterschiede sorgen dafür, dass der Sand aus den scheinbar so massiven Felsen bröckelt, die Furchen tiefer werden und die Spitzen der Säulen niedriger. Einige der Formationen tragen Kappen, welche die Erosion vorübergehend aufhalten können. Aber auch diese werden eines Tages herunterfallen und die Säule wird Stück für Stück verschwinden. Da die Felsformationen aber bereits im Tertiär, vor etwa fünf Millionen Jahren entstanden sind, wird uns der faszinierende Ort wohl noch einige Zeit erhalten bleiben. Die Bezeichnung »Orgues« (Orgeln), wie die Felsen vor Ort genannt werden, ist übrigens geologisch nicht richtig. Als »Orgeln« bezeichnet man wissenschaftlich korrekt nur die kantigen Säulenstrukturen aus Basalt. Die Feenkamine von Ille-sur-Tet sind aber nicht vulkanischen Ursprungs.
*Site des Orgues: €5, Kinder 10 bis 13 Jahre €3,50. Ganzjährig geöffnet 10–18 Uhr. April bis Mitte Oktober 9.30–19 Uhr, im Hochsommer bis 20 Uhr. Mitte November bis Januar 14–16.30 Uhr. orgues.netinfo.pro*

Mit einem durchschnittlich großen Wohnmobil, können Sie jetzt der landschaftlich reizvollen Strecke über Bélesta zum Lac d'Agly folgen, mit sehr großen Fahrzeugen ist die Strecke von Millas nach Estagel die bessere Wahl. Kurz nach dem ersten Abzweig nach Bélesta befindet sich rechts an der Straße ein Aussichtsplatz mit bestem Blick auf die Orgues. Einige Kilometer weiter erreichen wir die ersten Häuser von Bélesta.

## (082) Offizieller WOMO-Stellplatz: Bélesta

**GPS:** N 42°42 57.0", E 2°36'28.0".
**Öffnungszeit:** Ganzjährig.
**Ausstattung:** Grauwassereinlass, Wasser, WC und Dusche in eher schlechtem Zustand, Strom, Mülleimer.
**Beschreibung:** Leicht verwilderter Terassenplatz im Grünen in sehr ruhiger Lage unterhalb des Dorfes. Der Jetonwechsler für das Flot Bleu-System war außer Betrieb.
**Preise:** €5, Strom und V/E mit Jetons.
**Zufahrt:** An der Ortseinfahrt rechts. Zufahrt sehr eng und steil, nichts für größere WOMOs.

Hinter den Dorf halten wir uns in Richtung Lac de l'Agly. Kurz bevor wir den Stausee erreichen fordert die enge Ortsdurchfahrt von Caramany etwas Vorsicht. Dann erreichen wir den See und eine Brücke, die uns ans andere Ufer bringt. Rund um den See gibt es etliche Möglichkeiten, nahe am Wasser zu parken. Besonders interessant ist das früh im Jahr, wenn der See gut gefüllt ist.

### (083) WOMO-Parkplatz: Lac de l'Agly/Base Nautique

**GPS:** N 42°44'22.9", E 2°34'20.7". **Max. WOMOs:** 3
**Ausstattung:** Picknicktische.
**Beschreibung:** Picknicktische im Schatten links an der Zufahrt, dahinter großer Schotterplatz oberhalb des Sees.
**Zufahrt:** Direkt vor der Brücke links zur Base Nautique und zum Picknickplatz hinunterfahren. Die Zufahrt ist schmal und steil, der Platz also nur für kompakte Camper geeignet.

### (084) WOMO-Parkplatz: Lac de l'Agly/Camp de Ginèbre

**GPS:** N 42°44'50.9", E 2°33'50.6". **Max. WOMOs:** 1–2
**Ausstattung:** Keine.
**Beschreibung:** Geschotterte Parkbucht hoch über dem See. Folgt man dem Fahrweg weiter, kommt man ans Seeufer, wo es weitere Plätze gibt.
**Zufahrt:** 700 Meter hinter der Brücke der sehr steilen Straße links zum Seeufer hinunter folgen. Sie wird in Richtung See sehr eng und ist nur noch geschottert: Ein Platz für Kastenwagen und Abenteuerlustige.

Wir fahren am Seeufer weiter nach Ansignan. Kurz vor den ersten Häusern ist hier links ein Picknickplatz ausgeschildert.

### (085) WOMO-Parkplatz: Ansignan/Sentier des Oiseaux

**GPS:** N 42°45'25.8", E 2°31'33.4".
**Max. WOMOs:** 2.
**Ausstattung:** Picknicktische.
**Beschreibung:** Schöner, mit kleinen Kunstwerken bestückter Picknickplatz unter Bäumen und mit Blick auf den Ort. Startpunkt für den Vogellehrpfad »Sentier des Oiseaux«.
**Zufahrt:** Auf der D9 erst den Stausee und dann in einer Kurve einen Bach überqueren. Direkt dahinter geht es links auf einem schmalen Fahrweg zum Picknickplatz hinunter. Auch dieser Platz ist nur für kompakte Fahrzeuge geeignet.

**Das römische Aquädukt von Ansignan**
Auf der nördlichen Seite des Dorfes lohnt ein Stopp rechts am Straßenrand am Parkplatz bei N 42°45'51.0", E 02°30'47.0". Von hier führt ein Pfad hinunter zu einem beeindruckend gut erhaltenen Viadukt aus dem 3. Jahrhundert, das mit seinen 29 Bögen den Fluss Agly überspannt und dann durch das Tal führt. Der Kanal führt sogar noch Wasser und zwischen den ersten Bögen versteckt sich eine Fußgängerbrücke über den Fluss. Das bis zu 15 Meter hohe Bauwerk besteht aus Bruchsteinen und Mörtel. Die Leitung diente scheinbar der Wasserversorgung des Dorfes Ansignan.

Von Ansignan fahren wir weiter, durchqueren einen Engpass zwischen Felsen und landen bei Saint-Paul-de-Fenouillet auf der D 117. Nördlich des Dorfes wartet das nächste spektakuläre Ziel. Hier verengt sich das Tal zu einer Schlucht mit meterhohen Felswänden, der **Gorges du Galamus**. Die schmale Straße durch die Schlucht ist wegen überhängenden Felsen nur für Fahrzeuge bis 2,70 Meter Höhe und zwei Meter Breite passierbar. Auf der Südseite machen zwei Parkplätze die Schlucht zu Fuß zugänglich, der untere hat auch Plätze für Wohnmobile.

**(086) WOMO-Parkplatz: Gorges du Galamus / Las Ribes**
**GPS:** N 42°50'07.8", E 2°29'26.4". **Max. WOMOs:** 5
**Ausstattung:** Keine.
**Beschreibung:** Großer, ebener Schotterplatz mit schönem Blick in die Berge und markierten Wohnmobilplätzen am Parkplatzrand. Im Juli und August fahren ab hier Elektrobusse zum Parkplatz an der Kapelle und in die Schlucht. Außerhalb der Saison wird das Parkverbot für Wohnmobile auf dem oberen Parkplatz weitgehend ignoriert. Am Rand, gibt es wenige größere Plätze.
**Zufahrt:** Der erste Parkplatz links an der Straße in die Gorges.

**Gorges du Galamus und die Ermitage Saint-Antoine**

Die Gorges de Galamus ist eine beliebte Canyoningstrecke, mehrere Outdoorveranstalter bieten im Sommer Touren durch die Schlucht an. Aber auch für weniger Sportliche sind die Gorges ein attraktives Ziel.

Vom oberen Parkplatz führt ein Weg zur Ermitage Saint-Antoine. Die Kapelle im Felsen wurde im Jahr 1782 in der Felswand der Schlucht erbaut – als Dank für die Genesung der Einwohner von Saint-Paul-de-Fenouillet von einer Seuche. In der Ermitage gibt es eine kleine Höhlenkirche und ein Café.

Am oberen Parkplatz, der für Wohnmobile verboten ist (Campingbusse, die in einen PKW-Parkplatz passen, werden akzeptiert), beginnt ein Wanderpfad, der in etwa 15 Minuten durch die Felswände zur Ermitage führt. Durch das Mini-Kloster geht es dann durch einen Tunnel und über eine Treppe hinauf auf die Straße. Hier lohnt es sich unbedingt ein Stück weiter in die Schlucht zu laufen und sich darüber zu freuen, dass Sie ihr Wohnmobil nicht hier durchrangieren müssen. Dann geht es auf der Straße zurück zum Parkplatz.

Um den Andrang zu kanalisieren wird **im Juli und August** die Straße durch die Gorges de Galamus zur Einbahnstraße mit wechselnder Richtung. Vom unteren Parkplatz fährt dann ein Mini-Bus mit Elektroantrieb für einen symbolischen Fahrpreis von einem Euro.

Da wohl nur VW-Busse mit Aufstelldach unter den notwenigen Maßen für die Durchquerung der Schlucht bleiben, kehren wir jetzt zurück zur D 117 und fahren weiter nach Maury, wo es zur Zeit gleich zwei Möglichkeiten zum Nachtparken gibt

### (087) Offizieller WOMO-Stellplatz: Maury

**GPS:** N 42°48'35.3", E 2°35'56.8". **Öffnungszeit:** Ganzjährig.
**Ausstattung:** V/E, Strom, Mülleimer.
**Beschreibung:** Leicht schräger, schmaler Parkplatz unter Bäumen in ungewöhnlicher Lage zwischen dem Friedhof und dem Krematorium. Die V/E war bei unserem Besuch noch im Bau und die Übernachtung kostenlos.
**Zufahrt:** Am Ortsende von Maury hinter dem Friedhof links an der Straße.

### (088) WOMO-Parkplatz: Picknickplatz Maury

**GPS:** N 42°49'4.2", E 2°35'26.5". **Max. WOMOs:** 3–4
**Ausstattung:** Picknicktische.
**Beschreibung:** Leicht schräger schattenfreier Schotterplatz mit ruppiger Zufahrt. Nebenan stehen Picknicktische in einem Wäldchen. Wohnmobile dürfen hier maximal 48 Stunden parken.
**Zufahrt:** In Maury in Richtung Queribus abbiegen. Der Parkplatz befindet sich kurz hinter dem Ort hinter dem Picknickplatz auf der rechten Straßenseite.

In Maury halten wir uns rechts und nähern uns einem echten Highlight: den Katharerburgen Quéribus und Peyrepertuse. Das Château de Quéribus ist schon von weitem zu sehen: Es thront auf einem Felssporn neben einem höheren Berggipfel und die Fahrt hinauf ist so aufregend wie erwartet. Das Sträßchen, das uns hinaufbringt, ist knackig steil. Aber dass Katharerburgen schwer zu erobern sind, wusste man schon im Mittelalter und das hat sich bis heute nicht geändert. Oben angekommen wartet ein großer, wenn auch recht schräger Parkplatz auf Besucher.

### (089) WOMO-Parkplatz: Château de Queribus

**GPS:** N 42°50'21.2" E 2°37'15.6", 600 m. **Max. WOMOs:** 1–2
**Ausstattung:** Toilette, Mülleimer.
**Beschreibung:** Sehr schräger, staubiger Parkplatz auf dem man mit viel Geschick an wenigen Stellen gerade stehen kann. Grandiose Aussicht auf die Burg und in die Berge. Sehr windanfällig.
**Zufahrt:** Am Ende der Straße hinauf zum Chateau de Queribus.

**Das Château de Quéribus und die Katharer**

Die Burg von Queribus wird bereits im Jahr 1070 das erste mal urkundlich erwähnt. Ende des 12. Jahrhunderts gehört sie der Familie Cucugnan und die sympathisiert mit den Glaubensvorstellungen der Albigenser (später auch Katharer genannt), die sich als Reformbewegung von einer zunehmend profitorientierten katholischen Kirche absetzten. Eigentum galt ihnen als unmoralisch. 1209 reagierte die Kirche mit einer gnadenlosen Jagd auf die als »Kirchenspalter« Beschuldigten. Den Kreuzzug gegen die Albigenser führte der wegen seiner Unmenschlichkeit berüchtigte Feldherr Simon de Montfort. Die letzte große Schlacht verloren die Katharer 1244 an der Burg Montségur (siehe Seite 141). Queribus blieb aber auch nach dieser Schlacht eine Fluchtburg für die letzten versprengten Katharer. Erst 1255 musste der katalanische Faydit Xacbert de Babaira die Burg aufgeben.

Die Ruine ist gut erhalten und kann ganzjährig besichtigt werden. Vom Parkplatz führt ein Weg zur Steintreppe, die sich mit bestem Weitblick am steilen Hang nach oben windet. Wer noch höher hinaus möchte, kann auch über eine enge Wendeltreppe auf den Burgturm steigen.
*Geöffnet täglich 9.30–19 Uhr, Eintritt €7,50. www.cucugnan.fr*

Die zweite Burganlage, das Chateau de Peyrepertuse, ist von Queribus bereits gut erkennbar. Es steht auf einem langgezogenen Felsen und ist so gut getarnt, dass man es leicht übersehen kann. Dabei ist die Burganlage eigentlich größer als die von Queribus. Unterhalb der Burg treffen wir im Dorf Deilhac-sous-Peyrepertuse auf einen angenehmen Stellplatz.

**(090) Offizieller WOMO-Stellplatz: Deilhac-sous-Peyrepertuse**

**GPS:** N 42°51'41.7", E 2°33'54.1". **Öffnungszeit:** Ganzjährig.
**Ausstattung:** V/E, Toilette, Picknicktische.
**Beschreibung:** Geschotterter Parkplatz mit einige Bäumen. Ruhig gelegen und immer gut besucht.
**Zufahrt:** Der Parkplatz liegt links an der Ortseinfahrt.

Vom Parkplatz unten im Ort können wir noch einige Kehren weiter hinauffahren bis wir zuerst zu einem großen Sandplatz kommen, von dem ein megasteiler Wanderpfad weiter hinaufführt. Dann liegt links an der Straße der Parkplatz für Busse und große Wohnmobile. Weiter hinauf dürfen nur Fahrzeuge bis sieben Meter Länge. Im Juli und August ist die Straße ab hier für alle Wohnmobile gesperrt und Sie müssen die letzten Kilometer zum oberen Parkplatz zu Fuß zurücklegen. Von dort sind es noch etwa 15 Minuten auf steinigem steilem Wanderpfad bis zur Burg. Wie gesagt – Katharerburgen sind ohne Schweiß nicht zu haben...

### Das Château de Peyrepertuse

Peyrepertuse ist die größte der Katharerburgen und besteht aus zwei Teilen. Der untere Teil der Anlage ist der ältere und wurde wohl im 11. Jahrhundert erbaut. 1217, im Albigenserkreuzzung, ergab sich der Burgherr und schwor Simon de Montfort den Treueid. Da er die Albigenser trotzdem weiter unterstützte, wurde Peyrepertuse 1240 erneut belagert und erobert. Die Festung, die vorher zu Aragon gehörte, ging dann an die französische Krone. In den folgenden Jahren wurde der Burgteil oben auf dem Felsen ergänzt. Bis ins 17. Jahrhundert war die Burg eine wichtige Grenzfestung zum benachbarten Spanien.
*Geöffnet 9–19 Uhr, im Winterhalbjahr 10 Uhr bis zur Dämmerung, Eintritt €7. www.peyrepertuse.com*

### Gorges du Verdouble

Östlich von Deilhac versteckt sich das Tal des Verdouble mit schönen Badebecken. An der Moulin de Ribaute wird im Sommer sogar ein kleiner See aufgestaut. Der Badeplatz ist vom Stellplatz in Deilhac mit einer knapp dreistündigen Wanderung erreichbar. Ist Ihr Wohnmobil nicht zu groß, können Sie südlich des Dorfes bei N 42°51'32.9", E 2°34'05.1" in den Fahrweg abzweigen zum kostenpflichtigen Parkplatz an der ehemaligen Mühle. Während der Badesaison kassiert man hier €7 Parkgebühr. Im Frühjahr und im Herbst ist der Parkplatz kostenlos und der See verschwunden. Um auf den Weg am rechten Ufer zu kommen, der zu den Kaskaden hinaufführt, muss man an geeigneter Stelle den Verdouble überqueren.

*Château de Peyrepertuse*

Nur Campingbusse unter 2,70 Höhe können durch die Gorge de Galamus zur D 117 weiterfahren. Wir drehen deshalb in Peyrepertuse um, und fahren auf gleichem Weg zurück nach Maury und weiter in Richtung Axat. Zwischen Reben rollen wir durch ein liebliches Tal. Beim Ort Puylaurens ist dann eine weitere Burg zu sehen, die eigentlich auch ziemlich spektakulär ist. Uns fehlt nur gerade die Puste für einen weiteren Aufstieg. Vielleicht ist ihre Kondition besser als unsere. Außerdem gibt es im Dorf **Puylaurens** einen **kostenlosen Stellplatz** mit V/E, [**091:** N 42°48'36.4" E 2°18'29.2"] der leider ziemlich schräg geraten ist. Das Dorf mit zwei süßen Cafés rechtfertigt aber durchaus einen Stopp und etwas Mühe beim Ausgleichen.

Weiter geht es nach **Axat**. Das sympathische Dorf liegt am Ufer der Aude, die sich hier erstklassig für Raftingtouren eignet, und zwischen zwei großen Schluchten. Nördlich von Axat führt die Straße durch die **Défilée-de-Pierre-Lys**. Fans von spektakulären Schluchtdurchquerungen können hier noch einen Abstecher nach Quillan einschieben. Die zweite Schlucht durchqueren wir später bei der Weiterfahrt nach Süden. Wer die Schluchten der Aude lieber vom Wasser aus erleben möchte, braucht in Axat nicht lange zu suchen. Die Schilder der Anbieter von Raftingtouren stehen südlich des Ortes am Straßenrand. Im Ortszentrum kann man rechts am Fluss parken, zum Beispiel, um in der ausgezeichneten Bäckerei im Ort einzukaufen oder ein bisschen am Fluss zu sitzen.

**(092) WOMO-Parkplatz: Axat**

**GPS:** N 42°48'14.0", E 2°13'56.6", 408 m. **Max. WOMOs:** 2–3
**Ausstattung:** Keine.
**Beschreibung:** Asphaltplatz am Flussufer. Zu den Parkplätzen etwas abseits von der Brücke muss man nach hinten durchfahren. Dort steht man deutlich ruhiger, ein Teil der Parkplätze (links vom Schild) ist aber für Wohnmobile gesperrt. Donnerstags nicht nutzbar wegen Wochenmarkt.
**Zufahrt:** Im Ortszentrum von Axat rechts über die Brücke fahren und dann rechts am Fluss entlang.

Auf der D 118 verlassen wir dann Axat in Richtung Süden und stehen kurz darauf vor einer Ampel. Hier, in den **Gorges de Saint-Georges**, wird die Schlucht der Aude besonders eng und der Verkehr wird vorsichtshalber wechselweise durchgeleitet.

Südlich der Schlucht geht es links in Richtung **Col de Jau** und zu einem hübschen kleinen Campingplatz am Dorf Roquefort-de-Sault. Die Route dorthin führt mit tollem Bergblick durch eine felsige Landschaft. Die Straße wird allerdings ab und zu ein bisschen schmaler. Auf halbem Weg liegt links der Strecke bei N 42°45‘47.1“, E 2°13‘20.5“ ein Holzlagerplatz vor schönster Bergkulisse. Ist der Platz nicht mit Holz belegt, kann man hier recht gut Pause machen.

**(093) WOMO-Campingplatz: Roquefort-de-Sault**
**Camping Madres Pyrenées**

**GPS/Kontakt:** N 42°44‘12.7“, E 2°11‘57.3“, 980 m, Tel. 0033 468 206314, www.roquefortdesault.fr. **Öffnungszeit:** Juni bis September.
**Ausstattung:** V/E, Strom und Wasser an jedem Platz.
**Beschreibung:** Kleiner, gepflegter Platz mit Stellplätzen auf Terrassen. Schöner Blick auf einige Häuser des am Hang liegenden Ortes und eine Kapelle. **Preise:** €9, Strom €2,50.
**Zufahrt:** Hinter dem Col de Jau links auf die D 17 und den Campingplatzschildern folgen. Schmale, sehr steile Zufahrt, wenig geeignet für große Mobile.

Wir fahren jetzt von Axat weiter ins Capcir und durchqueren dabei den unteren, nicht ganz so dramatischen Teil der **Aude-Schluchten** zwischen Axat und Usson. Die Straße bleibt hier immer direkt am Fluss, der sich zwischen den hoch aufragenden Bergwänden hindurchschlängelt. Schon vor **Usson** wird die Landschaft wieder sanfter und es wird Zeit für eine Fahrpause. Rechts unserer Strecke thront eine Burgruine auf einem grünen Hügel und lädt zu einer Kurzwanderung ein. Vom Parkplatz unterhalb des **Château Usson** führt ein Fußweg hinauf zur Ruine. Unten am Parkplatz finden Sie Informationen über die Öffnungszeiten.

### (094) WOMO-Parkplatz: Château Usson

**GPS:** N 42°44'05.8", E 2°05'07.9", 842 m. **Max. WOMOs:** 2
**Ausstattung:** Picknicktische. **Beschreibung:** Schotterplatz direkt an schmaler Stichstraße und am Fluss, am Ortsrand.
**Zufahrt:** Von der D 118 rechts zum Schloss (braun beschildert) abbiegen. Der Parkplatz folgt nach 500 m auf der linken Straßenseite.
**Sonstiges:** Fußweg zur Ruine etwa 20 min, außerdem beginnt am Platz eine drei Kilometer langer botanischer Lehrpfad.

Mit **Puyvalador** erreichen wir den ersten Ort des Capcir. Die Hochebene liegt im Durchschnitt auf 1500 Meter und ist umgeben von grünen Bergspitzen und Kiefernwäldern. Im Winter kann man hier Ski fahren, im Sommer sind etliche Bergseen schöne Wanderziele. Eine gut zu befahrende Straße führt bei Puyvalador zu einer ersten Skistation hinauf, die im Sommer im Dornröschenschlaf liegt. Hier finden wir die Überreste eines offiziellen Stellplatzes.

### (095) WOMO-Parkplatz: Puyvalador

**GPS:** N 42°39'04.2", E 2°04'35.3", 1.550 m. **Max. WOMOs:** 4–5
**Ausstattung:** Keine. **Beschreibung:** Mit Gras durchzogene Schotterfläche an der Seilbahnstation mit Weitblick.
**Anfahrt:** Von der D 118 rechts der Beschilderung zur Skistation Puyvalador folgen und am Ort vorbei einige Kehren bergan zur Liftstation fahren. Der untere Parkplatz ist gut erreichbar, die Zufahrt zur oberen Terrasse ist in sehr schlechtem Zustand.

*Die Kirche von Riautort, einem der kleinen Dörfer im Capcir.*

Einen Ort weiter in **Fontrabiouse** wartet eine kleine Tropfsteinhöhle auf Besucher. Der Parkplatz liegt oberhalb des Ortes, den man auf schmalen Straßen durchqueren muss. Der Besuch eignet sich also nur für Fahrer kompakter Mobile.

### (096) WOMO-Parkplatz: Grottes de Fontrabiouse

**GPS:** N 42°38'04.1", E 2°05'52.0", 1.520 m. **Max. WOMOs:** 1–2
**Ausstattung:** Keine.
**Beschreibung:** Ebener asphaltierter Parkplatz an der Tropfsteinhöhle, Bar und Eingang zur Höhle, schöner Blick. Da der Parkplatz Besuchern der Höhle vorbehalten ist, sollten Sie dort nur stehen, wenn Sie die Höhle auch sehen möchten. Es gibt im Umfeld ausreichend gute Alternativen.
**Zufahrt:** Von der D 118 rechts in Richtung Fontrabiouse, Espusouille abbiegen. An der einzigen Verzweigung rechts nach Fontrabiouse und durch den Ort hindurchfahren. Im Ort ist der Weg zur Höhle beschildert. Es geht am Ortsende links am Hang entlang. Die Höhle liegt oberhalb des Dorfes.

### Die Tropfsteinhöhle von Fontrabiouse

Nette Tropfsteinhöhle abseits der großen Aufmerksamkeit. Die Führung durch die Höhle dauert etwa eine Stunde und ist auch an Regentagen ein guter Programmpunkt.
*Ganzjährig geöffnet 10–12 und 14–17.30 Uhr, Juli und August ohne Pause, im Winter nur 14–17.30 Uhr. Eintritt € 13,50, Kinder 5 bis 12 Jahre € 7,80, Jugend 13 bis 17 Jahre € 12. www.grotte-de-fontrabiouse.com*

*Auf dem zentralen Platz in Formiguères, dem Hauptort des Capcir.*

Der nächste Ort an der Straße ist **Formiguères**, der schönste Ort im Tal. Hier finden Sie eine gut ausgestattete Tourist-Info (Mittwoch geschlossen), eine Bar, ein Restaurant und ein paar kleine Läden – und einen unkompliziert großen Parkplatz direkt am Fluss. Oberhalb des Ortes gibt es auch einen Campingplatz und eine Skistation – natürlich mit großen Parkflächen.

### (097) WOMO-Parkplatz: Formiguères

**GPS:** N 42°36'51.0", E 2°06'13.6", 1.509 m. **Max. WOMOs:** 2
**Ausstattung:** Müllcontainer.
**Beschreibung:** Gut zugänglicher Asphaltplatz am Ortsrand, teilweise schräg, am Fluss. Wenige Schritte in den Ort und daher perfekt für alle, die abends gerne essen gehen und dann nicht mehr fahren wollen. Bäckerei im Ort sichert die frische Morgen-Baguette.
**Zufahrt:** An der nördlichen Ortseinfahrt vor den ersten Häusern links hinunter. Als Parkplatz beschildert.
**Alternative:** Camping Formiguères im Ort.

### (098) Offizieller WOMO-Stellplatz: Formiguères Skistation

**GPS:** N 42°37'25.7", E 2°04'17.7", 1.750 m. **Öffnungszeit:** Ganzjährig.
**Ausstattung:** Keine.
**Beschreibung:** Großer Asphaltplatz mit weitem Ausblick, erst über die Parkplätze und den im Sommer stillstehenden Sessellift, dann auf die Berge.
**Zufahrt:** Am besten erst hinter dem Ort der Ausschilderung zur Skistation folgen, da man so die Durchfahrt durch enge Gassen im Ortszentrum vermeidet. Gute, breite Straße bis hinauf zu den Parkplätzen. Mit Schild gekennzeichnete Wohnmobilplätze rechts oben.
**Wandern:** Vom Parkplatz führt ein Wanderweg über die Serra de Mauri zur Refuge de Camporells an einer schönen Seenplatte. Für die 15 Kilometer lange Wanderrunde mit knapp 800 Höhenmetern kalkulieren Sie etwa fünf Stunden. Karte und Wanderausrüstung notwendig, Übernachtung im Refuge (Reservierung) oder im Zelt auf dem Biwakplatz an der Hütte möglich.

**Les Angles**, der nächste Ort an der Strecke, gehört zum beliebten Skigebiet bei Font-Romeu und besteht fast ausschließlich aus Hotels und Ferienwohnungen. Auf den großen Parkplätzen unten im Ort ist das Übernachten im Wohnmobil verboten, dafür gibt es oberhalb des Ortes einen gut ausgestatteten, offiziellen Stellplatz.

## (099) Offizieller WOMO-Stellplatz: Les Angles Pla del Mir

**GPS:** N 42°33'48.3", E 2°04'03.0", 1.800 m. **Öffnungszeit:** Ganzjährig.
**Ausstattung**: V/E und Stromsäulen.
**Beschreibung:** Aufwendig angelegter großer Platz auf einer Aussichtsterrasse über dem Ort. **Preise**: €6 – 11 in der Hochsaison inkl. Strom, V/E €3, Gebühr zahlbar am Automaten.
**Zufahrt:** Durch den Ort und am Ortsende rechts einige Kehren hinauf zum Pla del Mir. Der Tierpark ist ausgeschildert und ein Wohnmobilsymbol weist den Weg zum Stellplatz.
**Alternative:** Eine Kehre weiter oben stehen auf einem Parkplatz ohne Ausstattung meist mehr Wohnmobile als unten auf dem offiziellen Platz.
**Sonstiges:** Am Eingang zum Parc Animalier, einem Wildpark.

### Der Parc Animalier Les Angles

Braunbär, Wolf, Fuchs, Bison, Wildschwein, Rot- und Damwild, Steinbock, Gams, Mufflon und Murmeltier leben in großen, naturnahen Gehegen. So kann es schon mal passieren, dass man hinter einem Zaun nur Bäume und Gestrüpp entdecken kann. Die Tiere danken die guten Lebensbedingungen aber mit regelmäßigem Nachwuchs. Ein Highlight für die Besucher sind die Gehege von Mufflon, Steinbock und Gämsen – hier führt der Rundweg durch ein Tor hinter den Zaun und man begegnet den Tieren ohne Gitter wie bei einem Waldspaziergang. Besonders die Steinböcke sind an Besucher gewöhnt und beobachten von ihren Aussichtsplätzen auf großen Steinblöcken die vorbei spazierenden Menschen interessiert und selbstbewusst. Gämsen und Mufflons sind eher scheu und man muss sich vorsichtig nähern, damit sie sich nicht in den Wald verdrücken. Die Besucher dürfen den Pfad nicht verlassen, die Tiere können sich also jederzeit zurückziehen...

Der lange Rundweg durch die Anlage nimmt mit drei Kilometern Länge und etlichen Höhenmetern etwa zwei Stunden in Anspruch. Der Weg ist weitgehend schattig, aber meist uneben und teilweise auch etwas steiler. Gute Schuhe mit rutschfesten Sohlen, eine Flasche Wasser und vielleicht auch ein Picknick gehören zur wichtigen Ausrüstung für diesen Besuch. Hunde dürfen nicht mit in den Park.

*Geöffnet täglich 9 – 17 Uhr, Juli und August bis 18 Uhr. Eintritt €16, Kinder ab 4 Jahre €14. parc-animalier.faune-pyreneenne.fr*

Von Les Angles fahren wir jetzt ins Tal hinab, wo man am Stausee **Lac de Matemale** auf ein interessantes Freizeitgelände stößt. An seinem Nordufer gibt es einen Badeplatz, einen Hochseilgarten, einen Minigolfplatz und einen Reitstall. Im Wald hinter dem See verstecken sich ein Campingplatz und zwei Wohnmobilstellplätze. Während der Badesaison sind alle drei Plätze sehr beliebt und gut besucht.

### (100) Offizieller WOMO-Stellplatz: Lac de Matemale Camping-Car Park

**GPS / Kontakt:** N 42°34'42.7", E 2°05'41.6", 1.550 m, www.campingcarpark.com. **Öffnungszeit:** Ganzjährig.
**Ausstattung:** V/E, Strom, Müllcontainer, WLAN.
**Beschreibung:** Neu eingerichteter Platz mit Schranke für 40 Wohnmobile. Ebene Fläche im Nadelwald, nahe am Seeufer und am Badeplatz.
**Preise:** € 13,20 inkl. Strom, zuzüglich € 5 für den Pass'Etapes, der dann für alle Plätze des Anbieters gilt.
**Zufahrt:** Von Les Angles kommend dort wo man auf den See trifft direkt rechts zum Freizeitgelände abbiegen und an der Verzweigung links halten.

### (101) Offizieller WOMO-Stellplatz: Lac de Matemale Aire Municipale

**GPS:** N 42°34'41.9" E 2°05'35.5", 1.550 m. **Öffnungszeit:** Ganzjährig.
**Ausstattung:** Keine.
**Beschreibung:** Abgetrennter, für etwa 30 Wohnmobile reservierter Teil des großen PKW-Parkplatzes. Schattig unter einer Reihe Bäume und auf Naturboden. Badeufer und Restauration in unmittelbarer Nähe.
**Preise:** Tagesticket € 2. Außerhalb der Saison kostenlos.
**Zufahrt:** Von Les Angles kommend, dort wo man auf den See trifft, direkt rechts zum Freizeitgelände abbiegen und an der Verzweigung rechts halten. Die Zufahrt zum Platz liegt links der Straße gegenüber dem PKW-Parkplatz, der eine Höhenschranke hat.

### (102) WOMO-Campingplatz: Lac de Matemale Camping du Lac

**GPS / Kontakt:** N 42°34'55.9", E 2°06'22.6", 1.550 m, Tel. 0033 468 309449, www.camping-lac-matemale.com. **Öffnungszeit:** Ganzjährig.
**Ausstattung:** V/E, Snack-Bar, kleiner Laden, Spielplatz, WLAN an der Bar, Fernsehraum.
**Beschreibung:** Schattige Plätze im Uferwald direkt hinter dem öffentlichen Badeplatz. **Preise:** € 19, Strom 2,80 – 4,80.
**Zufahrt:** Der Platz liegt kurz hinter der Zufahrt zu den Stellplätzen rechts an der D 32.

Das interessanteste Wandergebiet der Region liegt oberhalb des **Lac de Bouillouses**, einem Stausee in den Bergen. Eine schmale Stichstraße führt zum See hinauf, oben ist aber das Übernachten im WOMO verboten. Im Juli und August fährt vom riesigen Parkplatz bei N 42°31'14.9", E 2°05'50.5" am Beginn der Straße ein Shuttlebus (Navette). Für Fahrer großer Mobile ist das ein echter Vorteil, da die Straße hinauf doch recht schmal ausgefallen ist. Die Shuttlebusse sind gut aufeinander abgestimmt und begegnen sich nur an zwei festgelegten Ausweichstellen. Für einen durchaus angemessenen Fahrpreis von €6 für Erwachsene und €3 für Kinder kommen Sie absolut stressfrei hinauf und hinunter. Der Bus fährt im 15-Minuten-Takt und abends bis etwa 21 Uhr. Oben am Stausee gibt es ein Hotel und eine Gite (Wanderunterkunft), in beiden kann man auch einkehren.

### Das Wandergebiet am Lac de Boulliouses

Am Stausee starten fünf markierte Rundwege. Für den Sentier des Trois Lacs, der auf Seite 70 ausführlich beschrieben ist, brauchen Sie von hier aus gute zwei Stunden. Sehr lohnenswert ist auch der Rundweg zu den Lacs du Carlit, für den es eine längere Variante mit zwölf Seen (3,5 bis 4,5 h) und eine kürzere Route mit neun Seen (2 h 30) gibt. Eine Übersichtskarte bekommen Sie am Infopunkt oben am Stausee. Beide Touren (Seenrunde und Sentier des trois Lacs) sind auch mit Karte und Höhenprofil im Naturzeit Wanderführer Pyrenäen beschrieben. Alternativ können Sie eine Karte für die Wanderung Lacs du Carlit auch bei www.alltrails.com herunterladen.

*Oberhalb des Stausees Lac de Boulliouses liegt ein schöner Bergsee neben dem anderen.*

Auch auf dem unteren Wanderparkplatz an der Zufahrt zum See dürfen Sie nicht über Nacht stehen bleiben. Wer länger bleiben möchte, kann aber auf den naturnahen Camping les Bouillouses gleich gegenüber ausweichen.

**(103) WOMO-Campingplatz: Camping les Bouillouses**

**GPS/Kontakt:** N 42°31'10.9", E 2°05'50.1", 1.660 m, Route des Bouillouses, Tel. 0033(0)789087898, www.pladebarres.com.
**Öffnungszeit:** Juni bis September.
**Ausstattung:** V/E ohne Entsorgung der Chemietoilette, Mini-Laden.
**Beschreibung:** Sehr naturnah, Plätze locker verteilt im Wald und am Ufer eines klaren Bergbachs mit flacher Badestelle, an der Kinder gut planschen können. Viel Schatten und daher perfekt für heiße Hochsommertage. Der Bus nach Boulliouses fährt direkt vor dem Platz.
**Preise:** € 17 – 20 inkl. Strom.
**Zufahrt:** Kurz vor Mont-Louis von der D 118 rechts in Richtung Lacs de Boulliouses abbiegen. Der Platz liegt links der Straße und gegenüber dem Wanderparkplatz.

Hier schließt sich die Runde und wir könnten noch einmal das Festungsdorf **Mont-Louis** besichtigen, bevor wir auf leicht veränderter Route zurück nach Puigcerda und weiter in Richtung Andorra fahren. Wir wählen diesmal die Südseite des Tals und kommen zuerst ins Dörfchen **Eyne**. Das Eyne-Tal ist der nördliche Zugang für eine Wanderung nach Núria. Allerdings ist man für den einfachen Weg gut vier Stunden unterwegs. Es lohnen aber auch kürzere Wanderungen ins idyllische Tal.

**(104) WOMO-Parkplatz: Eyne**

**GPS:** N 42°28'11.2", E 2°04'54.4", 1.606 m. **Max. WOMOs:** 3 – 4
**Ausstattung:** WC tagsüber an der Naturparkinformation.
**Beschreibung:** Schotterplatz mit Bäumen etwas abseits einer wenig befahrenen Straße, außerorts, Hütte der Naturparkinformation.
**Zufahrt:** Von der N 116 links nach Eyne abbiegen, den Ort durchqueren und kurz hinter dem Ort links in den Parkplatz einbiegen.
**Wandern:** Beginn von drei markierten Wanderwegen. Sehr empfehlenswert ist die Wanderung in das Tal der Eyne, das auch Vallée des Fleurs (Blumental) genannt wird. Der Weg führt zuerst durch den Wald. Nach gut zwei Stunden auf dem moderat ansteigenden Weg erreicht man dann ein Plateau, auf dem es besonders üppig blüht, wenn Sie in der richtigen Jahreszeit eintreffen. Zurück geht es dann bergab und ein bisschen schneller.

*Der einladende Wanderweg ins Vallée des Fleurs*

Auf der schmalen Nebenstrecke fahren wir weiter am Hang entlang bis zum nächsten Dorf **Llo**. Mit sehr großen Mobilen sollten Sie allerdings besser zur N 116 zurück, weiter nach Saillagousse und von dort links nach Llo fahren. Das Dorf wirkt etwas verschlafen, aber unterhalb der Gassen und der Kirche aus dem 12. Jahrhundert parken meist einige Autos. Hier befindet sich die Therme von Llo und ein betreuter Klettersteig, an dem man auch die zugehörige Ausrüstung leihen kann. Weniger interessant fanden wir den Wanderweg, der auf einem breiten Schotterweg in die Schlucht des Sègre führt.

### (105) WOMO-Parkplatz: Bains de Llo

**GPS:** N 42°27‘14.4“, E 2°03‘32.9“, 1.390 m. **Max. WOMOs:** 10
**Ausstattung:** Müllcontainer an der Zufahrt.
**Beschreibung:** Auf Schotter-Wiesen-Boden und teilweise recht uneben und leicht schräg. Schön am Hang gelegen mit Weitblick über Felder und auf die gegenüberliegenden Berge. Unterhalb des Dorfes Llo mit schöner alter Kirche. Kein Schatten. Restaurant im Ort.
**Zufahrt:** Entweder über das schmale Sträßchen vom **Stellplatz Eyne (104)** oder von der N 116 in Saillagousse links zu den Bains de Llo abbiegen. Vor dem Ort rechts zum Parkplatz und in den unteren für Wohnmobile markierten Bereich fahren.
**Wandern:** Fünf Minuten Fußweg zum Eingang der Schlucht, zum Klettersteig und zum leicht antiquiert wirkenden, aber sehr beliebten Thermalbad.

**Die Thermen von Llo**
Angenehmes, öffentliches Thermalbad mit drei 35°C warmen Außen- und zwei Innenbecken, Sauna, Hammam, Jacuzzi und Massage.
*Geöffnet täglich 10–19.30 Uhr, Mitte Juli bis August bis 20 Uhr. Geschlossen Mitte November bis Anfang Dezember. Eintritt €15, Familienkarte €45. www.bains-de-llo.com*

Nachdem Sie in Llo wirklich schön stehen, macht eigentlich nur die V/E-Station und die Infrastruktur des größeren Ortes den offiziellen Stellplatz in **Saillagousse** interessant. Im Ort gibt es auch mehrere gute Restaurants.

### (106) Offizieller WOMO-Stellplatz: Saillagousse

**GPS:** N 42°27'27.2", E 2°02'15.4", 1.300 m. **Öffnungszeit:** Ganzjährig.
**Ausstattung:** V/E, Strom.
**Beschreibung:** Enger, kleiner Asphaltplatz im Ort, eher zweckmäßig aber nahe am netten Ortskern von Saillagousse. Restaurant »Le Crapahuteur« nahe am Stellplatz gelegen, weitere Restaurants im Ort. Max. 2 Nächte.
**Preise:** Übernachtung kostenlos. Strom, V/E €4 zahlbar mit Jetons.
**Zufahrt:** Im Ortszentrum rechts in die Rue des Sports, beschildert.
**Alternative:** Am Ortsrand gibt es außerdem den Camping Le Sègre.

Von Saillagousse fahren wir zurück nach Puigcerda und können die Route diesmal variieren und das Städtchen **Llivia** durchqueren, eine spanische Enklave umgeben von französischen Orten. Die etwas kuriose Grenze ist ein Relikt des Pyrenäenfriedens von 1659. Dieser regelte, dass Spanien die 33 Dörfer östlich von Puigcerda an Frankreich abzugeben habe. Llivia konnte Stadtrechte vorweisen, was man übersehen hatte. So blieb der Ort bis heute ein Teil von Spanien. Wenn man es nicht weiß, fällt das aber nicht weiter auf – Grenzkontrollen gibt es natürlich auch hier nicht.

Von Puigcerda können Sie jetzt mit Tour 5 eine Rundfahrt durch Andorra starten oder mit Tour 6 direkt über den Col de Portalet in die französische Region Ariège wechseln.

## Rundfahrt durch Andorra

Puigcerda – La Seu d'Urgell – Sant Julià de Lòria – Andorra la Vella – Ordino – Encamp – Meritxell – Canillo – Grau Roig – Pas de la Casa

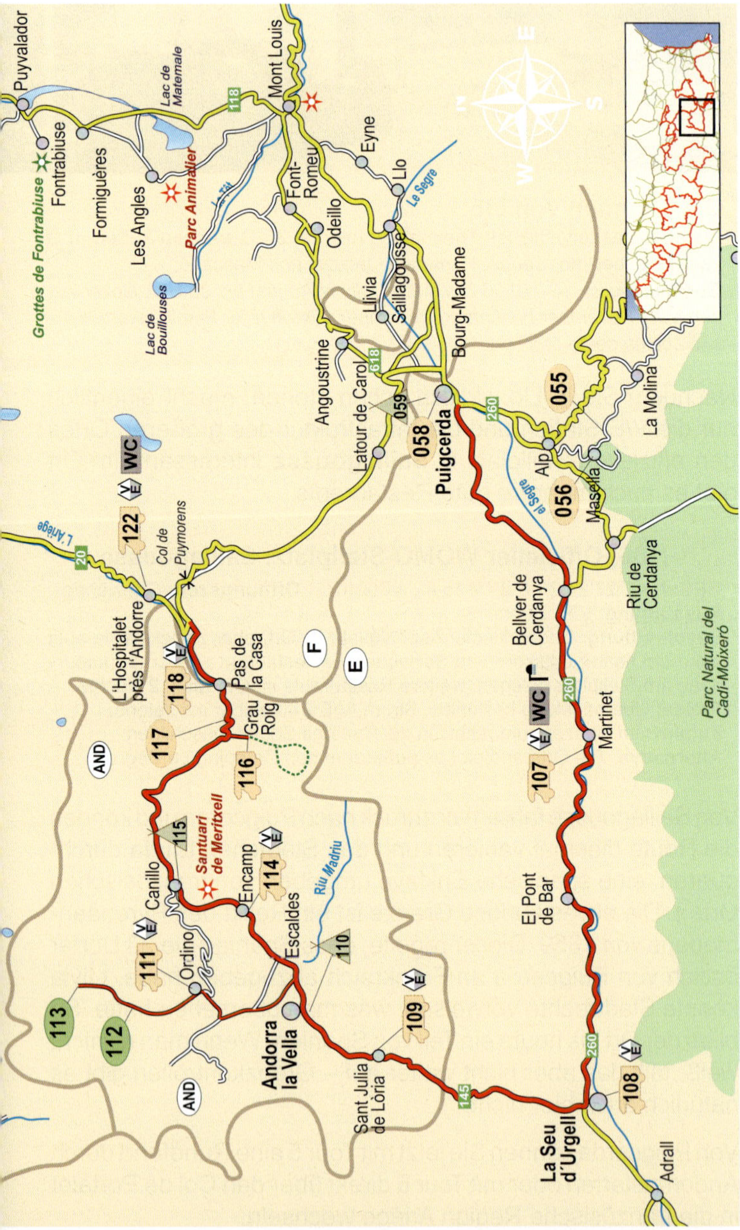

| | |
|---|---|
| **Stellplätze:** | Martinet, La Seu d'Urgell, Sant Julia de Lòria, Ordino, Arcalis, Encamp, Grau Roig, Pas de la Casa |
| **Campingplätze:** | Andorra La Vella, Canillo |
| **Besichtigen:** | Altstadt La Seu d'Urgell, Herrenhaus der Familie Areny-Plandolit in Canillo, Kirche von Meritxell, Museo de la Moto |
| **Wandern:** | Cirq de Tristaina, Estany Primer, Cercle dels Pessons |
| **Märkte:** | La Seu d'Urgell: Di, Sa |

*Andorra ist der größte der sechs europäischen Zwergstaaten und hat sich vor allem als Wintersportziel einen Namen gemacht. Im Sommer kommen die meisten Menschen zum steuerfreien Einkauf – die Preise für Alkoholika, Kosmetik, Elektroartikel und Benzin sind sensationell günstig. Andorra als Wandergebiet ist dagegen bisher eher ein Geheimtipp.*

Um einen schönen Rundweg zu bekommen, fahren wir zuerst südlich an Andorra vorbei, immer am Flüsschen Sègre entlang, durch die Cerdanya – den spanischen Teil der Region, die in Frankreich Cerdagne heißt. **Bellver de Cerdanya** ist dabei der größte Ort, den wir passieren. Größere Sehenswürdigkeiten hat er aber nicht zu bieten. Immerhin gäbe es hier ein Freibad für einen Badestopp. Durch schöne Landschaft fahren wir weiter bis zum Dorf **Martinet**, wo ein neuer offizieller Stellplatz wartet.

*Andorra überrascht mit einer ursprünglichen Berglandschaft mit vielen schönen Seen.*

## (107) Offizieller WOMO-Stellplatz: Martinet

**GPS:** N 42°21'32.7", E 1°41'48.0", 990 m. **Öffnungszeit:** Ganzjährig.
**Ausstattung:** Frei zugängliche V/E, Strom, WC, Dusche, Müllcontainer.
**Beschreibung:** Großer schattenloser Asphaltplatz am Ortsrand, weitere Plätze auf einer etwas höher gelegenen Terrasse, einige Picknicktische im Schatten. **Preise:** Nur der Strom ist kostenpflichtig.
**Zufahrt:** Am Ortseingang von Martinet links dem Wohnmobil-Symbol folgen und über die Brücke zum Platz fahren.

Dann verlassen wir die Cerdanya schon wieder. Der nächste interessante Ort an der Strecke ist **La Seu d'Urgell**. Mit etwa 12.000 Einwohnern ist der Hauptort des Alt Urgell in dieser Pyrenäenregion schon fast eine Metropole. Herz des Ortes ist die nette Altstadt mit ihrer sehenswerten Kathedrale Santa Maria. Außerdem gibt es hier einen zentral und doch ruhig gelegenen Stellplatz, der auch einen Übernachtungsstopp in der Stadt angenehm macht.

## (108) Offizieller WOMO-Stellplatz: La Seu d'Urgell

**GPS/Kontakt:** N 42°21'30.2", E 1°27'58.0", www.campingcarpark.com.
**Öffnungszeit:** Ganzjährig. **Ausstattung:** V/E.
**Beschreibung:** Neu eröffneter Stellplatz der Kette Camping-Car Park in ruhiger Lage im Ort. 3 Minuten zur Altstadt und zur Kathedrale. Zufahrt durch Schranke.
**Preise:** €11, inkl. Strom. Zuzüglich €5 für die Karte »Pass'Etapes« mit der man anschließend alle Plätze des Anbieters Camping-Car Park nutzen kann. Zahlbar am Automaten.
**Zufahrt:** Am ersten Kreisel vor der Stadt links (3/4 rum) in die Avinguda del Cami Ral de Cerdanya fahren und dieser gut 600 Meter folgen, bis links ein Parkplatz auftaucht. Hinter diesem links in den Carrer Dr. Peiro und links über den PKW Parkplatz zum Stellplatz fahren. Die Zufahrt zum Platz ist mit WOMO-Symbol beschildert.
**Sonstiges:** Der alte Stellplatz, der direkt neben dem neuen lag, ist nicht mehr in Betrieb, er wird jedoch weiterhin von Campern genutzt.

Südwestlich der Stadt hätten Sie auch noch einen Campingplatz zur Wahl. Er liegt an der N 260 hinter einem Gewerbegebiet außerhalb der Stadt.

Wenn man dann vom Stellplatz auf den Kirchturm zuhält und auf dem Carrer Poral de Cerdanya in Richtung Altstadt spaziert, steht man nach 150 Metern am Eingang der Kathedrale und wenn Sie die spanische Siesta einplanen, können Sie diese auch besichtigen.

## Die Kathedrale und das Kloster Santa Maria

Schon 839 wurde in La Seu d'Urgell die erste Kathedrale geweiht. Der Vorgängerbau der heutigen Kirche stammt aus dem Jahr 1040, wurde aber im 12. Jahrhundert umfänglich restauriert und verändert. Während der Albigenserkriege am Ende des 12. Jahrhunderts diente die Kathedrale als Festung, in der die Bewohner der Stadt Zuflucht fanden, und wurde entsprechend befestigt. Der Grundriss von Santa Maria ist kreuzförmig mit dreischiffigem Langhaus. Besonders sehenswert ist das reich verzierte Südportal, eines von fünf Kirchenportalen, und der Kreuzgang zum Kloster mit seinen figurengeschmückten Kapitellen. Diese sind in vielen Kirchen der Region zu finden, faszinieren aber immer wieder aufs Neue. Die Kapitelle des Kreuzganges in La Seu d'Urgell sind vor allem von Menschen und Tieren bevölkert, zeigen aber keine biblischen Szenen. An der Gegenseite des Kreuzganges steht dann eine weitere, deutliche kleinere Kirche. St. Miquel ist einschiffig mit drei Apsiden und sogar noch 100 Jahre älter als die Kathedrale.

*Das Portal der Kirche öffnet von 10–13.30 Uhr und von 16–18 Uhr. Letzter Einlass 30 Minuten vor dem jeweiligen Kassenschluss. Der Besuch von Kathedrale und zugehörigem Museums €4 pro Person. www.museudiocesaurgell.org*

Vor oder nach dem Besuch lohnt der Bummel durch die Gassen der Altstadt mit kleinen Läden und einer guten Auswahl an **Restaurants**, in denen sie regionale Spezialitäten kosten können. Empfehlenswert sind zum Beispiel das El Menjador gegenüber der Kathedrale oder das Arbeletxe in der Calle Sant Ermengol, unweit des Zentrums. Besonders reizvoll ist der Bummel durch die Altstadt am Dienstag- und Samstagvormittag, wenn auf dem Platz um die Kathedrale die Stände des **Wochenmarkts** aufgebaut werden. Das Angebot reicht von regionalen Lebensmitteln bis zur Kleidung. Architektonisch Interessierte sollten außerdem einen Blick auf die **Bibliothek** der Stadt werfen, die in die Ruine der **Klosterkirche Sant Augustine** gebaut wurde. Hier trifft moderne Architektur mit Metall und viel Glas auf Relikte aus dem Mittelalter.

Alle, die auf dem ersten Teil dieser Tour zu viel einsame Landschaft abbekommen haben, werden auf der Fahrt durch Andorra mit viel menschlicher Zivilisation entschädigt. Wir biegen hinter La Seu d'Urgell rechts ab und halten auf die Grenze zu. Somit erreichen wir **Andorra** aus dem Süden und fallen direkt in den dicht besiedelten, vergleichsweise niedrig gelegenen Südteil des kleinen Landes. Gleich hinter der Grenze treffen wir auf die ersten Supermärkte mit großen Parkplätzen. Der Kleinstaat Andorra ist eine Steueroase. Vor allem Alkohol und Zigaretten werden hier steuerfrei eingekauft, aber auch hochwertige Elektroartikel. Die zulässigen Exportgrenzen in die EU sind vergleichsweise hoch, sollten aber strikt eingehalten werden. An den Grenzen wird streng kontrolliert und Wohnmobile werden recht gerne zur Kontrolle an den Rand gewunken. Auch die Dieselpreise fallen in Andorra ungewöhnlich niedrig aus. Tankstellen finden Sie sogar auf den Bergpässen im Norden. Teuer werden kann dagegen die Benutzung des Handys, denn Roaming in Andorra ist in kaum einem Vertrag abgedeckt. Denken Sie unbedingt daran die mobilen Daten auszuschalten!

Auf den ersten Stellplatz treffen Sie schon nach wenigen Kilometern auf dem Parkplatz eines Supermarktes links der Straße bei N 42°27‘11.0“, E 1°29‘12.0“ (gratis, V/E, maximal 48 h). Wer gerne Urlaub an der Schnellstraße macht, steht hier richtig. Wir nennen den Platz nur der Vollständigkeit halber. Der erste richtige Ort an der Strecke ist dann **Sant Julià de Lòria**. Hier findet man einen von vier offiziellen Stellplätzen. Uns hat er weniger gefallen, anderen scheinbar schon, es wäre dort kaum mehr ein Platz zu bekommen gewesen.

**(109) Offizieller WOMO-Stellplatz: Sant Julià de Lòria**
**Feixes del Rabato**

**GPS:** N 42°27‘56.6“, E 1°29‘39.0“, 924 m. **Öffnungszeit:** Ganzjährig.
**Ausstattung:** V/E.
**Beschreibung:** Im Ort, eng und zwischen den Häusern, steile Zufahrt durch Schranke, Umgebung wenig reizvoll.
**Gebühr:** 1 h kostenlos, Übernachtung € 1,20, tagsüber € 0,75 pro Stunde.
**Zufahrt:** Am Kreisel im Ortszentrum rechts in die Caretera de la Rabassa. Die Zufahrt zum Parkplatz folgt nach gut 200 Metern auf der rechten Seite.

Kaum haben wir den Ort verlassen, sind wir mit den Ausläufern der Hauptstadt **Andorra La Vella** konfrontiert, die nicht besonders anziehend wirken. Bevor Sie jetzt fluchend umdrehen und endgültig die Flucht ergreifen, möchten wir einen kleinen Ausblick auf die Qualitäten Andorras geben. Wer zum Einkaufen und Bummeln ins Stadtgetümmel der Hauptstadt eintauchen möchte, könnte sein Mobil auf dem stadtnahen Camping Valira unterbringen und die Stadt Andorra La Vella zu Fuß erkunden.

**(110) WOMO-Campingplatz: Andorra la Vella**
**Camping Valira**

**GPS / Kontakt:** N 42°30‘06.0“, E 1°30‘55.0“, 988 m,
Tel. 00376 722384, campingvalira.com. **Öffnungszeit:** Ganzjährig.
**Ausstattung:** Überdachter Pool, Restaurant, Supermarkt, WLAN, V/E.
**Beschreibung:** Am Stadtrand und trotzdem recht zentral und dafür erstaunlich grün. **Preise:** € 24 – 26, Strom 3 bis 10A € 3,60 – 6,50, Quick Stopp zwischen 20 und 10 Uhr € 16 – 20.
**Zufahrt:** An der Ortsdurchfahrt vor dem Stadtzentrum auf der rechten Seite.

Weiter im Norden ist Andorra deutlich dünner besiedelt. Hier liegen mehrere ausgezeichnete Skigebiete, die durch gute Straßen erschlossen sind. Sie kommen also auch mit dem WOMO recht weit hinauf und haben nur einen kurzen Weg mit wenigen Höhenmetern in eine erstaunlich unberührte, wilde Hochgebirgslandschaft. Besonders attraktiv für einen Bergausflug ist das Tal **Valira del Nord**. Ebenfalls unkompliziert ist der Zugang ins Hochgebirge vom Skiort Grau Roig. Außerdem sind an der Straße durch das Tal mehrere alte romanische Kirchlein zu entdecken. Wenn Ihnen das Gewimmel auf den Straßen auf die Nerven geht, fahren Sie zügig weiter in die Berge.

## Ausflug ins Valira del Nord

Die schnellste Strecke ins Tal führt durch einen Tunnel und bis Massana bleibt Andorra unverändert zersiedelt. Nett wird es erst im Dorf **Ordino** und hier gibt es unterhalb der winzigen Altstadt einen Stellplatz, der aber inzwischen so teuer ist, dass wir ihn nur noch als Parkplatz nutzen würden, um Ordino zu sehen.

### (111) Offizieller WOMO-Stellplatz: Ordino

**GPS:** N 42°33'21.1", E 1°31'57.5", 1.284 m. **Öffnungszeit:** Ganzjährig.

**Ausstattung:** V/E.
**Beschreibung:** Vier WOMO-Plätze auf einem gemischten Parkplatz im Ortszentrum, max. 48 Stunden. Wenige Schritte zur Tourist-Info und zur schönen kleinen Altstadt, zwischen Straßen und nicht sehr ruhig.
**Preise:** €1 pro Stunde.
**Zufahrt:** Im Ort vor dem Kreisel links auf den beschilderten Parkplatz fahren. Die WOMO-Plätze befinden sich ganz hinten an der Steinmauer.

Der alte Teil des Dorfes besteht eigentlich nur aus einer Gasse, in der aber mehrere nette Möglichkeiten zur Einkehr zu finden sind. Außerdem hat man aus dem original ausgestatteten alten **Herrenhaus der Familie Areny-Plandolit** ein Museum gemacht, in dem Besucher heute in die Welt einer adeligen andorranischen Familie des letzten und vorletzten Jahrhun-

*In den Gassen von Ordino im Valira del Nord*

derts eintauchen können. *Das Haus mit idyllischem Garten ist von Mai bis Oktober Di bis Sa 10–14 Uhr und 15–18 Uhr, So 10–14 Uhr geöffnet. Der Eintritt kostet €5.*

Drei kleine Orte weiter steht links der Straße die hübsche romanische Kirche **Sant Marti de la Cortinada**. Der Parkplatz vor der Kirche ist für Wohnmobile leider etwas klein geraten. Sie müssen am Straßenrand oder im Ort parken, wenn Sie die Kirche anschauen möchten. Im Hochsommer ist die Tür zeitweise geöffnet und es ist jemand da, der Sie durch die Kirche führen kann. Im Inneren sind noch Reste von Fresken aus dem 12. Jahrhundert zu sehen.

Nur wenige Kilometer weiter überspannt links der Straße eine alte romanische Bogenbrücke den munter sprudelnden Bach. Sie stand ursprünglich zwischen Ordino und Serrat und wurde 1980 bei Straßenbauarbeiten abgebaut und hierher versetzt. Dann lassen wir die letzten Dörfer hinter uns und nähern uns

*Sant Marti de la Cortinada – eine der alten romanischen Kirchen Andorras*

einem der Skiparadiese Andorras. Der erste Parkplatz gehört zur Seilbahn Ordino-Arcalis und liegt noch recht weit unten im Tal.

### (112) WOMO-Parkplatz: Seilbahn Ordino Arcalis

**GPS:** N 42°37'52.0", E 1°30'04.4", 1.922 m. **Max. WOMOs:** 10
**Ausstattung:** Keine.
**Beschreibung:** Großzügige asphaltierte Parkflächen an einer Seilbahn auf halber Höhe und in einsamer Lage.
**Zufahrt:** Direkt an der Straße und nicht zu übersehen.

Dann führt die Straße in Serpentinen weiter bergauf und die Landschaft wird Kurve um Kurve karger und rauer, bis sie an der nächsten Skistation endet. Hier parkt man recht nahe an der Fahrbahn. Seit hier oben auf dem Bergkamm der Aussichtspunkt »Mirador Solar de Tristaina« gebaut wurde, fährt der Sessellift auch im Sommer und hier oben ist einiges los. Der letzte Straßenabschnitt ist tagsüber für Fahrzeuge gesperrt, abends kann man dann hinauffahren.

### (113) WOMO-Parkplatz: Arcalis

**GPS:** N 42°37'51.8", E 1°29'05.4", 2.212 m. **Max. WOMOs:** 10
**Ausstattung:** Keine.
**Beschreibung:** Parkflächen neben der Straße. Restaurant und Talstation einiger Sessellifte, die im Sommer nicht in Betrieb sind. Ausgangspunkt für Wanderungen zu einer Gruppe wenig höher liegender Bergseen.
**Zufahrt:** Am Ende der Stichstraße ins Valira del Nord.

### Wanderung in den Cirq de Tristaina

Der Parkplatz befindet sich bereits auf 2.225 Meter Höhe und ist ein guter Zugang in den Cirq de Tristaina mit den Bergseen Estany Primer, Estany del Mig und Estany de Mes Amunt, die trittsichere Wanderer in einer knapp dreistündigen Wanderung umrunden können (etwa 350 Höhenmeter). Der Weg beginnt am hinteren Ende des Parkplatzes und ist markiert. Alternativ fährt die Creussans-Sesselbahn hinauf zum Mirador Solar de Tristaina. Von dort ist es ein 20 minütiger Bergspaziergang zur Mirador in Form einer Sonnenuhr, von dem man von oben auf den Talkessel mit den Seen gucken kann. ww1.ordinoarcalis.com

Zurück in Ordino könnten wir jetzt über die schmale Straße nach Canillo abkürzen. Diese ist jedoch recht kurvig und wir

*Diese schöne romanische Bogenbrücke steht erst seit 1980 an der Straße nach Ordino. Sie wurde bei Straßenbauarbeiten an diesen neuen Platz gesetzt.*

entscheiden uns für die Rückkehr nach Andorra la Vella, um Meritxell, das Nationalheiligtum Andorras, nicht zu verpassen. In der Stadt halten wir uns jetzt links und durchqueren den Ortsteil **Encaldes**. Hier gibt es eine besondere Attraktion, die aber mit dem Wohnmobil gar nicht so einfach zu besuchen ist. In einem riesigen Glaspalast auf 30.000 Quadratmetern können Sie sich im **Caldea**, einem hypermodernen Wellness-Badetempel, von Kopf bis Fuß verwöhnen lassen. Etliche warme Becken, Sauna und Hamman versprechen einen entspannten Urlaubstag. Dummerweise hat das Caldea, das mitten im Ort erbaut wurde, einen unterirdischen Parkplatz. Wohin also mit dem Wohnmobil? Sie haben nur die Chance, in der Nähe der Anlage auf Parkplatzsuche zu gehen oder vielleicht per Bus anzureisen. Die Koordinaten des Bades wären jedenfalls N 42°30'40.3", E 1°32'17.1".
*Der Eintritt kostet zwischen €31 und 41 für 3 Stunden, es gibt auch Spezialanwendungen für €66, verschiedene Familienkarten oder ein Dreitage-Abo für €76. Vormittags ist es günstiger. Unter www.caldea.com können Sie sich informieren und auch gleich buchen.*

Wir fahren jetzt weiter nach **Encamp**. Hier hat man den offiziellen Stellplatz inzwischen an einen geeigneteren Platz verlegt, aber auch hier ist der Preis ins kaum noch Vertretbare gestiegen.

**(114) Offizieller WOMO-Stellplatz: Encamp**

**GPS:** N 42°31'56.6" E 1°34'41.1", 1.310 m, Camí Terres Primeres Baix.
**Ausstattung:** V/E.
**Beschreibung:** Angenehmer Platz auf einer ebenen Terrasse ein Stück oberhalb der Hauptstraße. V/E am Platzende kostenlos nutzbar.
**Preise:** €2 pro Stunde. Die ersten 30 Minuten kostenlos.
**Zufahrt:** Im Ort rechts neben der Durchgangsstraße Avinguda de Joan Marti, vorbei am PKW-Parkplatz auf die obere Terrasse.

Kurz hinter Encamps zweigt an einem schwarz-weiß im Meritxell-Design gestylten Kreisel rechts die Zufahrt zur Kirche ab. Sie endet an einem Parkplatz am Ortsrand vor dem Hotel d'Ermita. Von hier aus sind es nur wenige Schritte zum ungewöhnlichen und ausnahmsweise mal relativ modernen Kirchenbau.

**Die Kirche von Meritxell**

Die alte Kirche von Meritxell wurde 1792 von einem Feuer zerstört und mit ihr eine ebenso alte romanische Marienstatue, die Verge de Meritxell, die die Schutzpatronin Andorras darstellte und die für die Menschen in Andorra große Bedeutung hatte. Die Statue wurde dem historischen Vorbild entsprechend neu nachgebildet. Bei der Kirche ging man anders vor. Nach den Plänen des spanischen Architekten Ricardo Bofill entstand, die Reste der alten Kirche integrierend, ein viel größeres, komplett neues Heiligtum. Es war der Wunsch des Architekten, eine moderne Hommage an den romanischen Stil zu schaffen. Herausgekommen ist ein wirklich ungewöhnlicher Kirchenbau, dessen hohe Bögen offen in den Himmel ragen. Das verwendete Material verbindet die Kirche mit ihrer natürlichen Umgebung. Der schwarze Schiefer ist der typischen Stein der Region, das stark kontrastierende Weiß steht für den winterlichen Schnee. Das Gebäude ist frei zugänglich und kostet keinen Eintritt.

Die Orte an der Straße werden hier oben im Norden kleiner und sympathischer. Der netteste ist eigentlich **Canillo** und hier gibt es dann auch gleich drei Campingplätze. Zwei liegen direkt am Fluss, aber auch an der Straße. Unser Favorit befindet sich dagegen im Ort, aber trotzdem schön im Grünen.

**(115) WOMO-Campingplatz: Canillo/Camping Santa Creu**

**GPS/Kontakt:** N 42°33'56.0", E 1°35'58.0", Carretera general, Tel. 00376 751454, www.elsmeners.com.
**Öffnungszeit:** Mitte Juni bis Mitte September.
**Ausstattung:** V/E ohne Grauwasser, Bar, WIFI-Zone.
**Beschreibung:** Kleiner Campingplatz in angenehmer, ruhiger Lage im netten Ort Canillo, gute Sanitäranlagen. **Preise:** €20, Strom €3.
**Zufahrt:** Am zweiten Kreisel im Ort im spitzen Winkel nach rechts und den Berg hinauf zum Campingplatz, der sich hinter der kleinen Kirche Eglesia Santa Creu befindet.
**Alternative:** Zwei weitere Campingplätze am Ortsausgang von Canillo, wobei der Camping Pla auf der rechten Flussseite die ruhigere Lage hat.

Hinter dem Ort Canillo steht rechts direkt an der Straße ein besonders schönes romanisches Kirchlein. Die **Eglesia St. Joan de Caselles** stammt aus dem 11. oder 12. Jahrhundert und ist mit ihrem rechteckigen Kirchenschiff, halbrunder Apsis, einem Holzdach und ihrem Turm im lombardischen Stil ein typisches Beispiel der Romanik in Andorra. Die beiden Terrassen wurden wahrscheinlich im 16. und 17. Jahrhundert angebaut. Im Inneren zeigt ein Wandgemälde die Kreuzigung und am Altar sind Szenen aus dem Leben des heiligen Johannes zu sehen.

Neben der Kirche zeigt das **»Museo de la Moto«** 80 Jahre Motorradgeschichte. In den Ausstellungsräumen stehen Maschinen, die zwischen 1900 und 1980 gebaut wurden. Die ältesten Fahrzeuge der Firmen Diamant, Le Reve und Peugeot erinnern lebhaft an heutige eBikes, erst die Ausstellungsstücke aus den 30er Jahren sehen wirklich nach Motorrad aus.
*Geöffnet Mo, Di, Fr 10–17.30 Uhr, Sa, So bis 18 Uhr. Eintritt €9, Kinder unter 8 Jahre frei. www.museumoto.com*

Von **El Tarter**, das als nächster Ort an der Straße folgt, fährt eine Kabinenbahn. Es gibt hier also große Parkplätze. Der eigentlich für Wohnmobile markierte Platz war aber bei unserem letzten Besuch eine Baustelle.

Kurz hinter El Tarter liegt bei N 42°35'04.0", E 1°39'49.8" ein großer **Wanderparkplatz** an der Straße. Hier befindet sich der Zugang ins besonders idyllische **Vall d'Incles**. Die sehr schmale und kaum für Wohnmobile jeder Art geeignete Schotterpiste ins Tal ist im Sommer (Mitte Juni bis Anfang September) komplett gesperrt. Dann übernimmt ein Elektrowagen den Zubringerdienst für den knapp drei Kilometer langen Weg bis zum Ende der Piste. Tickets und Informationen bekommen Sie während dieser Zeit an der Infohütte am Parkplatz. Vom Ende der Straße kann man in gut zwei Stunden zu den Bergseen von Juclar hinaufsteigen.

Dann geht es weiter in die Berge hinauf in Richtung **Pas de la Casa**, über das wir Andorra wieder verlassen werden. Vorher lohnt jedoch ein Abstecher in ein weiteres Skigebiet. Dazu dürfen Sie am Kreisel hinter Soldeu nicht in den Tunnel fahren, sondern müssen links auf der Passstraße bleiben.

### (116) Offizieller WOMO-Stellplatz: Grau Roig

**GPS:** N 42°31'59.9", E 1°42'05.2", 2.114 m.
**Ausstattung:** Keine Einrichtungen, aber als Wohnmobilparkplatz markiert.
**Beschreibung:** Asphaltierter Parkplatz neben einem Hotel, auch der untere geschotterte Parkplatz wird zeitweise mitgenutzt. Bei unserem letzten Besuch an einem Samstag im August standen hier an die hundert Camper. Das Umfeld ist okay.
**Zufahrt:** Abzweig von der Hauptstrecke der Passstraße rechts nach Grau Roig und dem WOMO-Symbol rechts zum Parkplatz folgen.
**Sonstiges:** Ausgangspunkt für die sehr schöne Wanderung zu den Llacs dels Pessons, mehreren Bergseen.

Zugegeben, unser erster Impuls, als wir auf den Parkplatz der Skistation Grau Roig rollten, war es, kehrt zu machen und zügig das Weite zu suchen. Das wäre jedoch eindeutig ein Fehler gewesen, denn mit läppischen 200 Metern Aufstieg kommen wir hier zu einer bildschönen, unerwartet wilden und naturbelassenen Seenplatte in Hochgebirgslage und die hässlichen, mit Liftseilen gespickten Hänge am Start sind unterwegs schnell vergessen.

## Wanderung zum Estany Primer

**Gehzeit: 2 h, 200 Höhenmeter.** Vom Parkplatz folgen wir der Piste parallel zum Fluss und dem Hinweisschild zum Restaurant dels Pessons. Nach den ersten zwei Kehren zweigt links ein etwas schmalerer Schotterweg ab, der ebenfalls recht steil ansteigt. Wir folgen ihm, bis in der Nähe eines Wasserbeckens rechts ein blau markierter Steig hinaufführt. Dann geht es in engen Kehren und über etliche Felsstufen weiter bergan. Nach gut 200 Höhenmetern haben wir dann den ersten See, den Estany Primer, erreicht. Rechts sehen wir das Restaurant mit einladender Terrasse.

## Der Rundweg Camí dels Cercle dels Pessons

Der 2,5 stündige Rundweg Cercle dels Pessons beginnt oben am Estany Primer und führt links am See weiter. Er ist gelb (und bis zum Wendepunkt auch noch rot-weiß) markiert. Am obersten See steht am Wendepunkt ein weithin sichtbarer Wegweiser. Hier führt der rot-weiß markierte GR geradeaus den Hang hoch, während unser Rundweg gelb markiert etwas weiter oben durch ein benachbartes Tal zum Restaurant dels Pessons zurückführt. Für den Rundweg ist Trittsicherheit und Wanderausrüstung erforderlich, da er von See zu See immer wieder durch raues steiniges Gelände führt (Aufstieg noch einmal gut 200 Meter). Sie finden die Tour auch mit Karte und Höhenprofil im empfohlenen Wanderführer.

Vor allem an sonnigen Sommertagen ist der Parkplatz auf der Passhöhe eine Alternative zum Stellplatz an der Skistation Grau Roig. Es gibt hier oben übrigens drei Tankstellen und ein kleines Restaurant.

**(117) WOMO-Parkplatz: Passhöhe Pas de la Casa**

**GPS:** N 42°32'25.0", E 1°43'06.0", 2.400 m. **Max. WOMOs:** 10
**Ausstattung:** Keine. **Beschreibung:** Großer Schotterplatz mit Weitblick, leicht unterhalb der Tankstellen und einer Auberge an der Passhöhe.
**Zufahrt:** Vor der Passhöhe rechts der Straße.

Der letzte Stellplatz, bevor wir Andorra verlassen, liegt zwar im grenznahen Einkaufsparadies, gehört aber definitiv zu den besseren Plätzen in Andorra. Leider sind auch hier die Parkgebühren noch einmal kräftig gestiegen. Immerhin sind die ersten 30 Minuten auf dem Parkplatz frei. Sie können sie nutzen um zur Entsorgungs-Station auf dem Platz zu fahren oder um zur perfekt ausgestatteten Touristeninformation hinaufzuspazieren. Hier gibt es eine detaillierte Karte, und wer in Andorra wandern möchte, kann dort auch ein Buch mit über 50 Touren erstehen.

*Bergpanorama am Camì dels Pessons*

**(118) Offizieller WOMO-Stellplatz: Pas de la Casa/Bullidor**

**GPS:** N 42°32'42.0", E 1°44'07.0", 2.060m. **Öffnungszeit:** Ganzjährig.
**Ausstattung:** V/E.
**Beschreibung:** Riesiger Parkplatz am Ortsrand von Pas de la Casa. 100 Meter zur Tourist-Info und zu Supermärkten. Bezahlung am Automaten, Zufahrt durch Schranke.
**Preise:** 30 min kostenfrei, Nachttarif 20–8 Uhr €5, tagsüber teuer (etwa €3,55 pro h).
**Zufahrt:** Am Kreisel im Ortszentrum vor der Information links zum Parkplatz abbiegen.

Dann fahren wir durch die Grenzkontrolle, was bei der Ausfahrt aus Andorra etwas länger dauern könnte (vermeiden Sie die Durchfahrt am Samstag!) und treffen bei Hospitalet près d'Andorre auf Tour 6.

## Ein Blick in Andorras Geschichte

Andorra ist der größte unter den sechs Zwergstaaten Europas. Die Landessprache ist katalanisch, das auch in den umliegenden Regionen Frankreichs und Spaniens häufig gesprochen wird. Andorra hat keine eigene Währung und an die Stelle des Francs und der Peseta, die hier lange beide gültig waren, ist heute unkomplizierterweise der Euro getreten. Andorra hatte aber lange keine eigenen Euromünzen und eigentlich nicht mal einen eigenen Staatschef. Das Land stand bis 1993 unter der Doppelherrschaft des französischen Präsidenten und des Bischofs der spanischen Region Urgell, die immer noch repräsentative Funktion haben. Diese merkwürdige Regelung geht auf das Jahr 1278 zurück. Damals wurde das Gebiet des heutigen Andorra im Pareatges Vertrag, der einen Konflikt der Grafen von Foix mit den Bischöfen von Urgell beendete, unter die gemeinsame Herrschaft beider Parteien gestellt. In die Rechtsnachfolge der Grafen von Foix trat der französische König und später der Staatspräsident. Das Amt des Bischofs von Urgell gibt es dagegen immer noch...

Andorra ist seit 1933 eine Demokratie, das Frauenwahlrecht wurde erst 1971 eingeführt. Der gewählte Generalrat der Täler hatte wenig Befugnisse. Ein echtes parlamentarisch-demokratisches System mit Gewaltenteilung existiert erst seit 1993. Die repräsentativen Aufgaben eines Staatspräsidenten übernehmen aber weiterhin der französische Staatspräsident und der Bischof von Urgell.

Die wichtigste wirtschaftliche Grundlage Andorras ist der Tourismus – vor allem der winterliche Skitourismus. In Andorra liegen die beliebtesten Skigebiete der Pyrenäen. Im Sommer finden Wandernde viele gut markierte Wege und es boomt der Einkaufstourismus mit Schnäppchenjagd auf die steuerfreien, günstigen Waren. Falls Sie sich daran beteiligen möchten, finden Sie die Zollfreigrenzen für die Ausfuhr von Waren zum Beispiel unter www.andorra-intern.com. Ein Blick hinein ist sinnvoll: 300 Zigaretten, 1,5 Liter hochprozentige Alkoholika, fünf Flaschen Wein und 75g Parfum pro erwachsener Person sind aktuell die maximalen Mengen bei den beliebtesten Ausfuhrgütern... Bei der Ausreise werden auch Wohnmobile gerne kontrolliert.

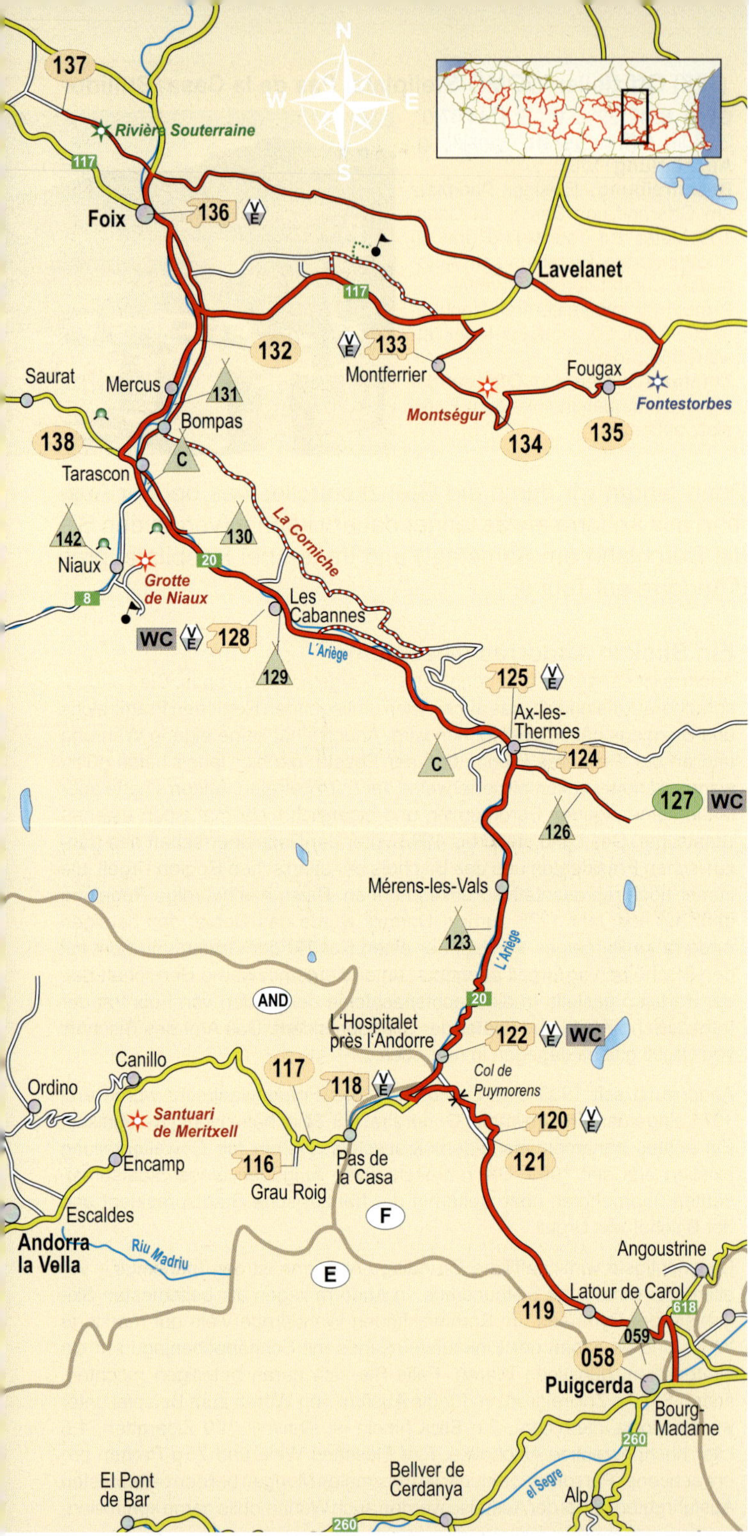
137
Rivière Souterraine
117
Foix
136
Lavelanet
132
133
Montferrier
Fougax
Fontestorbes
Montségur
134
135
Saurat
Mercus
131
Bompas
138
Tarascon
C
La Corniche
142
130
Niaux
Grotte de Niaux
20
8
Les Cabannes
WC
128
129
L'Ariège
125
Ax-les-Thermes
124
127
WC
126
Mérens-les-Vals
123
AND
20
L'Hospitalet près l'Andorre
122
WC
Col de Puymorens
Canillo
117
118
Ordino
Santuari de Meritxell
120
Encamp
116
Pas de la Casa
121
Grau Roig
Escaldes
F
Andorra la Vella
Riu Madriu
E
Angoustrine
Latour de Carol
119
618
059
058
Puigcerda
Bourg-Madame
260
El Pont de Bar
Bellver de Cerdanya
el Segre
Alp
260

## TOUR 6 etwa 140 km

### Von Puigcerda an die Ariège

Puigcerda – Col de Puymorens – L'Hospitalet-près-l'Andorre – Ax-les-Thermes – Les Cabannes – Tarascon-sur-Ariège – Montségur – Foix – Tarascon

| | |
|---|---|
| **Stellplätze:** | Latour-de-Carol, Porté Puymorens, L'Hospitalet-près-l'Andorre, Ax-les-Thermes, Vallée d'Orlu, Les Cabannes, Pont du Diable, Montferrier, Montségur, Fougax, Foix |
| **Campingplätze:** | Mérens-les-Vals, Orgeix, Les Cabannes, Tarascon, Mercus |
| **Besichtigen:** | Vallée d'Orlu, Maison des Loups, Grotte de Lombrive, Roquefixade, Katharerfestung Montségur, Fontaine de Fontestorbes Foix, Fluss von Labouiche, Village Forges de Pyrénées |
| **Wandern/Kanu:** | Vallée d'Orlu, Kanutour auf der Ariège |
| **Märkte:** | Ax-les-Thermes: Di, Sa; Foix: Fr; Les Cabanes: So, Tarascon: Mi, Sa |

*Von Puigcerda überqueren wir den Pyrenäenhauptkamm über den 1920 Meter hohen Col de Puymorens und kommen so in die französischen Pyrénées Ariègeoises. Benannt ist die Region nach dem Fluss Ariège, dessen Lauf wir vom Pass bis nach Tarascon folgen. Hier lebten schon in prähistorischer Zeit Menschen, Höhlenzeichnungen beweisen das eindrucksvoll. Außerdem gibt es eine der berühmtesten Burgruinen Frankreichs zu sehen und zur Erholung können Sie dann die müden Füße im warmen Thermalwasser von Ax-les-Thermes baumeln lassen.*

Der erste Ort an der Route, **Latour-de-Carol**, ist eine der Endstationen des Petit Train Jaune und ist uns bei Tour 4 schon einmal begegnet. Der Bahnhof im Dorf ist der mit den Schienen in drei Spurweiten. Auf dem Gelände der Ferienanlage Yravals am Ortsrand gibt es auch einen Platz für Wohnmobile, der jedoch immer wieder sehr schlecht bewertet wird. Mit einem kompakten Camper können Sie alternativ hinter dem Ort zu einem Picknickplatz am Fluss hinunterfahren.

**(119) WOMO-Parkplatz: Latour-de-Carol / Flussufer**

**GPS:** N 42°28'21.9" E 1°52'27.2" , 1260 m.
**Ausstattung:** Keine.
**Beschreibung:** Parkplätze am Rand einer schmalen, kaum befahrenen Sackgasse am Ufer eines kleinen Flusses. Schattig. An schönen Wochenenden im Sommer gut besucht.
**Zufahrt:** Etwa 1 km hinter dem Ort Latour-de-Carol vor einem Haus links in eine schmale Straße einbiegen. Einfahrt sehr steil. Der Picknickplatz ist hier unauffällig beschildert. Am Ende der Straße ist wenig Platz zum Drehen.

Der direkte Weg von Puigcerda an die Ariège führt über Zweitausender – oder unter diesen hindurch. Für die kurze Fahrt durch den Tunnel müssen Sie allerdings knapp 14 Euro investieren. Die Alternativroute führt über den gut 2000 Meter hohen **Col de Puymorens** und ist kurvenreich, aber unkompliziert. Um nicht in den Tunnel zu kommen, halten wir uns hinter Porta vor den großen Parkplätzen am Tunneleingang rechts.

Der erste Ort an der Passstraße heißt **Porté Puymorens** und seit es den neuen Stellplatz von Camping-Car Park gibt, wird man an einigen anderen Plätzen im Gemeindegebiet mittels Schildern informiert, dass man nur noch dort und auf dem Campingplatz übernachten darf. Dies wird aber von einheimischen Campern weitgehend ignoriert. Wir haben am frühen Morgen sowohl auf der Passhöhe N 42°33‘35.1“, E 1°48‘36.7“, als auch an der Skistation La Vignole N 42°33‘21.0“, E 1°48‘25.0“ mehrere Camper angetroffen und das gut versteckte Verbotsschild nur durch Zufall entdeckt. Wenn Sie sicher legal stehen wollen, müssen Sie also auf den im Ort gelegenen Stellplatz fahren.

### (120) Offizieller WOMO-Stellplatz: Porté Puymorens Camping-Car Park

**GPS / Kontakt:** N 42°32‘50.9“, E 1°50‘04.4“, 1.610 m, Cami del Bosc 1, www.campingcarpark.com. **Öffnungszeit:** Ganzjährig.
**Ausstattung:** V/E, Strom, Müllcontainer, WLAN.
**Beschreibung:** Ebene, eingezäunte Asphaltfläche unterhalb des Dorfes und neben dem Camping Municipal. Gegenüber befindet sich eine kleine Pizzeria.
**Preise:** € 13 inkl. Strom, zuzüglich € 5 für die Karte »Pass‘Etapes« mit der man anschließend alle Plätze des Anbieters Camping-Car Park nutzen kann.
**Zufahrt:** Vor dem Ort rechts den Hinweisschildern zum Campingplatz und dem Wohnmobilsymbol folgen.
**Alternative:** Schön gelegener Camping Municipal direkt nebenan.

Fährt man die Passstraße weiter liegt noch vor dem Ort links eine Parkfläche an einer Seilbahn. Hier konnten wir trotz ernsthafter Suche kein Verbotsschild finden.

### (121) WOMO-Parkplatz: Porté Puymorens

**GPS:** N 42°32‘55.0“, E 1°49‘36.8“, 1.670 m. **Max. WOMOs:** 10
**Ausstattung:** Müllcontainer.
**Beschreibung:** Große ebene Asphaltfläche oberhalb der Straße mit Blick auf die Berge, trotz Straßennähe ruhig, am Ortsrand, Müllcontainer
**Zufahrt:** Vor dem Ort links oberhalb der Straße

Dann beginnt die Passstraße und es geht in Kurven bergan. Kurz bevor wir oben ankommen, zweigt die Zufahrt zum Skilift La Vignole ab. Bis zur Passhöhe ist es jetzt nicht mehr weit. Oben ist der Blick noch besser – oder der Nebel dichter und Wind besonders heftig – je nachdem, bei welchen Wetterbedingungen Sie so hier oben eintreffen. Wir hatten den unteren Platz gewählt und ein knappes halbes Stündchen die Sonne genossen. Dann zog der Nebel zwischen den Bergspitzen hindurch, senkte sich und »Schwupp«, weg war die ganze Pracht. Selbst ein zweites Wohnmobil, am anderen Ende des Platzes geparkt, war nicht mehr zu erahnen. Das sind die kleinen Tücken der aussichtsreichen Pass-Parkplätze. Immerhin befinden wir uns auf fast 2000 Meter Höhe und manchmal wechselt das Wetter in Windeseile. Sollten Sie aber einen windstillen, klaren Tag erwischt haben, stehen Sie hier oben ausgezeichnet.

Kaum auf der Höhe angelangt, leiten uns viele große Bögen wieder hinab. Auf halber Höhe zweigt links der französische Zugang nach **Andorra** ab. Wenn Sie Tour 5 ausgelassen haben, könnten Sie hier mit wenig Aufwand einen kleinen Abstecher einbauen, um nach Andorra hineinzuschnuppern. Unser Vorschlag wäre es, im Grenzort **Pas de la Casa** zu tanken und vielleicht auch einzukaufen und dann von unserem **Stellplatz (116) in Grau Roig** auf der Wanderung am Cercle dels Pessons eine besonders schöne Ecke der andorranischen Bergwelt kennenzulernen. Den trubeligsten Teil des Einkaufsparadieses, der im niedriger gelegenen Süden zu finden ist, lassen Sie so einfach aus und kehren dann auf gleicher Strecke zurück.

Egal ob mit oder ohne andorranische Stippvisite sehen wir hinter dem Abzweig nach Andorra unter uns bald den ersten Ort im Tal der Ariège. Er besteht allerdings hauptsächlich aus Bahnschienen, an denen auch der Stellplatz liegt.

### (122) Offizieller WOMO-Stellplatz: L'Hospitalet-près-l'Andorre

**GPS:** N 42°35'19.2", E 1°47'57.1", 1.465 m. **Öffnungszeit:** Ganzjährig.
**Ausstattung:** V/E, WC im Bahnhof.
**Beschreibung:** Kleiner, gepflegter Platz. Mit Mäuerchen abgegrenzte Parkplätze an der Bahnstation neben den Schienen.
**Zufahrt:** Kurz vor dem Kreisel am Ort rechts über die Gleise und gleich wieder links an den Schienen entlang zum Parkplatz.
**Sonstiges:** Zugverbindung nach Andorra, Latour-de-Carol oder Foix.

Hinter Hospitalet wird das Tal schnell idyllischer. **Mérens-les Vals** ist dann der erste schöne kleine Ort an der Strecke. Wer bleiben möchte findet hier den hübschen Camping de Mérens-Les-Vals [**123:** N 42°38'47.3", E 1°49'51.3", www.camping.merenslesvals.fr] am Flussufer.

Mérens ist übrigens auch der Name für eine hier in der Ariège heimische Pferderasse. **Mérens-Pferde** sind mit bis zu 1,50 Meter Rückenhöhe eher klein. Alle Pferde dieser Rasse sind schwarz und haben deutlichen Behang an den Fesseln, was ihnen bei uns den Namen Mini-Friesen eingetragen hat. Auch der bei uns beheimatete Friese ist schwarz mit üppigem Kötenbehang, ist aber deutlich größer und ein beliebtes, sehr edles Kutschpferd. Mérens-Pferde sind Bergpferde und daher ausdauernd, trittsicher und mit unwegsamem Terrain vertraut. Während wir in anderen Gebieten der Pyrenäen meist Comtois, französische Kaltblüter, die zur Fleischerzeugung gezüchtet werden, auf den Almweiden antreffen, gibt es hier in der Ariège auch frei weidende Herden der Mérens-Pferde.

Heiße Quellen sind die Lebensadern von **Ax-les-Thermes**, dem Hauptort der Haute-Ariège. Auf den allerersten Blick ist der Ort keine Schönheit, schaut man genauer hin, ist Ax dagegen wirklich sympathisch. Zwei öffentliche Warmwasserbecken laden mitten im Ort zum Fußbad ein und schicken bei kühlem Wetter Wasserdampfschwaden über den Platz. Dazwischen liegt eine kleine, autofreie Einkaufsstraße, in der man für den täglichen Bedarf einkaufen oder im Café sitzen kann und die Place Roussel, auf der Dienstag, Donnerstag und Samstag vormittags Marktstände aufgebaut werden. Wenn Sie nicht über Nacht bleiben wollen, können Sie ihr Parkplatzglück hinter der Kirche und vor der Höhenschranke des PKW-Parkplatzes versuchen – oder an den Parkbuchten oberhalb der Ariège, beginnend bei N 42°43'19.5", E 1°50'08.8". Es gibt außerdem zwei offizielle Stellplätze an beiden Seiten des Ortes.

## (124) Offizieller WOMO-Stellplatz: Ax-les-Thermes

**GPS:** N 42°42'52.0", E 1°50'30.0", 784 m. **Öffnungszeit:** Mai bis Oktober.
**Ausstattung:** Keine .
**Beschreibung:** WOMO-Plätze auf einer ebenen, über dem Freibad gelegenen Parkfläche, kein Schatten, ruhige Lage am Ortsrand, gut 800 Meter zum Ortszentrum. **Preise:** €9 pro Tag (12 Uhr bis 12 Uhr), Plätze mit Sperre gesichert. Schlüssel muss vorher gegen Pfand an der Kasse des Freibades oder (außerhalb der Badesaison) im Rathaus geholt werden.
**Zufahrt:** Gleich am Ortseingang rechts in Richtung Vallée d'Orlu abbiegen und sofort wieder links auf der Avenue Cerdagne zum Stellplatz am Schwimmbad fahren.

## (125) Offizieller WOMO-Stellplatz: Ax-les-Thermes Bahnhof

**GPS:** N 42°43'33.1", E 1°49'52.8", 722 m **Öffnungszeit:** Ganzjährig.
**Ausstattung:** Gut angelegte V/E hinter der Schranke.
**Beschreibung:** Stellplätze auf einer großen, ebenen Asphaltfläche zwischen der Straße und den Schienen, am Ortsrand, kein Schatten. Einfahrt durch eine Schranke. Knapp 1000 Meter zum Ortszentrum und durch die Straßennähe nicht wirklich ruhig. **Preise:** €11 für 24 h inkl. Strom und V/E, Bezahlung per Bankkarte am Automaten.
**Zufahrt:** Am nördlichen Ortsende rechts der Straße.

### Die Thermen von Ax

Ax ist ein Kurort mit Tradition. Die bis zu 77°C heißen Quellen werden schon seit dem 13. Jahrhundert genutzt. Kuraufenthalte lindern rheumatische Beschwerden und Atemwegserkrankungen. Eine übliche Kur dauert 18 Tage, die Kurz-Version sechs Tage. Mit den Bains du Couloubret an der Promenade Paul Salette gibt es aber auch ein für Tagesgäste zugängliches Thermalbad mit mehreren Becken, Sauna und Hammam. Kinder dürfen erst ab 5 Jahren mit ins Bad. Einige Bereiche sind aber für Kinder gesperrt.
*In den französischen Ferien täglich geöffnet 10–19.30 Uhr, am Fr und Sa bis 20.30 Uhr, außerhalb der Ferien Mo bis Fr ab 14 Uhr. Eintritt für 2 Stunden €20, für 5 Stunden €35. www.bains-couloubret.com*

## Ausflug ins Vallée d'Orlu

Das Vallée d'Orlu, das von Ax in die Berge führt, ist ein beliebtes Ausflugsgebiet mit vielen Freizeitmöglichkeiten. Ein Hochseilgarten, ein Klanggarten, der Wolfspark »Maison des Loups« und das Museum »Observatoire de la Montagne« sammeln sich am Ende der Straße ins Tal. Auf halbem Weg passieren wir hinter dem Dörfchen **Orgeix** sehr schöne Picknickplätze am Flussufer. Neuerdings steht hier auch ein Food-Truck, dessen Inhaberin Crèpes, Galettes und hausgemachte Frites anbietet. Wenig weiter treffen wir auf einen Campingplatz am Flussufer.

### (126) WOMO-Campingplatz: Camping d'Orlu

**GPS/Kontakt:** N 42°42'08.6", E 1°53'00.3", 850 m, Tel. 0033 561 643009, www.camping-chalets-orlu.com.
**Öffnungszeit:** April bis Oktober.
**Ausstattung:** V/E, Pool, WLAN.
**Beschreibung:** Am Ortsrand in ruhiger Lage und schöner Umgebung.
**Preise:** €12–19, Strom €5,50–8.
**Zufahrt:** Der Platz liegt kurz vor dem Dorf Orlu rechts an der Zufahrtsstraße ins Tal.

Der Parkplatz am Ende der Straße ist im Juli und August kostenpflichtig. Der größere Teil ist mit Höhenschranke für PKWs reserviert, an der Einfahrt ist ein schmaler Bereich für Wohnmobile vorgesehen.

### (127) WOMO-Parkplatz: Vallée d'Orlu/Parc de Loisirs

**GPS:** N 42°41'15.8", E 1°54'55.0", 932 m. **Max. WOMOs:** 3–4
**Ausstattung:** Öffentliches WC.
**Beschreibung:** Leicht schräge Schotterfläche hinter der Parkplatzmauer und vor dem PKW-Parkplatz. Parkplätze für einige WOMOs, aber maximal 3–4 halbwegs gerade Stellplätze, Mehrere Restaurants/Snack-Bars in wenigen Minuten erreichbar.
**Gebühr:** Tagesticket €10 im Juli und August.
**Zufahrt:** Am Ende der Straße ins Vallée d'Orlu.

## Maison des Loups

Auf dem Gelände des Parkes werden in vier verschiedenen Gehegen europäische, kanadische, arktische und Tundrawölfe gehalten. Wege am Zaun entlang und Aussichtsplateaus ermöglichen den Blick in die Gehege. Besonders menschenzugewandt und meist gut zu sehen sind die kanadischen Wölfe, bei denen auch die regelmäßigen Schaufütterungen stattfinden. Während der Fütterung stellt ein Mitarbeiter des Parks die einzelnen Tiere der Gruppe vor und erzählt Interessantes über das Verhalten der hier lebenden Gruppe und das Verhalten der Wölfe im Allgemeinen. Eine ganz besondere Attraktion ist der Tunnel, in dem Besucher bei der Fütterung wenige Meter vor den Wölfen sitzen, ohne von diesen gesehen zu werden. Die Fütterungszeiten und auch die Öffnungszeiten des Tunnels variieren im Laufe des Jahres. Die aktuellen Zeiten finden Sie unter www.maisondesloups.com.

Für Kinder gibt es zwischen den Wolfsgehegen außerdem einen kleinen Barfußpfad und ein Streichelgehege mit Bauernhoftieren.

*Geöffnet Mai bis Juni 10.15–17 Uhr (Mo und Mi geschlossen), Juli und August täglich 10.15–19 Uhr mit Fütterung der Wölfe um 12, 15 und 17 Uhr, September und Oktober nur Sa und So 10.15–17 Uhr mit Fütterung um 12 und 15.30 Uhr. Eintritt €10,80, Familie (2+2) €32. Zugang zum Tunnel während der Fütterung €4 pro Person. Die Karten für den Tunnel sind limitiert und müssen an der Kasse gelöst werden. Im Sommer ist der Tunnel oft schon früh ausgebucht. Alle Erklärungen bei den Fütterungen auf Französisch.*

## Observatoire de la Montagne

Das Team des Museums bietet im Juli und August jeden Tag eine andere Wanderung an. Zwei davon führen zu den Murmeltieren, die im Naturpark des Tales häufig anzutreffen sind. Das aktuelle Programm finden Sie auf der Website unter www.observatoire-montagne.com. Das zugehörige Museum, das über Fauna und Flora der Pyrenäen informiert, wird gerade neu gestaltet und ist geschlossen. *www.observatoire-montagne.com*

## Parc Aventure AkroBranch d'Orlu

Mit 12 Parcours bietet der Hochseilgarten einiges an Abwechslung und Herausforderungen. Der einfachste der schön in die Natur eingepassten Parcours ist auch für Familien mit Kindern ab acht Jahren (oder 1,30 m Körpergröße) freigegeben, der zweite Parcours geht erst für Kids ab 10 Jahre. Insgesamt richtet sich das Angebot also eher an sportliche Erwachsene. Für Kinder von zwei bis sechs Jahren gibt es außerdem vier nette Mini-Parcours. AkroBranch bietet außerdem Canyoning und Paintball an.

*Geöffnet im Juli und August Di bis So 10–19 Uhr, ansonsten teilweise nur am Wochenende geöffnet laut Kalender auf der Website. Eintritt vormittags 10–13 Uhr €21, ganzer Tag €26, günstigere Tarife für Kinder bis 13 Jahre. acrobranche-ariege.fr*

## Wandern im Vallée d'Orlu

Eine kurze Wanderrunde auf dem »Sentier des Cascades« führt vom Hochseilgarten immer am Fluss entlang bis zum höher gelegenen Parkplatz Franqui. Für den Aufstieg zu den 800 Meter weiter oben gelegenen Bergseen braucht es schon stabile Kondition. Nach etwa 3,5 Stunden erreicht man das Refuge am Etang de Bey. Auch das Biwakieren ist am Seeufer möglich. Wer am gleichen Tag wieder hinuntersteigt, rechnet mit gut 6 Stunden Wanderzeit. Diese Tour ist im Juli und August auch in Begleitung eines Esels möglich – für Familien eine interessante Sache. Infos finden Sie unter www.la-ferme-aux-anes.com.

Wenn Sie im Ort bleiben und etwas gemütlicher stehen wollen, gibt es nördlich von Ax links der Straße auch noch einen Campingplatz. Das wichtigste Plus des Campings ist die Lage nahe bei Ax-les-Thermes. Wer auf diese keinen Wert legt, sucht besser einen der Plätze in den nächsten Orten aus, die nicht direkt an der Straße kleben.

Kurz hinter Ax zweigt rechts die D 44 ab und führt weiter oben am Hang durch das Tal. Die Straße ist schmal und

*Auf der Route des Corniches*

verläuft mit grandiosem Ausblick durch kleine Dörfer, Berge und Wiesen. Mit einem handlichen Mobil ist die Route durchaus fahrbar und eine interessante Alternative zur eher langweiligen Hauptverkehrsstraße.

**Auf der Route des Corniches**
Die offizielle Begrenzung der Strecke auf 12 Tonnen und 10 Meter scheint uns etwas großzügig. Die Straße ist teilweise einspurig, Leitplanken fehlen über weite Strecken und einige Ortsdurchfahrten sind eng. An einer steht auch ein unauffälliges Schild, das auf 3,5 Tonnen begrenzt. Wir würden uns dieser Einschätzung anschließen und die Strecke nur für kompakte, nicht zu breite Mobile unter 3,5 Tonnen empfehlen.

Es gibt mehrere beschilderte Zufahrten zur Corniche. Statt der D 44 kurz hinter Ax haben wir den Weg über Luzenac und Unac gewählt. Auf der D 20 geht es dann durch die Dörfer Bestiac, Axiat, Appy und Chaychax. Wenn Sie dann genug haben, fahren Sie hinter **Senconac** links nach **Verdun** hinunter. Geradeaus geht es weiter am Hang entlang bis **Bompas**. Dieser Teil der Route ist streckenweise einspurig, aber ebenfalls gut zu fahren. In Bompas treffen Sie dann wieder auf die Hauptroute.

Unten im Tal der Ariège folgt nach einigen weniger attraktiven Orten mit Gewerbeansiedlungen das nette Dörfchen **Cabannes**, in dem Sie einen sehr gut angelegten Stellplatz und einen gepflegten, ruhig gelegenen Camping Municipal zur Wahl haben.

### (128) Offizieller WOMO-Stellplatz: Les Cabannes

**GPS:** N 42°47'05.0", E 1°40'58.1", 553m. **Öffnungszeit:** Ganzjährig.
**Ausstattung:** Frei zugängliche V/E, kleines Sanitärgebäude mit Toiletten.
**Beschreibung:** Gepflegter, gut angelegter Platz mit zwei durch eine Hecke getrennten asphaltierten Parkflächen, kaum Schatten.
**Gebühr:** €10 für 24 h, zahlbar am Automaten, Wasser 100l €2.
**Zufahrt:** Von der Hauptstraße beschildert. Am Ortsende links, an der Gendarmerie vorbei und dahinter links auf den Parkplatz.

### (129) WOMO-Campingplatz: Les Cabannes Camping Du Pays de Beille

**GPS/Kontakt:** N 42°47'12.0", E 1°41'29.1", Tel. 0033 561 647745, camping.paysdebeille.fr. **Öffnungszeit:** Ganzjährig.
**Ausstattung:** V/E, Baguetteservice, WLAN gratis.
**Beschreibung:** Angenehmer Platz an der Ariège, viel Schatten, ordentliche Sanitäranlagen. Am Ortsrand und abseits der Straße.
**Preise:** €12–14, Strom €3,30–8,10.
**Zufahrt:** Durch etwas engere Gassen, daher eher für kompaktere Mobile. Im Ort der Beschilderung folgend nach rechts und vor dem Fluss noch einmal nach rechts abbiegen.

Dann nähern wir uns der Region bei Tarascon, die für ihre Höhlen bekannt ist. Die wichtigste ist die **Grotte de Niaux**, in der man gut erhaltene Zeichnungen aus der Steinzeit entdeckt hat. Die Grotte kann noch im Original besichtigt werden, dazu müssen Sie ihr Ticket während der Saison aber meist schon einige Tage vorher reservieren – vor allem wenn Sie an einer der wenigen englischsprachigen Führungen teilnehmen möchten. Am einfachsten geht das online unter www.sites-touristiques-ariege.fr. In der Nebensaison bekommen Sie meist auch spontan ein Ticket. Die Grotte selbst besprechen wir bei **Tour 7 auf Seite 150**. In der Wartezeit können Sie also gut weiter der Tour 6 folgen und weitere Sehenswürdigkeiten der Region besuchen. Hier in der Region Ariège ist da einiges geboten. Wenn wir später weiter in die Berge fahren, haben wir nicht mehr so viel Auswahl. Nehmen Sie sich also ein bisschen Zeit für diese spannende Ecke der Pyrenäen. Es lohnt sich unbedingt.

## Grotte de Lombrive

Die erste Höhle passieren wir schon vor Tarascon auf der Höhe von Ussat. Die Grotte de Lombrive gilt als die größte Höhle Europas und so können Sie hier zwischen der einfachen Führung mit einer oder zwei Stunden Dauer oder einer echten halbtägigen Höhlenexkursion wählen. Der längere Anmarsch zum Höhleneingang kann auch mit einem Minizug überbrückt werden, was vor allem mit Kindern sinnvoll ist. In der Höhle selbst sind neben den riesigen Dimensionen, Inschriften von Besuchern aus mehreren Jahrhunderten und Tropfsteine zu bestaunen. Tief im Bauch des Berges treffen wir dann auf einen See...

*Die Zeiten der Führungen variieren im Laufe der Saison und sind unter www.grottedelombrives.com zu finden. Eintritt €12, Kinder 6 bis 12 Jahre €8, Jugend 12 bis 18 Jahre €10, Zugfahrt zur Höhle €2 pro Person. Für die Halbtagsexkursion zahlen Sie €38 pro Person. In der Saison empfiehlt sich ein Besuch am Vormittag oder nach 17 Uhr, dann sind die Gruppen der Führungen deutlich kleiner. Die Temperatur liegt konstant bei 10°C und der Boden der Höhle ist naturbelassen. Pullover oder Jacke nicht vergessen und Wander- oder Turnschuhe anziehen!*

**Tarascon** ist einerseits ein Verkehrsknotenpunkt der Region, hat aber an der Brücke über die Ariège auch eine kleine, sehr schöne Altstadt zu bieten. Am Rand des Ortes liegt ein großer, sehr komfortabler und immer gut besuchter Campingplatz. Uns war hier alles zu voll und zu eng und wir haben Alternativen gefunden, die uns besser gefallen. Aber entscheiden Sie selbst. Unser Favorit bei Tarascon ist der Campingplatz des Kanuverleihs »Ariège Evasion«

*Die Ariège durchfließt die Altstadt von Tarascon.*

mit schönen Plätzen am Fluss. Hier ist meist deutlich weniger los, voll wird es nur an den Wochenenden.

Auf dem Sträßchen zum Campingplatz, das von Tarascon am nördlichen Flussufer entlangführt, kommen Sie zuerst zu einem großen Freizeitgelände und einem Parkplatz mit Höhenschranke. Kurz darauf passieren Sie ein **Thermalbad** und ein Parkgelände am Flussufer. Hier kann man gut für eine Pause am Wasser parken und am Flussufer im Schatten sitzen. Hinter dem Bad geht es dann geradeaus zum Kanuverleih mit Campingplatz.

**(130) WOMO-Campingplatz: Tarascon Camping Canoe Evasion**

**GPS/Kontakt:** N 42°49'00.0", E 1°38'06.0", Ornolac-Ussat-Les-Bain, Tel. 0033 561 051111, www.ariege-evasion.com.
**Öffnungszeiten:** Mai bis September.
**Ausstattung:** Sanitäranlagen, Kanuverleih.
**Lage:** Mit Hecken unterteilte Wiesenplätze direkt am Ufer der Ariège, Canyoningtouren und Kanuverleih direkt ab dem Campingplatz.
**Preise:** €21–25, inkl. Strom.
**Zufahrt:** Der Campingplatz ist schon vor Tarascon beschildert. Die einzige Zufahrt, die auch mit dem Wohnmobil funktioniert, führt allerdings durch den Ort. Vorher sind alle Brücken über den Fluss mit Höhenschranken versehen! Folgen Sie am Ortseingang von Tarascon der Beschilderung zum Camping Pré Lombard, fahren an diesem vorbei und dann rechts am Fluss entlang. Bitte genau diese Zufahrt wählen und den Fluss nicht später überqueren, da Sie sonst auf die hart an den Felsen entlangführende, sehr schmale Straße am rechten Flussufer zwischen Tarascon und dem Campingplatz geraten!
**Alternative:** Camping Pre Lombard am Stadtrand von Tarascon.

### Mit dem Kanu auf der Ariège

Zwischen dem Camping und einem Stausee unterhalb von Tarascon ist die Ariège auch für sportliche Durchschnittspaddler zu fahren. Sie sollten allerdings möglichst schon mal im Kanu gesessen haben, denn zwischendurch sprudelt es ganz ordentlich. Der Abschnitt ist mit Wildwasser 1–2 klassifiziert. Die Strecke wird auf Französisch oder Englisch sorgfältig erklärt, unterwegs ist an einer Flussmündung eine starke Seitenströmung zu meistern und später muss das Kanu um ein Wehr getragen werden. Gefahren werden stabile Sit-on-Top-Kanus wahlweise mit Doppel- oder Einzelpaddel. Alle Kanuten müssen unbedingt wirklich sicher schwimmen können, da der Fluss einige flotte Abschnitte mit beachtlicher Wellenbildung aufweist. Nass werden Sie auf jeden Fall, denn hier spritzt es doch recht ordentlich. Zur Wahl stehen eine Zweistundentour bis zum Beginn des Stausees oder die Fortsetzung des Paddelausflugs bis zum Ende des Sees (+30 Minuten und viel Paddelarbeit). Der drei Kilometer lange Flussabschnitt oberhalb des Campingplatzes sollte fortgeschrittenen Paddlern vorbehalten bleiben. Kanumiete €24–27 pro Person inkl. Ausrüstung und Transfer. www.ariege-evasion.com

### Rundfahrt nach Montségur

Bevor wir weiter in die Berge fahren, entfernen wir uns nochmals von den Pyrenäen und drehen weiter nördlich bei Foix eine kleine Runde. Unser vorrangiges Ziel ist die Ruine der Katharerfestung **Montségur**, und wenn wir schon mal hier oben unterwegs sind, gibt es auch noch eine verrückte Quelle, die Altstadt und die Burg von Foix und einen unterirdischen Fluss zu sehen. Dann kehren wir nach Tarascon zurück und besuchen endlich die Grotten und vielleicht auch den interessanten Parc de la Préhistoire.

Immer an der Ariège entlang geht es auf der kleineren Straße am rechten Ufer bis zum nächsten Ort. **Mercus** selbst ist mäßig attraktiv, ein Stausee der Ariège bietet hier aber die beste Bademöglichkeit der Region. Nachdem der Parkplatz am öffentlichen Badeplatz bei N 42°52‘50.9“, E 1°37‘33.3“ inzwi-

*Am Badeufer in Mercus finden nur noch wenige Fahrzeuge Platz.*

schen mit Höhenschranke versehen ist, gelingt ein Badestopp dort nur noch mit Parkplatzglück und einem Campervan – für kleine Fahrzeuge gibt es am Straßenrand noch ein paar Plätze. Besser geeignet für einen Badeaufenthalt ist der Campingplatz von Mercus: Er hat einen eigenen Badestrand.

### (131) WOMO-Campingplatz: Camping Mercus

**GPS/Kontakt:** N 42°52'17.5", E 1°37'19.6", 1 Promenade du Campsite, Tel. 0033 561 059061, www.campingdulacmercus.com.
**Öffnungszeit:** Mitte April bis Anfang September.
**Ausstattung:** WC-Entleerung nur ohne Chemie, kleiner Pool (beheizt).
**Beschreibung:** Gepflegter kleiner 3-Sterne-Platz, gute Sanitäranlagen, eigenem Badeplatz mit Steg am Staubereich der Ariège.
**Preise:** €23–27, Strom €2.
**Zufahrt:** Kurz vor Mercus links unterhalb der Straße.

Von Mercus fahren wir weiter am rechten Flussufer entlang bis ein Schild »**Pont du Diable**« die Zufahrt zu einem Picknickplatz oberhalb einer alten Steinbrücke über die Ariège markiert. Der kurze Spaziergang zur Brücke lohnt auch, wenn Sie keinen Stellplatz suchen. Um das Bauwerk rankt sich eine Legende, die ihr auch zu ihrem schaurigen Namen verholfen hat. Zum Bau der Brücke soll ein Handel mit dem Teufel notwendig gewesen sein, dem man die Seele des Ersten versprach, der die Brücke überqueren wird. Weil das natürlich keiner sein wollte, jagte man eine Katze hinüber und der getäuschte Teufel sprang vor Zorn in den Fluss.

### (132) WOMO-Parkplatz: Pont du Diable

**GPS:** N 42°54'26.5", E 1°38'30.6", 434 m. **Max. WOMOs:** 1–2
**Ausstattung:** Picknicktisch.
**Beschreibung:** Parkplatz neben kaum befahrener Straße am Picknickplatz mit großer Wiese.
**Zufahrt:** Von der D 618 links hinunter zum eingezäunten Wiesengelände mit Parkbucht am Rand der schmalen Straße.

Ein Asphaltweg führt vom Parkplatz durch zwei Kehren hinunter zur Brücke, an der man auch zum Fluss hinunterklettern kann. Wikipedia verrät übrigens, dass der Brückenbau mit den beiden Bogenresten aus dem Jahr 1836 stammt, nicht aus dem 13. Jahrhundert, wie manche Schilder behaupten. Hier testete wohl ein Unternehmer aus der Region die innovative Konstruktion eines an einer langen Welle befestigten Wasserrades ...

An der nächsten großen Kreuzung biegen wir rechts ab auf die D 117 nach Lavelanet. Nach kurzer Fahrt sehen wir links, fast mit den schroffen Felsen verwachsen, die Ruine einer Burg. Von hier unten sieht sie besonders eindrucksvoll aus. Und ja, man kommt da auch hinauf, sogar recht unkompliziert. **Der Abstecher empfiehlt sich jedoch nur mit einem kleinen Fahrzeug**, während Montségur auch mit großen Wohnmobilen erreichbar ist. Kurz vor dem Abzweig nach Montségur führt links eine schmale Straße nach **Roquefixade** hinauf. Die Strecke ist gut zu fahren, das Problem ist eher der Parkplatz im Dorf unterhalb der Burg. Die Ortsdurchfahrt ist eher schmal und wird an schönen Wochenenden komplett zugeparkt. Der eigentliche Parkplatz, eine Bucht vor einem Aussichtsplatz, taugt ebenfalls nur für kompakte Mobile (max. 6 Meter Länge). Vom Ort wandert man dann in knapp 30 Minuten gut 100 Meter steil hinauf zur Burgruine. Der Weg ist beschildert. Der Aufstieg lohnt schon wegen des Ausblicks. Oben ist genug Platz für ein Picknick in grandioser Kulisse auf der Wiese vor den Mauern. Der Hauptteil der Burg ist aber wegen Einsturzgefahr mit einer Kette abgesperrt und soll nicht betreten werden.

### Die Burgruine von Roquefixade

Die erste Erwähnung einer Burg in Roquefixade in historischen Quellen stammt aus dem Jahr 1034. Die Burg wurde jedoch 1278 noch einmal ausgebaut und verändert. Sie war lange Zeit der Sitz der Grafen von Foix, bis sie nach einem Konflikt mit dem französischen König in dessen Hände fiel. 1632 wurde die Königsburg Roquefixade auf Befehl Ludwigs XIII. verlassen und zerstört, weil er sie als im Unterhalt zu teuer und nicht mehr effektiv einschätzte. Das Château wurde nicht wieder aufgebaut und von den Dorfbewohnern als Steinbruch genutzt.

Kurz hinter dem Abzweig nach Roquefixade biegen wir rechts ab und fahren über **Villeneuve** nach Montferrier, wo es einen kostenlosen offiziellen Stellplatz gibt.

### (133) Offizieller WOMO-Stellplatz: Montferrier

**GPS:** N 42°53'33.7" E 1°47'31.8", 700 m. **Öffnungszeit:** Ganzjährig.
**Ausstattung:** Frei zugängliche V/E.
**Beschreibung:** Ebener Schotterplatz am Ortsrand, kein Schatten. Eher zweckmäßig als schön. Kein Campingverhalten. Maximale Parkzeit 72 Stunden.
**Zufahrt:** Von der Hauptstraße beschildert. Am Ortsende rechts den Hinweisschildern folgen.

In einem großen Bogen geht es weiter nach **Montségur**. Beeindruckt schon Roquefixade durch seine spektakuläre Lage, setzt Montségur da locker noch eins drauf. Kurz hinter Montferrier taucht vor uns ein schroffer Felsen auf und obendrauf sieht man Mauerreste. Das ist die Burg von Montségur. Sie war die letzte Festung der Katharer in Südfrankreich und steht symbolisch für die äußerst dramatische Geschichte um deren Untergang. Montségur gehört heute zu den meistbesuchten Zielen der Region. Der bei N 42°52'26.5", E 1°49'29.0" beginnende Parkplatz besteht aus Buchten an der Straße und macht auch Fahrern von großen Linern keinen Stress.

## Montségur – Die letzte Festung der Katharer

Die Burg von Montségur galt immer als uneinnehmbar, was sich im März 1244 als falsch erwies. Auch wenn man es durchaus glauben möchte, wenn man unten vom Parkplatz den schroffen Felsen hinaufblickt. Dort hinauf? Das kann doch gar nicht gehen. Eine Einschätzung, die sich ebenfalls recht schnell als falsch erweist... Der Weg vom Parkplatz zur Burg ist sogar recht einfach, wenn auch anstrengend. Er beginnt als breiter Sandweg am Parkplatz und führt ziemlich steil bergauf. Dann folgt das Kassenhäuschen. Dahinter geht es auf einem schmalen Serpentinenpfad mit vielen Stufen weiter bergauf, bis wir vor dem Eingangstor der alten Burganlage stehen. Wanderschuhe sind für den Aufstieg durchaus angemessen und zumindest an heißen Tagen auch eine Flasche Wasser. Kalkulieren Sie für den Aufstieg über 180 Höhenmeter gut 30 Minuten. Abwärts geht es dann etwas schneller.

Oben angekommen, können wir an einer kostenlosen Führung teilnehmen (wenn die Zeit passt) oder das historische Gemäuer auf eigene Faust erkunden. Besonders groß ist die Festung nicht, vor allem wenn man bedenkt, dass hier bis zu 600 Menschen gelebt haben sollen, von denen ungefähr zweihundert Geschichte schrieben, indem sie im Jahr 1244 »freiwillig« den Scheiterhaufen bestiegen. Aber das ist eigentlich das grausame Ende der Geschichte, die mit dem Kreuzzug der katholischen Kirche gegen die Glaubensgemeinschaft der Katharer begann.

Die Bewegung der Katharer spaltete sich im 11. Jahrhundert von der katholischen Kirche ab, die im Zuge der sich neu entwickelnden Geld- und Warenwirtschaft danach strebte, mit Steuern und Handel möglichst viel Profit

zu machen. Die Katharer betrachteten materiellen Besitz als unmoralisch und lebten ein einfaches, spartanisches Leben. Auch ihre Bibelauslegung entsprach ganz und gar nicht der offiziellen Linie. Die Aufrichtigkeit ihrer Anhänger machte Eindruck und die neue Glaubensrichtung gewann vor allem in Südfrankreich und der Lombardei schnell viele Anhänger, was sie zur Bedrohung für die etablierte katholische Kirche werden ließ.

Der erste Kreuzzug gegen die »Albigenser«, wie man die Katharer nach der Stadt Albi, die eine ihrer Hochburgen war, benannte, begann 1209. Angeführt wurde er von Simon de Montfort, der noch heute für seine Grausamkeit bekannt ist. Zwanzig Jahre später waren die Fürsten des Languedoc, die ehemals die Katharer unterstützen, besiegt und wieder dem französischen König verpflichtet. Eine Gruppe der letzten Katharer um den Bischof Guilhabert de Castres zog sich auf den Montségur zurück und baute die dort vorhandene Festung weiter aus. Bewacht wurde die Burg von den als »Faydits« (Gesetzlose) bezeichneten Rittern um den Anführer Pierre Roger de Mirepoix, die gegen die Inquisition und die französischen Krone kämpften.

Montségur war das letzte große Refugium der Katharer in Südfrankreich und entzog sich jeder Einflussnahme des französischen Königs. Nachdem Ritter aus Montségur es gewagt hatten, die Chefinquisitoren von Toulouse zu ermorden und dafür von der Bevölkerung gefeiert wurden, begann im Mai 1243 ein neuer Kreuzzug. Ein Heer sammelte sich am Fuß des Berges Montségur, um die Burg von der Außenwelt abzuriegeln. Die Katharer setzten auf die Unterstützung des Grafen von Toulouse, der aber gerade in Italien weilte und auf den Winter. Aber die Belagerer hielten durch. Der Aufstieg einiger Bewaffneter über die Felsen der schroffe Ostseite war vermutlich eine verzweifelte Aktion angesichts der bevorstehenden Kälte. Aber sie war erfolgreich und brachte für das Heer des französischen Königs die entscheidende Wendung. Die Soldaten überraschten die Besatzung des Roc de la Tour, eines vorgebauten Wachturmes, und konnten diesen einnehmen. Aus dem Schutz des Turmes begannen sie die Festung anzugreifen. Mit leeren Vorratskammern und erschöpfter Besatzung mussten Mirepoix und die Katharer am Ende des Winters kapitulieren. Die »Faydits« erhandelten für sich eine Generalamnestie und zogen ab. Alle gläubigen Katharer stellte man vor die Wahl, ihrem Glauben abzuschwören und zur katholischen Kirche zu konvertieren, oder dem Tod auf dem Scheiterhaufen. Der Überlieferung zufolge wählten alle den Tod und gingen stolz und aus eigener Kraft über die Leitern ins Feuer. Am Platz, auf dem die Feuer loderten, steht heute ein Gedenkstein.

Die Burg auf dem Berg wurde nach dem Feldzug geschleift und neu aufgebaut. Die Mauern der heutige Ruine wurden also erst nach 1244 errichtet. Die Kapitulation war außerdem das Ende der Glaubensgemeinschaft der Katharer in Südfrankreich. Wenige Mitglieder der Gemeinschaft zogen sich auf die nahe Burg Queribus zurück, aber katharische Gemeinden existierten ab diesem Zeitpunkt nur noch in der Lombardei.

Für viele Menschen ist Montségur heute ein mystischer Ort mit besonderer Kraft, um den sich viele Legenden ranken. So soll hier der heilige Gral versteckt sein und vielleicht auch der sagenumwobene Schatz der Katharer, den die Eingeschlossenen vor der Kapitulation in Sicherheit brachten.

*Geöffnet April bis September 10–18 Uhr, März und Oktober 10–17 Uhr, im Winter 11–16 Uhr. Eintritt € 6,50, Kinder 8–15 Jahre € 3,50. www.montsegur.fr*

Ganz in der Nähe der Burg Montségur gibt es auch einen ruhigen Parkplatz für Wohnmobile, der sich als Ausgangspunkt für einen Spaziergang durchs Dorf, aber auch zur Übernachtung eignet. Er liegt direkt neben einer einfachen Zeltwiese.

### (134) WOMO-Parkplatz: Montségur

**GPS:** N 42°52'3.7", E 1°49'56.0", 902 m. **Max. WOMOs:** 5
**Ausstattung:** WC und Dusche am Zeltplatz, Müllcontainer.
**Beschreibung:** Zweiter Parkplatz unterhalb des Ortes und neben einer Zeltwiese, teilweise schattig durch hohe Bäume. Zehn Minuten die Straße hoch in den Ort, in dem man auch essen gehen kann. Die Burgruine von Montségur liegt oberhalb des Ortes. Preise: Übernachtung kostenlos. Dusche € 1 (Jetons kann man im Ort im Museum kaufen).
**Zufahrt:** Von der Burg zum Ort und am Ort vorbeifahren. Hinter der ersten Kurve geht es links zum Parkplatz hinunter.

Auch im nächsten Ort Fougax gibt es die Möglichkeit über Nacht zu bleiben.

### (135) WOMO-Parkplatz: Fougax

**GPS:** N 42°52'44.8" E 1°53'33.5", 545 m. **Max. WOMOs:** 2–3
**Ausstattung:** Picknicktische, WC, Brunnen (kein kontrolliertes Trinkwasser), Mülleimer.
**Beschreibung:** Ebener, ruhiger Parkplatz am Dorfrand und im Grünen.
**Zufahrt:** Von der D 9 rechts in den Ort abbiegen, dann rechts auf die D 3 und hinter dem alten Waschhaus mit Brunnen links auf den Parkplatz fahren.
**Alternative:** In Fougax gibt es auch noch einen winzigen, preisgünstigen Camping Municipal. Er ist an der Ortsdurchfahrt beschildert.

Kurz darauf erreichen wir eine beliebte Sehenswürdigkeit der Region: die **Fontaine de Fontestorbes** sprudelt direkt neben der Straße unter einem hohen Felsen hervor. Am Straßenrand parken meist einige Autos und Menschen sitzen wartend am Wasser. Fontestorbes ist eine intermittierende Karstquelle und wird aus einem unterirdischen See gespeist. Bei niedrigem Wasserstand, wie er zwischen Juli und Oktober üblich ist, fließt das Wasser nicht gleichmäßig aus der Höhle, sondern strömt etwa 20 Minuten mit voller Kraft, um dann schlagartig komplett zu versiegen. Das Spiel wiederholt sich so ungefähr im Stundenrhythmus und man wartet am Rand der Quelle gespannt auf den entscheidenden Moment.

Was sich hier physikalisch im Berg abspielt, lässt sich folgendermaßen vereinfachen: Der See liegt oberhalb des Tunnels, aus dem das Wasser in die Quelle fließt. Am See existiert ein weiterer Tunnel ins Freie, dessen Eingang aber normalerweise unter dem Wasserspiegel liegt. Im See sammelt sich das ab-

fließende Wasser aus der Umgebung und wird im Sommer weniger. Fällt der Wasserspiegel so weit, dass Luft in die Höhle mit dem See eindringt, entsteht im Quelltunnel Unterdruck und das Wasser kann nicht mehr abfließen. Der See füllt sich jetzt schneller und irgendwann verschwindet der Lufttunnel wieder unter dem Wasser, der Quelltunnel füllt sich mit Wasser und das Spiel beginnt erneut. Das dauert in hochsommerlichen Trockenperioden länger als zum Beginn des Sommers. Die Länge der Phasen von fließendem Wasser und Stillstand variieren also mit der Jahreszeit. Je trockener es wird, desto länger dauert es, bis der See wieder vollläuft und die Quelle wieder sprudelt. Erst im Winter und im Frühjahr oder nach sommerlichen Gewittergüssen bekommt der unterirdische See ausreichend Wasser und die Quelle von Fontestorbes spendet kontinuierlich Wasser.

Im Städtchen **Lavelanet**, in dem es nicht allzu viel zu sehen gibt, treffen wir wieder auf eine größere Straße. Wir fahren daher zügig zurück und machen dabei noch einen Zwischenstopp in **Foix**, das mit seinem Schloss und einer schönen Altstadt den Besuch durchaus lohnt. Wer nicht den bekannten Weg zurückfahren möchte, kann gut auf die etwas weiter im Norden gelegene Nebenstraße ausweichen und kommt so auf dem kürzesten Weg nach Foix.

### (136) Offizieller WOMO-Stellplatz: Foix

**GPS:** N 42°57'39.8", E 1°36'39.6", 381 m. **Öffnungszeit:** Ganzjährig.
**Ausstattung:** V/E (frei anfahrbar), Müll.
**Beschreibung:** Parking des Vignes am Rand der Altstadt, zentral und doch einigermaßen ruhig gelegen, max. 24 h.
**Zufahrt:** Von der D17 kommend links über die Brücke und geradeaus durch die Allee de Villote am Rand der Altstadt fahren. Den Wegweisern zum WOMO-Parkplatz und zum Parking de la Vigne folgend links in die D8 abbiegen und die zweite wieder links (Boulevard Francois Mitterand). Wenige Meter weiter zweigt links die Zufahrt zum Parkplatz de la Vignes ab und unterhalb des Abzweiges liegt zwischen Straße und Fluss der offizielle Stellplatz.
**Alternative 1:** Ist der offizielle Stellplatz belegt, eignet sich für kleinere Wohnmobile auch der Parkplatz de la Vigne bei N 42°57'45.5", E 1°36'39.5" zur Übernachtung. Verbotsschild war keines zu sehen.
**Alternative 2:** Wenn Sie links von der Allee abbiegen, kommen Sie direkt an einem großen Parkplatz bei N 42°57'44.3", E 1°36'31.0" vorbei. Auch hier stehen immer wieder Wohnmobile. Der Platz ist aber unruhiger als der versteckte »Parking de la Vigne«, dafür liegt er näher an der Altstadt.

## Rundgang durch Foix

Das Wahrzeichen der Stadt Foix ist die Burg der Comtes de Foix, die auf einem Felssporn im Zentrum der Altstadt weithin sichtbar ist. Die Grafen von Foix gewährten in den Albigenserkriegen den Katharern Zuflucht und die Burg wurde während des Kreuzzuges viele Male vergeblich belagert. Selbst Simon de Montfort biss sich an ihren Mauern die Zähne aus. Erst 1229 kapitulierten die Grafen von Foix und wurden zu Vasallen des französischen Königs.

Im neu renovierten Museum der Burg erwacht das Mittelalter zu neuem Leben. Dazu hat man spannende interaktive Stationen errichtet, aber auch mittelalterlicher Maschinen nachgebaut. Ein riesiges Katapult und Werkstätten, wie eine historische Schmiede, werden auch regelmäßig in Betrieb genommen. Auch die Türme der Burg sind zugänglich und erlauben den perfekten Blick über die Stadt.

*Geöffnet Di bis So 10–18 Uhr. Eintritt €11,50, Kinder 5 bis 17 Jahre €8. www.sites-touristiques-ariege.fr*

Rund um die Burg kann man anschließend durch die Gassen der Altstadt mit ihren alten Fachwerkhäusern bummeln und sich in einem von etlichen Straßencafés niederlassen.

Zwei weitere Attraktionen sind im Umfeld der Stadt zu finden. Südlich von Foix werden in einem Museumsdorf Handwerkstechniken des letzten Jahrhunderts gezeigt und sechs Kilometer westlich der Stadt wartet eine ungewöhnliche Tropfsteinhöhle auf Besucher. Sie ist mit »Rivière souterraine« beschildert und über Vernajoul auf der D 1 zu erreichen. Der Parkplatz mit Picknickgelände befindet sich bei N 43°00‘11.5“, E 1°34‘28.1“ und ist außerhalb der Öffnungszeiten mit einem Tor versperrt.

**Der unterirdische Fluss von Labouiche**

In Labouiche können wir eine Tropfsteinhöhle besichtigen, ohne dabei besonders viel zu laufen. Ein unterirdischer Fluss macht es möglich. In einem flachen Kahn geht es langsam von einem Ende der 1,5 Kilometer langen Höhle zur anderen. Zwischendurch gibt es tolle Tropfsteinformationen und unterirdische Wasserfälle zu sehen und wir müssen zweimal kurz aussteigen, um nicht schiffbare Passagen auf den Landweg zu umgehen.

*Geöffnet April bis Mitte November 10 – 11 und 14 – 16.30 Uhr, Juli und August 9 – 17 Uhr. Oktober bis Mitte November Di bis Fr 14 – 16 Uhr. Eintritt € 14,80, Kinder € 12,80. Buchung auch unter www.labouiche.com.*

Fährt man auf der D 1 an der Höhle vorbei und weiter geradeaus, kommt man nach drei Kilometern zu einem kleinen Parkplatz im Wald [**137**: N 43° 0‘47.2“, E 1°32‘25.1“, Voie verte] hinter dem ehemalige **Bahnhof von Baulou**. Der Bahnhof ist längst nicht mehr in Betrieb, denn aus dem Schienenweg ist schon vor Jahren eine Fahrradstraße geworden. »Voie Verte« heißen diese auf ehemaligen Bahntrassen eingerichteten Fahrradwege in Frankreich und sie haben zwei entscheidende Vorteile: Bahntrassen führen nicht steil bergauf und bergab und die Orientierung ist auf einer **Voie Verte** denkbar einfach. Diese hier führt von Foix nach Saint-Girons und ist etwa 40 Kilometer lang.

Fahren wir jetzt zurück nach Tarascon, passieren wir am östlichen Ufer der Ariège im Ort Montgailhard bei N 42°56‘21.7“, E 1°37‘51.5“ das **Village Forges de Pyrénées**. Im Museumsdorf arbeiten in fünf Werkstätten Schmiede, Schuhmacher, Bäcker, Töpfer und Schreiber mit den Techniken des letzten und vorletzten Jahrhunderts und führen die Besucher in ihr Handwerk ein. Im Sommer wird am Fluss Gold gewaschen.

*Geöffnet Mitte April bis Oktober So bis Do 10 – 18 Uhr, Mitte Juli und August täglich. Eintritt € 10,20, Kinder 5 bis 18 Jahre € 6,80. www.forges-de-pyrene.com*

Die Schnellstraße E 9 bringt uns flott zurück nach **Tarascon**, wo wir die Zeitreise fortsetzen. Diesmal geht es nicht ins letzte Jahrhundert und auch nicht ins Mittelalter, sondern gleich ein ganzes Stück weiter zurück in die Geschichte der Menschheit. Die Höhlenzeichnungen in der Grotte de Niaux werden auf ein Alter von 13.000 Jahren datiert.

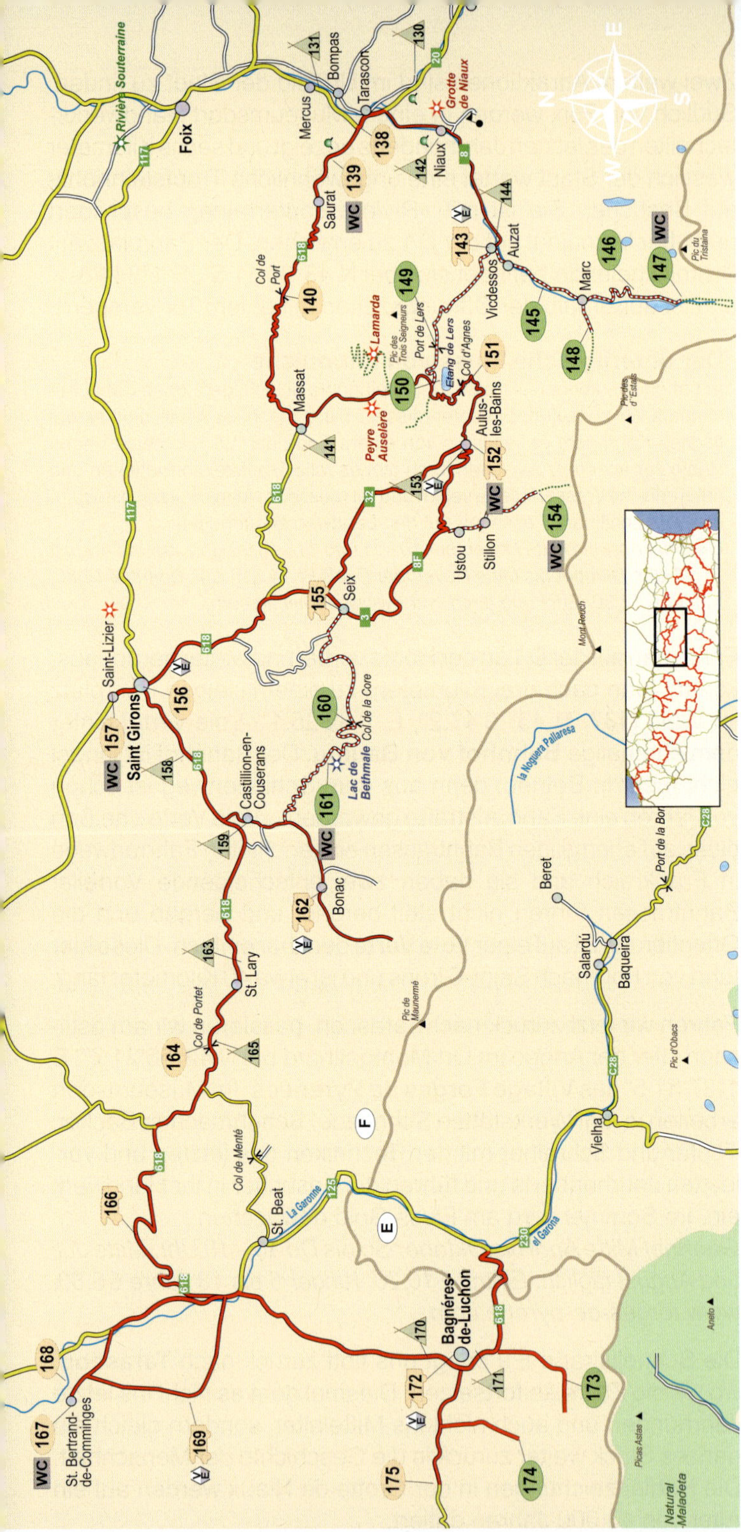

Foix
Rivière Souterraine
Mercus
Bompas
Tarascon
Grotte de Niaux
Niaux
Saurat
Col de Port
Massat
Lamarda
Pic des Trois Seigneurs
Port de Lers
Etang de Lers
Col d'Agnes
Peyre Auselère
Aulus-les-Bains
Auzat
Vicdessos
Marc
Pic du Tristaina
Pic des d'Estats
Ustou
Stillon
Mont Rouch
Seix
Saint-Lizier
Saint Girons
Castillion-en-Couserans
Lac de Bethmale
Col de la Core
Bonac
St. Lary
Col de Portet
Pic de Maunermé
Col de Menté
St. Beat
La Garonne
el Garona
la Noguera Pallaresa
Port de la Bon
Beret
Salardú
Baqueira
Pic d'Obacs
Vielha
Bagnéres-de-Luchon
St. Bertrand-de-Comminges
Aneto
Picas Astas
Natural Maladeta
F
E
WC

## TOUR 7 etwa 300 km

### Parc Naturel Régional des Pyrénées Ariègeoises

Tarascon – Niaux – Vicdessos – Aulus-les-Bains – Seix – Saint Girons – Saint-Lizier – Vallée de Bethmale – Saint-Bertrand-de-Comminges – Luchon

| | |
|---|---|
| **Stellplätze:** | Tarascon, Bédeilhac, Col de Port, Vicdessos, Massada, Carafa, Lac de Soulcem, L'Artique, Port de Lers, Étang de Lers, Col d'Agnès, Aulus-les-Bains, Cirque de Cagateille, Seix, Saint-Lizier, Col de la Core, Lac de Bethmale, Bonac, Col de Portet, Saint-Bertrand-de-Comminges, Montléon-Barousse, Luchon, Vallée du Lys, Lac d'Oô, Garin |
| **Campingplätze:** | Massat, Niaux, Vicdessos, Aulus-les-Bains, Moulis, Castillon, Augirein, Col de Portet d'Aspet, Luchon |
| **Baden:** | Lac de Soulcem, Cascade de L'Artique, Thermen Aulus-les-Bains |
| **Besichtigen:** | Grotte de Niaux, Grotte de la Vache, Grotte de Bédeilhac, Parc de la Préhistoire, Saint-Lizier, Saint-Bertrand-de-Comminges |
| **Wandern:** | Etang de Lers, Lac de Soulcem, Cascade de L'Artique, Étang de Lers, Cascade des Ars, Cirque de Cagateille, Gorge d'Enfer, Lac d'Oô |
| **Markt:** | Massat: 2. und 4. Donnerstag im Monat;<br>Aulus les Bains: So (nur Juli, August);<br>Castillon en Couserans: Di (nur Juli, August);<br>Saint Girons: Sa; Vicdessos: Do;<br>Seix: 2. und 4. Do im Monat, So im Juli, August |

*Die Ariège gehört zu unseren Lieblingsregionen in den Pyrenäen. Es gibt hier ausreichend touristische Infrastruktur, aber selbst im Hochsommer sind nur wenige Ecken wirklich überlaufen. Wer auf der Suche nach einsamen Wanderrouten und freien Stellplätzen in den Bergen ist, hat hier recht gute Chancen. Die Orte an der Ariège sind meist klein, mäßig gestylt und sehr französisch. Der touristischste Bereich der Ariège liegt zwischen Tarascon und Foix, besonders ursprünglich haben wir das Couserans erlebt, wo die Natur das einzige touristische Highlight ist.*

Rund um **Tarascon** wurden in mehreren Höhlen Tierzeichnungen aus der Steinzeit gefunden, die ohne weiteres mit den Werken aus berühmten Grotten wie Lascaux (Frankreich) oder Altamira (Nordspanien) mithalten können. Die Zeichnungen in der **Höhle von Niaux** sind etwa 13.000 Jahre alt. Sie ist eine der ganz wenigen Höhlen, die man noch im Original besuchen kann. Die Zeichnungen der meisten vergleichbaren Höhlen können heute nur noch als Nachbildung betrachtet werden. Zum Schutz der Malereien sind sie schon seit Jahren nicht mehr zugänglich. Für historisch Interessierte ist der Besuch der Grotte de Niaux also eigentlich ein »Muss« und die Karten haben Sie ja hoffentlich schon vor einigen Tagen bestellt. Um die Zeichnungen vor zu viel Kohlendioxid und anderen Einflüssen von außen zu schützen, ist die täglich Zahl der Besucher limitiert und es dürfen nicht mehr als 20 Personen gleichzeitig in die Höhle. Die Grotte de Niaux ist auch nicht beleuchtet. Jede Gruppe trägt ihr eigenes Licht in Form von monströsen Grubenlampen. In den Sommerferien kann die Wartezeit für Karten auch schon mal mehrere Tage betragen. Wer leer ausgeht, kann sich aber immerhin noch die Nachbildung des »schwarzen Salons« von Niaux in der Ausstellung des Parc de la Préhistoire ansehen und in der etwas weiter nördlich gelegene Grotte de Bédeilhac ein wenig Höhlenluft schnuppern.

**Grotte de Niaux**

Vom Eingang der Grotte geht es im Licht der Grubenlampen in den Berg hinein und durch zwei Engpässe. Da die Besucher zum Schutz der Höhle keinesfalls die Wände berühren sollen, brauchen diese Abschnitte ein bisschen Geschicklichkeit. Wegen des unebenen Bodens werden für den Besuch Wanderschuhe empfohlen. Nach einer knappen Viertelstunde erreicht man eine größere Höhle, dann geht es rechts zum schwarzen Salon, dem Bereich der Grotte de Niaux, in dem 90% aller Zeichnungen zu finden sind. Im Gegensatz zu Altamira oder Lascaux haben die Künstler hier wohl nur mit schwarzem Manganoxid gearbeitet, mit dem alle Tiere gezeichnet sind. Die Führung dauert insgesamt etwa eine Stunde. Die Temperatur in der Höhle liegt konstant bei 14°C.

*Die Grotte ist ganzjährig geöffnet, die Zeiten variieren stark, einen Kalender finden Sie unter www.sites-touristiques-ariege.fr, wo Sie auch reservieren können. In der Nebensaison geht das außerhalb der Wochenenden auch kurzfristig, in den Sommerferien müssen Sie mit mehrtägigen Wartezeiten rechnen. Mit viel Glück kann man an ausgebuchten Terminen kurzfristig an Karten kommen, wenn zu Beginn einer Führung nicht alle angemeldeten Besucher erschienen sind. Eintritt: € 14.*

*Die Grotte liegt links an der Straße nach Niaux. Die Zufahrt befindet sich am westlichen Ortsrand und ist beschildert. Eine schmale, einen guten Kilometer lange Bergstraße führt von dort zu einem Parkplatz vor dem Eingang. Es fahren auch Reisebusse hier hinauf, mit sehr großen Mobilen ist trotzdem Vorsicht geboten. Zwei Busse kommen auf der schmalen Straße keinesfalls aneinander vorbei. Rangieren und rückwärts fahren kann also vorkommen...*

## Grotte de Bédeilhac

Die Tropfsteinhöhle beeindruckt vor allem durch ihre Größe. Sie wurde im Zweiten Weltkrieg als gut verstecktes Munitionsdepot genutzt. Angeblich starteten sogar Flugzeuge aus der 30 Meter hohen Öffnung im Fels. Die wenigen prähistorischen Zeichnungen, Ritzungen und Reliefs an ihren Wänden sind leider nicht im allerbesten Zustand.

*Geöffnet Juli und August 10–17.30 Uhr, in der Nebensaison meist nur am Wochenende. Termine finden Sie unter www.sites-touristiques-ariege.fr. Dort ist auch die Reservierung möglich. Eintritt €9.*

*Zufahrt: In Bédeilhac der Beschilderung folgen und ein kurzes Stück auf einer schmalen, kurvigen Straße hinauf zur Höhle fahren. Vorsicht mit großen Mobilen – ist der Parkplatz vor der Grotte verschlossen, kann man oben nur sehr schlecht drehen. Unbedingt vorher reservieren und nur zur Führung hinauffahren.*

Südlich von Tarascon in Ussat kann man noch die Grotte de Lombrive besuchen. Informationen dazu finden Sie auf **Seite 135**.

Wenn Sie jetzt mehr über das Leben im Magdalénien wissen wollen, empfiehlt sich der Besuch im **Parc de la Préhistoire**. Er liegt nordwestlich von Tarascon an der Straße nach Bédeilhac.

### (138) WOMO-Parkplatz: Tarascon/Parc de la Préhistoire

**GPS:** N 42°51'16.2", E 1°34'30.1", 546 m. **Max. WOMOs:** 5.
**Ausstattung:** Keine.
**Beschreibung:** Wiesenplätze zwischen Bäumen, die meisten etwas schräg. Außerhalb des Ortes neben dem Freilichtmuseum. Nur für Besucher des Museums!
**Zufahrt:** Von Foix kommend vor Tarascon am Kreisel rechts der Beschilderung folgen. Aus der südlichen Richtung am Abzweig nach Niaux vorbei und links um Tarascon herum fahren. Dann am nächsten Kreisel der Beschilderung zum Park folgen.

© Sites Touristiques Ariège

## Ausflug in die Steinzeit: Der Parc de la Préhistoire

Wenn Sie mit jüngeren Kindern reisen, ist vor allem der Rundweg im Außengelände spannend. Auf einer kleinen Bühne können wir verfolgen, wie man in der Steinzeit Feuer machte und dann an den nächsten Stationen selbst ausprobieren, wie ein Speerwerfer funktioniert und eine typische Unterkunft der Steinzeitjäger besuchen. Dann kommen wir zu einem Bambuslabyrinth. In den grünen Gängen raschelt der Bambus sanft im Wind, aber dann ist da noch was anderes zu hören? Ein Schnaufen und Rascheln... Hat sich da ein Tier zwischen den Halmen versteckt? Die Idee des Klanglabyrinths ist, ein Gespür für das Umfeld zu vermitteln, in dem die Jäger der Steinzeit lebten. Alleine in der Natur unterwegs und konfrontiert mit verschiedenen Geräuschen – so wird das Labyrinth zum besonderen Abenteuer für etwas größere Kids. An einer weiteren Station können sich alle an einer Felswand selbst als Steinzeitkünstler versuchen.

Neben dem schön angelegten erlebnisorientierten Außenbereich mit Wasserbecken und Wasserfall gibt es auf dem Gelände aber auch noch ein ausgesprochen gut gestaltetes Museum. Wir durchwandern die Räume mit Audioguide und begegnen zuerst den typischen Tieren des Magdalénien. Besonders beeindruckend ist aber die Abteilung über Steinzeitkunst. Hier gibt es eine komplette Nachbildung des »Schwarzen Salons« zu sehen – die Zeichnungen entsprechen aber nicht dem heutigen Original in der Grotte de Niaux. Man hat stattdessen versucht, die Zeichnungen zu ergänzen, um zu zeigen, wie die Malereien vor 13.000 Jahren ausgesehen haben könnten. Außerdem sind in diesem Raum auch Tierzeichnungen aus anderen Höhlen wie Altamira und Lascaux zu sehen, sodass wir die Arbeiten von Niaux in ein umfassenderes Bild einordnen und vergleichen können. Kalkulieren Sie mindestens drei Stunden für den Besuch. Man kann sich hier aber auch gut einen ganzen Tag aufhalten. Es gibt auf dem Gelände Picknickplätze und auch ein Restaurant.

*Geöffnet April bis Anfang November ab 10 Uhr und je nach Wochentag und Saison bis 18,19 oder 20 Uhr. Aktuelle Zeiten und Reservierung unter www.sites-touristiques-ariege.fr. Eintritt €11,50, Kinder 5 bis 17 Jahre €8.*

Von Tarascon fahren wir weiter ins Herz des Naturparks. Hier gibt es kaum klassische Sehenswürdigkeiten, aber ganz viel Natur zu entdecken. Dazu schlagen wir Ihnen zwei verschiedene Routen vor. Die **Südroute (ab Seite 156)** eignet sich vor allem für Menschen, die wandern möchten und ein etwas kompakteres Fahrzeug fahren. Wenn Sie die Berge lieber aus dem Wohnmobil betrachten, bleiben Sie besser auf der **nördlichen Route**, die nicht so weit in die Berge, aber ebenfalls durch einige Kurven und über etwas schmalere Straßen führt. Beide Varianten treffen sich zum ersten Mal am Etang de Lers.

**Die Nordroute von Tarascon zum Etang de Lers**
Vom Parc de la Préhistoire folgen wir der D 618 nach **Bédeilhac**, wo auf der linken Seite ein Picknickplatz zur Pause einlädt.

**(139) WOMO-Parkplatz: Bédeilhac**

**GPS:** N 42°52‘24.9“, E 1°33‘45.7“, 618 m. **Max. WOMOs:** 1–2
**Ausstattung:** WC, Picknicktische.
**Beschreibung:** Ebener Parkplatz am Dorfrand. Durch die Lage nahe an der Straße nicht ganz so ruhig.
**Zufahrt:** Am Ortsende links neben der Hauptstraße.

In vielen Kurven geht es hinauf und die Straße ist hier stellenweise nur so breit, dass zwei PKW ohne abzubremsen knapp aneinander vorbeikommen. Wir durchqueren mehrere kleine Orte, dann geht es noch ein bisschen steiler hinauf und wir erreichen die Passhöhe mit einer Auberge und einem Parkplatz.

**(140) WOMO-Parkplatz: Col de Port**

**GPS:** N 42°53‘55.6“, E 1°27‘10.0“, 1.250 m. **Max. WOMOs:** 2
**Ausstattung**: Keine.
**Beschreibung:** Leicht schräge Parkfläche auf Naturboden. Schöner Ausblick. Schräg gegenüber gibt es eine Auberge, in der man auch essen kann.
**Zufahrt:** Auf der Passhöhe.

Der nächste größere Ort an der Route ist **Massat**, ein Städtchen mit alternativem Charme, großer Kirche und einem netten Ortskern. In der durch die Landflucht der 50er Jahre beinahe entvölkerten Region fanden ab den 1970er Jahren besonders viele aus den Städten kommende Menschen eine neue Heimat, darunter auch einige Deutsche. Ein kleiner Campingplatz ermöglicht einen Stopp über Nacht.

### (141) WOMO-Campingplatz: Camping Municipal Massat

**GPS / Kontakt:** N 42°53'17.4", E 1°20'40.0", 672 m, Tel. 0033 630 480995. **Öffnungszeit:** Juni bis September.
**Ausstattung:** Einfache Sanitäranlagen, sonst nichts.
**Beschreibung:** Am Rand des sympathischen Ortes auf einer Terrasse über ausgedienten Sportplätzen und einem Schotterplatz, auf dem abends Boule gespielt wird.
**Zufahrt:** Im Ortszentrum an der Kirche rechts in eine Nebenstraße. Kurz vor dem Ortsende dem Schild links hinauf folgen und über den Parkplatz auf einer schmalen Asphaltstraße hinauf zu den Stellplätzen.

*Peyre Auselère ist der Nachbau eines historischen Hirtendorfes.*

Durch den Ort führt eine Nebenstraße in die Berge, die zumindest bis zum **Etang de Lers** weitgehend ohne dramatische Kurven auskommt. Dafür ist in Massat erst einmal die enge Ortsdurchfahrt zu meistern. Etwa sechs Kilometer hinter dem Abzweig zum Dörfchen **Le Port** liegt dann rechts an der Straße eine der restaurierten alten Hirtensiedlungen, von denen es in der Region mehrere gibt. Sie heißt **Peyre Auselère** und besteht aus mehreren »Orris«, wie die runden Steinhäuser mit den meist grasbewachsenen Dächern hier genannt wer-

*Weitblick an der Cabane de Roses*

den. Von der Parkbucht am Straßenrand bei N 42°49'33.4", E 1°22'45.4" kann man ein Stückchen zurück zu einer kleinen Brücke laufen, um den Bach zu überqueren und trockenen Fußes zu den Hütten zu kommen.

Eine weitere Siedlung dieser Art erreichen Sie mit einem kurzen Fußmarsch. Einige Kurven weiter sehen Sie rechts an der Straße bei N 42°49'0.1", E 1°23'22.2" eine Parkbucht. Auf der gegenüberliegenden Straßenseite beginnt ein breiter Wanderweg, der in etwa 15 Minuten zur 60 Meter höher liegenden **Site de Lamarda**, einem rekonstruierten alten Almdorf führt. Die Hütten stehen hinter der zweiten Kurve auf einer Wiese oberhalb des Weges. Wenn Sie den Spaziergang zu einer kleinen Wanderung ausdehnen und dem Weg weiter folgen, stehen Sie nach einer knappen Stunde (300 Höhenmeter) an der **Cabane des Roses**, einer kleinen Steinhütte mit Viehtränke und Picknicktisch. Von dort haben Sie einen grandiosen Ausblick über die umliegende Berglandschaft.

Noch ein paar Kurven weiter kommen wir dann an eine Kreuzung und biegen rechts ab in Richtung Col d'Agnes und Aulus-les-Bains. Gleich darauf folgt links ein geschotterter Parkplatz über dem Angelsee **Etang de Lers** und wir treffen damit auf den **Stellplatz (150)** der Südroute. Lesen Sie bitte weiter auf Seite 161.

## Die Südroute von Tarascon zum Etang de Lers

Die Etappe von Tarascon über Niaux und Vicdessos nach Aulus-les-Bains ist eine Traumroute für Wanderer und führt mitten in die Berge der Region Ariège. Die Straßen der Route sind trotzdem weitgehend undramatisch, wenn auch teilweise recht schmal. Offizielle Einschränkungen für größere Mobile gibt es nur bei der Auffahrt von Vicdessos zum Lac de Soulcem und nach Artigues, trotzdem sollten Fahrer*innen großer Wohnmobile ihr Fahrzeug gut kennen, wenn Sie diese Variante wählen. Auch einige der vorgeschlagenen Park- und Stellplätze sind nicht allzu groß und eignen sich nur für kompakte Mobile.

Von Tarascon folgen wir der Straße nach Niaux. Oberhalb des Ortes wird zur Zeit die **Burgruine von Miglos** restauriert und dürfte in den nächsten Jahren ein weiteres schönes Ziel werden. Die Zufahrt ist schmal und kurvig und zweigt an der gleichen Stelle ab wie die Straße zur Grotte de Niaux, führt aber an der ersten Kreuzung rechts hinauf. In Niaux gibt es außerdem einen komfortablen, gut gelegenen Campingplatz.

### (142) WOMO-Campingplatz: Niaux/Camping des Grottes

**GPS:** N 42°48'50.5", E 1°35'21.6", Domaine de la Hille,
Tel. 0033 561 058821, www.campingdesgrottes.com.
**Öffnungszeit:** Mitte März bis Mitte Oktober.
**Ausstattung:** V/E, Pool, Pizzeria, Laden, kleiner Sauna- und Fitnessbereich, Angelteich, kostenpflichtiges WLAN auf dem kompletten Platz.
**Beschreibung:** Schön angelegter Platz mit Bach, der durch das Gelände plätschert. Mit Hecken abgeteilte Stellplätze. Im Hochsommer unaufdringliche Animation im Eingangsbereich. Sehr schöne ruhige Lage in einem Seitental und zwischen grünen Bergen. Gute und gepflegte Sanitäranlagen.Abseits der Straße am Ortsrand von Niaux. **Preise:** €20–31, Strom €3.
**Zufahrt:** In Niaux rechts in Richtung Grotte de la Vache. Die Zufahrt ist beschildert.

Folgt man dann der D 8 weiter ins Tal hinein, kommt man nach **Vicdessos**. Hier zweigt die D 18A ab, auf der wir später über den Pass Port-de-Lers zum Etang de Lers hinüberfahren und es gibt einen Stellplatz und einen schönen Campingplatz.

### (143) Offizieller WOMO-Stellplatz: Vicdessos

**GPS:** N 42°46'05.5", E 1°30'04.8", 702 m. **Öffnungszeit:** April bis Oktober.
**Ausstattung:** V/E, Strom, öffentliches WC im nahen Ortszentrum.
**Beschreibung:** Schöner Platz für 20 Mobile, im Grünen und am Rand des sympathischen Dorfes, Supermarkt direkt nebenan, Bäckerei im Ort.
**Preise:** €8 inkl. Strom und V/E, zahlbar am Automaten an der Einfahrt oder in der Mairie (Rathaus). Einfahrt durch eine Schranke
**Zufahrt:** Von der Hauptstraße hinter der Brücke am Ortseingang rechts hinunter, der Platz ist beschildert.

### (144) WOMO-Campingplatz: Vicdessos Camping La Bexanelle

**GPS:** N 42°46'06.4", E 1°29'34.3", Tel. 0033 561 648222, www.labexanelle.com. **Öffnungszeit:** Ganzjährig.
**Ausstattung:** V/E, Pool, Snack-Bar, kleiner Fitnessraum, WLAN.
**Beschreibung:** Angenehmer Platz mit vielen großen Bäumen, in ruhiger Lage am Ortsrand, kurzer Fußweg in den Ort. **Preise:** €22–29, Strom €4.
**Zufahrt:** Vor der Ortseinfahrt von Vicdessos links zum Campingplatz abbiegen.
**Alternative:** Im benachbarten Auzat gibt es auch einen einfachen Camping Municipal, der jedoch nur wenige Schattenplätze hat. www.laverniere.eu

Jetzt geht es weiter in die Berge. Dazu fahren wir weiter nach **Auzat**. Hinter dem Ort wird die Straße etwas schmaler. Wir halten uns in Richtung **Marc** und treffen auf halber Strecke auf einen Picknickplatz, an dem auch eine interessante Wanderung beginnt. Sie führt zu den **Étangs de Bassies** hinauf. Für den Aufstieg über 800 Höhenmeter sollten Sie zwei bis drei Stunden kalkulieren.

### (145) WOMO-Parkplatz: Massada

**GPS:** N 42°44'40.1", E 1°27'56.3", 900 m. **Max. WOMOs:** 2–3
**Ausstattung:** Picknicktische. **Beschreibung:** Schön angelegter Picknickplatz am Flussufer, etwas unterhalb der Straße.
**Zufahrt:** Von Auzat auf schmaler Straße weiter in Richtung Marc. Der Platz liegt auf halber Strecke kurz vor einer Serpentine rechts an der Straße.

Wer sich hinter Marc noch weiter in die Berge traut, trifft am **Stausee von Soulcem** auf ein ausgesprochen schönes Wandergebiet und viele Möglichkeiten, ein Wohnmobil in angenehmer Bergruhe zu parken. Der letzte Abschnitt der Straße ist einspurig mit ausreichend Ausweichstellen, steigt aber in einigen engen Serpentinenkurven so kräftig an, dass der erste Gang ran muss. Leitplanken gibt es nicht. Auf halber Strecke und bevor die Straße anspruchsvoll wird, treffen wir nochmal auf einen Parkplatz.

### (146) WOMO-Parkplatz: Carafa

**GPS:** N 42°41'30.0", E 1°27'03.4", 1.269 m. **Max. WOMOs:** 5–6
**Ausstattung:** Müllcontainer.
**Beschreibung:** Parkplatz mit mehreren Terrassen und sehr unebenem Naturboden in der Bergeinsamkeit.
**Zufahrt:** Der Straße von Auzat durch den winzigen Ort Marc folgen. An der Verzweigung kurz hinter dem Ort links in Richtung Mounicau. Der letzte Ort an der Straße ist Carafa. Der Platz befindet sich hinter dem Ort links der Straße. Bis hierher ist die Straße unkompliziert befahrbar.

Hinter diesem Parkplatz ist die **Zufahrt zum Stausee offiziell auf 7,5 t und 8 Meter Länge** begrenzt. Dann geht es für alle kompakten Mobile kurvig und eng weiter hinauf, bis die Staumauer in Sicht kommt. Jetzt ist es nicht mehr weit und die Straße wird auch wieder breiter. Am oberen Ende des Stausees führt eine Schotterstraße zum Seeufer hinunter. Hier unten wird im Sommer auch gebadet. Fährt man oben weiter, kommt man am Ende der Straße zu einem Wanderparkplatz.

### (147) WOMO-Parkplatz: Lac de Soulcem

**GPS:** N 42°39'22.3", E 1°26'53.7", 1.666 m. **Max. WOMOs:** 10
**Ausstattung:** WC und Wasser (kein Trinkwasser). Das WC war bei unserem Besuch extrem dreckig und nicht benutzbar.
**Beschreibung:** Der ebene Parkplatz hinter der Schutzhütte ist zumindest im Sommer für Fahrzeuge gesperrt. Parken kann man nur noch auf den Plätzen am Ende der Straße, die fast alle ziemlich schräg sind. Der Platz liegt eigentlich in absoluter Bergeinsamkeit, aber meist arrangieren sich mehrere Camper mit dem unebenen Boden und Sie stehen nicht alleine hier.
**Zufahrt:** Von Auzat durch den winzigen Ort Marc fahren. An der Verzweigung hinter dem Ort links in Richtung Mounicau und durch Carafa. Bis zum Stausee ist es eng und kurvig, dann führt die Straße am See entlang und endet auf einem Wanderparkplatz. Zufahrt begrenzt auf 7,5 t und 8 m.
**Alternative:** Weitere Plätze, an denen man gut steht, gibt es am Badeplatz unten am Stausee.

Ab dem Parkplatz sind mehrere Wanderwege markiert. Dieser hier kommt ohne größere Steigungen aus und führt in das bildschöne Bachtal, in dem weiße Kühe und schwarze Merens-Pferde weiden.

## Auf dem Sentier des Orris

**Wanderung:** Vom Parkplatz oberhalb des Stausees folgen wir dem breiten Schotterweg, der die Straße fortsetzt. Gleich am Anfang des Weges auf der linken Seite sowie auch am Parkplatz sind übrigens die »Orris« zu finden, die Hirtenhütten, nach denen unser Weg benannt ist. An der Kehre der ersten Serpentine verlassen wir den breiten Weg. Hier zweigt in der Kurve ein Pfad ab, der leicht ansteigend geradeaus weiterführt. An einer schmalen Brücke wechseln wir auf die andere Flussseite und dann geht es neben einem imposanten Wasserfall kräftig bergauf. Danach wird unser Pfad deutlich bequemer und wir spazieren recht entspannt durch ein idyllisches Bachtal mit sattgrünen, mit etlichen Felsbrocken gesprenkelten Wiesen. Nach einer knappen Stunde kommen wir zu einem Schilderbaum und hier heißt es aufpassen. Hinter den Schildern überqueren wir zuerst einen seitlich zufließenden Bach, dann erst teilt sich der Weg. Links geht es weiter am Wasser entlang und ins Tal hinein. Der rechte Pfad zieht sich in sehr vielen Kehren der Steilhang hinauf und führt zu einem schönen Bergsee. Wir bleiben unten und kehren am Talende entweder um oder wechseln für den Rückweg auf den breiten Schotterweg, der auf der anderen Bachseite zurück zum Parkplatz führt.

Eine weitere kurze Wanderung startet im Nachbartal. Dazu fahren wir vom Stausee wieder hinunter. An der Straßenkreuzung kurz vor dem Dorf Marc biegen wir links auf die sehr schmale D 66 nach **L'Artique** ab und erreichen nach kurzer Fahrt einen ersten Picknickplatz.

### (148) WOMO-Parkplatz: L'Artique

**GPS:** N 42°42'50.4", E 1°26'06.0", 1.145 m. **Max. WOMOs:** 1–2
**Ausstattung:** Keine.
**Beschreibung:** Etwas eng angelegter Parkplatz, Plätze durch Balken abgetrennt. Zwischen den Parkplätzen und dem Fluss liegt ein Wiesenstreifen mit Picknicktischen.
**Zufahrt:** Beim Dorf Marc der D 66 in Richtung Artique folgen. Der Platz liegt nach einem guten Kilometer rechts an der Straße.
**Alternative:** Fährt man vom ersten Platz über die schmale Brücke und nach 800 Metern rechts am Gebäude des E-Werkes vorbei, kommt man zu einem weiteren, größeren Parkplatz bei N 42°42'37.2", E 1°25'34.0".
Mit Holzbalken abgeteilte Parkplätze und Picknicktische im Schatten zwischen Parkplatz und Fluss. Einen weiteren Picknickplatz und ein WC findet man eine Etage weiter oben am Beginn des Wanderweges. Der Parkplatz ist auch Ausgangspunkt für eine beliebte Mehrtageswanderung und daher oft gut belegt. **Vorsicht!** An der Zufahrt zum Platz hört der Asphalt mit einem fiesen Hubbel auf, den man leicht übersieht.
**Sonstiges:** Am zweiten Platz beginnt eine kurze Wanderung zu einer Badegumpe mit Wasserfall.

Vom zweiten Parkplatz am Ende der Stichstraße ins Tal (Anfahrt siehe Alternative zu Stellplatz 148) geht es dann nur noch zu Fuß weiter.

### Zur Cascade de L'Artique

**3 km, Gehzeit 1 h 15, 200 Höhenmeter.** Am Parkplatz führt ein Pfad vom Fluss hinauf zur Straße und zu einem weiteren Picknickplatz mit WC Häuschen. Hier beginnt auch der Wanderweg, der auch Einstieg zu einem mehrtägigen Rundweg ist. Daher folgen wir zuerst der rot-weißen GR-Markierung.

Es geht ein kurzes Stück richtig steil hinauf, dann wird der Weg sanfter. Auf einem Waldpfad wandern wir bis zu einer Brücke und von hier aus immer an der Artique entlang. Nach kurzer Strecke teilt sich der Weg: Der GR führt links den Berg hinauf, wir bleiben auf dem rechten gelb markierten Weg zum Wasserfall. Am Ende des Pfades können wir zu einem Badebecken unterhalb der Kaskade hinabsteigen. Zurück geht es auf dem gleichen Weg.

Zurück in **Vicdessos** wählen wir diesmal die D 18, die durch ein stilles Tal recht undramatisch auf die Hochebene am **Col de Lers** führt. Rechts von uns ragen die Hänge des Massiv des Trois Seigneurs auf, links ist der Pic de Girantes mit 2088 Metern der höchste Gipfel. Auf der Höhe ist der Parkplatz am Port de Lers meist gut belegt, er ist die Basis einer Drachenfliegerschule. Beim passenden Wind sind am Himmel fast immer einige der bunten Gleitschirme zu sehen.

### (149) WOMO-Parkplatz: Port de Lers

**GPS:** N 42°48'23.2", E 1°24'41.6", 1.520 m. **Max. WOMOs:** 2–3
**Ausstattung:** Keine.
**Beschreibung:** Geschotterter Parkplatz neben der Straße auf der Passhöhe. Einsam und außerorts.
**Zufahrt:** Auf halber Strecke von Vicdessos zum Étang de Lers. Am Parkplatz beginnt der anspruchsvolle Wanderweg (700 Höhenmeter) über den südlichen Grat (crete) hinauf auf den Pic des Trois Seigneurs.
**Alternative:** Kurz vor der Passhöhe liegt rechts der Straße bei N 42°48'19.8", E 1°25'26.2" ein weiterer kleiner Parkplatz, von dem man in etwa 1,5 Stunden zum Bergsee Etang d'Arbu hinaufsteigen kann (300 Höhenmeter).

Von der Hochebene kurven wir wieder hinunter und sehen bald einen kleinen See vor uns. Der **Étang de Lers** ist ein Angelsee und es gibt an seinem Ufer einen kleinen Gasthof. Am Ufer wird im Sommer gezeltet und auf dem Parkplatz oben an der Straße haben einige Wohnmobile Platz.

### (150) WOMO-Parkplatz: Étang de Lers

**GPS:** N 42°48'29.1", E 1°22'56.7", 1.300 m. **Max. WOMOs:** 5–6
**Ausstattung:** Keine.
**Beschreibung:** Schotterfläche neben der Auberge mit Zugang zum Angelsee Étang de Lers. Einsam gelegen, aber meist gut besucht.
**Zufahrt:** Von Massat kommend am See rechts abbiegen und gleich links auf den Parkplatz fahren. Von Vicdessos kommend hinter der Passhöhe Port de Lers immer geradeaus zum See. Der Parkplatz liegt links der Straße gleich vor dem Gasthof.

Auch vom Étang de Lers aus können Sie wandern. Ein schmaler Weg führt am Seeufer entlang bis zur Straße, die man hier überquert. Gegenüber beginnt ein breiter Schotterweg, von dem nach einem knappen Kilometer in einer Kehre ein orange markierter Wanderpfad links abzweigt, der recht steil auf die grasbewachsene Hochebene am **Col Dret** führt. Vom Wegweiser auf dem Col Dret kann man dann rechts noch weiter hinauf und erreicht in einer halben Stunde den Wegweiser am **Courtal d'Arbiet** und eine weitere grasbewachsene Hochebene. Der Blick ist hier oben grandios, die Wiese perfekt für ein Picknick und wahrscheinlich sitzen Sie ganz alleine dort...

Wenn Sie die Höhen um den Étang de Lers lieber im Wohnmobil erobern möchten, fahren Sie jetzt weiter am See entlang. Die Straße schraubt sich in einigen Kehren hinauf zum **Col d'Agnès**. Im Sommer 2022 waren übrigens auch die Radler der Tour de France auf dieser Strecke unterwegs und wie alle Tour de France-Strecken erfreut sich auch diese bei Amateurrennradler*innen großer Beliebtheit. Wundern Sie sich also nicht, wenn auf der anderen Seite der Passhöhe der eine oder andere Radler im bunten Dress an Ihnen vorbeizieht und dann mit einem Affenzahn durch die vielen Kurven saust, die uns vom Pass ins Dorf **Aulus-les-Bains** hinunterleiten. Aber jetzt sind wir ja erstmal auf der Passhöhe angekommen.

## (151) WOMO-Parkplatz: Col d'Agnès

**GPS:** N 42°47'39.3", E 1°22'25.6", 1.585 m. **Max. WOMOs:** 1
**Ausstattung:** Keine.
**Beschreibung:** Schmale Parkflächen rechts und links der Passhöhe, tolle Aussicht, aber sehr dem Wetter ausgesetzt. Nahe an der Straße, die aber nachts kaum befahren wird.
**Zufahrt:** Vom Étang de Lers in Richtung Aulus-les-Bains fahren. Der Platz befindet sich auf der Passhöhe.
**Alternative:** Mehrere geschützte Wanderparkplätze ohne Aussicht hinter der Passhöhe (zum Beispiel N 42°46'58.1", E 1°23'09.0") an der Straße nach Aulus-les-Bains.

Was auf der Karte wie ein Katzensprung aussieht, erweist sich als längere Bergfahrt mit vielen Kurven. Den Radlern gefällt's, den Fahrern größerer Mobile wahrscheinlich weniger. Die Straße ist jedoch immer breit genug und gut befahrbar. An der Strecke liegen mehrere Wanderparkplätze, von denen man zu Bergseen wie dem **Étang de Labants** oder dem **Étang de Garbet** wandern kann. Unten am Ort **Aulus-les-Bains** führt der Weitwanderweg GR 10 vorbei, und das bestimmt auch den Charakter des angenehmen Dorfes, in dem Menschen in Wanderklamotten an den Tischen vor der Tourist-Info sitzen, im kleinen Laden Proviant einkaufen oder die leicht in die Jahre gekommene Therme besuchen.

## (152) Offizieller WOMO-Stellplatz: Aulus-les-Bains

**GPS:** N 42°47'21.3", E 1°20'09.6"
**Ausstattung:** Öffentliches WC an der Flussbrücke, Müllcontainer.
**Beschreibung:** Leicht schräger Schotterplatz unter großen Bäumen. Direkt neben der nicht allzu befahrenen Straße. Max 48 h. Kleiner Supermarkt, Depot de pain, Metzgerei mit Imbiss und Restaurants im netten Ort und nur wenige Schritte entfernt. Kostenloses WLAN an der Tourist-Info, vor der zwei Holztische als rustikales Open-Air-Internetcafé dienen.
V/E am nördlichen Ortsrand direkt hinter dem Campingplatz. Mit größeren Mobilen ist die V/E nur schwer anzufahren.
**Zufahrt:** Im Ortszentrum links über die Brücke und in der Kurve geradeaus auf den Parkplatz.
**Sonstiges:** Zu Fuß zu erreichen sind das kleine Thermalbad von Aulus, der Hochseilgarten Acrolus, und eine Kurve weiter ortsauswärts beginnt der Wanderweg zur Cascade d'Ars, einem der größten Wasserfälle der Pyrenäen.

## Aufstieg zur Cascade d'Ars

**Gehzeit: 4h30, ca. 800 Höhenmeter.** Um zum markierten Fußweg zur Cascade zu kommen wandern Sie vom Stellplatz auf der Straße bergauf bis in die nächste Kurve. Hier zweigt der Weg ab und Sie können in gut zwei Stunden zum größten Wasserfall der Pyrenäen hinaufsteigen. Der Weg ist vielbegangen und führt auf breiter Trasse durch den Wald hinauf. Nähere Informationen und eine Übersichtskarte bekommen Sie in der perfekt sortierten Information unten im Ort.

## Die Thermen von Aulus-les-Bains

Das Thermalbad ist nicht besonders groß und eher auf echte Kuren ausgerichtet, kann aber auch von durchfahrenden Touristen besucht werden. Im Innenbereich gibt es ein 30 bis 32°C warmes Becken und Sie können verschiedene Anwendungen, wie z.B. Massage buchen.
*Geöffnet Juli und August und in den Schulferien Mo, Di, Mi, Fr 15.30–18.45 Uhr, Do und Sa 15.30–17.45 Uhr, Sonntag geschlossen. Außerhalb der Ferien ist das Bad dienstags und sonntags geschlossen. Eintritt €9, Kinder 3 bis 14 Jahre €5. www.thermes-aulus.fr*

**Parc Aventure Acro'lus**
Kleiner familienorientierter Hochseilgarten mit sechs Parcours mit unterschiedlichen Niveaus nach Alter. Der einfachste ist bereits für Kinder ab 3 Jahren, der Schwierigste ist Erwachsenen vorbehalten. Eintritt je nach Niveau des Parcours €10–21 pro Person. www.accrobranche-aulus-ariege.com

Wenn Sie dem Charme von Aulus erliegen und etwas länger bleiben möchten, stehen Sie auf dem kleinen Campingplatz am Ortsrand bequemer als auf dem Stellplatz.

### (153) WOMO-Campingplatz: Aulus-les-Bains Municipal Le Couledous

**GPS/Kontakt:** N 42°47'38.7", E 1°19'55.7", Route principale, 745 m, Tel 0033 561 664356, www.camping-aulus-couledous.com.
**Öffnungszeit:** Ganzjährig.
**Ausstattung:** V/E, Spielplatz, Bouleplatz, kostenloses WLAN.
**Beschreibung:** Kleiner Platz am Ortsausgang links neben der Straße. Schattige Plätze. **Preise:** €14,50–16,50, Strom €3–6,50.
**Zufahrt:** Von Aulus in Richtung Oust/St. Girons und dann am Ortsausgang links der Straße.

Von Aulus wählen wir eine der beiden Routen nach Seix. Für Fahrer*innen schmaler Campingbusse lohnt es, die Südroute zu wählen und eine weitere Wanderung einzubauen. Kurz nach dem Dorf **Serac** zweigt links die sehr schmale Straße zum malerischen Bergkessel Cirque de Cagateille ab. Der erste Engpass folgt gleich darauf im Dorf **Saint-Lizier d'Ustou**. Die Ortsdurchfahrt ist kaum breiter als ein PKW und es gibt nur wenige Ausweichmöglichkeiten. Etwas entspannter fahren wir bis **Stillon**. Hier biegen wir links ab und überqueren eine Brücke. Ab hier ist die Straße für Busse gesperrt. Autobreit geht es noch knapp drei Kilometer weiter bis zu einem schön gelegenen Wanderparkplatz mit Picknickplatz.

### (154) WOMO-Parkplatz: Cirque de Cagateille

**GPS:** N 42°45'23.5", E 1°17'13.5", 1.119 m.
**Max. WOMOs:** 3–4.
**Ausstattung:** WC, Picknicktische.
**Beschreibung:** Parkplatz in zwei Terrassen am Ende einer Stichstraße und mitten in schönster Berglandschaft. Tagsüber unbedingt platzsparend parken, da der Wanderparkplatz sehr voll wird.
**Zufahrt:** Nur für Campingbusse und kompakte Wohnmobile erreichbar. Sehr schmale Straße! Route siehe Text.
**Wandern:** Beginn des Wanderweges in den Cirque de Cagateille.

## Bergspaziergang in den Cirque de Cagateille

**4 km, 1h 30, 200 m**. Vom Picknickplatz in der linken Ecke des Parkplatzes führt ein Pfad in Serpentinen am Hang hinauf und bringt uns gleich zum Anfang der Wanderung etwa 100 Meter höher. Dann geht es vergleichsweise sanft weiter ins Tal hinein. Meist ist der Weg bequem zu laufen, ab und zu geht es über Felsbarrieren. Nach einem guten Kilometer treten wir dann auf ein Grasplateau mit Felsplatten hinaus. Von hier aus hat man einen tollen Blick auf das kreisrunde Talende – den Cirque. Der Pfad geht hier aber noch weiter, bringt uns hinunter zum Bach und immer an dessen Ufer entlang. Nach etwa 900 Metern erreichen wir eine schmale Brücke, die nach einer Pause im Tal unser Umkehrpunkt ist.

Einen weiteren offiziellen Stellplatz finden wir in **Seix**, unweit des Punktes, an dem die südlichere Bergroute auf die D 32 trifft.

### (155) Offizieller WOMO-Stellplatz: Seix

**GPS:** N 42°51‘45.4“, E 1°12‘08.9“, 524 m. **Öffnungszeit:** Ganzjährig.
**Ausstattung:** Keine.
**Beschreibung:** Gut versteckter Stellplatz auf zwei geschotterten Terrassen, zentral im Ort. Maximal 48 Stunden, kostenlos.
**Zufahrt:** Von der südlichen Route kommend an der Brücke rechts über den zentralen Platz fahren und in der hinteren rechten Ecke rechts und hinter dem ersten Haus gleich wieder links auf den Parkplatz einbiegen.

Auch für die Weiterfahrt ab Seix gibt es zwei Optionen. Sie könnten den Bergen noch ein bisschen treu bleiben und links ins **Vallée de Bethmale** abbiegen. Die Straße führt über den Col de la Core. Wer jetzt genug Berge und schmale Straßen hatte, wählt die nördliche Route auf der D 618 nach Saint-Girons und lässt sich dort ein wenig Stadtluft um die Nase wehen.

## Die Route über Saint-Girons

In Saint-Girons, das bei genaueren Hinsehen tatsächlich auch eine recht nette Altstadt zu bieten hat, gibt es eine V/E [**156:** N 42°59‘32.0“, E 1°08‘15.0“], an der man zur Not auch übernachten kann und, benachbart, einen großen Parkplatz bei N 42°59‘09.8“, E 1°08‘23.4“. Beide liegen direkt an der Hauptverkehrsstraße und sind nicht sehr gemütlich. Schöner steht man im oberhalb gelegenen Ort **Saint-Lizier**, aber auch nur mit einem kompakten Wohnmobil. Der Parkplatz am Ortsrand ist durch die großen Bäume etwas eng. Größere Wohnmobile kann man nur oberhalb am Straßenrand parken, um Saint-Lizier zu erkunden, was wir Ihnen unbedingt ans Herz legen.

### (157) WOMO-Parkplatz: Saint-Lizier

**GPS:** N 43°00‘01.4“, E 1°08‘14.5“, 413 m. **Max. WOMOs:** 2–3
**Ausstattung:** Öffentliches WC oberhalb an der Treppe zum Ort.
**Beschreibung:** Einfacher Parkplatz unter Platanen und innerhalb einer Mauer unterhalb der Altstadt. Alles etwas eng und daher nicht für große Wohnmobile geeignet.
**Zufahrt:** Über die Flussbrücke und dann den Parkplatzschildern rechts hinauf zum Ort folgen.
**Alternative:** Parkplatz am Sentier des Traces außerhalb des Ortes in Richtung Saint-Girons.

### Rundgang durch Saint-Lizier

Saint-Lizier war über 1500 Jahre Sitz des Bischofs der Ariège, was heute noch das Ortsbild prägt. So gibt es in dem doch recht kleinen Ort gleich zwei Kathedralen. Eine, die Kathedrale Notre-Dame-de-la-Sède, steht in der alten Bischofsstadt oben auf dem Hügel. Dieser alte Teil von Saint-Lizier ist auch heute noch von einer kompletten Stadtmauer umgeben, die noch aus gallo-römischer Zeit, also aus dem 3. Jahrhundert, stammen soll. Innerhalb der alten Mauern kann man heute durch schmale Gassen schlendern und neben der Kirche auch den ehemaligen Bischofssitz aus dem 17. Jahrhundert besuchen, in dem heute das regionale Museum untergebracht ist.

In der Unterstadt von Saint-Lizier lebten die Bürger der Stadt. Hier gibt es eine weitere Kathedrale. Sie ist dem Heiligen Saint Lizier geweiht, stammt aus dem 12. Jahrhundert und steht neben dem zugehörigen Kloster. Aus kunsthistorischer Sicht ist dieses Ensemble die wichtigste Sehenswürdigkeit des Ortes. Herausragend und überregional bekannt ist der schöne Kreuzgang

des Klosters, in der Kirche sind alte Fresken zu sehen. Bei Führungen kann man auch den Kirchenschatz bewundern. In den ersten beiden Augustwochen findet hier außerdem ein Musikfestival statt.
*Der Eintritt ins Kloster und die Kathedrale Saint-Lizier ist frei. Das Museum im Bischofspalais ist im Juli und August von 10.30–19 Uhr und in der Nebensaison von 10.30–12.30 und 14–18 Uhr geöffnet. Eintritt €7, Kinder €5.*

Hinter Saint-Girons halten wir dann wieder auf die Berge zu und durchqueren jetzt den deutlich weniger touristischen Teil der Region Ariège: das **Couserans**. An unserer Route treffen wir zuerst bei Moulis und dann noch einmal im netten Örtchen **Castillon-en-Couserans** auf jeweils einen kleinen Campingplatz.

### (158) WOMO-Campingplatz: Luzenac de Moulis Camping Amour d'Ariège

**GPS/Kontakt:** N 42°57'14.6", E 1°04'42.0", 824 m, Tel. 0033 699 094911, www.camping-amour-dariege.com.
**Öffnungszeit:** Ganzjährig.
**Ausstattung:** Einfache, gute Sanitäranlagen, sonst nichts.
**Beschreibung:** Kleiner Platz an der Straße, mit Hecken eingefasst, unkomplizierte Zufahrt. Dezember bis März nur für Wohnmobile (Sanitäranlagen geschlossen) **Preise:** €5, April bis Oktober €7–9, Strom €2, Dusche €1.
**Zufahrt:** Hinter dem Ort Moulis auf der rechten Seite der Straße.

### (159) WOMO-Campingplatz: Castillon/Camping Les Vignes

**GPS/Kontakt:** N 42°55'09.8", E 1°01'44.6", 6 rue des Vignes. Tel. 0033 561 967272, www.campinglesvignes-ariege.fr.
**Öffnungszeit:** Ostern bis Oktober.
**Ausstattung:** Snack-Bar, Spielplatz, Kräutergarten, WLAN.
**Beschreibung:** Einfacher Platz in ruhiger Lage am Fluss unterhalb des sehr netten, lebendigen Ortes. **Preise:** €12–16.
**Zufahrt:** Im Ort Castillon rechts der Beschilderung folgen.

In Castillon stoßen wir dann auch wieder auf die Bergroute und könnten jetzt gut noch einen Abstecher in die Täler Vallée de Bethmale und Vallée de Biros machen.

**Die Bergroute über den Col de la Core**

Wer von Seix, statt nach Saint-Girons zu fahren, links ins Vallée de Bethmale abbiegt kommt nach einigen Kurven und Höhenmetern auf den Col de la Core. Der Parkplatz auf der Passhöhe eignet sich prima als Stellplatz und ist auch ein guter Startpunkt für eine weitere Wanderung.

## (160) WOMO-Parkplatz: Col de la Core

**GPS:** N 42°51'31.8", E 1°06'18.0", 1.400 m. **Max. WOMOs:** 3–4
**Ausstattung:** Keine. In der Saison zeitweise Food-Truck am Parkplatz.
**Beschreibung:** Schotterplatz auf beiden Seite der abends kaum befahrenen Straße. Weitblick in beide Richtungen.
**Zufahrt:** Auf der Passhöhe des Col de la Core.
**Wanderung:** Folgt man von hier zuerst dem GR 10, erreicht man von der Wegkreuzung am Col d'Auedole entweder den Bergsee Étang d'Eychelle (Wanderung komplett 7 km, etwa 650 hm) oder den Étang des Ayes (Wanderung komplett 10 km, etwa 500 hm). Kalkulieren Sie für jede der beiden Wanderungen etwa vier Stunden.

Kurvt man jetzt wieder vom Pass hinunter, führt auf halber Höhe ein Abzweig zu einem Angelsee, an dem man aber auch gut rasten oder picknicken kann. Ein langer Steg macht die Angelplätze im vorderen Bereich auch mit dem Rollstuhl zugänglich.

## (161) WOMO-Parkplatz: Lac de Bethmale

**GPS:** N 42°51'47.5", E 1°05'05.6", 1.056 m. **Max. WOMOs:** 2–3
**Ausstattung:** WC-Häuschen, Müllcontainer.
**Beschreibung:** Parkplatz zwischen Bäumen etwas abseits der Straße.
**Zufahrt:** Auf halbem Weg zwischen dem Col und dem Ort Ayet weist in einer Kurve ein Schild auf die Zufahrt zum Parkplatz hin.
**Wandern:** Ein Fußweg führt zum Angelsee Lac de Bethmale. Nett ist die kleine Insel im See, die über einen Damm zugänglich ist. Auf einem Fußweg lässt sich der Teich in etwa 15 Minuten umrunden.

**Das Vallée de Bethmale und das Vallée de Biros**

Die Täler des Couserans sind still und wenig touristisch. In beiden Tälern gibt es nur ein Handvoll Unterkünfte. Trotzdem stehen einige markierte Wanderungen zur Verfügung und auch der Weitwanderweg GR10 streift mehrere Orte in den Tälern. Faltblätter mit weiteren einzelnen Tourenvorschlägen oder eine komplette Mappe mit 48 Wanderungen können Sie in den Touristeninformationen in Castillon oder Sentein erwerben. Besonders gut gefallen hat uns das Vallée de Biros. Die Häuser sind hier fast alle aus Naturstein, aber durchaus nicht besonders herausgeputzt. Besonders nett ist Sentein schon fast am Ende des Tales. Im Dorf **Bonac**, einen Ort weiter vorne, hat die Gemeinde einen ausgesprochen schönen Stellplatz für Wohnmobile angelegt.

**(162) Offizieller WOMO-Stellplatz: Bonac**

**GPS:** N 42°52'31.6", E 0°58'29.5", 714 m.
**Öffnungszeit:** April bis Mitte November.
**Ausstattung:** V/E, Strom, öffentliches WC auf der anderen Flussseite (im Dorf) in einem Häuschen an der Straße.
**Beschreibung:** Elf Plätze auf einem großzügigen Wiesengrundstück gegenüber dem Dorf, die Plätze sind umgeben von Wiese und einigen kleinen Bäumen. Nur für Wohnmobile, keine Wohnwagen! Kleiner Spielplatz benachbart. **Preise:** NS €8, HS €9 + Kurtaxe wird von einem Mitarbeiter der Gemeinde kassiert. Strom inkl.
**Zufahrt:** Am Ortsende links über den Fluss und auf einem Schotterweg (Befahren nur für Anlieger) zum Wiesengelände gegenüber dem Ort.
**Alternative:** Camping Municipal in Sentein.

Zurück in Castillon geht es auf der D618 weiter durch stille, kleine Dörfer. Eine Bäckerei finden Sie in **Orgibet**, eine Epicerie zwei Orte weiter in **Saint-Lary**, das etwas größer geraten ist. Einen Ort weiter in Augirein treffen wir dann auf einen winzigen privaten Campingplatz.

### (163) WOMO-Campingplatz: Augirein Camping La Vie en Vert

**GPS/Kontakt:** N 42°55'53.5", E 0°55'09.9", Chemin saint-Martin, Tel. 0033 622 959588, lavieenvert.com.
**Öffnungszeit:** Mitte Juni bis Mitte September.
**Ausstattung:** Gepflegte Sanitäranlagen, WLAN, Apfelweinproduktion.
**Beschreibung:** Privater Platz mit zwölf Wiesenplätzen und Gartenatmosphäre, am Flussufer, neben der Obstplantage der Besitzer.
**Preise:** € 19–22, Strom € 5.
**Zufahrt:** Im Ort über eine schmale Brücke und dann gleich links. Der Platz ist beschildert.

Dann geht es Kurve um Kurve geht es auf schmaler Straße hinauf bis auf den Pass **Col de Portet**. Hier oben gibt es auch eine Snack-Bar und davor einen kleinen Parkplatz. Wer nicht auf Asphalt stehen möchte biegt gleich hinter dem Haus links ab und folgt den Schildern zur Aire naturelle de Camping.

### (164) WOMO-Parkplatz: Col de Portet d'Aspet

**GPS:** N 42°56'41.7", E 0°51'16.1", 1.070 m. **Max. WOMOs:** 1–2
**Ausstattung:** Picknicktische auf der gegenüberliegenden Straßenseite.
**Beschreibung:** Auf einer nicht allzu großen aber ebenen Asphaltfläche links vor dem Gasthof, mit guter Aussicht.
**Zufahrt:** Auf der Passhöhe links vor dem Gasthaus.

### (165) WOMO-Campingplatz: Col de Portet d'Aspet Aire naturelle de Camping Asphodeles

**GPS/Kontakt:** N 42°56'36.7", E 0°51'16.7", 1080 m, Tel. 0033 787 9790 54.
**Öffnungszeit:** Juni bis September.
**Ausstattung:** Einfache Sanitäranlagen.
**Beschreibung:** Große, naturbelassene Wiesenplätze, teilweise mit schönem Ausblick. **Preise:** € 10, Strom € 3.
**Zufahrt:** Am Pass links der Beschilderung folgen.

Hinter dem Col de Portet halten wir uns rechts in Richtung Luchon und fahren entspannt über den Col d'Ares ins Tal. Die Straße bleibt hier breit genug und die Kurven sind zahlreich aber unspektakulär. Auf der Passhöhe bietet der kleine **Campingplatz des Outdoor-Veranstalters Pyrenées Emotions** [**166:** N 42°59'28.7" E 0°41'38.8", www.pyreneesemotions.com] acht Plätze auf seinem gepflegten Gelände, das sich aber eher für Campervans als für größere Wohnmobile eignet.

Bei Frontignon de Comminges erreichen wir dann ein weites Tal und die Nationalstraße 125. Dieser folgen wir zuerst einmal nach rechts, um einem der »Plus Beaux Villages de France« einen Besuch abzustatten. Die wenigen Häuser des Ortes **Saint-Bertrand-de-Comminges** stehen auf einem Hügel, eingebettet in eine lieblich grüne Landschaft. In ihrer Mitte ragen die trutzigen Mauern einer gigantischen Kathedrale in den Himmel. Die **Cathédrale Sainte-Marie** wurde im 12. Jahr-

hundert erbaut und ähnelt mit ihren massiven Mauern schon fast einer Festung. Die Figuren im Portal gehören noch zum ursprünglichen romanischen Kirchenbau. Die Prunkstücke im Inneren der Kathedrale sind die große, über Eck gebaute Orgel und das Chorgestühl. Beide stammen aus dem 16. Jahrhundert und sind kunstvoll aus dunklem Holz gearbeitet. Der Zutritt zur Kirche ist frei, nur wer auch das Chorgestühl genauer betrachten möchte, braucht ein Ticket und zahlt Eintritt.

Auch das Dorf selbst sieht aus, als sei es komplett dem Mittelalter entsprungen. Zwei Tore führen durch die intakte Stadtmauer in schmale Gassen zwischen alten Steinhäusern. An einigen Häusern ist in der oberen Etage auch Fachwerk zu sehen. Eine Crèperie lockt zu einer Pause auf dem Dorfplatz vor der Kirche und Eis gibt es hier oben ebenfalls. Auf dem großen Parkplatz am Fuß des Dorfes, steht man auch über Nacht recht gut.

### (167) WOMO-Parkplatz: Saint-Bertrand-de-Comminges

**GPS:** N 43°01'45.4", E 0°34'16.9", 460 m. **Max. WOMOs:** 10
**Ausstattung:** Öffentliches WC, Wasserhahn, Wertstoffcontainer.
**Beschreibung:** Großer Parkplatz auf Naturboden unterhalb des Dorfes. Nachts sehr ruhig. Am besten und mit Blick ins Grüne steht man ganz hinten am Parkplatzrand. Kein Campingverhalten erwünscht!
**Zufahrt:** Vor dem Dorf rechts dem Hinweisschild zum Parkplatz folgen.
**Sonstiges:** Etwa zehn Minuten Aufstieg ins Dorf, alternativ fährt im Hochsommer auch eine kleine Bimmelbahn.

Eine zweite Möglichkeit für die Nacht zu parken, finden Sie etwas abseits des Ortes. Am Picknickplatz nahe der Kirche Basilique Saint-Just. Vom großen Picknickgelände gegenüber hat man den perfekten Blick auf den Hügel von Saint-Bertrand und die mächtige, den Ort dominierende Kirche.

**(168) WOMO-Parkplatz: Valcabrère / Basilique Saint-Just**

**GPS:** N 43°01'40.6", E 0°35'01.4". **Max. WOMOs:** 1–2
**Ausstattung:** Großes Picknickgelände mit Tischen und WC auf der gegenüberliegenden Straßenseite.
**Beschreibung:** Ebene Schotterbucht neben der Straße mit Blick auf die schöne alte Kirche und ins Grüne.
**Zufahrt:** Kurz vor Saint-Bertrand links dem Hinweisschild zum Picknickplatz folgen. Achtung! Bitte das Zauntor nicht zuparken, sonst kommt der Bauer nicht mehr auf sein Feld!

Unser nächstes Ziel ist der Thermalkurort **Bagnères-de-Luchon**, der vor Ort überall nur kurz Luchon genannt wird. Wer Lust auf schmale Straßen und kleine Orte hat, wählt dazu zuerst die Nebenstrecke an der Ourse ins hübsche Örtchen Montléon-Barousse, wo wir auf einen offiziellen Stellplatz treffen.

**(169) Offizieller WOMO-Stellplatz: Montléon-Barousse**

**GPS:** N 42°57'39.6", E 0°34'03.3", 560 m.
**Ausstattung:** V/E, Strom, Müll, Picknicktische.
**Beschreibung:** Asphaltplatz mit sechs markierten Parkplätzen für Wohnmobile, umgeben von Wiesen und in ruhiger Lage am Ortsrand. Kleiner Fluss zum Baden in direkter Nähe, Bäckerei im Ort. **Preise:** €5 pro Jeton, für den man die V/E nutzen kann oder Strom für vier Stunden erhält.
**Zufahrt:** Vor dem Dorf rechts dem Hinweisschild zum Stellplatz folgen.

Von dort sind zwei Wege nach Luchon beschildert. Neben dem Weg auf der Nationalstraße ist im Ort auch eine direkte Verbindung über den Col de Bale beschildert. Diese Strecke ist jedoch extrem kurvenreich. Wir entscheiden, dass wir nicht jeden Pass mitnehmen müssen und kehren über Thèbe zur D 125 zurück. Auf dieser erreichen wir zügig **Luchon**, dessen heiße Quellen schon die Römer nutzten. Seine Hochzeit als Thermalbad begann, als der Ort 1873 ans Eisenbahnnetz angeschlossen wurde. Der Zug fährt inzwischen längst nicht mehr, aber als Kurort ist Luchon heute wieder recht beliebt. In der Nähe der Therme und an der Allée d'Etigny, an der die meisten Läden zu finden sind, stehen einige schön hergerichtete Häuser aus der Belle Epoche. Entfernt man sich von Therme, Kurpark und Ortszentrum bröckelt jedoch die alte Bausubstanz. Außer schicken Hotels gibt es rund um den Ort aber auch etliche Campingplätze von denen wir hier zwei ausführlicher vorstellen.

### (170) WOMO-Campingplatz: Luchon
### Camping Le Pyrénéen

**GPS/Kontakt:** N 42°49'20.3", E 0°36'22.0", Rue du Bois de Pan, Tel. 0033 561 795919, www.campinglepyreneen-luchon.com.
**Öffnungszeit:** Februar bis Mitte Oktober.
**Ausstattung:** Pool, Snack-Bar, Laden, Fahrradverleih, WLAN.
**Beschreibung:** Campingplatz in ruhiger Lage am Fluss, etwas abseits des Ortes. Viele Häuschen auf dem Platz. **Preise:** €13–20, Strom €3.
**Zufahrt:** Zwei Kilometer vor Luchon links der Beschilderung zum Campingplatz folgen.

### (171) WOMO-Campingplatz: Luchon
### Camping Au Fil de L'Oô

**GPS/Kontakt:** N 42°46'39.8", E 0°36'01.3", 37 Avenue de Vénasque, Tel. 0033 561 793074, www.campingaufildeloo.com.
**Öffnungszeit:** März bis Mitte Oktober.
**Ausstattung:** V/E, Snackbar, WLAN gratis, Spielplatz.
**Beschreibung:** Wiesenplatz unter alten Bäumen, freundliche Atmosphäre.
**Preise:** €15–19, Strom €4.
**Zufahrt:** Südlich des Ortes und nicht weit vom Kurpark und vom Thermalbad am Ufer der Pique gelegen.
**Sonstiges:** Kostenloser Shuttle-Bus (Navette) zu den Thermen.

Wer nicht auf den Campingplatz möchte, hat in Luchon nur eine legale Alternative, die jedoch durchaus akzeptabel ist. Die Aire de Camping-Car der Gemeinde liegt am Stadtrand und am Fahrradweg zum nahen Angelsee Lac de Badech.

## (172) Offizieller WOMO-Stellplatz: Luchon

**GPS:** N 42°47'42.7", E 0°35'54.9", Rue Jean Mermoz, 620 m.
**Ausstattung:** V/E. **Öffnungszeit:** Ganzjährig.
**Beschreibung:** Großer, für Wohnmobile reservierter Asphaltparkplatz am Ortsrand. Auf einigen Plätzen schöner Blick ins Grüne. Gut besucht von Kurgästen des Thermalbades.
**Preise:** Parken €5 für 24 h, €15 für 72 h, Wasser €2,50 für 10 Minuten.
**Zufahrt:** Am Kreisel am Ortseingang links und die zweite Straße wieder links.
**Alternative:** Ein weiterer offizieller Stellplatz, von dem man Luchon in 20 Minuten zu Fuß erreicht, befindet sich im benachbarten Ort Saint-Mamet bei N 42°47'02.7", E 0°36'15.6". Der Platz liegt direkt neben dem Friedhof, was in seinen Bewertungen zu empörten Kommentaren betagter Kurgäste geführt hat: man sei zwar alt, aber gehöre doch definitiv noch nicht auf den Friedhof. Was sich im ersten Augenblick etwas merkwürdig liest, wird vor Ort durchaus verständlich. Wir konnten uns ein breites Grinsen nicht verkneifen: Parkplatz und Friedhof sind nur durch ein Mäuerchen getrennt und die Bepflanzung des Parkplatzes dürfte der Friedhofsgärtner übernommen haben. So wirken Stellplatz und Friedhof tatsächlich wie eine harmonische Einheit. Dass wir den Platz nur als Alternative nennen, hat aber nichts mit seiner Lage zu tun: die Stellplätze sind mit Bordsteinen abgetrennt und dabei recht eng geraten. Das Parken hier ist jedoch kostenlos und die gegenüberliegende V/E-Station gut und frei zugänglich.

Südlich von Bagnères-de-Luchon werden die Berge schroffer, denn wir nähern uns hier dem Hauptkamm der Pyrenäen. Dazwischen liegen zwei beliebte Wandergebiete: das Vallée du Lys und die Region rund um den Bergsee Lac d'Ôo. Wer ausreichend Kondition für Aufstiege über 1000 Höhenmeter mitbringt, kann aus dem Bergkessel am Ende des Vallée de Lys in eine wilde Bergwelt mit vielen schönen Seen hinaufsteigen. Eine kürzere Wanderung, die wir hier vorstellen, führt auf halber Höhe zu den Wasserfällen, die hier ins Tal hinunterrauschen.

Um ins **Vallée du Lys** zu kommen, halten wir uns von Luchon in Richtung Super-Bagnères – so heißt das Skigebiet oberhalb des Thermalbades. Auf den Parkplätzen oben am Berg gäbe es auch einen offiziellen Stellplatz für Wohnmobile. Der Ort ist jedoch wie meisten Skistationen in den französischen Pyrenäen eher unattraktiv, sodass wir uns die Kurbelei auf den Berg sparen. Wir biegen lieber vorher links ab und folgen der Lys zum Wanderparkplatz am Talende. Hier soll aber wegen Steinschlaggefahr nicht über Nacht geparkt werden, sodass sich spätestens am Abend die Wohnmobile am unteren Parkplatz an der Zufahrt ins Tal sammeln.

**(173) WOMO-Parkplatz: Vallée du Lys**

**GPS:** N 42°44'45.8", E 0°34'02.3", 1100 m. **Max. WOMOs:** 8
**Ausstattung:** Müllcontainer.
**Beschreibung:** Großer Schotter-Wiesenplatz am Ufer der Lys. Außerorts und in einsamer Lage aber zumindest im Sommer werden Sie hier sicher nicht alleine stehen. Tagsüber gut von Ausflüglern besucht, abends ruhig.
**Zufahrt:** Kurz hinter dem Abzweig ins Vallée du Lys links an der Straße.
**Sonstiges:** Geht man über die Brücke und rechts am Flussufer weiter ins Tal kommt man nach zwei Kilometern zum Wanderparkplatz am Talende und zu einer Snack-Bar an der man schön im Grünen sitzt. Ein breiter Weg führt von dort zum Wasserfall Cascade d'Enfer. Am oberen Parkplatz beginnt auch unsere Wanderung zur Gorge d'Enfer.

## Wanderung zur Gorge d'Enfer

**2,5 Stunden, 5 km, 360 Höhenmeter.**

Vom oberen Parkplatz laufen wir ins Tal hinein und an der Snack-Bar vorbei bis zum Wasserfall Cascade d'Enfer. Kurz vor der Kaskade führt rechts ein gelb markierter Weg in Serpentinen hinauf. Das erste Stück ist sonnig, dann wandern wir durch den Wald bis wir nach zwei Kilometern eine Kreuzung erreichen. Hier geht es rechts zur Gorge d'Enfer. Dort stürzt der Ruisseau d'Enfer – der Höllenbach – mit gewaltigem Rauschen über eine Felsstufe in eine Schlucht. Eine Treppe bringt uns hinunter zum Aussichtspunkt – einem mit Mauern gesicherten Vorsprung auf halber Höhe vor dem Wasserfall. Oben am Wasserfall ist von dort eine Brücke zu sehen, die ebenfalls gut zu erreichen ist.

Wir gehen dazu zurück zur letzten Verzweigung und folgen dem Wanderweg noch einmal nach rechts bis wir an der Brücke stehen. Von hier aus sieht man noch zwei weitere, kleinere Kaskaden, die in eine tiefblaue Gumpe stürzen. Wir drehen jetzt um und gehen zurück zur ersten Verzweigung, an der wir entscheiden müssen, ob wir einen Rundweg laufen wollen oder lieber auf dem kürzesten Weg zurückgehen.

Für den Rundweg biegen wir rechts ab und steigen noch ein Stück weiter hinauf. Dann führt der rot markierte Weg am Hang entlang bis zu einer schmalen Metallbrücke über die wir eine Lichtung erreichen. Diese überqueren wir und wandern dann auf dem nun wieder gelb markierten Wanderweg zurück ins Tal und zum Parkplatz.

Etwas weiter im Westen, auf dem Weg zum Col de Peyresourde zweigt die Straße nach Oô ab. Hinter dem lustigen Namen verbirgt sich ein kleines Dorf und ein Stausee, der oberhalb in den Bergen zu finden ist. Der **Lac d'Oô** gehört wohl zu den am besten beworbenen Wanderzielen der französischen Pyrenäen. Im Hochsommer wandern hier Menschenmassen vom riesigen und trotzdem oft überfüllten Parkplatz hinauf zum idyllischen Bergsee. Keine Frage, der Lac d'Oô ist ein wirklich schöner Bergsee und es gibt hier sogar eine Refuge zur Einkehr. Der Run auf diesen Platz ist für uns trotzdem nicht ganz nachvollziehbar. Der Wanderparkplatz oberhalb von Oô liegt jedoch eingebettet in eine liebliche Berglandschaft und eignet sich durchaus zum Übernachten. Am besten kommen Sie abends, früh am Morgen oder außerhalb der Hochsaison. Wer mag steigt dann auch zum See hinauf.

### (174) WOMO-Parkplatz: Lac d'Oô

**GPS:** N 42°45'55.1", E 0°30'05.4", 1120 m. **Max. WOMOs:** ca. 20
**Ausstattung:** Müllcontainer.
**Beschreibung:** Großer Parkplatz in mehreren Terrassen am Hang. Die untersten Plätze liegen an einem Bach. Die meisten Wohnmobile stehen ganz hinten unten auf der Wiese. Dort steht auch ein Schild, welches das Zelten, Camping und Caravaning verbietet, was sich jedoch nicht auf die Übernachtung im geparkten Fahrzeug (ohne Campingverhalten) zu erstrecken scheint. Oberhalb des Parkplatzes gibt es zwei Restaurants.
**Zufahrt:** Die Stichstraße nach Oô zweigt zwischen Luchon und dem Col de Peyresude links ab. Der Parkplatz befindet sich ganz am Ende der Straße.

### Aufstieg zum Lac d'Oô

Gehzeit 2 h 30, 6,5 km, 360 Höhenmeter. Die Wanderung auf dem gut befestigten Weg ist nicht schwierig, aber auch durchaus kein bequemer Spaziergang. Der Aufstieg braucht schon etwas Kondition und feste Schuhe mit rutschfesten Sohlen.

Vom Parkplatz führt ein breiter Schotterweg sanft ansteigend ins Tal. Er wird mit der Zeit rauer und steiniger und im letzten Drittel der Wanderung

auch deutlich steiler. Dann geht es ein letztes Stück am Hang entlang und die Staumauer taucht vor uns auf. An der einzigen Gabelung halten wir uns rechts in Richtung Berghütte. Hier stehen einige Tische am Seeufer und es gibt Kaffee, Sandwiches, Crèpes und Waffeln. Folgen wir dem Weg noch ein paar Schritte weiter, kommen wir zu einem schönen Platz am Seeufer. Zurück geht es dann auf demselben Weg.

Wenn wir dann nach der Wanderung vom Abzweig nach Oô noch knappe zwei Kilometer in Richtung Pass fahren, treffen wir am Straßenrand auf einen ruhigen Platz für eine Pause.

### (175) WOMO-Parkplatz: Garin

**GPS:** N 42°48'28.1" E 0°30'34.6", 1150 m. **Max. WOMOs:** 4–5
**Ausstattung:** Keine.
**Beschreibung:** Großer ebener Schotterplatz neben der Passstraße, die nachts kaum befahren ist. Blick auf grüne Berge und die gegenüberliegende Kirche.
**Zufahrt:** Rechts an der Passstraße 1,5 Kilometer westlich des Abzweiges nach Oô.

Wer jetzt über den Col de Peyresourde weiterfährt kommt zum Lac de Loudenvielle und nach Arreau (Tour 10).

Wir drehen hier noch einmal um und machen uns auf den Weg nach Spanien. Wer Lust auf eine Passfahrt hat, wählt dazu von Luchon den Col de Portillon, der uns mit relativ steilen Serpentinen direkt nach Bossost bringt. Die Straße bleibt immer zweispurig und ist ohne weiteres auch mit einem gut motorisierten Wohnmobil zu fahren. Wer keinen Stress will, oder mit einem Camper im Reisebusformat unterwegs ist, wählt besser die Strecke durch die Täler. Dazu geht es von Luchon wieder zurück bis Saint-Beat und weiter auf der gut ausgebauten N 125 zur spanischen Grenze.

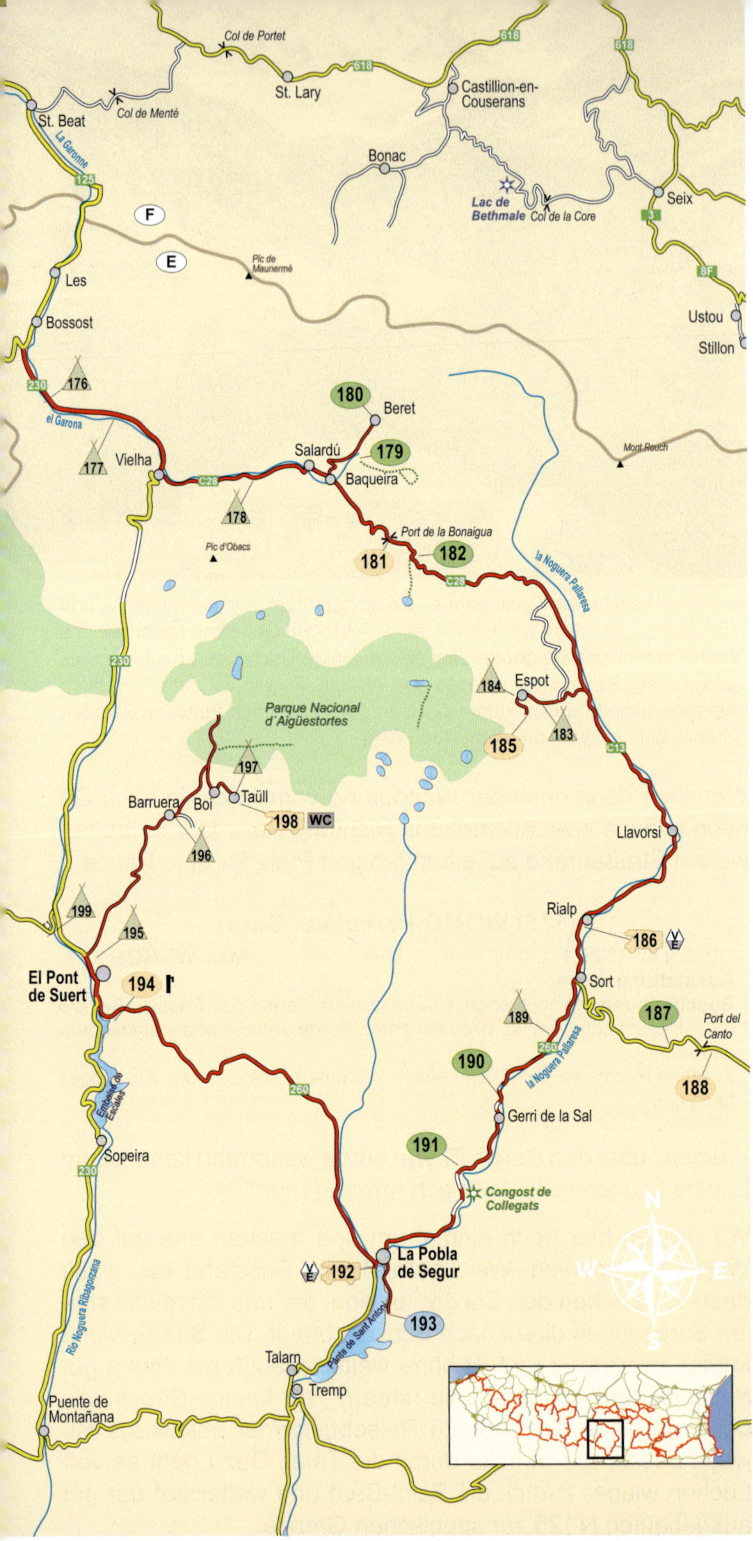
Col de Portet
St. Lary
618
Castillion-en-Couserans
St. Beat
Col de Menté
La Garonne
Bonac
Lac de Bethmale
Col de la Core
Seix
125
F
E
Pic de Maunermé
Les
Bossost
Ustou
Stillon
230
176
180
Beret
el Garona
177
Vielha
Salardú
179
Baqueira
C28
178
Port de la Bonaigua
Pic d'Obacs
181
182
Mont Rouch
la Noguera Pallaresa
Espot
184
183
185
Parque Nacional d´Aigüestortes
197
C13
Barruera
Boi
Taüll
198
WC
196
Llavorsi
199
195
Rialp
186
El Pont de Suert
194
Sort
189
187
Port del Canto
188
190
Embalse de Escales
Gerri de la Sal
Sopeira
191
Congost de Collegats
N
W
E
S
La Pobla de Segur
192
193
Pantà de Sant Antoni
Río Noguera Ribagorzana
Talarn
Tremp
Puente de Montañana

## TOUR 8 etwa 210 km

### Val d'Aran und Parque Nacional Aigüestortes

Vielha – Sarladu – Baqueira – Espot – Rialp – Sort – La Pobla de Segur – El Pont de Suert – Vall de Boí

| | |
|---|---|
| **Stellplätze:** | Orri, Pla de Beret, Port de la Bonaigua, Clot Gran, Espot, Rialp, Port del Canto, Santuari d'Arbolo, Congost de Collegats, La Pobla de Segur, Pànta de Sant Antoni, El Pont de Suert, Pla d'Ermita |
| **Campingplätze:** | Bei Vielha, Arties, Espot, Sort, Vall de Boí |
| **Besichtigen:** | Gerri de la Sal, Kirchen im Vall de Boí |
| **Wandern:** | Estanys de Baciver, Estany de Gerber, Nationalpark Aigüestortes, Congost de Collegats, Vall de Boí |

*An der Garonne geht es weiter nach Spanien und in Vielha machen wir einen Abstecher, um den Nationalpark Aigüestortes zu besuchen. Er ist vor allem für seine wasserreiche Berglandschaft mit etlichen Bächen und Seen bekannt. Sein Hauptzugang liegt auf der Ostseite im Dorf Espot, ein weiterer Zugang im Südwesten im schönen Vall de Boí. Der Weg nach Espot führt uns durch das Vall d'Aran, das einzige spanische Pyrenäental, das auf der Nordseite der Pyrenäen zu finden ist.*

Auf dem ersten Abschnitt der Route im relativ dicht besiedelten Tal der Garonne sind Stellplätze rar und fast alle sind mäßig erfreulich. Eine zweckmäßige Notunterkunft bietet ein großer Schotterplatz an der Ortsausfahrt von Bossost bei N 42°46'51.2", E 0°41'25.6". Er liegt zwischen der gut befahrenen Straße und dem Fluss. Wenn Sie zwischen Saint-Béat und Vielha übernachten möchten, ist daher einer der beiden kleinen Campingplätze an der Strecke die ruhigere und wahrscheinlich bessere Alternative.

*Große Pferdeherden weiden im Sommer auf den Wiesen im Skigebiet von Bagueira.*

**(176) WOMO-Campingplatz: Pont d'Arròs Camping Verneda**

**GPS/Kontakt:** N 42°44'11.2", E 0°44'47.0".
Tel. 0034 973 641024, www.campingverneda.com.
**Öffnungszeit:** Ostern bis Anfang Oktober.
**Ausstattung:** V/E, Pool, Supermarkt, Restaurant, Spielplatz, WLAN (kostenlos im Restaurant, kostenpflichtig am Platz).
**Beschreibung:** Weitläufiger, gepflegter Platz am Flussufer, moderne Sanitäranlagen, viele Häuschen.
**Preise:** €23–36, Strom €8. Camperstopp 20 bis 10 Uhr €16–22,50 (nicht im Juli und August).
**Zufahrt:** Etwa sechs Kilometer vor Vielha rechts an der Nationalstraße.

**(177) WOMO-Campingplatz: Era Bordeta de Vilamòs Camping Forcanada**

**GPS/Kontakt:** N 42°45'03.2", E 0°41'54.6.
Tel. 0034 696 453745, campingforcanada.com.
**Öffnungszeit:** Ganzjährig.
**Ausstattung:** WC-Entsorgung, Bar, kleiner Laden, Pool, Spielplatz.
**Beschreibung:** Gepflegter, kleiner Platz am Flussufer.
**Preise:** €27–30, Strom €8.
**Zufahrt:** Knapp vier Kilometer südlich von Les, rechts der Nationalstraße.

In **Vielha** selbst haben Sie dann schon ein Problem damit, überhaupt legal zu parken. Selbst auf dem riesigen Parkplatz im Ortszentrum ist das Parken für Wohnmobile verboten. Wir fahren also zügig weiter, biegen in Vielha von der Schnellstraße ab und wählen die schmalere C 28 in Richtung Espot und Sort, die uns zum Ostzugang des Aigüestortes Nationalparkes bringt. Hier wird alles wieder etwas entspannter.

In **Escunhau**, dem ersten Örtchen rechts der Straße, versteckt sich die kleine Kirche Sant Pèir aus dem 11./12. Jahrhundert. Durch Veränderungen im 15. und 17. Jahrhundert zeigt der Kirchenbau heute eine romanisch-gotische Stilmixtur. Interessant sind vor allem die romanischen Relikte: die Struktur des Kirchenschiffs, das ungewöhnliche Portal und der Taufstein. In Arties, dem nächsten Ort an der Strecke, treffen wir dann auf einen weiteren Campingplatz.

**(178) WOMO-Campingplatz: Arties/Camping Era Yerla**

**GPS/Kontakt:** N 42°42'00.0", E 0°52'10.6",
Tel. 0034 973 641602, www.yerla.net.
**Öffnungszeit:** Mitte Juni bis September.
**Ausstattung:** Pool, Restaurant, WLAN, Spielplatz.
**Beschreibung:** Kleiner Platz am Ortsrand, etwas nahe an der Straße.
**Preise:** €23–28, Strom €8. Camperstopp 20 bis 10 Uhr €16–20 (nicht im Juli und August).
**Zufahrt:** Am Kreisel am Ortseingang rechts zum Camping abbiegen.

**Baqueira**, der nächste Ort im Tal, ist ein modernes Skiparadies und besteht fast ausschließlich aus Hotels. Fast alle sind im dort üblichen Stil aus braun-grauem Naturstein erbaut und wirken

recht nobel. Der Ort ist nicht hässlich, scheint aber komplett auf dem Reissbrett entstanden zu sein. 2022 waren am Hang über dem Ort viele weitere Unterkünfte im Bau.

Eine gute Straße führt von Bagueira hinauf ins Skigebiet. Im Sommer können Sie hier oben prima parken und in die umliegenden Berge wandern. Einige weite Kurven bringen uns hinauf, dann zweigt rechts die Zufahrt zum ersten Liftparkplatz ab. Hier weiden schon Kühe und Pferde, die größeren Herden sind aber noch etwas weiter hinten auf der Hochebene zu sehen. Von hier aus kann man dann recht zügig in eine raue Berglandschaft mit mehreren Seen hinaufsteigen.

### (179) WOMO-Parkplatz: Orri

**GPS:** N 42°42'24.0", E 0°57'19.0", 1.860 m. **Max. WOMOs:** 10
**Ausstattung:** Keine.
**Beschreibung:** Parkplatz an der Sesselbahn. Ebene Asphaltfläche, Blick auf Hänge mit Skiliften. Auf dem Platz liegen im Sommer häufig Seilbahnteile herum, was ihn nicht ganz so gemütlich macht.
**Zufahrt:** Von der Straße nach Beret auf der Höhe rechts zum ersten Parkplatz abbiegen.

### Aufstieg zu den Estanys de Baciver

**3 h 30, 9 km, 500 m.** Der Weg ist nicht beschildert, aber durchgängig mit Steinmännchen markiert. Wir steuern vom Parkplatz den gut sichtbaren Pfad am Hang hinter dem im Sommer geschlossenen Restaurant an. Weiter rechts sieht man einen breiten Sandweg, der auch zum Ziel führen würde, aber deutlich unschöner zu laufen ist. Unser Pfad überquert einen Hügel und trifft dann auf den breiteren Weg, dem wir folgen, bis wir den vom Fluss hinaufkommenden Fahrweg kreuzen. Hier zweigt geradeaus wieder ein mit Steinmännchen markierter Wanderpfad ab, der eine Kurve abschneidet. Wir treffen noch einmal auf den breiten Weg und verlassen diesen in

einer Kurve endgültig. Der markierte Pfad steigt hier immer geradeaus an bis zum ersten See. Zwischendurch sind dabei auch etwas ungemütliche Steinfelder zu durchqueren, aber nach knapp 300 Höhenmetern haben wir das erste Ziel erreicht: Der unterste Estany de Baciver ist ein Stausee. Allerdings ist die Mauer eher ein Mäuerchen, auf dem Sie gemütlich sitzen oder herumspazieren können.

Wer weiter hinauf möchte, sollte sich vorher eine Karte besorgen, da der Weg hier nicht immer gut zu erkennen ist. Links am Ufer entlang kommen wir zu einem malerisch aus dem Wasser ragenden kahlen Baum. Zu den beiden oberen Seen geht es dann immer geradeaus den Hang hinauf. Der Pfad ist zuerst schwer erkennbar, wird unterwegs aber wieder eindeutig. Es geht über Stock und Stein in eine grüne Senke. Hier gibt es zwei Wege, beide schwer erkennbar und beide mit Steinmännchen markiert. Eigentlich ist es egal, welchen Sie hinaufgehen – zu den oberen Seen kommen Sie auf jeden Fall. Vorzugsweise halten wir uns hier links, klettern über eine felsige Stelle bergan und folgen dann dem Bach, der vom See hinunterkommt. Dabei überqueren wir mehrfach das mit Steinbrocken gefüllte Bachbett, bis wir nach weiteren 200 Höhenmetern an den oberen Seen ankommen. Hier ist die Umgebung ungleich rauer. Wir befinden uns bereits über der Baumgrenze und hinter der Wasserfläche ragen nur noch felsige mit Gras und grünen Flechten bewachsene Bergspitzen auf.

Auf gleichem Weg klettern wir dann wieder hinunter, bis wir zum unteren See kommen. Gehen wir hier rechts durch das Tal, treffen wir bald auf den Fahrweg und können diesem nach links den Berg hinunter folgen. Auf halber Höhe biegt dann rechts der Pfad ab, der ohne Umwege zum Parkplatz zurückführt.

Am Ende der Straße auf das **Pla de Beret** gibt es einen weiteren Parkplatz, auf dem Sie zum Übernachten fast besser stehen – zumal in den umliegenden Bergen im Sommer viele Pferde grasen.

### (180) WOMO-Parkplatz: Pla de Beret

**GPS:** N 42°43'41.6", E 0°57'45.9", 1.860 m. **Max. WOMOs:** >10
**Ausstattung:** Keine.
**Beschreibung:** Gigantische Asphaltfläche umgeben von grünen Bergen, in denen Pferdegruppen weiden. Auch hier liegen im Sommer am Parkplatzrand immer Teile von Schneekanonen und Skiliften. Bei unserem letzten Besuch im Hochsommer war einer der Sessellifte in Betrieb.
**Zufahrt:** Am Ende der Straße von Baqueira ins Skigebiet Pla de Beret.
**Wandern:** Hinten am Parkplatz beginnt ein breiter geschotterter Fußweg, er führt nach Montgarri. Nach 1,5 Stunden kommt man zuerst zum Kloster Montgarri und dann zum verlassenen Dorf Montgarri (insgesamt 12 km, 250 Höhenmeter).

Zurück im Tal in **Baqueira** und auf der Hauptstrecke geht es jetzt ebenfalls bergauf. Kurve um Kurve fahren wir hinauf bis zum Pass »Port de la Bonaigua«. Hier oben stehen weitere Skilifte. Der Parkplatz des ersten liegt rechts an der Passtraße und ist asphaltiert. Ein Wall schützt vor Wind, sorgt aber auch dafür, dass man nichts sieht. Wenige Meter weiter folgt ein unebener Schotterplatz mit Weitblick. Wählen Sie nach persönlichen Prioritäten und vielleicht auch entsprechend der Wetterlage.

### (181) WOMO-Parkplatz: Port de la Bonaigua

**GPS:** N 42°39'50.6", E 0°58'42.5", 2.067 m. **Max. WOMOs:** 4–5
**Ausstattung:** Keine.
**Beschreibung:** Asphaltplatz am Skilift und Schotterfläche mit Weitsicht ins Tal eine Kurve weiter rechts an der Passstraße.
**Zufahrt:** Direkt rechts neben der Straße auf der Passhöhe.

Noch einmal einige Kurven und 100 Höhenmeter weiter unten beginnt am Parkplatz Clot Gran direkt an der Straße eine schöne, nicht allzu anstrengende Wanderung in den nördlichen Bereich des Nationalparks. Sie führt durch das Val de Gerber und zu drei unterschiedlichen Seen.

### (182) WOMO-Parkplatz: Clot Gran

**GPS:** N 42°39'11.6", E 1°00'00.4", 1.921 m. **Max. WOMOs:** 4–5
**Ausstattung:** Keine.
**Beschreibung:** Leicht schräge Schotterflächen rechts und links der Passstraße, Talstation eines Sessellifts (im Sommer außer Betrieb).
**Zufahrt:** Unterhalb des Port de Benaigua in Richtung Espot, bereits von oben gut zu sehen.

## Wanderung zum Estany de Gerber

**3 h, 7,5 km, 350 m**. Vom unteren Parkplatz führt ein schmaler Pfad hinab zu einem Bach, an dem oft Kühe weiden. Wir überqueren das Wasser über zwei einfache Holzbrücken und steigen dann links auf einem gut sichtbaren Wanderpfad bergan. Obwohl man die Straße noch eine ganze Weile sieht und zu hört, ist der Weg von Anfang an landschaftlich schön. Vor uns ragt die zackige Spitze des Pic de Xemeneies auf und der Weg ist gesäumt von knorrigen Kiefern und dicken Felsbrocken. Nach einer guten halben Stunde ist die Straße außer Sicht und kurz darauf stehen wir am untersten der drei Seen. Das Ufer des kleinen Etanyola de Gerber ist gut zugänglich und besonders hübsch. An einer kleinen Bucht kann man sogar ins Wasser waten.

Rechts am See vorbei geht es dann weiter bergauf – mal ganz sanft, mal etwas steiler. Der Weg wird hier steiniger und überquert mehrfach Geröllfelder mit großen Steinblöcken. Dann taucht hinter einer Kuppe der langgezogene, aber tatsächlich nicht sehr große Llac Petit auf. Seine Ufer bestehen aus großen Steinbrocken, sodass das Wasser nur schwer zugänglich ist. Unser Weg führt links am See vorbei und steigt wieder an. Nur die vor uns liegende Felsstufe trennt uns jetzt noch von unserem Ziel – dem Estany de Gerber – dem größten der drei Seen. Auch seine Ufer sind eher rau, aber an der linken Seite kann man an einer Stelle vom Wanderweg zum Wasser hinuntersteigen. Dort gibt es Felsen zum Sitzen und auch der Zugang zum Wasser wäre möglich. Nach einer Pause kehren wir dann um und laufen auf dem gleichem Weg zurück zum Parkplatz.

Unser nächstes Ziel ist dann schon **Espot**, der östliche Zugang zum Nationalpark Aigüestortes. Der kleine Ort lebt fast völlig vom Tourismus, sodass Sie hier gleich vier Campingplätze zur Auswahl haben. Die ersten beiden liegen ein gutes Stück vor dem Ort unterhalb der Straße. Zuerst kommt der Camping la Mola, dann der komfortable Camping Sol I Neu.

### (183) WOMO-Campingplatz: Espot/Camping Sol i Neu

**GPS/Kontakt:** N 42°34'19.9", E 1°05'47.4". Tel. 0034 973 624001, www.solineu.com. **Öffnungszeit:** Juli und August.
**Ausstattung:** Pool, WLAN, Spielplatz.
**Beschreibung:** Viele schöne Stellplätze am Flussufer, viel Schatten und auch ansonsten mit allem drum und dran, keine Häuschen.
**Preise:** €28–33, Strom €8.
**Zufahrt:** An der Zufahrtstraße nach Espot kurz vor dem Ort links der Straße.
**Alternative:** Camping la Mola mit Pool, Wifi-Spot, Laden, Bar, Sportplätzen, www.campinglamola.com.

Dann rollt man erstmal in den Ort Espot. Dort gibt es zwei Lebensmittelgeschäfte, eine Touristeninformation mit kleiner Ausstellung über den Park und einen großen Parkplatz, auf dem Sie ihr WOMO stehen lassen müssen, wenn Sie nicht auf einen Campingplatz wollen. Die Zufahrt zum weiter oben liegenden Wanderparkplatz, von dem man auch zum Estany de Sant Maurici laufen könnte, ist auf eine Fahrzeugbreite von zwei Metern beschränkt, ein zweites Schild verbietet auch Fahrzeugen mit Campingaufbau die Zufahrt. Auf der schmalen Straße kommen Sie mit einem Wohnmobil inzwischen nur noch bis zum Camping Voraparc, der am weitesten hinten im Tal liegt.

### (184) WOMO-Campingplatz: Espot / Camping Voraparc

**GPS / Kontakt:** N 42°35'00.3", E 1°04'29.7", 1.407 m.
Tel. 0034 973 624108, www.voraparc.com.
**Öffnungszeit:** Mai bis August.
**Ausstattung:** V/E, Waschmaschine, kleiner Pool, Restaurant, kleiner Laden.
**Beschreibung:** Wiesenplätze in zwei Ebenen: eine unten am Fluss, eine etwas höher. Sehr gute gepflegte Sanitäranlagen. Sehr ruhig gelegen. Fußweg nach Espot etwa 1,5 Kilometer.
**Preise:** €22–24, Strom €4–6.
**Zufahrt:** Der Straße durch den Ort und weiter den Berg hinauf folgen.
**Alternative:** Camping La Torre oberhalb des Ortes. Geöffnet Mitte Juni bis September. Zufahrt am Ortsende links hinauf in Richtung Esqui. campinglatorre.com

Egal für welchen Camping Sie sich entschieden haben, um in den Nationalpark zu kommen, müssen Sie erst einmal zurück in den Ort. Gegenüber dem bereits erwähnten kostenlosen Wanderparkplatz in Espot warten die Jeep-Taxis. Es gibt mehrere Ziele im Park, unter denen Sie wählen können. Am schnellsten erreichen Sie den Jeep-Halt **Estany de Sant Maurici**, der sich am Rand des Nationalparks befindet und an dem zwei verschiedene Wanderrunden starten. Eine führt durch ein sehr reizvolles Seitental zu einem kleinen See, die andere rund um den Estany de Sant Maurici. Von der Seerunde sind Abstecher zum höher gelegenen Estany de les Obagues und weiter zum Refugio d'Amitges möglich. Für Hin- und Rückfahrt zahlt man etwa elf Euro pro Person. Das Refugio d'Amitges kann man aber auch mit dem Jeep erreichen (und dann zum Beispiel hinunter zum Maurici See laufen). Die Jeeps fahren außerdem auch in das abgelegene Wandergebiet am Estany Negre. Hier zahlen Sie für den Jeep-Transfer allerdings etwa 25 Euro pro Person. Tarife und Wanderinfos sind am Kartenkiosk am Jeep-Parkplatz angeschlagen. Informieren Sie sich entweder dort oder unter www.taxisespot.com, bevor Sie sich für eine Tour entscheiden.

*Am Refugio d'Amitges*

Da sich die meisten Besucher schon aus Kostengründen beim ersten Kennenlernen des Parks für die kurze Fahrt zum Estany de Sant Maurici entscheiden, möchten wir Ihnen die dort beginnende Wanderung durch ein traumhaft schönes Bachtal zum Estany de Monestero empfehlen. Sie entfernen sich damit zügig von den überfüllten Jeeprouten und dem eher langweiligen Weg um den großen See.

### Am Riu de Monestero

**2h30, 7km, 300m.** Wenn Sie vom Parkplatz nicht zuerst einen Blick auf den See werfen möchten, der am Ende des Holzsteges zu finden ist, biegen Sie direkt vom Parkplatz links in den breiten Schotterweg ein und umrunden den See auf der linken Seite vor seinen Staumauern. Es geht steil hinunter, über eine Brücke und wieder steil hinauf. Dann biegt links der markierte Weg zum Estany de Monestero ab. Den Hang hinauf kommen wir zu einer nächsten Kreuzung und wählen hier, dem Hinweisschild folgend, den linken Weg, dem wir folgen bis zum See. Dabei marschieren wir zuerst bergan durch den Wald und kommen dann in das ausgesprochen schöne, sattgrüne Flusstal. Der Boden ist hier leicht moorig und immer feucht, sodass man einen Baumstamm-Steg angelegt hat, auf dem wir trockenen Fußes durch die Wiesen laufen und dabei mehrfach den glasklaren, flachen Bach überqueren. Dann, am Ende des Steges, geht es noch einmal hinauf. Am Ende der Steigung wartet eine grüne Hochebene, diesmal mit trockenem Boden. Hier oben weiden im Sommer Pferde. Links unten ist auch der Riu de Monastero zu sehen und es gibt schöne Rastplätze am Wasser. Es ist jetzt aber auch nicht mehr weit zum See. Ein letzter Aufstieg bringt uns an sein Ufer. Diesmal geht es durch Steinbrocken und über Felsen bergan und die

Landschaft wird karger. Der See selbst liegt bereits über der Baumgrenze und ein Teil seines Ufers ist steinig. Es gibt aber hier oben viele schöne Plätze zur Rast. Nach einer Pause wandern wir auf dem gleichen Weg zurück zur Haltestelle der Taxis, die jeweils zur vollen Stunde zurück nach Espot fahren.

Wenn Sie tagsüber auf dem Wanderparkplatz im Ort standen und nicht auf einen Campingplatz möchten, könnten Sie zum Übernachten auch ins Skigebiet oberhalb von Espot fahren. Auf den im Sommer ungenutzten Parkflächen dürfen Sie auch über Nacht stehen.

### (185) WOMO-Parkplatz: Espot-Esqui

**GPS:** N 42°33'48.0", E 1°05'34.0", 1.508 m. **Max. WOMOs:** 5
**Ausstattung:** Keine.
**Beschreibung:** Am Ortsende von Espot links den Berg hinauf, vorbei am Camping La Torre. Parkmöglichkeit links an der Zufahrt an der Wiese bei GPS N 42°33'51.5", E 1°05'56.4" oder ganz hinten hinter dem kreisförmigen Hotel auf dem asphaltierten Parkplatz.
**Zufahrt:** Am Ortsende von Espot links hinauf zur Skistation.

Von Espot fahren wir zurück auf die Nationalstraße C 13. Im nächsten Ort **Escaló** kann dann die schöne alte Kirche **Sant Père del Urgal** besichtigt werden. Sie gehörte zu einem im 9. Jahrhundert gegründeten Benediktinerkloster. Die Wand- und Deckenmalereien in ihrem Inneren stammen aus dem 11. und 12. Jahrhundert. Der Parkplatz mit Nachtparkverbot ist groß genug für Busse und damit auch für Wohnmobile.

Zwischen Llavorsi und Sort führt die Straße direkt am **Noguera Pallaresa** entlang, der ein Dorado für Wildwasserkanuten ist und mit Raftingbooten und Kajaks befahren wird. Es gibt mehrere Einsetzstellen unten am Wasser, die man tagsüber keinesfalls zuparken darf. Als guter Platz für eine Pause hat sich dieser Platz unterhalb der Straße erwiesen: N 42°28'04.4", E 1°12'04.2". Mit etwas Einsatz kommt man hier auch ins Wasser. Zum Schwimmen ist die Strömung jedoch zu stark.

Bei heftigen Regenfällen wird der Platz wohl immer wieder mal überflutet, sodass er sich nicht nur wegen der Nähe zur Straße nicht als Übernachtungsplatz eignet. Direkt an der Straße gibt es etliche weitere Parkbuchten über dem Fluss – kleine und größere – von denen man das Gewusel auf dem Wasser gut beobachten kann. Einen größeren, ruhigen Platz am Fluss etwas abseits der Straße, der sich auch gut zum Übernachten eignet, finden Sie dann in **Rialp**.

### (186) Offizieller WOMO-Stellplatz: Rialp

**GPS:** N 42°26‘20.0“, E 1°08‘02.0“, 709 m.
**Öffnungszeit:** Ganzjährig.
**Ausstattung:** Frei zugängliche V/E, die aber schon bessere Tage gesehen hat.
**Beschreibung:** Große, ebene Schotterfläche am Fluss und am Ortsrand hinter den Sportplätzen. Etwas weiter hinten befindet sich eine Einsetzstelle für Raftingboote.
**Zufahrt:** Am Ortsende links über den Parkplatz und auf der schmalen Straße bis hinunter zum Flussufer fahren.

Dann kommen wir nach **Sort**, das ebenfalls vom Kajak- und Raftingsport geprägt ist. Hier zweigt links eine Querverbindung nach La Seu d‘Urgell und nach Andorra ab, an der wir ebenfalls zwei nette Stellplätze vorschlagen können. Sollten Sie also eine etwas andere Route fahren...

### (187) WOMO-Parkplatz: Santa Creu de Llagunes

**GPS:** N 42°22'29.9", E 1°12'21.6", 1.596 m. **Max. WOMOs:** 2–3
**Ausstattung:** Keine.
**Beschreibung:** Geschotterte Parkfläche links der Straße. Beginn des kurzen Fußweges hinauf zu den Mauerresten des Ortes Santa Creu de Llagunas oben auf dem Hügel neben dem Parkplatz.
**Zufahrt:** Parkplatz links an der Nationalstraße

### (188) WOMO-Parkplatz: Port del Canto

**GPS:** N 42°22'12.3", E 1°14'13.6", 1.721 m. **Max. WOMOs:** 3–4
**Ausstattung:** Picknicktische.
**Beschreibung:** Große Parkbucht mit Weitblick oben an der Straße. Parkplätze unten an den Tischen auf einer Wiese unterhalb der Straße,
**Zufahrt:** Rechts an der Nationalstraße.

Fahren wir von Sort weiter nach Süden am Noguera Pallaresa entlang, treffen wir noch einmal auf einen Campingplatz in interessanter Lage weit unterhalb der Straße am Flussufer.

### (189) WOMO-Campingplatz: Sort<br>Càmping l'Orri del Pallars

**GPS/Kontakt:** N 42°22'20.5", E 1°06'38.2", Montardit de Baix, Tel. 0034 973 621 292, www.orridelpallars.cat.
**Öffnungszeit:** Mitte März bis Mitte Oktober.
**Ausstattung:** V/E, Pool, gutes Restaurant, Laden, Spielplatz und Sportplätze.
**Beschreibung:** Komfortabler Campingplatz mit freundlichem Personal. Schattige Plätze teilweise direkt am Fluss. Sehr ruhig gelegen.
**Preise:** €25,50, Strom €8–11.
**Zufahrt:** Südlich von Sort von der Nationalstraße beschildert.

Dann verengt sich das Tal und wir nähern uns der Schlucht Congost de Collegats. **Gerri de la Sal** ist der letzte Ort vor dem Schluchtzugang. Links vor dem Dorf steht die Ermita d'Arbolo, eine alte Kapelle, auf einem Hügel. Man kann von einem Parkplatz am Fluss hierher wandern. Geht man weiter am Flussufer entlang kommt man nach Gerri de la Sal.

### (190) WOMO-Parkplatz: Santuari d'Arbolo

**GPS:** N 42°20'13.0", E 1°04'06.0", 600 m. **Max. WOMOs:** 1–2
**Ausstattung:** Keine. **Beschreibung:** Parkplatz am Flussufer.
**Zufahrt:** Die Zufahrt zum Parkplatz ist nur aus Richtung Gerri de la Sal kommend möglich. Sie müssen also zuerst den Tunnel durchqueren und kurz dahinter ab der dafür vorgesehenen Stelle drehen und zurück zum Abzweig der alten Straße vor dem Tunnel fahren. Nach gut 100 Metern geht es dann rechts hinunter zum Parkplatz.
**Sonstiges:** Am Parkplatz überspannt eine Hängebrücke den Fluss und bringt uns zum Wanderweg am anderen Ufer. Rechts erreichen Sie dann nach kurzem Aufstieg die Ermita und nach etwa 25 Minuten den Ort Gerri de la Sal.

Auch der Ort **Gerri de la Sal** würde durchaus einen Stopp lohnen, wenn es Ihnen denn gelingt hier zu parken. Leider ist der Parkplatz am Fluss links vor der Brücke nur noch für Fahrzeuge bis zwei Meter Höhe zugelassen. Ein Wohnmobil kriegen Sie jetzt nur noch in einer kleinen Parkbucht vor dem Ort und einer weiteren am Ortsausgang unter – aber dazu brauchen Sie schon ein wenig Parkplatzglück.

In Gerri wurde früher in flachen Becken am Fluss Salz gewonnen und Reste dieser Anlage können Sie heute noch besichtigen. Aber auch der Ort mit seiner alten Bogenbrücke und eine alte Kirche laden zu einem kurzen Aufenthalt ein. Überquert man die Brücke im Ort Brücke und biegt man auf der anderen Flussseite links ab, geht es links in Richtung Ermita, und rechts

*In Gerri de la Sal überspannt eine mächtige Bogenbrücke den Noguera Pallaresa.*

zu einem schönen gefassten Brunnen und zur gut erhaltenen romanischen **Klosterkirche Santa Maria**, erbaut 1149, die durch eine dreistöckige Glockenwand auffällt. In ihrem Inneren wären Reste barocker Gemälde zu sehen – wenn Sie denn hineinkommen. Meist sind die Türen der Kirche verschlossen und Führungen finden recht sporadisch statt. Im Ort gibt es im ehemaligen Salzlager noch das Salzmuseum zu sehen und in der Saline unten am Fluss hat man zu Schauzwecken ein Salinenbecken wieder in Betrieb genommen.

Weiter flussabwärts verengt sich das Tal zu einer Schlucht. Früher führte die Straße zwischen den Steilwänden hindurch, inzwischen taucht man hier mit dem Wohnmobil in einen Tunnel nach dem anderen. Die alte Straße existiert aber noch und führt außen an den Tunneln vorbei. Sie ist für motorisierte Fahrzeuge gesperrt, aber mit dem Fahrrad oder zu Fuß können Sie weiterhin die Schlucht durchqueren. Ein Parkplatz am oberen und einer am unteren Ende machen den Stopp unkompliziert.

### (191) WOMO-Parkplatz: Congost de Collegats

**GPS:** N 42°18‘01.2“, E 1°02‘06.4“, 569 m.
**Max. WOMOs:** 5–6.
**Ausstattung:** Picknicktische.
**Beschreibung:** Flößerdenkmal am Beginn des Wanderweges durch die Schlucht.
**Zufahrt:** Am Kreisel rechts zum ausgeschilderten Parkplatz abbiegen.
**Alternative:** Congost de Collegats, Parkplatz bei N 42°16‘14.7“, E 1°01‘39.2“ am unteren Ende der Schlucht ebenfalls mit Picknicktischen, Flößerdenkmal. Zugang zum Fluss über Felsblöcke. Erfrischung im Fluss ist möglich, erfordert aber sportliche Aktionen, sehr nahe an der Straße.
**Zufahrt:** Hinter der Schlucht links der Straße als Picknickplatz beschildert.

## Durch die Schlucht Congost de Collegats

Am oberen Parkplatz ist auf der Infotafel ein Rundweg beschrieben, der in gut vier Stunden zuerst unten am Fluss entlang und dann über die Felswand zurück führt. Getestet haben wir aber nur die Route unten am Wasser, die vom Parkplatz erst einmal hinter der Leitplanke an der Straße entlangführt. Am ersten Tunnel wechseln wir dann links auf die gesperrte Straße. Schon nach kurzem Marsch kommen wir zum **Roca de l'Argentiera**, einer Felsformation, die Antonio Gaudi zur Gestaltung der Fassade der Kirche Sagrada Familia in Barcelona inspiriert haben soll. Dann geht es noch ein zweites Mal zwischen zwei Tunneln an der Straße entlang und zu einem zweiten Abschnitt der alten Straße. Hier gibt es mehrere Stellen, an denen man gut zum Fluss hinunterklettern kann. Um von hier aus zum unteren Parkplatz zu kommen, wandert man ebenfalls ein kurzes Stück hinter der Leitplanke. Es ist also egal, welchen Parkplatz Sie zum Wanderstart wählen, die Wegabschnitte neben den Autos bleiben Ihnen nicht erspart, was der einzige Wermutstropfen an diesem netten Schluchtspaziergang ist.

Unterhalb des zweiten Parkplatzes wird das Tal wieder weiter und wir erreichen **La Pobla de Segur**, ein ehemaliges Flößerdorf. Baumstämme aus den waldreichen Gebieten weiter nördlich am Fluss Noguera wurden zu Flößen zusammengebunden und den Fluss hinunter gesteuert. Das »Museu dels Raiers« in der Stadt illustriert diese abenteuerlichen und hochgefährlichen Fahrten und jedes Jahr am ersten Sonntag im Juli schwimmen beim Fest »Diada dels Raiers« Baumstammflöße durch die Stromschnellen oberhalb des Ortes. In der Altstadt von Pobla de Segur verstecken sich zwei sehenswerte Stadttore: das Orteu- und das Parrau-Tor. In der Calle Mayor sind mehrere alte Herrenhäuser zu sehen. Besonders auffällig ist der Torre Mauri, das maurisch inspirierte Rathaus der Stadt.

La Pobla de Segur liegt außerdem am oberen Ende des Stausees **Pànta de Sant Antoni**. Wie jeder Stausee hat auch der Sant Antoni im Sommer mäßig attraktive ausgetrocknete und zeitweise schlammige Ränder, am Ostufer wird aber trotzdem gerne gebadet. Je nach Wetter und Wasserstand können Sie in La Pobla de Segur zwischen zwei Übernachtungsplätzen wählen. Der offizielle Stellplatz der Stadt liegt fern des Zentrums am Stadtrand und am Westufer des Sees, unseren Badeplatz mit Bar und Seezugang finden Sie auf der anderen Seite.

### (192) Offizieller WOMO-Stellplatz: La Pobla de Segur

**GPS:** N 42°14'17.1", E 0°57'57.3", 508 m. **Öffnungszeit:** Ganzjährig.

**Ausstattung:** V/E mit defektem Euro-Relais und Grauwassereinlass. Wasserhahn neben der Station.
**Beschreibung:** Am Stadtrand, zwischen etwas verwilderter Parkanlage mit Seeblick und Bahnschienen (wenig Betrieb), max. 48 h, wenig Schatten.
**Zufahrt:** Den Ort durchqueren und hinter der Flussbrücke links abbiegen. In die zweite Straße links einbiegen und gleich darauf wieder rechts. Die Straße zwischen Park und Schienen bis zum Ende fahren

### (193) WOMO-Parkplatz: Pànta de Sant Antoni

**GPS:** N 42°13'19.5", E 0°58'26.9", 503 m. **Max. WOMOs:** 2
**Ausstattung:** Badeplatz und sympathische Bar Xiri (dort tagsüber WC für Kunden).
**Beschreibung:** Schräger Parkplatz mit PKW-Plätzen (nur kompakte Mobile), teilweise Blick über den Stausee, am Wochenende gut besucht!
**Zufahrt:** Den Ort durchqueren und direkt vor der Flussbrücke links abbiegen und auf der nördlichen Flussseite weiter, geradeaus über einen Kreisel und hinter der zweiten Brücke rechts in Richtung Aramunt. Nach 2,5 Kilometern rechts zur Bar abbiegen.
**Alternative:** Am Kreisel befindet sich die Zufahrt zu einem von der Straße sichtbaren Parkplatz am Fluss. Ganz hinten stehen auch Picknicktische.

Dann machen wir uns auf den Weg, um den **Nationalpark Aigüestortes** von einer weiteren Seite zu erkunden und steuern das **Vall de Boí** an, das kurz hinter dem Ort Pont de Suert in die Berge führt. Kurz vor der Stadt und dem Stausee Pànta d'Escales liegt links unterhalb der Straße ein schöner Picknickplatz.

**(194) WOMO-Parkplatz: El Pont de Suert**

**GPS:** N 42°23'22.6", E 0°45'09.7", 826 m. **Max. WOMOs:** 2–3.
**Ausstattung:** Picknicktische, Quelle, Müllcontainer.
**Beschreibung:** Unterhalb der Straße gelegener, halbschattiger und mit Bäumen abgegrenzter Schotterplatz, am Waldrand.
**Zufahrt:** Links unterhalb der N260 kurz vor Pont el Suert

Auch **El Pont de Suert** hat ein kleines historisches Zentrum, das am Ufer des Noguera Ribagorcia liegt. Besonders hübsch ist die arkadengesäumte Calle Mayor. Rund um den alten Ortskern stehen aber vor allem Häuser aus den 50er Jahren, die gebaut wurden, als der Ort beim Ausbau der umliegenden Wasserkraftwerke schnell an Größe gewann. Kurz hinter den letzten Häusern biegen wir dann rechts ab ins Vall de Boí.

*Pause auf der Passhöhe*

*Sant Climent de Taüll ist die größte der romanischen Kirchen Tal.*

## Das Vall de Boí und seine Kirchen

Das Vall de Boí ist der westliche Zugang zum Nationalpark Aigüestortes, es ist aber auch für seine sehr alten romanischen Kirchen bekannt, die im 11. und 12. Jahrhundert erbaut und durch die Abgeschiedenheit des Tales im Laufe der Jahrhunderte kaum verändert wurden. In **Erill la Vall** informiert das Romanische Zentrum (Parkplatz vor dem Ort rechts) über Baustil und Geschichte. Auf der zugehörigen Internetseite www.centreromanic.com können Sie auch schon mal einen virtuellen Blick ins Innere der Kirchen werfen.

Die wichtigste der neun Kirchen steht im Dorf Taüll. **Sant Climent** ist die größte Kirche im Tal und in der Hauptapsis befand sich ein besonders kunstvolles Fresko. Das Original wurde im Museum für katalanische Kunst in Barcelona sichergestellt, in der Kirche ist heute eine originalgetreue Reproduktion zu sehen. Sant Climent ist eine von neun Kirchen im Tal, die im Jahr 2000 ins UNESCO-Kulturerbe aufgenommen wurden. Ebenfalls dazu gehören Santa Maria in Taüll, Sant Feliu in Barruera, Sant Joan in Boí, Santa Eulàlia in Erill la Vall, Santa Maria de l'Assumpció de Cóll, Santa Maria de Cardet, la Nativitat de la Mare de Déu in Durro, und die Einsiedelei von Sant Quirc in der Nähe von Durro.

Alle **Kirchen** sind nur mit Eintritt zu besichtigen. Wer nur Sant Climent sehen möchte zahlt fünf Euro. Ein Kombiticket für das Romanische Zentrum und fünf Kirchen nach Wahl kostet zehn Euro. Die beliebteren Kirchen in Taüll, Boí und Erill la Vall sind von 10–14 und 16–19 Uhr zu besichtigen. Das **Museum in Erill la Vall** öffnet von 9–14 und 17–19 Uhr. www.centreromanic.com

Eine erste Übernachtungsmöglichkeit im Tal bietet schon nach kurzer Fahrt ein kleiner Campingplatz rechts der Straße. Die enge, steile Zufahrt ist aber eher geeignet für Campingbusse und mit großen Wohnmobilen nur schlecht passierbar.

### (195) WOMO-Campingplatz: Camping Can Roig

**GPS/Kontakt:** N 42°25'52.0", E 0°44'20.8", 878 m, Tel. 0034 973 690502, camping-canroig.com.
**Öffnungszeit:** März bis Oktober.
**Ausstattung:** Restaurant, kleiner Pool, WLAN.
**Beschreibung:** Einfacher Campingplatz am Eingang ins Boí-Tal. Schöne Plätze unter Bäumen, etwas unterhalb der Straße gelegen.
**Preise:** €22, Strom €6,95.
**Zufahrt:** Auf der Höhe von Castillo del Tor, an der Straße ins Tal beschildert.

Der erste Ort im Tal ist **Barruera,** in dem man auch Restaurants und ein paar kleine Läden findet. Im Dorf ist mit San Feliu de Barruera auch eine der UNESCO-Welterbe Kirchen zu sehen. Ihre Pforte ist von April bis Oktober von 10 bis14 Uhr für Besucher geöffnet. Der schöne offizielle Stellplatz im Ort, ist leider nicht mehr in Betrieb – aus Sicherheitgründen – er lag im Überschwemmungsgebiet. Am alten Platz befindet sich nur noch ein Grauwassereinlass. Das Leeren von Chemietoiletten ist dort verboten. Eine Tafel informiert über die neue Stellplatzpolitik im Tal. Bei unserem Besuch im August 2022 gab es nur noch einen für die Nacht zugelassenen Stellplatz für Wohnmobile. Er liegt im Seitental oberhalb von Boi und Taüll an der Pla d'Eremita (Seite 203). Als Alternative stehen zwei Campingplätze zur Verfügung. Der erste hat nur wenige Plätze und befindet sich neben dem alten Stellplatz am Ortsrand von Barruera: [**196:** N 42°30'11.8", E 0°48'06.6", Camping Boneta, www.campingboneta.com].

Hinter Barruera führt dann rechts eine Straße nach Boí und Taüll hinauf. Der Abstecher lohnt schon wegen der beiden schönen Orte und der zugehörigen Kirchen. Ansonsten ist das Dorf **Boí** mit schönem alten Ortskern das Wanderzentrum des Tales. Hier starten die Busse ins Tal von Sant Nicolau, das der beliebteste Zugang zum westlichen Teil des Nationalparkes ist. Der zweite Zugang am Stausee Estany de Cavallers, am Ende der Straße, ist mit den meisten Wohnmobilen nicht erreichbar. Hinter dem Dorf Caldes de Boí dürfen nur Fahrzeuge bis zwei Meter Breite weiter hinauffahren. Die Strecke wird leider auch nicht mit Taxi-Bussen befahren.

Wer im **Vall de Sant Nicolau** wandern möchte, kann von Boí, oder vom Wanderparkplatz weiter oben im Tal, mit dem Taxi-Bus hinauf bis Sant Esperit und zum Planell d'Aigüestortes fahren. Von hier aus führt ein breiter Schotterweg fast eben durch ein idyllisches Bachtal, sodass man es sich schon nach wenigen Schritten ohne große Anstrengung zum Picknick am Wasser bequem machen könnte. Auf dem breiten, geschotterten Weg kann man aber auch in etwa 1,5 Stunden (200 Höhenmeter) zum bewirtschafteten Refugio d'Estany Llong und zum Bergsee Estany Llong hinaufsteigen. Das ist die am meisten begangene Route im Tal. Wir empfehlen daher eine Alternative – mit oder ohne Bustransfer –, die am Wanderparkplatz bei N 42°32'33.7", E 0°50'18.7" beginnt. Fahren Sie einen Campingbus, der maximal zwei Meter breit ist, können Sie hier auch rechts abbiegen und auf schmaler Straße zum etwas weiter oben gelegenen PKW-Parkplatz fahren. Das spart Ihnen ein kleines Stück des Aufstiegs.

### Wanderung ins Tal von Sant Nicolau

Vom unteren Parkplatz führt ein Wanderpfad am Bach hinauf zum oberen Parkplatz. An der Infohütte am oberen Parkplatz bekommen Sie eine Übersichtskarte mit den Wanderwegen. Auch hier könnten Sie noch in einen Taxi-Bus steigen und zum Planell hinauffahren, der Preis entspricht dem Transfer von Boí (einfach €5 pro Person). Zu Fuß geht es jetzt weiter am Fluss entlang, durch Wald und durch ein schönes Tal in gut 2,5 Stunden zum Planell des Aigüestortes hinauf. Der Weg ist sehr reizvoll und führt an einer kleinen romanischen Kirche in toller Lage und dem See Estany Llebreta

vorbei. Er kreuzt dabei mehrfach kurz die Taxi-Piste. Oberhalb des Sees geht es dann neben einem großen Wasserfall hinauf zum Planell. Hier beginnt der bereits erwähnte breite Schotterweg, dem man unbedingt noch ein Stückchen ins idyllische Tal folgen sollte. Rechts über eine Brücke kommt man dann auf einem Bohlenweg zurück zum Taxiparkplatz und auf dem bekannten Weg wieder hinunter – wenn Sie am Parkplatz nicht einfach in den Bus steigen möchten. Die Kombi Wandern und Bus wäre unsere Empfehlung für alle, die es mit dem Wandern nicht übertreiben möchten. Oben haben Sie dann genug Zeit, um am Bach zu picknicken und insgesamt sind Sie **3 bis 4 Stunden** unterwegs und haben etwa **9 Kilometer und 400 Höhenmeter** (rauf oder runter) vor sich.

Von unserem Wanderparkplatz lohnt es sich nur mit einem Campingbus unter zwei Meter Breite weiter hoch ins Tal fahren. Für alle Fahrzeuge über zwei Meter Breite endet die Fahrt sehr schnell in **Caldes de Boí**, einem kleinen Thermalort.

Auf dem Rückweg durch das Vall de Boí biegen wir diesmal, wie bereits versprochen, nach Boí und Taüll ab. Im diesem Seitental sind gleich vier der neun romanischen Kirchen zu sehen. Zuerst erreichen wir **Boí**. Der einzige größere Parkplatz liegt gleich rechts an der Ortseinfahrt unterhalb der Kirche Sant Joan

und darf tagsüber auch von Wohnmobilen genutzt werden. Die Kirche **Sant Joan de Boí** steht oberhalb des Parkplatzes und gehört mit den Kirchen von Taüll zu den ältesten Kirchenbauten im Tal. Sie ist im Inneren reich mit Fresken geschmückt, deren Originale sich aber ebenfalls im Museum in Barcelona befinden. Neben der Kirche führt ein schmaler Weg in den stimmungsvollen alten Teil des Ortes mit vielen schönen Natursteinhäusern.

Die berühmteste der neun kleinen Kirchen steht im nächsten, noch etwas weiter oben gelegenen Dorf Taüll. Rechts an der Straße liegt ein hübscher kleiner Campingplatz **[197:** N 42°31'6.6, E 0°50'51.3, Camping Taüll] und gleich daneben ein geschotterter Parkplatz. **Sant Climent** befindet sich gleich gegenüber und kann von 10–14 und 16–19 Uhr besichtigt werden. **Sant Climent** wurde unterhalb des eigentlichen Dorfes erbaut. Nicht ganz so alt ist die Schwesterkirche **Santa Maria de Taüll**, die sich weiter oben im Zentrum des alten Dorfes befindet und bei einem Spaziergang hinauf ins Dorf besucht werden kann. Anschließend lockt die Einkehr im gemütlichen Gartenlokal am Parkplatz.

*Ermita e Sant Quirc de Taüll*

Auf einem grünen Hügel oberhalb von Taüll, der Pla d'Ermita, können wir außerdem auch noch die Einsiedelei Ermita e Sant Quirc de Taüll besuchen. Sie steht an einem besonders schönen Aussichtsplatz und neben einem weitläufigen Grillplatz. In der Nähe der Kapelle befindet sich außerdem der zur Zeit einzige zugelassene Übernachtungsplatz für Wohnmobile.

### (198) Offizieller WOMO-Stellplatz: Pla d'Ermita

**GPS:** N 42°30'59.1", E 0°51'22.3", 1.630 m.
**Ausstattung:** Dixi-WC, Müllcontainer nebenan.
**Beschreibung:** Großer, schön angelegter Schotterplatz mit Blick in die Berge. Im Hochsommer schnell belegt. Restaurants und Supermarkt im Ort.
**Zufahrt:** Im Tal in Richtung Boi und Taüll fahren, beide Orte durchqueren. Der Platz liegt noch zwei Kurven weiter oberhalb rechts an der Straße.
**Sonstiges:** In der linken Parkplatzecke beginnt der kurze Weg zu einem Aussichtspunkt, einem riesigen Picknickgelände und zur Ermita, einer Kapelle. Der kurze Spaziergang lohnt unbedingt.
**Alternative:** Eine kleines Stück weiter oben liegt rechts an der Straße bei N 42°30'33.8", E 0°52'20.5" ein Schotterplatz, der zeitweise ebenfalls als Übernachtungsplatz angeboten wurde. Bitte beachten Sie bei Ihrem Besuch die aktuell gültigen Regeln. Wir hatten den Eindruck, man sucht hier im Tal noch nach der besten Lösung.

Dann verlassen wir das Vall de Boí, durchqueren noch einmal Barruera und wechseln auf der N 230 zu Tour 9 und zum nächsten großen Nationalpark der spanischen Pyrenäen.

Vielha
Barruera
El Pont de Suert
el Garona
Parque Natural Posets-Maladeta
Benasque
Eriste
Sahun
Villanova
Río Ésera
Castejón de Sos
Laspaules
Campo
Bielsa
Hospital
Escalona
Río Cinca
Aínsa
Embalse de Mediano
Labuerda
Boltaña
Buerba
Fanlo
Parque Nacional de Ordesa y Monte Perdido
Cirque de Gavarnie
Breche de Roland
Río Arazas
Torla
Broto
Fiscal
Río Ara
230
139
260
138
260a
199
200
201
202
203
204
205
206
207
208
209
210
211
212
214
215
216
217
C
E
F
B
W
N
E
S
W

## TOUR 9 etwa 300 km

# Ainsa und der Parque Nacional de Ordesa y Monte Perdido

El Pont-de-Suert – Benasque – Ainsa – Valle de Añisclo – Fiscal – Torla – Bielsa

| | |
|---|---|
| **Stellplätze:** | Castejón de Sos, Eriste, Benasque, Cerler, Campo, Ainsa, Fiscal, Bielsa |
| **Campingplätze:** | Les Bordes, bei Benasque, Escalona, Torla, Valle de Bujaruelo, Broto, Valle de Pineta |
| **Besichtigen:** | Janovas, Benasque, Ainsa |
| **Wandern:** | Plan d'Aigualluts, Aniscloschlucht, Ordesatal, Valle de Pineta |
| **Märkte:** | Benasque: Di; Ainsa: Di |

*Wir sind jetzt im Zentrum der Pyrenäen und mitten in einer beeindruckenden Berglandschaft. Während wir uns im Naturpark Posets-Maladeta um das Dorf Benasque zwischen den höchsten Gipfeln der Pyrenäen befinden, sind es im Nationalpark Ordesa y Monte Perdido tiefe Schluchten, die die Landschaft bestimmen. In Torla ist der bekannteste Zugang zum Nationalpark Ordesa y Monte Perdido. Dazwischen bietet die Kleinstadt Ainsa mit ihrer Altstadt in unverfälschtem mittelaltlichen Flair ein ausgesprochen schönes Quartier.*

In **Les Bordes** biegen wir links ab in Richtung Benasque/Ordesa Nationalpark und passieren kurz darauf einen schön gelegenen Campingplatz.

### (199) WOMO-Campingplatz: Bonansa / Baliera

**GPS/Kontakt:** N 42°26'22.1", E 0°41'55.3", 924 m, Tel. 0034 974 554016, www.baliera.com.
**Öffnungszeit:** Ganzjährig.
**Ausstattung:** V/E, Pool, Naturbadeplatz am Fluss, im Sommer Snack und Laden, Sportplätze, Fitnessraum, WLAN kostenlos auf dem ganzen Platz.
**Beschreibung:** Gepflegter, gut ausgestatteter Platz in Alleinlage und am Fluss. Gut erreichbar auch für größere Mobile.
**Preise:** €31–40, Strom €9.
**Zufahrt:** Kurz hinter dem Abzweig nach Benasque/Ordesa Nationalpark links an der Straße. Zufahrt über eine Brücke und dann gleich links.

*Hochebene Plan d'Aiguallluts*

Schon nach wenigen Kilometern verändert sich die Landschaft um uns herum und die Berge werden schroffer. Wir sehen Felsabbrüche und steinige Gipfel und dann tauchen die ersten 3000er auf. Rund um das **Tal von Benasque** versammeln sich die höchsten Berge der Pyrenäen. Mit 3.404 Metern ist der Aneto der mächtigste von ihnen und ein Traumziel vieler Bergsteiger.

Dann erreichen wir den Ort **Castejón de Sos**, hinter dem die Straße ins Valle de Benasque abzweigt. Der Ort ist ein Dorado für Gleitschirmflieger, gleich mehrere Schulen bieten ihre Dienste an. Am Ortsrand hat die Gemeinde außerdem inzwischen einen kostenlosen Stellplatz für Wohnmobile eingerichtet.

**(200) Offizieller WOMO-Stellplatz: Castejón de Sos**

**GPS:** N 42°31'05.1", E 0°29'06.5", 895 m. **Öffnungszeit:** Ganzjährig.
**Ausstattung:** Frischwasser, Müllcontainer.
**Beschreibung:** Ebener geschotterter Platz ohne Baum und Strauch, aber mit schönem Blick über Wiesen auf die Berge. Ein gutes Stück außerhalb des Ortes in ruhiger Lage. Kein Campingverhalten, max. 48 Stunden.
**Zufahrt:** Am Kreisel zwischen dem Ort und dem Abzweig ins Valle de Benasque rechts zu den Sportplätzen abbiegen, am Schwimmbad und einem verlassen Campingplatz vorbeifahren bis nach etwa 500 Metern die Zufahrt zum Platz auftaucht..

Dann biegen wir rechts ab nach **Benasque**. Die Straße ins Tal erweist sich als breit und unkompliziert. Bis Benasque steigt sie kaum an und auch weiter hinten bleibt sie gut befahrbar. Der letzte mit dem eigenen Fahrzeug erreichbare Parkplatz ist zwischen Juni und September der Wanderparkplatz am Hospital de Benasque. Von hier aus fährt zwischen 5 und 20.30 Uhr mindestens alle halbe Stunde ein Bus zum Parkplatz **La Besurta**, an dem mehrere reizvolle Wanderungen starten. Aber beginnen wir die Fahrt ins Tal an seinem unteren Ende. Der erste Ort im Tal heißt **Villanova**.

Zwischen Villanova und Benasque gibt es mehrere ebene, große Schotterplätze am Straßenrand. Der erste befindet sich in Villanova rechts vor einem großen Spielplatz und eignet sich für Familien perfekt für eine Pause. Übernachtungstauglich erschien uns der große Parkplatz in Eriste zwischen Stausee und Straße **[201:** N 42°35'10.5" E 0°29'23.3", Parkplatz Eriste] Die Straße, die nachts aber nur wenig befahren wird, ist hier jedoch recht nahe.

Dann erreichen wir **Benasque**, den Hauptort des Tales. Hier gibt es eine Information und einen lebendigen, für Autos gesperrten Ortskern mit Geschäften und Restaurants. Am Ortseingang informiert uns ein Schild, dass Wohnmobile über Nacht nur auf offiziellen Plätzen stehen dürfen. Freundlicherweise stellt die Gemeinde einen Stellplatz in guter Lage zur Verfügung. Viele Camper standen aber auch auf dem Wiesenplatz bei N 42°36'12.4", E 0°31'31.7" östlich des Ortes, an dem kein Verbotsschild zu finden war. Eindeutig legal ist aber nur dieser Platz:

### (202) Offizieller WOMO-Stellplatz: Benasque

**GPS:** N 42°36'22.0", E 0°31'14.3", 1.150 m. **Öffnungszeit:** Ganzjährig.
**Ausstattung:** V/E (hinter der Schranke), Strom.
**Beschreibung:** Asphaltplatz oberhalb des Flusses und mit Blick auf den Ort. Ist der Platz voll belegt, steht man dicht an dicht wie auf einem Parkplatz. Stromsäulen an jedem Platz. Kurzer Weg über eine der beiden Fußgängerbrücken in den Ort. Zufahrt durch Schranke.
**Preise:** € 10 inkl. Strom und V/E.
**Zufahrt:** Am Kreisel links abbiegen und der Beschilderung zum Camperplatz auf die obere Straße folgen. Der Platz liegt ganz am Ende der Straße. Auch auf dem Parkplatz vor der Schranke standen etliche Wohnmobile – ohne Strom und kostenlos.

### Rundgang durch Benasque

Benasque ist ein Dorf mit etwas mehr als 1000 Einwohnern, eine Runde durch die bunten Gassen nimmt also nicht allzu viel Zeit in Anspruch. Der kleine Ortskern ist angenehm belebt mit vielen kleinen Geschäften und einigen gepflegten historischen Gebäuden, die sich alle im Nordteil des Ortes befinden. Am auffälligsten ist der Palast der Grafen von Ribagorza, der im 16. Jahrhundert erbaut wurde, als der aragonesische Adel das Bergtal als klimatisch angenehmen Sommersitz entdeckte. Aus dieser Zeit sind im Ort weitere Herrenhäuser erhalten: die Casa Marcial del Río, die Casa Juste und die Casa Faure. Ebenfalls sehenswert ist die romanisch-gotische Kirche Santa María la Mayor.

Kurz hinter Benasque zweigt links die Straße nach Cerler ab. **Cerler** ist ein Skiort und im Sommer ist wenig los. Bei unserem Besuch fuhr aber immerhin ein Sessellift. An der Station war eine Snack-Bar geöffnet und im Ort mehrere Restaurants. Auf dem Parkplatz unterhalb des Ortes sind Wohnmobile willkommen.

### (203) Offizieller WOMO-Stellplatz: Cerler

**GPS:** N 42°35‘20.0“, E 0°32‘21.0“, 1.512 m.
**Ausstattung:** Keine.
**Beschreibung:** Riesige Schotterfläche unterhalb des Ortes.
**Zufahrt:** Kurz hinter Benasque rechts in Richtung Cerler hinauf, durch den Ort und am Ortsende rechts auf den Parkplatz fahren.

Fährt man geradeaus ins Tal, passiert man zwei einander gegenüberliegende Campingplätze. Der Camping auf der rechten Seite hat eine sehr schmale Zufahrt. Besser für WOMOs geeignet ist der komfortable Camping Aneto links der Straße.

### (204) WOMO-Campingplatz: Camping Aneto

**GPS/Kontakt:** N 42°37‘25.6“, E 0°32‘39.5“, 1.250 m, Tel. 0034 974 551141, www.campinganeto.com. **Öffnungszeit:** Ganzjährig.
**Ausstattung:** V/E, Pool, Bar, Restaurant, kleiner Laden.
**Beschreibung:** Gepflegter Platz mit sehr guten Sanitäranlagen. Im Sommer sehr gut besucht, viele Wanderer. **Preise:** €20 – 30, Strom €6,50 – 8,20.
**Zufahrt:** Erster Campingplatz auf der linken Seite der Straße etwa 2,5 Kilometer oberhalb von Benasque.
**Alternative:** Schräg gegenüber befindet sich die Zufahrt zum einfacheren, Camping Ixeia, die jedoch für größere Mobile recht schmal sein dürfte.

Der ehemalige Camping Plan de Senarta ist inzwischen leider ein Jugendcamp und nicht mehr öffentlich zugänglich. Eine gute Alternative bietet der kleine Platz am Hotel Turpi.

**(205) WOMO-Campingplatz: Hotel Turpi**

**GPS/Kontakt:** N 42°40'04.1", E 0°34'55.3", 1.550 m. Tel. 0034 974344002, www.turpi.com.
**Öffnungszeit:** Im Hochsommer.
**Ausstattung:** Strom nur auf einem Teil des Platzes, Restaurant.
**Beschreibung:** Im Talkessel unterhalb der Straße und an einem Bergbach.
**Preise:** €16,50, Strom €7.
**Zufahrt:** Etwa drei Kilometer hinter dem Stausee rechts auf einer kleinen Straße zum Hotel hinunterfahren. Die Plätze befinden sich neben dem Hotel am Hang und weiter hinten im Tal auf einer Wiese.

Noch weiter ins Tal fährt man dann nur noch zum Wandern. Nach weiteren sieben Kilometern endet die Straße oberhalb des **Hospital de Benasque**. Kurz vor dem Straßenende führt rechts ein Asphaltweg in Richtung Hospital de Benasque. Kurz vor dem Berghotel liegt links bei N 42°40'52.1", E 0°36'15.1" ein großer Wanderparkplatz. Tagsüber dürfen hier auch Wohnmobile parken, übernachten ist jedoch verboten. In der Hochsaison sollten Sie unbedingt frühzeitig eintreffen, der Parkplatz ist oft schnell belegt.

Vom Wanderparkplatz fahren im Sommer (Juni bis September) die Busse nach La Besurta. Die Straße ist dann für Individualverkehr gesperrt. Für alle, die einen größeren Camper fahren, ist das unbedingt ein Vorteil, denn der Weg nach La Besurta ist schmal und der Parkplatz am Ende der Asphaltpiste nur klein. So steigen Sie einfach am Wanderparkplatz Hospital de Benasque in den Bus (Hin- und Rückfahrt €6 pro Person) und lassen sich durch Murmeltierwiesen zum Startpunkt schöner Wanderungen transportieren. Am Morgen, wenn es im Tal noch ruhig ist, kann man aus den Busfenstern Murmeltiere beobachten, die unbeeindruckt vom bekannten Fahrzeug über die Wiesen im Tal wuseln. Ein Problem haben Hundebesitzer: Zumindest in den Stoßzeiten dürfen Hunde nicht mit in den Bus. Sie müssen die Strecke (etwa 4,5 km nach La Besurta) zu Fuß gehen.

## Wanderung zum Plan d'Aigualluts

**2 h, 6 km, 175 Höhenmeter.** Von La Besurta überqueren wir den Fluss und folgen dem rechts abzweigenden Wanderweg, der sich in Kehren bergan zieht. An der ersten Kreuzung schlagen wir links den Weg zur Plan d'Aigualluts ein. In leichten Auf und Ab durchqueren wir ein hügeliges Wiesental, bis vor uns ein Zaun auftaucht. Er sichert den Forau de Aigualluts, ein Karstloch, in dem Fluss versickert. Er taucht erst viele Kilometer weiter im Val d'Aran wieder auf. Oberhalb dieser Stelle rieselt das Wasser in mehreren schmalen Bächen über die Hochebene, fällt über eine Felsstufe und fließt durch eine Schlucht. Wir folgen ab hier dem Wasserlauf zur Kaskade und anschließend in die weite Hochebene. An ihrem linken Rand wandern wir bis zum oberen Ende der Wiese, wo eine kleine Kaskade zu finden ist. Hier gibt es besonders idyllische Plätze am Bach. Hier zweigt auch ein Weg in Richtung Refuge de la Renclusa ab, auf dem man die Ebene auf der anderen Seite umrunden könnte. Allerdings muss man dann anschließend vor dem Wasserfall die flachen Wasserläufe durchqueren, um wieder auf den ursprünglichen Weg zurückzukommen, der zurück zum Parkplatz führt. Diese Variante eignet sich also nur für warme Tage. Ansonsten laufen Sie einfach auf dem gleichen Weg zurück.

Zurück auf der N 260 geht es dann weiter in Richtung Campo/ Ainsa. Schon bald bauen sich vor uns die Steilwände einer Schlucht auf, die wir auf schmaler Straße durchqueren – den Rio Esera immer direkt neben uns. Die Fahrt beansprucht etwas mehr Zeit, ist aber ziemlich spektakulär. Am Örtchen **Seira** ist der schroffste Teil der Schlucht vorbei und das Tal wird wieder weiter. Der Rio Esera bleibt aber treu an unser Seite, bis wir die ersten Häuser von **Campo** vor uns sehen. Der Ort hat nur wenige Häuser und in jedem dritten werden Rafting- und Wildwasserkajakfahrten angeboten. Der Rio Esera scheint da besondere Qualitäten zu haben, die uns bei niedrigem Wasserstand mitten im Hochsommer nicht besonders aufgefallen sind. Am Ortseingang von Campo führt ein Schotterweg zum Fluss und zu einer großen Parkfläche an dessen Ufer.

**(206) WOMO-Parkplatz: Campo**

**GPS:** N 42°24'41.8", E 0°23'36.6", 655 m. **Max. WOMOs:** 10
**Ausstattung:** Keine. **Beschreibung:** Große Schotterfläche und ein kleines Wäldchen in dem ebenfalls geparkt wird. Am Rio Esera, der hier flach und breit durch das Tal fließt. Am Ortsrand, Häuser sind aber nicht zu sehen.
**Zufahrt:** Am Ortseingang von Campo rechts zum Fluss abbiegen.

Hinter Campo wird die Straße breiter und die letzten 30 Kilometer nach **Ainsa** sind schnell geschafft. Oberhalb der eher gesichtslosen Neustadt am Zusammenfluss von Rio Cinca und Rio Ara steht auf einen Hügel das alte Ainsa mit Stadtmauern und einer Burg, die nachweislich schon im 11. Jahrhundert existierte. Hinter der Burg folgen die Plaza Major mit ihren schönen, alten Steinhäusern, die teilweise aus dem 16. und 17. Jahrhundert stammen, und zwei enge Gassen mit ebenfalls historischen Steinhäusern und der schönen Kirche Santa Maria de la Asunción. Das Ganze wirkt wie ein weit vom Alltagsleben entferntes Museum, hat aber trotzdem seinen Charme.

Besonders stimmungsvoll ist Alt-Ainsa am Abend, wenn die Steinhäuser im gelblichen Licht der Laternen den letzten Rest Alltäglichkeit verlieren. An der Plaza Mayor haben Sie dann die Wahl zwischen mehreren Restaurants, müssen aber preislich einen deutlich spürbaren Altstadtzuschlag akzeptieren. Die beste (und teuerste) Adresse am Platz ist übrigens das noble Restaurant Callizo in perfekter Lage am Rand der Plaza Mayor und mit Blick auf die Berge. Wer gut und günstiger essen möchte, muss in die Unterstadt hinabsteigen. Hier erfreut sich zum Beispiel das Ordesa 88 großer Beliebtheit. Auf dem großen Parkplatz am Rand der Altstadt dürfen Sie auch über Nacht parken, einem gemütlichen Abend in den historischen Mauern steht also nichts entgegen.

### (207) Offizieller WOMO-Stellplatz: Ainsa Centro Storico

**GPS:** N 42°25'07.4", E 0°08'04.2", 577 m. **Öffnungszeit:** Ganzjährig.
**Ausstattung:** Frei zugängliche V/E, WC hinter dem Burgtor auf der linken Seite (innerhalb der Burganlage).
**Beschreibung:** Großer gebührenpflichtiger Parkplatz vor den Toren der mittelalterlichen Altstadt. Im vorderen Bereich asphaltiert, hinten Wiesenboden mit immer noch recht kleinen Bäumen. Angenehm und immer gut besucht.
**Preise:** Tagesticket für Wohnmobile €6, zahlbar am Automaten.
**Zufahrt:** Hinter der Flussbrücke links in die Avenue Ordesa und kurz hinter dem großen Parkplatz rechts hinauf in Richtung Altstadtparkplatz.

Die alte **Burg von Ainsa** ist nur teilweise erhalten. In den gut restaurierten Ecktürmen sind die Touristeninformation und ein kleines Museum über die Natur der Pyrenäen untergekommen. Im hinteren rechten Turm ist außerdem eine Ausstellung über die Tierwelt, und speziell die Geier der Pyrenäen zu sehen.

**Eco Museo de la Fauna Pirenaica**

Schmutz- und Bartgeier, Steinadler, Braunbär, Murmeltier, Salamander, Viper oder Steinbock – typische und seltene Bewohner der Pyrenäen sind im Museum als präparierte Modelle, in Videos oder auf Fotos zu sehen. Das Museum wird von der Fundación de Conservation del Quebrantahuesos betrieben, die sich für den Erhalt bedrohter Arten einsetzt. Im der Auffangstation des Museum sind auch immer einige Vögel zu sehen, die nach Verletzungen aufgepäppelt und dann, wenn möglich, wieder ausgewildert werden.
*Geöffnet März bis Oktober 11–14.30 und 16.30–20 Uhr, €5.*
*www.quebrantahuesos.org*

Ainsa lohnt nicht nur als Ort den Besuch, sondern ist auch ein guter Zugang zum beliebtesten Nationalpark der Pyrenäen. Seine Bekanntheit verdankt der Parque Nacional de Ordesa y Monte Perdido vor allem den ungewöhnlichen Bergformationen mit Steilwänden, die teilweise mehrere hundert Meter senkrecht ins Tal abfallen. So gibt es im Park mehrere sehr lange und eindrucksvolle Schluchten. Die längste von ihnen, der Cañon d'Anisclo, ist von Ainsa gut zu erreichen. Weitere Täler führen bei Escuain und Bielsa auf der Ostseite in den Park. Der Hauptzugang befindet sich jedoch auf dessen Westseite beim kleinen Dorf Torla (siehe Seite 216), das im Hochsommer aufgrund des Andrangs meist aus allen Nähten platzt.

Von Ainsa fahren wir zunächst nach **Escalona**. Hier zweigt links die Straße ins **Valle de Añisclo** ab. Sie führt zuerst zu einem Parkplatz, neben dem ein neues Besucherzentrum im Bau ist. An der nächsten Verzweigung an einer Flussbrücke führt die rechte Straße auf direktem Weg durch den spektakulären Desfiladero de las Cambras zum Wanderparkplatz am Eingang zur Aniscloschlucht und weiter in Richtung Torla. Hier war im Sommer 2017 ein Tunnel eingestürzt und die Straße unpassierbar. Inzwischen ist alles wieder hergerichtet und kann von PKWs als Einbahnstraße von Escalona in Richtung Torla befahren werden. **Für Wohnmobile ist diese Straße jedoch jetzt gesperrt!** Zur Anisclo-Schlucht kommt man mit einem Wohnmobil nur noch im Bogen über Buerba. Dazu fahren Sie zuerst links über die Flussbrücke unter der sich eine tolle Badestelle versteckt. Wer sie länger genießen möchte, wählt den Campingplatz hinter der Brücke zum Quartier.

**(208) WOMO-Campingplatz: Escalona**
**Camping Valle de Añisclo**

**GPS:** N 42°30'33.2", E 0°07'31.0", 640 m,
Tel. 0034 974 50 50 96, campingvalleanisclo.blogspot.com.
**Öffnungszeit:** Ganzjährig.
**Ausstattung:** WC-Ausguss, Restaurant, Laden.
**Beschreibung:** Schattiger Platz am Hang oberhalb einer schönen Badestelle am Rio Bellos. **Preise:** € 17 – 20, Strom € 4,70 – 5,50.
**Zufahrt:** In Escalona links, vorbei am Abzweig nach Escuain und an der nächsten Kreuzung über die Flussbrücke zum Campingplatz.

*Diese schmale Straße führt über Buerba in die Anisclo-Schlucht.*

Dann geht es rechts am Campingplatz vorbei und auf der schmalen Straße immer geradeaus bis Buerba. Sie fahren durch das Dorf hindurch und erreichen einen Sattel. Von hier aus geht es hinunter in die Schlucht, die sie am **Parking de la Tella** bei N 42°33'44.5, E 0°02'33.4" erreichen. Der Parkplatz ist nicht besonders groß, es empfiehlt sich unbedingt früh hier einzutreffen. Der Zugang zur Schlucht liegt noch ein Stück entfernt am unteren Parkplatz, den Sie aber mit einem Wohnmobil nicht ereichen können. Sie müssen die Einbahnstraße noch einen guten Kilometer steil hinunterlaufen, um dorthin zu kommen.

## Der Circuito de St. Úrbez

Am unteren Parkplatz ist ein schöner, kleiner Rundweg (1 h) beschildert, der zuerst zu Wasserfällen des Rio Ara und dann hinunter in die Schlucht zu einer strahlend türkisblauen Gumpe führt. Dann geht es vorbei an der Einsiedelei St. Úrbez, die unter einem überhängenden Felsen klebt, wieder zurück zum Parkplatz. Von der letzten Brücke können Sie in einen Seitenarm der Schlucht schauen. Der Rundweg ist durchaus empfehlenswert, auch wenn Sie dann von der eigentlichen Schlucht, die sich tief zwischen die Steilwände zieht, nicht besonders viel gesehen haben. Dazu braucht es leider solide Kondition. Der Weg ins Tal steigt stetig an, meist durch den Wald, und nur an wenigen Punkten kann man wirklich etwas von der Schlucht sehen.

Wenn Sie an der Brücke mit Gumpe nicht rechts zur Einsiedelei abbiegen, sondern links in die Schlucht laufen, kommen Sie nach etwa 10 Minuten zu einer zweiten betonierten Brücke. Dahinter wird der Weg schmaler und beginnt anzusteigen. An dieser Brücke können Sie rechts zum Fluss hinabsteigen, um an einem schönen Platz zu rasten. Das Baden ist leider in der ganzen Schlucht verboten. Hier noch weiter in die Schlucht zu gehen lohnt nur, wenn Sie sich zu einer richtigen Wanderung entscheiden.

**Wandern in der Añisclo Schlucht**

Der nächste schöne Rastplatz in der Schlucht mit Blick auf die Steilwände heißt Cumaz und ist von der zweiten Brücke mit einer guten halben Stunde Aufstieg auf einem steinigen Pfad zu erreichen. Bis dahin sehen Sie nur Wald. Nach einer weiteren Stunde stehen Sie dann am Aussichtspunkt Selva Plana und nach insgesamt drei Stunden können Sie an der Mündung der Ripareta an einem schönen Platz rasten. Wir haben bei gut 40°C an einem heißen Julitag zwischen Cumaz und Selva Plana erschöpft die Segel gestrichen.

Vom Wanderparkplatz an der Schlucht fahren wir auf schmaler Straße über Nerin nach Broto und weiter nach Torla.

## Der Ordesa Nationalpark von Torla

Wir durchqueren den Ort Fanlo und kommen wenig später an den Abzweig, der rechts nach **Torla** führt. Der große Wanderparkplatz bei N 42°37'29.6" W 0°06'42.0", von dem die Busse in den Nationalpark fahren, ist vor dem Ort rechts kaum zu übersehen. Wenn Sie keine Übernachtung planen, sollten Sie ihr Wohnmobil hier abstellen. Kommen Sie dazu im Hochsommer nicht erst gegen Mittag, der Parkplatz ist dann oft voll belegt. Neben der Bushaltestelle befindet sich auch die Information und Sie können mit wenigen Schritten ins Dorf hinaufspazieren. Übernachten im Fahrzeug ist auf dem Parkplatz verboten.

Die Straße führt hinter dem Parkplatz durchaus noch weiter und darf auch noch ein ganzes Stück befahren werden. Das macht aber nur Sinn, wenn Sie auf einen der Campingplätze oder ins **Valle de Bujaruelo** wollen. Kurz hinter dem Ort geht es rechts hinunter zum Camping Rio Ara in schöner Lage am Fluss. Die beiden nächsten Campingplätze liegen links an der Straße, die weiter in den Nationalpark führt.

### (209) WOMO-Campingplatz: Torla/Camping Rio Ara

**GPS/Kontakt:** N 42°37‘52.8“, W 0°06‘26.1“, 982 m, Tel. 0034 974 48 62 48, www.campingrioaraordesa.com.
**Öffnungszeit:** April bis Oktober.
**Ausstattung:** Gut sortierter Laden, Restaurant, WLAN.
**Beschreibung:** Unterhalb des Ortes am Fluss gelegen, Wiesenplätze unter Bäumen, gute Sanitäranlagen, keine Bungalows. 10 Minuten Fußweg auf steilem Wanderpfad zum Dorf Torla.
**Preise:** €20, Strom €5,60.
**Zufahrt:** Hinter Torla rechts zum Fluss abbiegen. Die Zufahrt ist beschildert.

### (210) WOMO-Campingplatz: Torla/Camping Ordesa

**GPS/Kontakt:** N 42°38‘19.3“, W 0°06‘35.2“, 1.077 m, Tel. 0034 974 117721, www.campingordesa.es.
**Öffnungszeit:** April bis September.
**Ausstattung:** V/E, Restaurant, Laden, Pool, WLAN.
**Beschreibung:** Größerer Platz in Ortsnähe links oberhalb der Straße mit Hotel und Bungalows, schattige Plätze auf Wiesenboden.
**Preise:** €16,50–18, Strom €5–5,50.
**Zufahrt:** Hinter Torla in Richtung Nationalpark fahren. Links der Straße liegt zuerst der Camping Ordesa, kurz dahinter der Camping Sant Anton.
**Alternative:** Bungalowdorf und Camping Sant Anton bei N 42°38‘45.6“, W 0°06‘24.3“, campingsananton.es.

Von Torla aus fahren auch die Busse in den Nationalpark. Der Bushalt auf der Pradera de Ordesa ist der Ausgangspunkt für die Wanderung ins Valle Ordesa, dem Klassiker unter den Wandertouren in diesem Teil des Nationalparks. Die tiefe Schlucht zwischen senkrecht aufragenden Felswänden wird gerne mit dem amerikanischen Grand Canyon verglichen und hat monumentale Ausmaße. Für Wandernde bedeutet das allerdings, dass sie ein ganzes Stück laufen müssen, um den Canyon wirklich zu sehen.

*Das idyllische Dorf Torla ist der beliebteste Zugang zum Ordesa-Nationalpark.*

## Der weite Weg zum Wasserfall – Durch das Ordesatal zur Cascada Cola de Caballo

**Gehzeit 5 h 30, 18 km, 450 Höhenmeter.**

Es gibt mehrere Routen durch das Tal und zum Wasserfall Cola de Caballo an dessen Ende. Die einfachste führt unten am Fluss entlang und hat einen entscheidenden Nachteil: in den ersten zwei Stunden der Wanderung sehen Sie nur Bäume und ein paar Wasserfälle und außerdem meistens viele andere Menschen. Im August gleicht der Weg gegen Mittag einer Ameisenstraße. Alle anderen Wege ins Tal verlaufen auf den, in die Steilwand gesprengten, Galeriewegen, die hier in Spanien Faja heißen. Am gängigsten ist die Route über die Faja de Pelay, die auf der rechten Talseite parallel zum Talweg verläuft. Wer diesen Weg wählt, muss absolut schwindelfrei sein und ausreichend Kondition für 800 Höhenmeter und sieben Stunden Wanderzeit mitbringen. Für die Wanderung auf dem Talweg kalkulieren Sie etwa 5 h 30. Wenn Sie wirklich etwas sehen wollen, sollten Sie die Wanderung nicht kürzen. Sie lohnt sich vor allem für das letzte Drittel des Weges

Von der Bushaltestelle überqueren wir den ehemaligen Wanderparkplatz. An dessen Ende teilt sich der Weg. Rechts ist die Faja de Pelay ausgeschildert und ein mit Betonleisten eingefasster befestigter Weg führt über eine Brücke auf die rechte Flussseite. Auf diesem kommen wir später zurück. Auf dem Hinweg bleiben wir auf der linken Seite des Flusses. Ein breiter geschotterter Waldweg führt hier eben bis zu ersten Brücke, dann beginnt er leicht anzusteigen und es geht durch mehrere Kehren am Fluss entlang. Nach einer knappen Stunde führt ein Abzweig rechts zu einem Aussichtspunkt an einem ersten größeren Wasserfall und weiter zu einer Brücke. Wir sparen uns diesen Abstecher für den Rückweg auf, wenn wir hier sowieso die Brücke überqueren werden und wandern geradeaus weiter. Bald hört man auch hier einen Wasserfall rauschen und ein erster Pfad geht rechts steil hinab. Er führt zu einer Aussichtsplattform ganz unten am Wasser. Wenige Schritte weiter zweigt ein weiterer Treppenweg ab, der uns in deutlich weniger Kehren zu einem weiteren Aussichtspunkt mit Blick auf die **Cascada de la Cueva** bringt. Wer gar nicht hinabsteigen möchte, wählt den dritten Abzweig, der nur sanft abwärts führt und den Blick auf den obersten Teil des Wasserfalles, die **Cascada de Estrecho**, erlaubt.

Dann geht es abermals durch den Wald und durch weitere Kehren bergan. Wir erreichen jetzt die Baumgrenze und der Blick auf die imposanten Steilwände, die eigentlich schon die ganze Zeit neben uns aufragen, wird deutlich besser. So langsam kommt Spannung in die Wanderung. Der Rio Arazas fließt jetzt direkt rechts neben uns und es gibt mehrere Stellen, an denen man zum Wasser hinunter könnte. Besonders geeignet, aber auch sehr beliebt ist ein **Wiesenplatz kurz vor dem nächsten Wasserfall**. Er liegt genau dort, wo der breite Fußweg zum Wanderpfad wird, und wieder ansteigt. Ab hier lohnt die Wanderung wirklich.

Nach wenigen Metern treffen wir auf eine üppig fließende, eiskalte **Quelle** an der linken Wegseite. Dann geht es parallel zu den **Gradas de Soaso**, an denen das Wasser über viele kleine Stufen rieselt, weiter hinauf. Auch der Blick auf die Steilwände des Valle de Ordesa ist jetzt frei. Wir laufen jetzt noch eine knappe Stunde bis zum letzten Wasserfall im Tal, der wegen seiner ungewöhnlichen Form **Cola de Caballo**, Pferdeschweif-Wasserfall, genannt wird. Der Weg führt am Fluss entlang hinauf und dann durch die **Sosta de Soasa**, ein grünes Hochtal. Der Wasserfall versteckt sich gut an ihrem Ende und da er ganz sanft über die Felsen rieselt, ist er nicht von Weiten zu hören. Biegt man dann um die letzte Ecke, ist er plötzlich da und es erklärt sich von selbst, warum er einen so ungewöhnlichen Namen trägt.

Zurück wandern wir auf dem gleichen Weg bis zum ersten Wasserfall, der Cascada di Arripas. Hier biegen wir diesmal links ab, um auf der anderen Flussseite zurück zum Bushalt zu gehen. Der Weg führt in Kehren hinab und bringt uns zu einer Brücke, an der man noch einmal über das Wasser auf die Steilhänge blicken kann. Auf einem Waldweg geht es hinab. Dann kommen wir noch einmal zu einer Brücke, die wir rechts liegen lassen. Wir folgen hier dem ehemals rollstuhltauglichen Weg, der durch einen alten Buchenwald führt. Dann überqueren wir eine letzte Brücke und stehen wieder am Busparkplatz.

Fährt man von Torla hinter den Campingplätzen weiter ins Tal, kommt man schnell zu einem Kreisel. Rechts geht es hier zur Pradera de Ordesa. Diese Straße ist gesperrt und darf nur von den Zubringerbussen befahren werden. Links zweigt die schmale Straße ins Valle de Bujaruelo ab. Sie ist nur teilweise asphaltiert und streckenweise recht löchrig und schmal. Sie führt nach **San Nicolas de Bujaruelo** und ins zweite Wandergebiet bei Torla. An der Straße liegen nach etwa 3,5 und 6 Kilometern jeweils einfache Campingplätze.

Die Fahrt ins Tal lohnt vor allem, wenn Sie Plätze am Ende der Welt lieben und wandern wollen. Sie ist nur mit kompakten, halbwegs geländegängigen Fahrzeugen empfehlenswert. Am Anfang ist die Straße noch asphaltiert, aber besonders schmal und führt unter überhängenden Felsen hindurch, die das Ausweichen schwierig machen. Dann wird der Asphalt zu einer etwas breiteren Piste mit vielen Schlaglöchern. Sie führt zu einer Brücke und wechselt auf die andere Flussseite. Kurz darauf erreichen wir den ersten Campingplatz. Geradeaus geht es dann noch drei Kilometer weiter bis der Fahrweg am Refugio de Bujaruelo endet. Hier überspannt eine alte romanische Bogenbrücke den Rio Ara und ein Wanderweg führt immer am Rio Ara entlang ins Valle de Bujaruelo. Alternativ können Sie das Refugio de Bujaruelo auch mit dem Jeeptaxi erreichen. Das Büro, das diese Fahrten organisiert, befindet sich im Ortszentrum von Torla.

### (211) WOMO-Campingplatz: Camping Valle de Bujaruelo

**GPS/Kontakt:** N 42°40'38.3", W 0°07'24.5", 1.240 m, Carretera de Bujaruelo, Tel. 0034 974 486348, campingvalledebujaruelo.com
**Öffnungszeit:** Mitte April bis Mitte Oktober.
**Ausstattung:** V/E, Restaurant mit guter Küche, Laden, kostenloses WLAN, Trinkwasserversorgung aus natürlicher Quelle.
**Beschreibung:** Schöner, naturnaher, in Terrassen angelegter Platz am Hang, gepflegte Sanitäranlagen.
**Preise:** €19–21, Strom €4,50–5,50.
**Zufahrt:** Von der Kreuzung hinter Torla links auf die Piste ins Valle Bujaruelo. 3,5 Kilometer auf schmaler Piste bis zum Campingplatz.

### (212) WOMO-Campingplatz: Camping Refugio de Bujaruelo

**GPS/Kontakt:** N 42°41'38.9", W 0°06'26.2", 1.400 m, Calle Única, Tel. 0034 974 486412, www.refugiodebujaruelo.com.
**Öffnungszeit:** Ostern bis Mitte Oktober.
**Ausstattung:** V/E, kein Strom, kostenloses WLAN, Restaurant.
**Beschreibung:** Große, ebene Wiese mit toller Bergkulisse neben dem Refugio.
**Preise:** €21.
**Zufahrt:** Von der Kreuzung hinter Torla links auf die Piste ins Valle Bujaruelo. Auf der Piste vorbei am ersten Campingplatz bis zum Ende der Straße. Dort die linke Zufahrt zum Campinggelände wählen. Auf dem benachbarten Wanderparkplatz gilt Nachtparkverbot.

Der Rio Ara fließt direkt am Campinggelände vorbei. Der GR 11 führt von hier aus weiter hinauf ins Flusstal und man kann ihm ein kleines Stück folgen und das idyllische Tal erforschen.

## Das Tal des Rio Ara

Direkt neben dem Refugio steht eine alte Bogenbrücke und darunter befindet sich eine kleine Badestelle mit Kiesufer. Das Wasser wäre tief genug zum Schwimmen – der Rio Ara ist jedoch auch im Sommer eiskalt. Von der Brücke führen zwei Wege ins Tal – vor der Brücke ein breiter Schotterweg, von dem wir von oben ins Tal sehen können, und hinter der Brücke links der GR 11, der sich als schmaler Wanderpfad nahe am Ufer durch das grüne Tal windet.

Wir verbinden beide zu einem Rundweg, wählen erst den Schotterweg und biegen dazu direkt vor der Brücke links ab. Mit schönen Blicken über das Tal wandern wir immer weiter bis zu einer Verzweigung, an der links am Weg eine gefasste Quelle mit eiskaltem Trinkwasser sprudelt. Hier biegen wir nach rechts ab, überqueren eine Brücke und laufen noch ein Stück geradeaus weiter bis wir auf den GR 11 treffen, dem wir nach rechts ins Bachtal folgen.

Hier beginnt der schönste Teil der Runde. Lassen Sie sich Zeit und planen Sie vielleicht noch ein Picknick am Wasser ein. Es gibt viele Stellen, an denen man gut an den Bach kommt. Das macht das Tal auch perfekt für einen Ausflug mit Kindern. Auf dem rot-weiß markierten Weg geht es zurück zur Bogenbrücke und zum Refugio.

Wer im Hochsommer dem Gewimmel in Torla entfliehen möchte, kann zur Übernachtung in die Nachbardörfer **Oto** oder **Broto** ausweichen. Der Campingplatz in Oto ist dann zwar ebenfalls gut belegt, besticht aber durch seine schöne Lage und die moderaten Preise.

### (214) WOMO-Campingplatz: Broto / Camping Oto

**GPS / Kontakt:** N 42°35'49.0", W 0°07'51.0", Tel. 0034 974 486075, www.campingoto.com.
**Öffnungszeit:** März bis Mitte Oktober.
**Ausstattung:** V/E ohne Grauwassereinlass, Pool, Laden, WLAN im Eingangsbereich kostenlos.
**Beschreibung:** Angenehmer Campingplatz mit schattigen Stellplätzen, gute Sanitäranlagen. Camperplatz vor dem Eingang.
**Preise:** € 17,50 – 19,50, Strom € 5.
**Zufahrt:** Am Ortseingang von Broto rechts in Richtung Campingplatz abbiegen, den Fluss überqueren und in einem großem Bogen um das Dorf Oto herum zum Campingplatz fahren. Die Zufahrt ist beschildert.

Fährt man von Broto weiter nach Süden durch das stille Tal des Rio Ara, folgt rechts an der Straße gut versteckt die Zufahrt zu einem weitläufigen Freizeitgelände bei N 42°33'32.8", W 0°07'07.1". Übernachten ist hier verboten, aber Sie finden sicher einen Platz für eine entspannte Pause im Grünen.

Noch einmal drei Kilometer weiter sieht man dort, wo eine schmale Straße nach **Asin de Broto** hinaufführt, ein Wohnmobilsymbol an der Straße. Folgt man diesem hinauf in den Ort, findet man keine weiteren Hinweise auf den unten beschilderten Platz. Er soll sich bei N 42°32'04.0", W 0°07'55.1" befinden und zum Hotel Casa Notario gehören. Wir konnten leider vor Ort keine weiteren Informationen auftreiben.

Besser zu finden, ist der neue Stellplatz in der Nähe von **Fiscal**, Hier stehen Sie mit Bergblick im Grünen.

**(215) Offizieller WOMO-Stellplatz: Fiscal**
**Área Ordesa Pirineos**

**GPS/Kontakt:** N 42°29'41.4" W 0°06'55.2", 763 m, areadeautocaravanasordesapirineos.com. **Öffnungszeit:** Ganzjährig.
**Ausstattung:** V/E, Strom, WLAN gratis, Dusche und WC in Planung.
**Beschreibung:** Stellplatz für 50 Mobile auf einem gepflegten eingezäunten Wiesengelände mit Blick in die Berge. Ruhige Lage abseits des Ortes. Zufahrt durch eine Schranke. Für Fahrzeuge bis max. 9 Meter.
**Preise:** € 10, Zahlung über PVerde – eine spanische Parkplatz-App. Es hängt auch eine Telefonnummer aus, wo man Zahlungsinfos bekommt.
**Zufahrt:** In Fiscal der Beschilderung folgen.
**Alternative:** Camping Ribera del Ala bei N 42°30'01.7", W 0°07'14.0", an der Kreuzung vor Fiscal rechts und gleich hinter der Flussbrücke wieder rechts. www.riberadelara.com

Von Fiscal geht es dann zurück in Richtung Ainsa und an einigen Dörfern und mehreren Ruinen vorbei. Es gibt hier viele verlassene Häuser. Nach gut zehn Kilometern liegt rechts der Straße eine geschotterte Parkbucht und ein Wanderschild weist den Weg nach **Janovas**. Wenn Sie die Schotterstraße nicht schreckt, können Sie auch noch ein Stück in Richtung Dorf fahren und links auf einer Schotterfläche parken. Wir haben es vorgezogen, die 400 Meter zum Fluss zu Fuß hinunterzulaufen.

### Janovas – Ausflug in ein verlassenes Dorf

Im Hocharagon gibt es viele verlassene Dörfer. Ihre Bewohner zogen aus, weil es hier einfach keine Lebensgrundlage mehr gab. Auch Janovas ist verlassen und besteht fast ausschließlich aus zerfallenen Häusern. Doch dieses Dorf hat eine andere Geschichte. Bei Janovas sollte ein Damm entstehen, um den Lauf des Rio Ara zu stauen. Deshalb wurde in den 1960er Jahren das Dorf, eines der wohlhabendsten im Tal, gegen den Willen der Bevölkerung geräumt. Die Betreiberfirma Iberduero ging dabei nicht zimperlich vor, sprengte Häuser im nur halb verlassenen Ort, ruinierte Felder, fällte Bäume und schikanierte die Einwohner. Das alles zu einer Zeit, in der noch gar keine Baugenehmigung für den Staudamm vorlag. 2005 wurde das Projekt dann als nicht umsetzbar gekippt – die Häuser von Janovas standen zu diesem Zeitpunkt schon seit über 40 Jahren leer. Ein Teil der ehemaligen Bewohner des Dorfes kämpfte um Gerechtigkeit und hat juristische Erfolge zur Rückgabe ihres Eigentums erzielt. So sind in den letzten Jahren einige der Häuser im Dorf wiederhergestellt worden. An anderen wird gearbeitet. Aber immer noch kann man an vielen Gebäuden beobachten, wie sich die Natur den ehemals besiedelten Raum zurückholt. Bäume wachsen zwischen Mauern und üppiges Grün quillt aus Fenstern und Mauerrissen, an denen noch einige schöne Details der Architektur zu entdecken sind. Das Dorf am Flussufer ist von morbider Schönheit.

Hinter Janovas schließt sich die Runde, und über Ainsa geht es wieder nach Escalona. Zwischen Escalona und Hospital de Tella gibt es rechts der Straße mehrere Parkbuchten. An diesen führen Treppen zum Kiesbett des **Rio Cinca** hinunter. Dort findet man Wasserbecken, in denen man auch im Sommer meist noch gut baden kann. Der Weg über die Steine ist etwas beschwerlich, das Wasser im Fluss aber glasklar und angenehm kalt. Getestet haben wir eine der letzten Buchten bei N 42°32'09.6", E 0°09'28.3" (Foto oben). Hier kann man sogar von flachen Felsen in eine kleine Gumpe springen.

**Bielsa** ist dann der letzte größere Ort vor der Grenze. Seit hier 1976 der Tunnel nach Frankreich gegraben wurde, ist das Tal ein beliebtes Ausflugsziel und Bielsa profitiert vom Preisgefälle zwischen Spanien und Frankreich. In den Regalen der Supermärkte stapelt sich ein ungewöhnliches Sortiment. Alkoholika aller Art sind überproportional gut vertreten und im kleinen Laden im Ortszentrum ging vor uns, neben Zigaretten, auch ein glitzerndes Kinder-Flamencokleid über die Theke. Doch die Franzosen kommen nicht nur zum Einkaufen, die Täler um Bielsa sind auch ein interessantes Wandergebiet und nicht selten scheint hier die Sonne, während das französische Aragnouet auf der anderen Tunnelseite im Nebel versinkt. Wer die Nähe zu Gastronomie sucht, kann auf dem großen Parkplatz vor dem Ort auch über Nacht parken.

**(216) WOMO-Parkplatz: Bielsa**

**GPS:** N 42°38'11.3", E 0°12'56.0", 1.067 m. **Max. WOMOs:** 2
**Ausstattung:** Keine. **Beschreibung:** Asphaltierter Parkplatz am Ortsrand.
**Zufahrt:** Am Ort vorbeifahren und hinter den letzten Häusern links auf den Parkplatz auf der anderen Flussseite fahren.

In Bielsa beginnt außerdem die Zufahrt ins **Valle de Pineta**. Nachdem inzwischen alle Parkplätze im Tal mit einem Nachtparkverbot versehen wurden, lohnt die Fahrt ins Tal nur noch zum Wandern. Der Talschluss liegt an der Grenze zum Parque National Ordesa y Monte Perdido und unter den Gipfeln, die hinter dem Talkessel aufragen, ist auch eben jener Monte Perdido. Der Aufstieg auf seinen Gipfel ist eine ausgewachsene Bergtour, es gibt aber auch moderatere Wanderalternativen. Am Talende liegt rechts ein großer Wanderparkplatz. Wer übernachten möchte, findet auf halbem Weg den Camping Pineta.

### (217) WOMO-Campingplatz: Bielsa / Camping Pineta

**GPS/Kontakt:** N 42°39'05.4", E 0°08'24.3", 1.242 m, Tel. 0034 974 501089, www.campingpineta.com.
**Öffnungszeit:** April bis November.
**Ausstattung:** V/E, Pool, WLAN im Eingangsbereich, Restaurant und Bar, kleiner Laden.
**Beschreibung:** Relativ ruhige Lage unterhalb der Straße. Naturnahe, schattige Plätze im Grünen, gute Sanitäranlagen.
**Preise:** € 18 – 20, Strom € 5,75.
**Zufahrt:** Links der Straße nicht zu übersehen.

### Aufstieg zu den Cascades de Larri

Der breite Weg, der hinter der Infohütte beginnt, teilt sich schon nach wenigen Schritten. Wir gehen hier rechts und folgen den Schildern nach Larri. Der Weg wird schmaler, überquert einen Fluss und teilt sich am Zusammenfluss von Cinca und Larri ein zweites Mal. Der linke Weg führt zum großen Wasserfall, den wir schon von unten gut sehen können, wir gehen hier rechts weiter und klettern schon bald Stufe für Stufe durch den Wald den Hang hinauf. Rechts neben uns rauscht der Larri, der hier über viele Stufen ins Tal hinabfällt. Am ersten Abzweig lohnt unbedingt der Abstecher nach rechts. Hier stürzt das Wasser über tiefrote Felsen in ein türkisblau schillerndes Becken. 200 Höhenmeter und etliche schöne Kaskaden später mündet der steile Pfad auf einen breiten Weg. Wir biegen rechts ab und überqueren eine Brücke. Links von uns rinnt das Wasser einer Quelle aus einer hölzernen Rinne. Der breite Weg führt jetzt in drei Kurven hinauf nach Larri. Wer abkürzen will, kann auch den Pfad wählen, der direkt den Hang hinaufführt. Unten ist er ziemlich zugewachsen, in der letzten besonders ausladenden Kurve funktioniert die Abkürzung dagegen gut. Dann stehen wir auf der Hochebene von Larri.

Rechts sehen wir das Steinhaus der Alm, auf den Wiesen weiden Kühe und Pferde, und am hinteren Ende der Grasfläche schauen wir auf einen weiteren Wasserfall, der unser Ziel ist. Auf einem breiten Wiesenweg marschieren wir in etwa 30 Minuten dorthin. Unser Pfad führt uns direkt zum unteren Ende der Kaskade, wo der Fluss mehrere tiefere Becken bildet.

Nach einer Pause am Wasser folgen wir dem schmalen Pfad direkt unten am Bach entlang, bis dieser wieder hinauf auf die Wiese führt. Zurück an der Almhütte geht es den Schotterweg wieder hinunter, bis links ein steil abfallender Weg in Richtung Pradera Pineta abzweigt. Hier steigen wir wieder hinunter und treffen an der kleinen Kirche Ermita de la Pineta mit schön gefasster Quelle und hinter dem Parador (Hotel) auf die Straße. Von hier sind es jetzt nur noch wenige Meter zur Einfahrt des Parkplatzes.

Zurück in Bielsa nähern wir uns jetzt zügig der Grenze. Nach wenigen Kilometern können wir in **Parzán**, das weitgehend aus einer Bar, einer Tankstelle und zwei großen Supermärkten besteht, noch einmal zu spanischen Preisen einkaufen, was sich meist beim Diesel und wohl auch bei Alkoholika lohnt. Jedenfalls blüht auch hier der Wochenendhandel mit den französischen Nachbarn.

Obwohl es im Berg zwei Fahrspuren gibt, werden die Fahrzeuge zeitweise blockweise durch den Tunnel geschickt, sodass es vor allem am Wochenende zu Wartezeiten kommen kann. Unsere erste Fahrt durch den Berg war eindrucksvoll. Auf der spanischen Seite zeigte die Temperaturanzeige noch knapp 40 Grad. Nach wenigen Minuten rauschen wir auf der anderen Bergseite bei 22 Grad in den Nebel. Kaum sind wir unter den Wolken angekommen, fängt es an zu nieseln... Das ist natürlich nicht immer so – auch auf der Nordseite der Pyrenäen brennt die Sonne heiß vom Himmel. Aber es hat schon einen Grund, dass es hier so viel grüner ist als in Spanien. Es kann also durchaus sinnvoll sein, die Wettervorhersage zu studieren, wenn es auf der Südseite der Berge zu heiß oder auf der Nordseite zu feucht wird...

# TOUR 10 etwa 350 km

## Parc National des Pyrénées

Aragnouet – Arreau – Loudenvielle – Col du Tourmalet – Luz-Saint-Sauveur – Gavarnie – Cauterets – Argelès-Gazost – Lourdes – Col d'Aubisque – Laruns

*Auf der französischen Seite der Berge schließt der größte der drei Pyrenäen-Nationalparks an das Gebiet des Ordesa-Nationalparks an. Das bekannteste Ziel des Parc National des Pyrénées ist der Cirque de Gavarnie, ein Talkessel, der dem Zentrum des Ordesa Nationalparkes direkt gegenüber liegt. Ein weiteres beliebtes, aber recht anspruchsvolles Wanderziel liegt ganz in Nähe: Die Breche de Roland, eine 40 Meter breite Scharte im Pyrenäenhauptkamm auf der Grenze zwischen Spanien und Frankreich. Die Legende erzählt, dass Graf Roland (Orlando), Befehlshaber im Heer Karls des Großen, nach der*

**Stellplätze:** Piau Engali, Saint-Lary, Arreau, Loudenvielle, Payolle, Artiques, La Mongie, Col de Tourmalet, Barèges, Luz-Saint-Saveur, Gèdre, Gavarnie, Soulom, Pierrefitte-Nestalas, Cauterets, Lourdes, Agos-Vidalos, Argelès-Gazost, Aucun, Arrens-Massous, Vallée d'Arrens, Col de Soulor, Col d'Aubisque, Gourette, Eaux-Bonnes, Laruns, Artouste, Col de Portalet

**Campingplätze:** Aragnouet, Guchen, Luz-Saint-Sauveur, Camping bei Gavarnie, Cauterets, Lourdes, Argelès-Gazost, Arrens-Massous, Laruns

**Besichtigen:** Les Aigles d'Aure, Arreau, Pic du Midi de Bigorre, Lourdes, Grottes de Betharram, Parc Animalier des Pyrénées, Burgruine Luz-Saint-Sauveur, Petit Train d'Artouste

**Wandern:** Cirque de Gavarnie, Vallée du Marcadau, Lac de Gaube, Vallée d'Aste

**Märkte:** Luz-Saint-Sauveur: Mo; Cauterets: Fr; Lourdes: täglich; Eaux-Bonnes: Mi; Laruns: Sa

*verlorenen Schlacht von Roncevalles hier sein Schwert Durendal in den Stein trieb – eigentlich, um es zu zerstören. Das Gebiet des französischen Nationalparks ist weitläufig und Gavarnie nur sein touristisches Zentrum. Für Wandernde gibt es viele, weniger überlaufene Alternativen. Besonders gut gefallen hat uns die Region um das Vallée d'Ossau. In Sachen Kultur hat diese Tour ebenfalls ein illustres Ziel zu bieten: den Besuch des leicht skurrilen Wallfahrtsortes Lourdes wird sicher kaum jemand auslassen.*

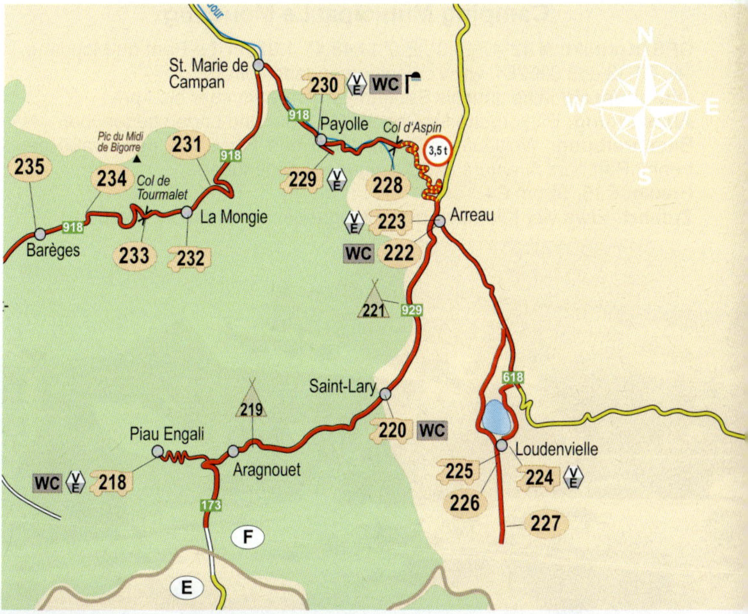

Kaum auf der französischen Seite angekommen kurven wir links den Berg hinauf. Oben im Skiort **Piau Engaly** gibt es nämlich auf den riesigen Parkplätzen auch einen offiziellen Stellplatz für Wohnmobile. Der Ort besteht aus einigen Hotels, die im Sommer beinahe leer stehen. Vom Platz hat man einen schönen Blick in die Berge – wenn man ihn hat. Bei unserem ersten Besuch wurde der Nebel bei der Auffahrt Kurve um Kurve dichter. Oben angekommen war kaum noch das Hinweisschild mit Wohnmobil zu erkennen, und auf dem Parkplatz tauchten nur schemenhaft die Umrisse eines anderen Campingbusses auf. Auch bei unserem zweiten Besuch quollen die Wolken stetig über die Gipfel und hingen nur knapp über dem Ort und den Parkplätzen.

### (218) Offizieller WOMO-Stellplatz: Piau Engaly

**GPS:** N 42°47'13.0", E 0°09'26.4", 1.786 m. **Öffnungszeit:** Ganzjährig.
**Ausstattung:** V/E, WC, im Winter mit Strom.
**Beschreibung:** Langgezogener Asphaltplatz am Rand der Skistation, mit schönem Bergblick, ganzjährig nutzbar.
**Preise:** Im Sommer kostenfrei, €17 im Winter inkl. Strom.
**Zufahrt:** Kurz vor Aragnouet links hinauf und in gut sechs Kilometern durch etliche Kehren zur Skistation. Oben den WOMO-Schildern zum zweiten Kreisel und dort nach rechts folgen.

Zum Übernachten könnten Sie aber ebenso gut auf dem kleinen Campingplatz unten im Tal bleiben. Hier bekommen Sie zu einem sehr günstigen Tarif deutlich mehr Komfort.

### (219) WOMO-Campingplatz: Aragnouet Camping Municipal Le Moudang

**GPS/Kontakt:** N 42°47'10.0", E 0°14'48.4", 1.075 m, Le Pont du Moudang, Tel. 00 33 562 396284, www.campingmoudang.com.
**Öffnungszeit:** Mitte Juni bis September und November bis April.
**Ausstattung:** Entsorgung für Chemie-WC, Bar und Laden gegenüber.
**Beschreibung:** Weitläufiger Platz, durch den Fluss von der Straße getrennt. Parcours Aventure (Hochseilgarten) gegenüber.
**Preise:** €15, Strom €4.
**Zufahrt:** Etwa vier Kilometer hinter Aragnouet rechts an der Straße.

Der nächste Ort an der Route ist das lebhafte **Saint-Lary**. Einen Parkplatz für den Tag finden Sie zentral im Ort bei N 42°49'07.8", E 0°19'21.3", über Nacht schickt man Wohnmobile an den Ortsrand, wo es etwas ruhiger ist.

**(220) Offizieller WOMO-Stellplatz: Saint-Lary-Soulan**

**GPS:** N 42°49'20.9", E 0°19'23.8", 801 m. **Öffnungszeit:** Ganzjährig.
**Ausstattung:** V/E mit zwei Euro-Relais, kein Grauwassereinlass, einfaches WC.
**Beschreibung:** Großer Schotterplatz links und Plätze auf Asphalt auf der rechten Seite. **Preise:** € 15.
**Zufahrt:** An der Kreuzung im Ort links halten und auf dem Chemin de Vielle Aure zum Ortsrand fahren. Der Platz liegt links kurz vor dem Kreisel.
**Alternative:** Nagelneuer kleiner Platz mit V/E am Ortsrand und etwas abseits der Straße bei N 42°49'35.9", E 0°19'37.9". Eher für kleinere Mobile, da etwas eng. € 10,50, Strom € 2.

Zwischen Saint-Lary und Arreau liegen sowohl an der größeren D 19 links des Flusses, als auch an der D 929 auf der anderen Flussseite mehrere kleine Campingplätze. Dieser hier befindet sich in einem ruhigen kleinen Ort.

**(221) WOMO-Campingplatz: Guchen / Camping Le Lavedan**

**GPS / Kontakt:** N 42°51'49.6", E 0°20'27.9", 21 Chem. de la Garenne, Tel. 0033 5 62 39 90 21. **Öffnungszeit:** Mitte Juni bis Mitte September.
**Ausstattung:** Pool.
**Beschreibung:** Einfacher kleiner Campingplatz auf einem Wiesengelände im netten Ort. **Preise:** Etwa € 15, Strom € 3–6.
**Zufahrt:** Im Ort ausgeschildert. Rechts hinunter und noch einmal rechts durch eine schmale Straße zum Platz.
**Alternative:** Im nächsten Ort Arreau gibt es außerdem einen netten Camping Municipal im Grünen am Ortsrand mit Plätzen nahe dem Flussufer.

Der nächste Ort an der Strecke ist **Arreau**. Fährt man nur hindurch, übersieht man leicht das hübsche, lebendige Ortszentrum mit Markthalle und einem kleinen Schloss. Ein Stopp lohnt sich durchaus. Auch in Arreau hat man den Stellplatz der Gemeinde in den letzten Jahren durch einen Camping-Car Park

ersetzt. Alternativ steht man aber auch auf den Parkplätzen hinter dem alten Stellplatz recht gut und nahe am Zentrum – für einen Bummel durchs Dorf, eine Einkehr zum Mittagessen oder auch über Nacht.

### (222) WOMO-Parkplatz: Arreau

**GPS:** N 42°54'25.3", E 0°21'37.2", 704 m. **Max. WOMOs:** 2–3
**Ausstattung:** Öffentliches WC.
**Beschreibung:** Großzügige PKW-Parkplätze in ruhiger und doch zentraler Lage am Ortsrand.
**Zufahrt:** Von Süden kommend den Ort auf der linken Flussseite durchqueren und über die zweite Brücke rechts in die Avenue de la Gare einbiegen und bis zum Parkplatz hinauffahren.

### (223) Offizieller WOMO-Stellplatz: Arreau Camping-Car Park

**GPS / Kontakt:** N 42°54'16.3", E 0°21'23.3", 710 m, Route des Lacs, www.campingcarpark.com. **Öffnungszeit:** Ganzjährig.
**Ausstattung:** V/E, Strom, Müll, WLAN.
**Beschreibung:** Ebener Schotterplatz mit Hinterhofatmosphäre in ruhiger Lage zwischen Häusern.
**Preise:** €13,20 zuzüglich Kurtaxe. Für die Nutzung des Platzes brauchen Sie den Pass'Etapes. Die Karte muss einmal für €5 erworben werden und gilt dann unbegrenzt für alle Plätze des Anbieters.
**Zufahrt:** Am Kreisel vor dem Ort links der Umgehungsstraße folgen und kurz bevor SIe den Fluss erreichen der Beschilderung rechts zum Stellplatz folgen.

Ganz in der Nähe des Parkplatzes versteckt sich außerdem der kleine Greifvogelpark »Les Aigles d'Aure«.

### Les Aigles d'Aure

Sie rätseln auch immer wieder, ob das, was da weit über Ihnen seine Kreise zieht ein Adler ist? Oder vielleicht doch ein Geier? Oder nur einer der kleineren Greifvögel? Ein Besuch bei Les Aigles d'Aure hilft da sicher weiter. In den täglichen Freiflugshows des Parkes fliegen ein Weißkopfseeadler, Steinadler, verschiedene Geier, Uhus, Falken und Milane.
*Geöffnet April bis August ab 14.30 Uhr, außer Sa. Mitte Juli bis Mitte August Flugshow um 15.30 und 17 Uhr, ansonsten nur um 15.30 Uhr. Eintritt: €10,50, Kinder 5–12 Jahre €6,50. www.aigles-daure.com*

*Im Chateau des Nestes sind heute die Tourismusinformation von Arreau und ein Museum untergebracht.*

*Das Portal der Kapelle Notre Dame d'Escalère in Arreau stammt aus dem 12. Jahrhundert.*

Von Arreau kann man außerdem über den Col de Peyressurde den Thermalort Luchon (Tour 7) erreichen. Noch vor dem Pass treffen wir auf ein kleines touristisches Zentrum rund um den See Lac de Génos und den Ort **Loudenvielle**. Am See werden Boote verliehen, es gibt ein Strandbad, viele Sportangebote und das Balnéa – ein Wellnessbad mit Thermalwasser, Sauna und sehr einladendem Außenbecken. www.balnea.fr

In unmittelbarerer Nähe dieser Attraktionen befindet sich ein Camping-Car Park, der leider nicht ganz so einladend geraten ist.

**(224) Offizieller WOMO-Stellplatz: Loudenvielle Camping-Car Park**

**GPS/Kontakt:** N 42°48'06.2", E 0°24'39.2", 950 m, La Neste du Louron, Chemin du Hourgade, www.campingcarpark.com.
**Öffnungszeit:** Ganzjährig.
**Ausstattung:** V/E, Strom, Müll, WLAN.
**Beschreibung:** Ebener, asphaltierter Parkplatz mit großen Parkbuchten direkt an der Durchgangsstraße. Kurzer Fußweg zum See mit Badeplatz und zum Balnéa Thermalbad.
**Preise:** € 14,20 zuzüglich Kurtaxe. Für die Nutzung des Platzes brauchen Sie den Pass'Etapes. Die Karte muss einmal für € 5 erworben werden und gilt dann unbegrenzt für alle Plätze des Anbieters.
**Zufahrt:** Am Kreisel vor dem Ort links der Umgehungsstraße und kurz bevor Sie den Fluss erreichen der Beschilderung rechts zum Stellplatz folgen.

Etwas weiter entfernt vom See gibt es landschaftlich attraktivere Alternativen. So hatte die Gemeinde 2022 in ruhiger Lage am Ortsrand auf einer ziemlich unebenen Wiese bei [**225:** N 42°47'31.6" E 0°24'32.5"] einen kostenlosen Parkplatz für

Wohnmobile eingerichtet. Da dieser doch eher provisorisch und auf Weideland lag, nennen wir ihn hier nur unter Vorbehalt. Es gibt aber auch noch eine »freie« Alternative:

### (226) WOMO-Parkplatz: Loudenvielle Neste

**GPS:** N 42°47'22.5", E 0°24'23.8", 950 m. **Max. WOMOs:** 3
**Ausstattung:** Keine.
**Beschreibung:** Schotterplatz neben ruhiger Straße und direkt am Ufer der Neste. Am Ende der Straße befindet sich der einladende Gasthof »La Table de Saoussas«.
**Zufahrt:** Am westlichen Ufer am See vorbeifahren und dort wo die D25 über den Fluss führt, die Brücke nicht überqueren, sondern immer geradeaus weiterfahren.
**Alternative:** Auch auf dem breiten Wiesenstreifen am Straßenrand stehen häufig Wohnmobile über Nacht.

Fährt man auf der schmalen Straße links des Flusses Neste noch weiter ins Tal hinein, kommt man in ein grünes Flusstal.

An dessen Rändern gibt es breite Schotter-Grasflächen auf denen man auch einen kompakten Camper parken kann.

### (227) WOMO-Parkplatz: Loudenvielle Pla de la Neste

**GPS:** N 42°46'0.9", E 0°24'44.0", 1100 m. **Max. WOMOs:** 3–4
**Ausstattung:** Keine.
**Beschreibung:** Schotter-Wiesenplätze zwischen der Straße und dem Flussbett, das im Sommer oft trocken ist. Vorsicht, bei starken Regenfällen besteht Überflutungsgefahr!
**Zufahrt:** Von Loudenvielle der streckenweise einspurigen Straße weiter ins Tal folgen bis zum Wanderparkplatz an einer Bachbrücke (GPS-Daten) Kurz darauf folgt eine erste und etwas weiter eine zweite grasdurchwachsene Schotterfläche auf der man parken kann.

Zurück in Arreau, ist eine Entscheidung fällig – zumindest dann wenn ihr Wohnmobil weniger als 3,5 Tonnen auf die Waage bringt: Fahren wir über die Pässe oder besser außenherum?

### Die Pässeroute am französischen Nationalpark – Beschränkungen für Fahrzeuge über 3,5 Tonnen

Zwischen Arreau, Luz-Saint-Sauveur und Laruns liegt eine traumhaft schöne, aber etwas anspruchsvollere Route über mehrere Pässe. Die ersten beiden sind der Col d'Aspin und der Col de Tourmalet. An der Zufahrt zum **Col d'Aspin** stand bei unserem letzten Besuch eine neue Begrenzung auf 3,5 Tonnen. Das macht durchaus Sinn, denn es geht eine schmale Straße hinauf, die an einigen Stellen nur knapp für zwei PKWs reicht und an der Hangseite weitgehend ungesichert ist. Den hinter dem Lac Payrolle anschließenden **Col de Tourmalet**, dürften Sie dann auch wieder mit schwereren Fahrzeugen fahren. Die Straße ist hier breiter und besser abgesichert. Am See stehen immer Wohnmobile aller Größen, die dann wohl von Luz hierher fahren.

Ein ähnliches Problem verursacht das zweite Pässeduo zwischen Luz-Saint-Sauveur und Laruns: Diesmal ist es der Col de Soulor, der erste der beiden Pässe, der keine Beschränkungen hat. Auf halber Strecke müssen Sie dann mit Mobilen über 3,5 Tonnen rechts in Richtung Norden fahren. **Der Col d'Aubisque hat neuerdings eine Begrenzung auf 3,5 Tonnen und eine Höhe von 3,60 Metern**. Unsere Empfehlung wäre es daher, mit großen Mobilen gleich von Lourdes einen Bogen ins Vallée d'Osseau zu fahren.

Höhensicheren Camper-Pilot*innen empfehlen wir aber auf jeden Fall den eindrucksvollen Weg durch die Berge. Wir widmen uns also erneut den Kurven auf der schmalen Straße über den **Col d'Aspin**. Der Parkplatz [**228:** N 42°55'42.6", E 0°21'03.8"] auf der Passhöhe ist relativ schnell erreicht. Das Verbotsschild für WOMOs, dass hier einmal stand, ist verschwunden. Alternativ ermöglicht auch ein Schotterplatz oberhalb der Straße kurz vor der Passhöhe bei N 42°56'31.2", E 0°19'37.9" eine Pause.

Sanft geht es wieder hinunter, bis wir zwischen den winzigen Orten Espiadet und **Payolle** die Zufahrt zu einem See erreichen. In Payolle gibt es vorne an der Straße ein sehr gutes »Depot de Pain« im kleinen Laden und mehrere Restaurants.

Parken dürfen Sie vorne an der Straße aber nur tagsüber (bis 21 Uhr). Einen offiziellen Stellplatz finden Sie weiter hinten am See. Oben im Ort haben Sie dann neben dem Campingplatz noch einen neuen Stellplatz zur Wahl. Alle anderen Plätze im Umfeld des Sees sind inzwischen zur Übernachtung verboten und teilweise auch mit Höhenschranken abgesperrt.

**(229) Offizieller WOMO-Stellplatz: Lac de Payolle**

**GPS:** N 42°56'13.2", E 0°18'09.9", 1.150 m. **Öffnungszeit:** Ganzjährig.
**Ausstattung:** V/E.
**Beschreibung:** Im Grünen und am Waldrand hinter einer Siedlung oberhalb des Sees.
**Preise:** €9,50 zahlbar mit Karte am Automaten, Frischwasser €2,50.
**Zufahrt:** Im Ort links zum See abbiegen und der Straße immer geradeaus bis zur letzten Kurve folgen. In der Kurve geradeaus weiter kommt man auf den offiziellen Platz.

**(230) Offizieller WOMO-Stellplatz: Payolle / Les 4 Véziaux**

**GPS / Kontakt:** N 42°56'33.9", E 0°16'45.4", Tel. 0033 531 520278. www.aire-cc-welcome2s.fr. **Öffnungszeit:** Ganzjährig.
**Ausstattung:** V/E, Strom, Toilette, Dusche, Mülleimer, Waschmaschine.
**Beschreibung:** Für Wohnmobile optimierter Bereich des kleinen Campingplatzes mit separater Zufahrt. Zugang 24/7 möglich.
**Preise:** € 14,50, Strom €2, Nutzung von Dusche und WC €2 pro Person.
**Zufahrt:** Auf der Hauptstraße am Platz vorbei und gleich hinter diesem links zum Eingang fahren.

Nach einer Kurve durch den Ort biegen wir in Richtung **Col de Tourmalet** ab. Wenn Sie sich für Fahrradrennsport interessieren, dürfte Ihnen der Name ein Begriff sein. Der Pass wurde im Jahr 1910 als erster Hochgebirgspass in die Route der Tour de France aufgenommen und war seitdem fast immer Teil der Streckenführung. Der Tourmalet ist auch heute noch die höchste asphaltierte Passstraße der französischen Pyrenäen und wir durchfahren etliche Kurven. Mit dem Wohnmobil kommen Sie einigermaßen problemlos hinauf, wenn auch die Straße in der Nähe der Passhöhe etwas schmaler wird. Noch einmal deutlich anstrengender ist die Fahrt für die vielen Rennradler, die hier gerne testen, ob Sie einer Königsstrecke der Tour de France gewachsen sind. Der schönste Stellplatz an der Passstrecke liegt bereits vor dem Skiort La Mongie rechts an der Straße.

### (231) WOMO-Parkplatz: Artiques

**GPS:** N 42°55'10.6", E 0°11'29.7", 1.588 m. **Max. WOMOs:** 4–5
**Ausstattung:** Keine.
**Beschreibung:** Riesiger Schotterplatz neben der Straße, außerorts und einsam gelegen, kurzer Fußweg hinunter zum Stausee und in ein Bachtal.
**Zufahrt:** Rechts an der Straße durch das Tal.

Wenig später tauchte vor uns **La Mongie** aus dem derzeit scheinbar unvermeidlichen Nebel auf. Dass Skiorte in den Pyrenäen meist keinen Schönheitspreis gewinnen, haben Sie ja jetzt schon das eine oder andere mal bei uns gelesen, aber La Mongie toppt alles. Trotzdem reiht sich gleich links an der Ortseinfahrt ein Wohnmobil an das andere. Von La Mongie fährt eine Seilbahn auf den Pic du Midi de Bigorre, einen der besten Aussichtsberge der Pyrenäen.

*Suchbild mit Lama: Auf den Weiden rund um La Mongie weiden nicht nur Schafe.*

### Forschung auf dem Pic du Midi de Bigorre

Seit 1873 gab es auf dem Gipfel eine Wetterstation, die zwischen 1878 und 1882 zu einem Observatorium umgebaut wurde. Mit Hilfe eines großen Teleskops beobachteten die Wissenschaftler, die hier arbeiteten, die Oberfläche des Mars und anderer Planeten. Vor der ersten Mondlandung hat man hier eine Karte des Planeten gezeichnet. In den 1950er Jahren wurden wichtige Erkenntnisse zur Sonne und zur kosmischen Strahlung gewonnen. Als dem Observatorium im Jahr 1998 die Schließung drohte, baute man erneut um. Aussichtsterrassen, von denen man bei guter Sicht das Massif Central erspähen kann, ein Ausflugslokal, ein Museum über Astronomie und ein Planetarium machen den Gipfel des Pic du Midi für den Tourismus interessant. Im Jahr 2000 ging die Seilbahn von La Mongie auf den Gipfel in Betrieb – und weil es nicht ganz auszuschließen ist, dass man wegen eines Wetterumschwungs nicht mit der Seilbahn ins Tal zurückkehren kann, gibt es hier oben auch Übernachtungsmöglichkeiten.

*Eintritt für Museum und Planetarium inkl. Seilbahnfahrt €47 pro Person, Kinder bis 18 Jahre €29. picdumidi.com*

Wenn Sie in La Mongie auch über Nacht bleiben möchten, stehen Sie am Ortsende auf den Parkplätzen links der Straße besser als am Ortseingang an der Seilbahn.

### (232) Offizieller WOMO-Stellplatz: La Mongie

**GPS:** N 42°54'44.8" E 0°10'35.4", 1.784 m.
**Ausstattung:** Keine.
**Beschreibung:** Ebene Parkfläche oberhalb des Ortes mit Blick in die Berge.
**Zufahrt:** Am Ortsende rechts zum P4 hinauffahren.
**Alternative:** Weitere Parkmöglichkeiten auf einer Terrasse weiter unten am Hang. Zufahrt über Schotterstraße.

*Fahrt in die Wolken auf dem Col de Tourmalet.*

Dann folgen noch einmal etliche enge Kurven bis zur Passhöhe. Oben gibt es mehrere Parkplätze. Sie sind jedoch tagsüber fast immer gut belegt. Wenn Sie hier stehen bleiben möchten, sollten Sie einen der Parkplätze vor der Passhöhe wählen.

### (233) WOMO-Parkplatz: Col de Tourmalet

**GPS:** N 42°54'29.5", E 0°08'50.8", 2.115 m. **Max. WOMOs:** 2–3
**Ausstattung:** Keine.
**Beschreibung:** Parkplatz links vor dem Restaurant, weitere Parkbuchten vor der Passhöhe am Straßenrand.
**Zufahrt:** Auf der Passhöhe des Col de Tourmalet.

Auf der anderen Seite geht es genauso steil und kurvig wieder hinunter. Die erste Skistation von **Super-Barèges** bietet einen guten Stellplatz. Hier fährt auch im Sommer ein Sessellift, den viele Wanderer zu schätzen wissen.

### (234) WOMO-Parkplatz: Super Barèges

**GPS:** N 42°54'19.8", E 0°07'47.3", 1.742 m. **Max. WOMOs:** 10
**Ausstattung:** WC tagsüber.
**Beschreibung:** Große Asphaltflächen an der Seilbahn, Umgebung okay, außerorts in einsamer Lage.
**Zufahrt:** Rechts der Straße, kaum zu übersehen.

Dann erreichen wir den ersten richtigen Ort auf dieser Passseite und Barèges ist eine rundum positive Überraschung. Im Winter ebenfalls Skiort, ist **Barèges** im Sommer von Wanderern und Fahrradfahrern bevölkert. Die Häuser sind klein und es gibt einen gewachsenen Ortskern. Keine Spur von der üblichen Skiort-Betonarchitektur. Ist ihr Wohnmobil nicht allzu groß, können Sie auf dem zentral liegenden Parkplatz rechts unterhalb der Straße parken. Die Zufahrt ist jedoch eng und steil.

### (235) WOMO-Parkplatz: Barèges

**GPS:** N 42°53‘47.8“, E 0°03‘41.5“, 1.199 m. **Max. WOMOs:** 1–2
**Ausstattung:** Öffentliches WC tagsüber neben der Tourismusinformation.
**Beschreibung:** Asphaltierter Parkplatz am Fluss, im Ort und nahe zu Geschäften und Restaurants.
**Zufahrt:** In der Ortsmitte rechts der Straße.
**Alternative:** 400 Meter weiter liegt recht der Straße ein kleiner Campingplatz.

Der nächste Ort an unserer Route ist dann schon **Luz-Saint-Sauveur**. Das Städtchen lebt vor allem von seiner Lage zwischen dem Cirque de Gavarnie und der Pilgerstadt Lourdes. In dem recht überschaubaren Ort gibt es zehn Campingplätze, eine attraktive Schlossruine, eine ausgezeichnete Bäckerei, einen Supermarkt und zum Bummeln eine Handvoll Gassen, die in der Hochsaison immer gut gefüllt sind. Da es im Zentrum eng ist, parken Sie am besten ein Stückchen außerhalb und biegen dazu vor der Flussbrücke links ab. Hier ist ein Parkplatz beschildert. Die ersten Plätze stehen quer zur Straße vor einer Picknickwiese zur Verfügung. Hier kann man aber nur kurze Mobile parken. Mit einem längeren Fahrzeug fahren Sie weiter bis zu einem Schotterplatz auf der rechten Seite bei N 42°52‘29.8“, W 0°00‘27.5“. Für eine Übernachtung müssen Sie jedoch auf den Campingplatz. Unser Favorit liegt in bester Lage im Ortszentrum und trotzdem am Fluss und im Grünen.

### (236) WOMO-Campingplatz: Luz-Saint-Sauveur Camping Toy

**GPS / Kontakt:** N 42°52‘24.1“, W 0°00‘08.5“, 17 place du 8 mai 1945, Tel. 0033 562 928685, www. camping-toy.com.
**Öffnungszeit:** Mai bis September und Dezember bis Anfang April.
**Ausstattung:** V/E, WLAN.
**Beschreibung:** Einfacher, aber guter Platz, zentral im Ort und trotzdem ruhig am Fluss gelegen. Parzellierte Plätze und ordentliche Sanitäranlagen.
**Preise:** € 16,50, Strom € 4–8.
**Zufahrt:** Im Ort rechts und vor der Flussbrücke wieder rechts über den Platz vor der Tourismusinformation zum Campingplatz.
**Alternative:** Camping Bergon an der Zufahrtsstraße nach Luz-Saint-Sauveur.

Neben dem Bummel durch die bunten Gassen lohnt sich in Luz unbedingt der kurze Aufstieg zur **Burgruine,** die weithin sichtbar über dem Ort thront. Wir überqueren dazu den Fluss, laufen am altehrwürdigen Hotel de Londres vorbei und biegen rechts und gleich wieder rechts ab. Vor dem Garten des Hotels Le Montaigu führt noch einmal rechts ein schmaler Fußweg hinauf. Der Weg ist steil, aber kurz und nach spätestens zehn Minuten stehen wir auf einer großen Wiese mit Picknicktisch und vor dem Eingang zur Ruine. Der Blick über den Ort ist fantastisch und der Platz hier oben recht stimmungsvoll.

Wir fahren nun von Luz-Saint-Sauveur zuerst zum **Cirque de Gavarnie** und sparen den Besuch in Lourdes für später auf. An der Straße nach Gavarnie treffen wir an der Pont de Napoleon auf einen neuen Stellplatz des Anbieters Camping-Car Park.

### (237) Offizieller WOMO-Stellplatz: Luz-Saint-Sauveur Camping-Car Park

**GPS/Kontakt:** N 42°51'37.3", W 0° 0'27.6", 740 m, Avenue de l'impératrice Eugénie, www.campingcarpark.com. **Öffnungszeit:** Ganzjährig.
**Ausstattung:** V/E, Strom, Müll, WLAN.
**Beschreibung:** Leicht schräger Schotterplatz mit zwei Terrassen. Zufahrt recht steil und für große Wohnmobile sportlich, vor allem wenn der Platz voll belegt ist.
**Preise:** € 14 zuzüglich Kurtaxe. Für die Nutzung des Platzes brauchen Sie den Pass'Etapes. Die Karte muss einmal für € 5 erworben werden und gilt dann unbegrenzt für alle Plätze des Anbieters.
**Zufahrt:** Der Platz liegt in der Schlucht südlich des Ortes an der Napoleonbrücke. Die Brücke überqueren und der schmalen Straße 300 Meter bis zum Platz folgen.

An der Pont Napoleon gibt es außerdem zwei Stationen für »Action-Sport«. An der ersten springen die Bungee-Jumper von der Brücke und an der zweiten kann man den Fluss mit einer rasanten Seilbahn (Tyrolienne) überqueren. Informationen bekommen Sie in der Tourist-Info in Luz.

Ein Schild am Straßenrand weist eine schmale Straße hinauf: »La veritable fabrication du **gateau à la broche**« ist darauf zu lesen. Es handelt sich bei dem Kuchen um eine Spezialität, die man in vielen Bergregionen Europas kennt. Einen »gâteau de broche« bereitet man über dem offenen Feuer zu. Der Teig ist flüssig und wird auf einen sich drehenden Holzzylinder gegossen. So entsteht ein spitz zulaufender Kuchen mit unregelmäßiger Oberfläche, der ein bisschen aussieht wie ein Weihnachtsbaum. Den Kuchen kann man in der Region in vielen Bäckereien oder auf einem der Wochenmärkte kaufen und probieren. Da hier das Parken schwierig ist, ziehen wir es vor, uns die Herstellung des Kuchens später in Laruns anzusehen, Er wird dort in einem Laden am Platz im Zentrum »gebacken«. So fahren wir weiter in Richtung Berge und erreichen zuerst den kleinen Ort **Gèdre**. Hier ist vom Tourismustrubel noch nichts zu spüren und so könnten Sie hier recht ruhig übernachten.

### (238) WOMO-Parkplatz: Gèdre

**GPS:** N 42°47'17.5", E 0°01'11.5", 1.047 m. **Max. WOMOs:** 2
**Ausstattung:** WC und Müllcontainer.
**Beschreibung:** Parkplatz in ruhiger Lage zwischen Häusern, im Ort.
**Zufahrt:** Links der Durchgangsstraße, ausgeschildert als Parkplatz.

Außerdem zweigt in Gèdre eine schmale Mautstraße ab, die links zum **Cirque de Troumousse** führt. Es handelt sich um ein weiteres Kesseltal – nicht ganz so gewaltig wie der Cirque de Gavarnie, aber weniger erschlossen. Für Outdoorbegeisterte ist dieser Cirque ebenfalls ein sehr interessantes Ziel. Wenn Sie mit einem Campingbus unterwegs sind, können Sie hier auf Entdeckungsreise gehen. Wir fahren jedoch geradeaus weiter und passieren einen in Alleinlage am Fluss gelegenen Campingplatz. Das ist der letzte Campingplatz vor Gavarnie.

### (239) WOMO-Campingplatz: Gavarnie
### Camping Le Pain de sucre

**GPS/Kontakt:** N 42°45'31.1", E 0°00'01.2", 1.240 m, Quartier Couret, Tel. 0033 562 924755, www.camping-gavarnie.com.
**Öffnungszeit:** Juni bis September und Mitte Dezember bis Mitte April.
**Ausstattung:** V/E, Snack-Pizzeria, Baguette-Service, Spielplatz, WLAN.
**Beschreibung:** Langgezogener Platz am Fluss, sehr schattig, ausgestattet mit neu renovierten Sanitäranlagen.
**Preise:** €13,50 – 17, Strom €5 – 7,50.
**Zufahrt:** Drei Kilometer vor Gavarnie rechts an der Straße.

Auf dem Weg nach **Gavarnie** überqueren wir den Nullmeridian und der Längengrad unserer GPS-Navigation wechselt von Ost auf West! In der Sommersaison ist die Zufahrt zum Ort komplett abgesperrt und Tagesbesucher werden direkt nach rechts auf einen großen Wanderparkplatz gelenkt. Hier gibt es auch einen Bereich für Wohnmobile, der aber direkt an der Straße liegt. Schöner stehen Sie weiter oben auf einem zweiten Stellplatz, der auch noch den Vorteil hat, dass Sie von hier aus die Wanderung in den Cirque auf einem vergleichsweise wenig begangenen Wanderpfad beginnen können, statt der Touristenautobahn durch das Tal zu folgen.

### (240) Offizieller WOMO-Stellplatz: Cirque de Gavarnie

**GPS:** N 42°44'17.8", W 0°01'10.2", 1.480 m. **Öffnungszeit:** Ganzjährig.
**Ausstattung:** V/E, Müll.
**Beschreibung:** Zwei große Schotterplätze, ruhig gelegen am Berg und über dem Ort in schöner, grüner Umgebung. Der Weg in den Cirque ist von hier aus ein wenig länger als vom unteren Platz, dafür aber sehr schön. Immer gut besucht.
**Preise:** €8 von Mai bis Oktober, im Winter kostenlos, aber kein Wasser.
**Zufahrt:** Vor der im Sommer gesperrten Ortszufahrt rechts in Richtung Port de Bucharo und der Straße durch einige Kehren bis zu den Parkplätzen rechts und links der Straße folgen.
**Alternative:** Weitere Stellplätze bei **N 42°44'09.5", W 0°00'45.3"** an der Zufahrt in den Ort und gegenüber dem Wanderparkplatz für PKW.
**Preise:** €8.

Der Cirque de Gavarnie ist der mächtigste der halbrunden Bergkessel, denen wir ja jetzt in den Pyrenäen schon häufiger begegnet sind. Er hat einen Durchmesser von fast zwei Kilometern und die Felswände ragen beeindruckende 1500 Meter über dem Grund des Kessels auf. Ein breiter Schotterweg führt vom Dorf Gavarnie bis ins Felsrund und macht ihn auch für ungeübte Wanderer zugänglich. Entsprechend viel ist hier los. Hier folgt unsere Alternativroute, wenn Sie lieber etwas einsamer wandern.

## Der Cirque de Gavarnie auf Schleichwegen

**Gehzeit: 4–5 Stunden, 12 km, 350 Höhenmeter.** Am Stellplatz beginnt in der hinteren Ecke des linken oberen Parkplatzes ein unmarkierter Pfad, den Sie durch ein Tor im Elektrozaun erreichen. Er führt zuerst oberhalb der Straße am Hang entlang. Auf Höhe des großem PKW-Parkplatzes entfernt sich der Weg von der Straße. Wir wandern ein gutes Stück über dem Ort ins Tal hinein und können uns Hotels und Restaurants von oben ansehen. Dann folgt links im Tal der Zeltplatz von Gavarnie und unter uns pilgern auf einem breiten Asphaltweg je nach Wochentag, Wetter und Saison mehr oder weniger große Menschenmengen am Flussufer entlang. Wir folgen dem deutlichen, aber unmarkierten Wanderweg bis kurz vor die Wiese, auf der im Hochsommer oft eine Freilichtbühne steht. Hier heißt es gut aufpassen: zuerst durchqueren wir einen Bach, dann geht es über eine Felsstufe mit etwas Kletterei bergauf – die Hände braucht man hier auf jeden Fall. Kurz hinter der Stufe lichtet sich der Wald und wir stehen auf einem Plateau mit tollem Blick über das Tal und den großen Wasserfall im Cirque am Ende des Weges.

Auf der gegenüberliegenden Seite des Plateaus führt ein rötlicher Pfad steil abwärts und hält auf die Wiese am Fluss zu auf der zeitweise die Bühne zu finden ist. Unten treffen wir auf eine Wegkreuzung. Links ginge es hier zum breiten Schotterweg am Fluss.

Wer abenteuerlustig ist biegt mit uns nach rechts ab. Wir folgen unserem Pfad bis zu einem Wegweiser. Rechts geht es aufwärts zum Plateau Bellevue, wir halten uns unten auf dem zuerst kaum erkennbaren Pfad an der Wiese. Mit der Zeit wird er deutlicher und bringt uns zu zwei in kurzem Abstand aufeinander folgenden Bachbrücken. Dahinter führt er durch ein besonders idyllisches Bachtal und verliert sich in der Wiese. Die Orientierung ist aber nicht allzu schwierig. Wir folgen weiter dem Wasserlauf und treffen auf ein ausgedehntes Kiesfeld. Auf diesem laufen wir weiter bis zu einer neuen Brücke über einem tief eingeschnittenen Bachtal.

Wir überqueren hier abermals den kleinen Fluss und steigen auf der anderen Seite sehr steil hinauf. Eine rutschige Passage des Pfades, die über Felsen führt, ist mit einer Kette gesichert. Dahinter schlängelt sich ein schmaler Pfad durch den Wald und endet nach etwa 15 Minuten Aufstieg (ab der Brücke) auf dem breiten, immer gut begangenen Schotterweg, der von Gavarnie zum Hotel du Cirque führt. Rechts hinauf sind es noch wenige Kehren, bis das Steinhaus vor uns auftaucht. Zwischen 12 und 14.30 Uhr ist die Küche geöffnet und man kann auf der Terrasse mit bestem Ausblick essen, danach gibt es nur noch Getränke, Sandwiches, süße Crèpes oder Eis. Hinter dem Haus führt ein einladender Weg am Wasserfall vorbei und zum Fluss hinunter und umrundet den Kessel des Cirque de Gavarnie mit seinen steilen Felswänden.

Auf dem Rückweg folgen wir dem Hauptweg bis zum ersten Abzweig nach links. Er führt zur ersten Brücke über den Fluss. Wir überqueren sie und folgen dem Weg bis wir den vom Hinweg vertrauten Pfad entdecken, der uns wieder auf das Plateau hinaufbringt. Oben halten wir uns rechts und laufen auf dem bereits vertrauten Weg zurück zum Parkplatz.

Der obere Stellplatz liegt bereits an der schmalen Straße, die von Gavarnie weiter in die Berge und zum **Port de Boucharo** (Porte de Bujaruelo) hinaufführt. Auf halber Strecke bietet der Parkplatz eines Skiliftes einen alternativen Stellplatz.

### (241) WOMO-Parkplatz: Station Gavarnie-Gèdre

**GPS:** N 42°43'48.7", W 0°01'48.5", 1.817 m.
**Max. WOMOs:** 4–5.
**Ausstattung:** Keine.
**Beschreibung:** Großer ebener Schotterplatz am Skilift, einsame Lage zwischen Bergen.
**Zufahrt:** Von Gavarnie der Stichstraße zum Port de Bucharo folgen. Auf halber Höhe rechts der Straße. Um das Gebäude herum in den hinteren Teil fahren.
**Alternative:** Am Rand der Straße gibt es mehrere kleinere Parkbuchten, die sich ebenfalls als Stellplatz für ein Fahrzeug eignen.

Kurz hinter der Skistation untersagt ein Schild das nächtliche Parken von Wohnmobilen. Der Parkplatz am Ende der Straße auf dem **Col de Tentes** ist also als Stellplatz tabu. Tagsüber können Sie aber durchaus auch mit einem Wohnmobil ganz

hinauf zum Ende der Straße fahren, allerdings ist der Parkplatz im Sommer oft gut belegt. Von dort kann man auf einem breiten Wanderweg immer am Hang entlang die letzten 1,6 Kilometer bis zum **Port de Boucharo**, einem Sattel zwischen zwei Bergen im Pyrenäenhauptkamm spazieren. Bequemer werden Sie an keiner anderen Stelle ins Hochgebirge zwischen den Nationalparks kommen. Alternativ führt vom Parkplatz auch noch ein Wanderweg zum einen Kilometer entfernten **Lac de Espécières** oder, in der anderen Richtung, mit grandiosem Ausblick über den Grasrücken des Pic de Tentes zum **Pic de la Pahule**. Von hier aus können Sie dann von oben in den Cirque de Gavarnie gucken. Folgen Sie dazu einfach dem Pfad, der vom Parkplatz links in die grünen Berge führt Mit 4,5 Kilometern und knapp 200 Höhenmetern ist das die längste der drei kurzen Wanderungen.

*Die Wehrkirche von Soulom*

**Ins Tal von Cauterets**

Über Luz-Saint-Sauveur geht es jetzt zurück und weiter ins benachbarte Tal von Cauterets. Unterwegs rollen wir durch den kleinen Ort Soulom. Hier gibt es auch wieder einen Parkplatz, der sich auch zur Übernachtung eignet.

**(242) WOMO-Parkplatz: Soulom**

**GPS:** N 42°57'20.5", W 0°04'21.4", 485 m. **Max. WOMOs:** 4–5
**Ausstattung:** Im Sommer Snackbar.
**Beschreibung:** Großer Asphaltplatz am Ortsrand, nahe an der Straße, aber groß genug, um zu ihr Abstand zu gewinnen.
**Zufahrt:** Von Luz kommend rechts am Ortseingang von Soulom.

Am Übergang der Orte **Soulom** und **Pierrefitte** steht die alte Wehrkirche Saint André aus dem 12. Jahrhundert, die mit ihrem befestigten Glockenturm wirklich ungewöhnlich aussieht. Öffnungszeiten konnten wir leider nicht ermitteln, es bleibt Ihnen also nichts anderes übrig, als versuchsweise die Klinke zu drücken. Im Nachbarort Pierrefitte ist aus dem einfachen, kostenlosen Stellplatz der Gemeinde ein kostenpflichtiger, gut ausgestatteter Camping-Car Park geworden.

**(243) Offizieller WOMO-Stellplatz: Pierrefitte-Nestalas Camping-Car Park**

**GPS/Kontakt:** N 42°57'37.2", W 0°04'37.6", 491 m, www.campingcarpark.com.
**Öffnungszeit:** Ganzjährig. **Ausstattung:** V/E, Strom, Müll, WLAN.
**Beschreibung:** Zwölf Plätze mit etwas Abstand in einem Rondell angeordnet. Ruhige Lage am Ortsrand. **Preise:** € 12 inkl. Strom zuzüglich Kurtaxe. Für die Nutzung des Platzes brauchen Sie den Pass'Etapes. Die Karte muss einmal (am Automaten an der Zufahrt) für € 5 erworben werden und gilt dann für alle Plätze des Anbieters.
**Zufahrt:** Von Soulom kommend die Flussbrücke überqueren, hinter der Brücke links in die Rue Gautier (2. Straße links) einbiegen und bis zu einer sternförmigen Kreuzung fahren. Dort schräg rechts in den Chemin de la Portere und zum Stellplatz.

Dann geht es ins nächste Tal, dessen Zentrum der Ferienort **Cauterets** ist. Der lebhafte Ort mit viel alter Bausubstanz blickt auf eine ruhmreiche Vergangenheit als Kurort zurück. Heute gibt es hier mit den Bains Rocher auch ein Thermalbad, das für jeden zugänglich ist. Quartier bieten im Ort zwei offizielle Stellplätze für Wohnmobile.

**(244) Offizieller WOMO-Stellplatz: Cauterets Patinoire**

**GPS:** N 42°53'35.2", W 0°06'47.4", 907 m.
**Öffnungszeit:** Ganzjährig.
**Ausstattung:** V/E, Strom.
**Beschreibung:** Zentral im Ort, wenig idyllisch. **Preise:** € 10,70 inkl. Strom.
**Zufahrt:** Auf der D 920 in den Ort hineinfahren und am Camping Les Glères rechts zum Fluss abbiegen.

**(245) Offizieller WOMO-Stellplatz: Cauterets Ancien Boulodrome**

**GPS:** N 42°53'11.4", W 0°06' 55.5", 979 m. **Öffnungszeit:** Ganzjährig.
**Ausstattung:** V/E, Strom.
**Beschreibung:** Ebener Parkplatz am Ortsrand, nahe an der Straße zur Pont d'Espagne. **Preise:** € 10,70 inkl. Strom.
**Zufahrt:** Auf der D 920 in den Ort hinein und immer in Richtung Pont d'Espagne fahren. Der Platz liegt am Ortsende hinter dem Casino links der Straße und ist beschildert.

Außerdem gibt es am Ortsrand mehrere Campingplätze. Am besten gefallen hat uns der Camping Peguère mit vielen schönen Stellplätzen am Flussufer.

**(246) WOMO-Campingplatz: Cauterets / Camping Peguère**

**GPS / Kontakt:** N 42°54'3.7", W 0°06'27.7", 904 m, Tel. 0033 562 925291, www.campingpeguere.com. **Öffnungszeit:** April bis Oktober.
**Ausstattung:** V/E, Spielplatz, WLAN.
**Beschreibung:** Einfacher naturnaher Platz mit vielen Stellplätzen am Flussufer, etwa 900 Meter vom Ortskern entfernt. Mittagspause der Rezeption von 12 – 14 bzw. 15 Uhr.
**Preise:** € 14 – 17, Strom € 3, Camper-Stopp € 16,50 in der NS.
**Zufahrt:** Am Ortseingang rechts der Straße, die Zufahrt ist beschildert.
**Alternative:** Der Camping Les Glères liegt am nächsten zum Ortszentrum und an den Thermen und ist ganzjährig geöffnet. www.gleres.com

**Therme Bains du Rocher**
Innen- und Außenbecken mit 38°C warmem Wasser, Sprudelliegen und Jacuzzi, kleine Sauna und Fitnessraum, Massagen gegen Aufpreis. Denken Sie daran, dass Männer (und auch Jungen) in Frankreich in allen Bädern enge Badehosen tragen müssen, Badeshorts gelten als unhygienisch und sind nicht erlaubt.
*Eintritt für Bäder, Sauna und Hammam 2h €19, Familie (2+1) 46,50.*
*www.bains-rocher.fr*

Auch in **Cauterets** kann man gut wandern. Die meisten Wege beginnen an der Straße zur **Pont d'Espagne**, an deren Ende ein großer gebührenpflichtiger Wanderparkplatz zu finden ist. Aber obwohl es hier einen separaten Bereich für Wohnmobile gibt, dürfen Sie nicht über Nacht bleiben. Der Besuch lohnt aber auf jeden Fall für einen der beiden schönen Bergspaziergänge, die sich vom Parkplatz anbieten. Ins Vallée du Marcadau kommen Sie auf einem bequemen Wanderweg und zum 200 Meter höher gelegenen Etang de Gaube fährt in der Sommersaison ein Sessellift.

## Ins Vallée du Marcadau

Hinter dem Gebäude am Parkplatzrand, in dem sich Toiletten, Kassenautomat und Information befinden, folgen wir ein kurzes Stück dem Asphaltweg, bis in einer Kurve ein Naturweg abzweigt. Er steigt deutlich an und führt zu einem imposanten Wasserfall hinauf. Es folgen mehrere schmale Metallbrücken, von denen man zum tosenden Wasser hinunterschauen kann. Dann taucht vor uns ein Steingebäude mit roten Fensterläden auf. Am Refuge de Pont d'Espagne stehen nachmittags große Eisbecher auf den Tischen und mittags kann man hier auch essen.

Wir bleiben auf der linken Seite des Flusses, laufen vor den Tischen vorbei und folgen dem dort beginnenden Weg in Richtung Talstation Sessellift, die wir nach wenigen Minuten erreichen. Wir lassen diese links liegen und wandern auf dem breiten Fußweg weiter ins Tal hinein. Schnell taucht vor uns die **Refuge du Clot** auf, an der man sehr schön sitzt, nach unseren Erfahrungen aber nicht ganz so gut isst. Hier beginnt der alte Weg ins Tal, der immer an der rechten Flussseite bleibt. Durch eine Bilderbuchlandschaft mit knorrigen Kiefern und dicken Felsbrocken steigen wir weiter hinauf. Der Fluss gerät kurzzeitig außer Sicht, bis an einem Plateau links unter uns eine erste Brücke auftaucht. Wir bleiben oben auf dem Weg und folgen diesem durch einen kurzzeitig etwas ruppigen Abschnitt mit mehreren Geröllfeldern. Dann weitet sich das Tal und auf den Wiesen am Flussufer sitzen bei schönem Wetter viele

*Bergidylle im Tal von Marcadau*

Familien beim Picknick, dazwischen weiden etliche Kühe. Ein Wiesenweg zweigt hier links ab und hält auf die schon von weitem sichtbare Brücke **Pont de Cayan** zu, an der wir den Fluss überqueren, um, nach einer Pause, am anderen Ufer den Rückweg anzutreten.

### Der Lac de Gaube

Um zur Talstation des Sesselliftes zu kommen, gehen wir von der Pont d'Espagne noch etwa 10 Minuten weiter ins Tal. Die Bergstation der Sesselbahn befindet sich dann 300 Meter höher in der Nähe des Lac de Gaube, der von dort steigungsfrei in 15 Minuten erreichbar ist. Am See gibt es auch ein Restaurant. Tritt man dann den Rückweg zur Pont d'Espagne zu Fuß an, braucht man dazu eine knappe Stunde.

Außerhalb der Liftsaison kann man auch locker von unten hinaufmarschieren. Belohnt wird man damit, dass es am See viel leerer ist. Der Weg zum Lac de Gaube zweigt kurz hinter dem Empfangsgebäude am Parkplatz und vor der Pont d'Espagne links vom Hauptweg ab.

Zurück in **Pierrefitte-Nestalas** ist jetzt noch ein **Ausflug nach Lourdes** angesagt, bevor wir weiter in Richtung Westen fahren und nach Spanien zurückkehren. Für den Weg zum immer überfüllten Wallfahrtsort wählen wir die Schnellstraße, auf dem Rückweg tuckern wir dann gemütlicher die Landstraße entlang. Nur wer die Vögel der Falknerei auf dem Chateau de Beaucens besuchen möchte, wählt bis Argelès die D 913 auf der rechten Seite des Flusses Gave de Pau und biegt in Beaucens rechts zum Donjon des Aigles ab.

### Freiflug am Donjon des Aigles

Im Donjon fliegen vor der Kulisse einer mittelalterlichen Burg Weißkopfseeadler, Fischadler, Geier, Uhus, Falken und bunte Papageien. Auf dem Gelände der Burg aus dem 11. Jahrhundert werden etwa 50 Vögel gehalten und professionell ausgebildet.
*Geöffnet Mitte April bis September, 10–12 und 14.30–18.30 Uhr. Flugshow (spectacle) täglich um 15.15 und 17.30 Uhr, Juli und August 15.30 und 17 Uhr. Eintritt mit Flugshow €15, Kinder €9,50. www.donjon-des-aigles.com*

## Bernadette Soubirou und der Mythos von Lourdes

Lourdes ist einer der meistbesuchten Wallfahrtsorte der Welt. Vier bis sechs Millionen Menschen kommen jedes Jahr in den Ort. Der Hype um die kleine Stadt in Südfrankreich begann im Jahr 1858, als einem 14-jährigen Mädchen in der Grotte Massabielle eine weiß gekleidete Frau erschien.

Bernadette Soubirou war die älteste Tochter einer sehr armen Familie, litt schon als kleines Mädchen an Asthma und war kränklich. Mit 14 Jahren arbeitete sie als Magd auf dem Hof der Patentante, eine Schule hatte Bernadette nie besucht. Zusammen mit ihrer Schwester und einer Freundin war sie am 11. Februar 1858 Holz sammeln, als ihr die weiße Frau zum ersten Mal erschien. Bei der dritten Erscheinung soll sie Bernadette um 15 weitere Treffen in der Höhle gebeten haben. Das Mädchen berichtet dem Ortspfarrer von den Erscheinungen, dieser hält sie zuerst für verrückt. Dann lässt er Bernadette nach dem Namen der Frau fragen. Erst deren Antwort »ich bin die Unbefleckte Empfängnis« überzeugt den Mann, da er sicher ist, dass ein ungebildetes Mädchen diesen Ausdruck keinesfalls kennen kann. Auch bei späteren Besuchen in der Grotte ist er sicher, dass Bernadette tatsächlich etwas sieht.

So folgten täglich mehr Leute dem Mädchen auf ihrem Weg zur Höhle. Bei einer dieser Zusammenkünfte soll, mit Bernadettes Zutun, die Quelle in der Höhle entsprungen sein. Nachdem eine Frau aus dem

Nachbarort ihren gelähmten Arm ins Wasser tauchte und geheilt war, kamen immer mehr Menschen. Die weiße Frau erschien Bernadette zum letzten Mal im Juli desselben Jahres. Die junge Frau floh einige Jahre später in ein Kloster im weit entfernten Nevers, um dem Rummel um ihre Person zu entgehen. Hier starb sie mit 35 Jahren an Knochentuberkulose. Ihr mumifizierter Leichnam liegt in der Kirche St. Gildard in Nevers in einem gläsernen Sarg.

In Lourdes wurden die Prozessionen immer länger und bald waren auch Pilgernde aus dem Ausland dabei. Schon 1867 sollen fünf Millionen Menschen die Quelle von Lourdes besucht haben. Neben der kleinen Kapelle errichtete man zwischen 1866 und 1871 über der Grotte die Basilika zur Unbefleckten Empfängnis. 1889 erweiterte man den Bau mit der Rosenkranz-Basilika, die direkt an die ältere Kirche anschließt. Heute gibt es außerdem einen unterirdischen Kirchenbau, in dem bis zu 25.000 Menschen Platz finden. Das komplette Gelände, auf dem auch noch die üppig sprudelnde Quelle, zwei Kreuzwege, ein Krankenhaus und die Bäder für die Kranken zu finden sind, wird als »Heiliger Bezirk« bezeichnet und liegt im Westen der Stadt in einer Schleife des Flusses Gave du Pau. Sind Sie am Pilgerprogramm mit Gottesdienst, Besuch der Grotte oder der abendlichen Lichterprozession interessiert, können Sie sich unter www.lourdes-france.org informieren. Die Seite gibt es auch auf Deutsch.

Zwei Brücken führen vom Heiligen Bezirk zur Altstadt, in der sich ein Souvenirgeschäft mit blinkender Leuchtreklame neben dem anderen drängt. Dazwischen thront auf einem grünen Hügel eine alte Burg, in der das Pyrenäenmuseum untergebracht ist – die einzige Sehenswürdigkeit der Stadt, die nichts mit Wallfahrt zu tun hat. Zuerst brauchen Sie jetzt aber einen Stellplatz. Folgender Platz liegt zentral, aber unruhig in der Stadt:

### (247) Offizieller WOMO-Stellplatz: Lourdes/Lapacca

**GPS:** N 43°05'54.0", W 0°02'31.1", 390 m. **Öffnungszeit:** Ganzjährig.
**Ausstattung:** Kostenpflichtige Toilette.
**Beschreibung:** Eine Reihe Parkplätze quer zu einer ruhigen Seitenstraße sind hier für WOMOs reserviert. Nicht schön, aber nahe am Zentrum und immer gut besucht. Maximal 16 Fahrzeuge.
**Zufahrt:** Am besten auf der Umgehungsstraße im Norden um die Stadt fahren, dort die Bahnlinie unterqueren und vom Kreisel geradeaus in die Stadt. Der Boulevard de Lapacca ist dann die dritte Straße links.

Ruhiger stehen Sie auf einem der Campingplätze im Grünen am Stadtrand, die teilweise sogar einen Shuttle-Service in die Stadt anbieten. Diese beiden Plätze liegen auf der Ostseite von Lourdes und sind aus dem Süden gut zu erreichen, da sie an der Umgehungsstraße liegen. Sie liegen aber ein ganzes Stück vom Ortszentrum und vom Heiligen Bezirk entfernt.

### (248) WOMO-Campingplatz: Lourdes/Camping de Sarsan

**GPS/Kontakt:** N 43°06'09.3", W 0°01'40.5", 4 Avenue Jean Moulin.
Tel. 0033 562 944309, www.lourdes-camping.com.
**Öffnungszeit:** April bis Mitte Oktober.
**Ausstattung:** V/E, Pool, Spielplatz, kleiner Laden.
**Beschreibung:** Komfortabler gepflegter Platz am Stadtrand, ruhige Lage.
**Preise:** €22, Strom €2,50–4,60.
**Zufahrt:** Auf der D 821 rechts an Lourdes vorbei und kurz vor der Bahnlinie rechts in den Chemin de Sarsan. Der Campingplatz ist hier ausgeschildert.

### (249) Offizieller WOMO-Stellplatz: Lourdes/Le Vieux Berger

**GPS/Kontakt:** N 43°06'16.4", W 0°01'58.8", 417 m, 2 Route de Julos.
Tel. 0033 562 946057, www.campingvieuxberger.fr
**Öffnungszeit:** Ganzjährig.
**Ausstattung:** V/E, WLAN.
**Beschreibung:** Wiesenplatz mit ebenen Schotterbuchten im vorderen Teil des Campingplatzes. Zugang zu den einfachen Sanitäranlagen (Dusche nur außerhalb der Hochsaison), Shuttle-Service in die Stadt mit Minibus zu fairem Preis, aber auch Busanschluss. **Preise:** €16, Strom €4,50.
**Alternative:** Stellplatz auf dem zugehörigen Campingplatz, von April bis 15. November geöffnet.
**Alternative 2:** Eine Kurve weiter oben gibt es mit dem Camping Domec einen weiteren Platz, der etwas beengt wirkt, aber weiter von der Straße entfernt liegt.
**Zufahrt:** Auf der D 821 rechts an Lourdes vorbei und kurz hinter der Bahnlinie im spitzen Winkel rechts. Einfacher ist es, bis zum nächsten Kreisel zu fahren, zu drehen und dann links zum Campingplatz abzubiegen. Der Abzweig ist beschildert.

Ebenfalls gut und auf breiten Straßen erreichbar ist ein am Stadtrand gelegener großer Wohnmobil-Stellplatz, der besser ist, als er auf den ersten Blick aussieht. An der Einfahrt sehen Sie erst einmal nur Reisebusse. Sie müssen aber nicht zwischen den Bussen parken, der Platz für Wohnmobile liegt hinter dem Busparkplatz.

**(250) Offizieller WOMO-Stellplatz: Lourdes L'Arrouza**

**GPS:** N 43°05'18.0", W 0°03'10.1". **Öffnungszeit:** April bis Oktober.
**Ausstattung:** Die V/E war bei unserem Besuch 2022 außer Betrieb.
**Beschreibung:** Abstellplatz für Reisebusse und dahinter separater Bereich für Wohnmobile. 15–20 Minuten Fußweg zum Heiligen Bezirk.
**Preise:** € 10, Wasser und Entsorgung je € 2,50.
**Zufahrt:** Am Kreisel am südlichen Ortseingang ¾ rum und gleich darauf links in den Boulevard Georges Dupierris. Die zweite links in den Boulevard du Gave und an der nächsten Kreuzung links über den Fluss und direkt zur Einfahrt des Parkplatzes.

Schwieriger ist die Zufahrt von der Südseite zu zwei kleinen Campingplätzen westlich der Stadt, die aber sehr ruhig in schöner Umgebung und trotzdem in der Nähe des Heiligen Bezirks liegen. Sie haben hier die Wahl, ob Sie mitten durch die menschenvollen Straßen des Zentrums tuckern oder ob Sie sich Lourdes im großen Bogen auf der schmalen D 13 (bis 10 m Länge) nähern und dabei auch zwei enge Ortsdurchfahrten meistern.

**(251) WOMO-Campingplatz: Lourdes/Camping du Loup**

**GPS/Kontakt:** N 43°05'52.1", W 0°04'11.5", Route de la Forêt.
Tel. 0033 562 94 2360, www.camping-du-loup-lourdes.com.
**Öffnungszeit:** Ende März bis Anfang Dezember.
**Ausstattung:** V/E, Snack, Depot de pain, Spielplatz.
**Beschreibung:** Kleiner Campingplatz mit extra Wohnmobilbereich im Grünen außerhalb des Ortes, westlich des Heiligen Bezirkes, zehn Minuten Fußweg zum Heiligen Bezirk. **Preise:** € 15, Strom € 3,70.
**Zufahrt:** Von Süden kommend immer am westlichen Stadtrand entlangfahren oder schon vor Lourdes auf die schmale D 13 abbiegen. Links der Straße kommt dann zuerst der Camping de la Foret, dann, kurz vor der Brücke über die Gave de Pau, der Camping du Loup.
**Alternative:** Camping de la Foret noch ein Stück weiter ortsauswärts in ruhiger, grüner Lage bei **GPS N 43°05'44.5", W 0°04'30.1".**
www.camping-hautes-pyrenees.com

Am nördlichen Rand des Heiligen Bezirkes gibt es bei N 43°06'2.54", W 0°04'0.63" an der Route de Pau außerdem eine Reihe kostenpflichtige Parkplätze, die Sie ebenfalls von der D 13 erreichen können. Größere Mobile kann man auf dem Schotterstreifen neben der Straße etwas weiter ortsauswärts abstellen, kleinere Mobile passen auch auf die Parkplätze näher am Heiligen Bezirk. Vom Parkplatz laufen Sie dann durch eines der Tore in der Mauer der Parkanlage und kommen so mit wenigen Schritten hinüber zur Kirche und zur Grotte.

## Rundgang durch Lourdes

Wenn wir am empfohlenen Parkplatz starten, betreten wir die Stadt durch den Heiligen Bezirk. Auf einem der sternförmig angelegten Wege durch das Wiesengelände laufen wir zum Fluss und stehen an den Häuschen mit den **Opferkerzen**, die es in allen Größen zu kaufen gibt. Am anderen Ufer direkt gegenüber sehen wir unter der großen Kirche die Grotte de Massabielle. Davor ist ein Bereich zum Gebet abgesperrt. Über eine Brücke können wir die Seite wechseln und uns der Kirche nähern. Bei unserem Besuch war auf dem Platz vor der Kirche die Prozession durch die Grotte in vollem Gange. Eine lange Menschenreihe, jede Gruppe mit einem Rollstuhl mit großen Fahrradrädern und einem kranken Angehörigen, bewegte sich langsam und auf festgelegter Route zur Grotte, dann dort hindurch und wieder hinaus. Was immer man von wundertätigen Quellen halten mag, der feierliche Ernst und die Hoffnung in den Augen der Prozessionsteilnehmer berühren und machen betroffen – und dankbar dafür, hier heute als banale Touristin zu stehen.

An der Grotte vorbei kommen wir zum **Eingang der Kirchen**, die frei zugänglich sind. Treppen führen hinauf zur alten Basilika und zur Krypta und hier oben hat man außerdem einen guten Blick über die Stadt. Dann verlassen wir den heiligen Bezirk über die rechte Flussbrücke und sind ohne Übergang und Vorwarnung mit der kommerziellen Seite dieses Ortes konfrontiert. Marienstatuen in allen Größen, Wassergefäße in Form einer Marienstatue, Rosenkränze in allen Größen und Formen … Die Atmosphäre in den Gassen ist quirlig, laut und eng. Die Waren werden im bunten Neonlicht und in allen europäischen Sprachen präsentiert. Das Sympathischste an der Sache ist: Lourdes ist erfreulich international. Ansonsten ist hier ungeschminkt zu sehen: die Wallfahrt nach Lourdes ist für Ort und Kirche ein großes Geschäft.

Sie können jetzt ausführlich durch die Straßen flanieren und in jedem Laden die gleichen Waren betrachten, umdrehen und fluchtartig den Ort verlassen oder sich vielleicht doch noch ins Burgmuseum auf dem Berg begeben, bevor Sie die Welt für verrückt erklären.

## Das Musée Pyrenéen in der Burg von Lourdes

Die Festung von Lourdes steht seit dem 11. Jahrhundert auf dem Berg im Stadtzentrum. Wehrturm, Zugbrücke, Fallgatter, Wachttürmchen sowie Exerzierplätze und Artillerieplattform sind als letzter Bestandteil der ehemaligen Stadtbefestigung heute noch erhalten und können besichtigt werden. 1921 richteten Louis und Margalide Le Bondidier hier die erste Ausstellung über die Pyrenäen ein. Kunst, Kultur, Kleidung, typische Arbeitstechniken der Hirten, Bauern und Handwerker, Möbel und Bestattungsriten – alles was mit dem täglichen Leben in den Pyrenäen zu tun hatte, fand einen Platz im Museum. Das Paar kam ursprünglich aus Lothringen und wurde im Rahmen seiner Arbeit für die Staatskasse in die Pyrenäen versetzt. Die Bondidiers und die Berge der Pyrenäen – das war Liebe auf den ersten Blick. So war Bondidier mit tatkräftiger Unterstützung seiner Frau auch der erste Kurator seines Museums. Er leitete es bis zu seinem Tod im Jahr 1945, danach übernahm Margalide noch für etliche Jahre diese Position. Zur Ausstellung gehören auch eine umfangreichen Sammlung an Fayencen aus dem 18. Jahrhundert und eine schöne Kapelle aus dem Barock. Im Freien sind Nachbauten traditioneller Unterkünfte der Pyrenäen und eines Friedhofes zu sehen.
*Geöffnet ganzjährig täglich 10–19 Uhr, Eintritt €7,50, Familie ab €16.*
*www.chateaufort-lourdes.fr*

## Grottes de Betharram

Eine weitere bekannte Sehenswürdigkeit der Region sind die **Grottes de Betharram**, eine große Tropfsteinhöhle 15 Kilometer westlich von Lourdes. Die Höhle liegt nicht direkt an unserer Route, ist aber mit einem kleinen Abstecher zu erreichen. Den großen Parkplatz der Anlage finden Sie bei N 43°06'11.2", W 0°11'18.7". Von hier aus geht es per Bus zum Höhleneingang. Der Weg durch die Höhle führt zuerst auf einem 2,8 Kilometer langen Weg mit deutlichen Höhenunterschieden zu Fuß durch die Tropfsteinsäle. Dann transportiert ein Boot die Besucher über einen großen unterirdischen See und per Minibahn geht es wieder ans Tageslicht und zum Parkplatz zurück.
*Geöffnet Februar bis Oktober täglich 9–12 und 13.30–17 Uhr. Juli und August 9–17.30 Uhr. Dauer der Führung 1 h 20. Eintritt €16,50, Kinder 4 bis 12 Jahre €11,50, Innentemperatur 14°C. www.betharram.com*

Unsere Hauptroute führt jetzt wieder nach Süden und zurück in das Gebiet des Nationalparks, wo weitere schöne Wandergebiete auf uns warten. Auf dem Weg können wir in Argelès noch einen Tierpark besuchen und ein paar nette Stellplätze gibt es auch. Der erste ist offiziell und befindet sich vor einem komfortablen Campingplatz. Auf der Autobahn oder der parallel verlaufenden Route Nationale fahren wir von Lourdes bis zum Kreisel am Ortseingang bzw. zur Ausfahrt **Agos-Vidalos** und in den Ort hinein.

### (252) Offizieller WOMO-Stellplatz: Agos-Vidalos Camping-Car Park

**GPS:** N 43°02'08.3", W 0°04'14.6", 403 m.
**Öffnungszeit:** Ganzjährig.
**Ausstattung:** V/E, Strom, Müll, WLAN. Pool, Laden (biocoop) und Restaurant auf dem Campingplatz.
**Beschreibung:** 24 Plätze neben einem gepflegtem Campingplatz, eine Seite Wiese, eine Seite Schotter, relativ nahe an der Straße aber mit schönem Blick auf die Felsen von Pibeste, in denen Geier zu Hause sind.
**Preise:** €13 inkl. Strom plus Kurtaxe. Für die Nutzung des Platzes brauchen Sie den Pass'Etapes. Die Karte muss einmal (am Automaten an der Zufahrt) für €5 erworben werden und gilt dann unbegrenzt für alle Plätze des Anbieters.
**Alternative:** Auf dem Campingplatz mit Pool und Spielplatz.
www.campingpibeste.com
**Zufahrt:** An der Ortseinfahrt direkt rechts der Straße.

Dann folgen wir der Route Nationale in Richtung **Argelès-Gazost.** Das erste was wir vom Ort zu sehen bekommen, ist der rechts der Straße liegende Tierpark bei N 43°00'58.0", W 0°05'50.4".

### Parc Animalier des Pyrenées

Braunbär, Wolf, Steinbock, Murmeltier, Waschbär, Fischotter, Fuchs und Hirsch – die meisten Tiere, die im Park in Argelès leben, sind oder waren in den Pyrenäen zu Hause. Es gibt aber auch Äffchen, rote Pandas, einen Tukan, einen Ozelot, Flamingos und einen Streichelzoo mit Ziegen für die Kinder. Die Murmeltiere sind recht zahm und lassen sich unter Aufsicht der Pfleger von den Besuchern füttern und auch die Äffchen kommen ganz nahe heran. Das Gelände ist weitläufig und liegt am Hang, sodass der Besuch, wie in den meisten Tiergärten der Pyrenäen, einer kleinen Wanderung gleicht. Der Parc Animalier ist als einer der schönsten Tierparks in Frankreich ausgezeichnet. *Geöffnet April bis Oktober, täglich 9.30–18 Uhr, im Juli und August bis 19 Uhr, im Oktober erst ab 13 Uhr. Eintritt €20, Kinder 3 bis 11 Jahre €14,50. Hunde dürfen nicht mit in den Park. www.parc-animalier-pyrenees.com*

Direkt gegenüber dem Tierpark liegt der riesige Campingpark von Argelès, der sich mit Pool und Riesenrutschen vor allem als Familienquartier anbietet und mit vier Sternen einer der komfortabelsten aber auch teuersten Plätze der Region ist.

### (253) WOMO-Campingplatz: Argelès-Gazost Camping Sunelia Les trois Vallées

**GPS/Kontakt:** N 43°00'43.6", W 0°05'49.8", Avenue des Pyrénées. Tel. 0033 562 903547, www.camping3vallees.com.
**Öffnungszeit:** April bis Mitte Oktober.
**Ausstattung:** V/E ohne Grauwasser, großer Pool mit Riesenrutschen, überdachter, beheizter Pool mit Jacuzzi, Spielplatz, Restaurant, Pizzeria, Snack.
**Beschreibung:** Riesiger komfortabler Platz. Aquagymnastik, im Sommer Abendanimation und Kinderclub. **Preise:** €23–46, Strom €5–8.
**Zufahrt:** Am östlichen Ortsrand gelegen. Zufahrt gut beschildert.

Am Ortsrand gibt es an einem Supermarkt auch noch einen offiziellen Stellplatz, auf dem man mit Blick ins Grüne parken kann.

### (254) Offizieller WOMO-Stellplatz: Argelès-Gazost

**GPS:** N 43°00'16.4", W 0°05'11.8", 425 m. **Öffnungszeit:** Ganzjährig.
**Ausstattung:** Keine. Waschmaschinen am Supermarkt.
**Beschreibung:** Im hinteren Bereich am Rand des Carrefour-Parkplatzes, für 20 Mobile bis max. 7 Meter Länge, V/E außer Betrieb.
**Zufahrt:** Am Campingplatz links und aus dem Ort hinaus, am Kreisel rechts (erste Ausfahrt) und am nächsten Kreisel noch einmal rechts wieder auf den Ort zufahren. Der Carrefour liegt am Ortseingang links. Der Platz für Wohnmobile befindet sich ganz hinten auf dem Parkplatz.

Hinter Argelès fahren wir durchs **Val d'Azun** mit sanften grünen Hügeln und schönen kleinen Dörfern. Am besten gefallen hat uns **Aucun**, aber auch Massous und Arrens sind hübsch. Vor Aucun liegt links ein schöner Picknickplatz.

### (255) WOMO-Parkplatz: Aucun

**GPS:** N 42°58'27.6", W 0°11'14.2", 848 m. **Max. WOMOs:** 2–3
**Ausstattung:** Müll und Glascontainer.
**Beschreibung:** Ebener Schotterplatz mit Wiesenstreifen, auf dem Picknicktische stehen. Blick in die umliegenden Berge, durch Bäume von der Straße abgeschirmt.
**Zufahrt:** 400 Meter vor Aucun links der Straße.

Zwischen Aucun und Arrens-Massous gibt es etliche kleine Campingplätze. Wir haben beispielhaft zwei davon ausgewählt,

die uns durch ihre Lage und gute Rückmeldungen besonders positiv aufgefallen sind. Außerdem gibt es im Ort **Arrens-Massous** einen weiteren neuen Camping-Car Park, der den ehemaligen kostenlosen Stellplatz der Gemeinde ersetzt.

### (256) WOMO-Campingplatz: Arrens-Marsous Camping Mialanne

**GPS/Kontakt:** N 42°57'36.0", W 0°12'24.2", 863 m, 63 Rte d'Azun. Tel. 0033 562 926714, campingmialanne.fr.
**Öffnungszeit:** Juni bis September.
**Ausstattung:** V/E, Pool.
**Beschreibung:** Familiär und engagiert geführter kleiner Campingplatz. Wiesengelände am Ortsrand, gepflegte Sanitäranlagen.
**Preise:** €15, Strom €4.
**Zufahrt:** Zwischen Marsous und Arrens-Marsous rechts etwas abseits der Straße. Die Zufahrt ist beschildert.

### (257) WOMO-Campingplatz: Arrens-Marsous Camping La Heche

**GPS/Kontakt:** N 42°57'29.8", W 0°12'18.8", 864 m, 54 Route d'Azun. Tel. 0033 562.970264, www.campinglaheche.com.
**Öffnungszeit:** Ganzjährig.
**Ausstattung:** V/E, Baguetteservice.
**Beschreibung:** Am Flussufer gelegen, Wiesenplatz mit wenig Schatten. Sportplätze. **Preise:** €12–15, Strom €3,30.
**Zufahrt:** Zwischen Marsous und Arrens-Marsous links etwas abseits der Straße. Die Zufahrt ist beschildert.

### (258) Offizieller WOMO-Stellplatz: Arrens-Massous

**GPS/Kontakt:** N 42°57'30.0", W 0°12'26.1", www.campingcarpark.com.
**Öffnungszeit:** Ganzjährig.
**Ausstattung:** V/E, Strom, Müll, WLAN.
**Beschreibung:** Ganz neu angelegter umzäunter Platz. Stellplätze teilweise auf Wiesenboden. Ruhige Lage am Rand des netten kleinen Ortes. Restaurants und Bäckerei im Ort.
**Zufahrt:** 150 Meter hinter dem Abzweig zum Camping La Heche links zwischen zwei Häusern dem Wohnmobilsymbol folgen.

Von Arrens-Massous machen wir noch einmal einen Abstecher in Richtung Berge. Auf halben Weg ins **Vallée d'Arrens** führt die Straße an einem kleinen Stausee vorbei. Wenn wir Glück haben, ist das Wasserbecken des **Lac du Tech** gut gefüllt, dann ist es hier recht idyllisch und wir können uns einen Platz am Ufer suchen. Ein Wanderweg führt einmal rund um den See.

### (259) WOMO-Parkplatz: Lac du Tech

**GPS:** N 42°54'40.6", W 0°15'32.8", 1221 m. **Max. WOMOs:** 5–6
**Ausstattung:** Keine.
**Beschreibung:** Für Wohnmobile reservierte Plätze auf zwei Schotterterassen rechts der Straße unterhalb des Bistro Tech. Wenige Schritte zum See.
**Zufahrt:** Von Arrens auf die Route d'Aste ins Vallée d'Arrens abbiegen und der schmalen, streckenweise einspurigen Straße bis zum Stausee folgen.

Wir fahren weiter bis zum Ende der Straße und zum Wanderparkplatz an der **Forststation Aste**, an welcher der Wanderweg ins Vallée d'Aste beginnt. Eine kurze Wanderung bringt uns von hier aus zu einem schönen Bergsee und einem Wasserfall.

### (260) WOMO-Parkplatz: Vallée d'Arrens

**GPS:** N 42°53'23.2", W 0°16'16.1", 1.403 m. **Max. WOMOs:** 4–5
**Ausstattung:** Keine.
**Beschreibung:** Eingezäunter ebener Platz neben der nachts kaum befahrenen Stichstraße ins Tal. Außerorts und einsam gelegen.
**Alternative:** Am Ende der Straße weiterer, asphaltierter aber leicht schräger Parkplatz und unterhalb bei **N 42°53'06.4", W 0°16'13.4"** zwei geschotterte Buchten (rechts tagsüber für Busse reserviert) mit Zugang zum Bach.
**Zufahrt:** Vom Stausee im Vallée d'Arrens der Straße durch einige enge, etwas steilere Kurven bis zum Ende folgen.

### Durch das Vallée d'Aste zur Cascade de Doumblas

**1 h 15, 4 km, 100 Höhenmeter.** Vom Parkplatz am Ende der Straße gehen wir zum Infozentrum und folgen dort dem breiten Wanderweg, der in großen Kehren hinauf zur Staumauer des **Lac de Suyen** führt. Am See entlang geht es weiter ins Tal hinein bis zur **Cascade de Doumblas**, die rechter Hand über einen Felsen in ein flaches türkisblaues Becken stürzt. Hier ist ein wunderbarer Platz zum Rasten, wir sollten aber unbedingt noch ein Stück weiter bis ans Ende des Hochtales gehen. Schon von weitem sieht man dort eine kleine Steinhütte. Weniger auffällig ist ein zweites Gebäude, das sich gut am Hang versteckt. An der Hütte überqueren wir zwei Bacharme auf drei schmalen Holzstegen und steigen dann zu einer alten Hirtenunterkunft hinauf, die am Hang unter einem

großen Findling gebaut ist. Die Tür ist offen und man kann auch in die Hütte hinein, in der es erstaunlich gemütlich ist. Der Wanderweg steigt hier erneut an und führt rechts in das Tal des Larribet. Wer weiter wandern möchte, kann bis zur Refuge de Larribet (Aufstieg insgesamt 2 h 30, knapp 600 Höhenmeter) und zu den Lacs de Batcrabère hinaufsteigen. Wir drehen an der Steinhütte um und wandern auf dem vertrauten Weg zum Parkplatz zurück.

Zurück in Arrens-Marsous biegen wir links zum **Col de Soulor** ab. Landschaftlich ist die Fahrt zum Pass ein echter Höhepunkt. Kurz vor der Passhöhe eignet sich dann ein großer Parkplatz mit bestem Bergblick zur Übernachtung.

### (261) WOMO-Parkplatz: Col de Soulor

**GPS:** N 42°57'38.4", W 0°15'20.2", 1.441 m. **Max. WOMOs:** 5
**Ausstattung:** Keine.
**Beschreibung:** Zwei ebene Parkflächen rechts und links der Straße, Weitblick in sehr schöne Berglandschaft. Frei laufende Esel, Kühe, Schafe und Schweine, die morgens auch bis an den Frühstückstisch kommen.
**Alternative:** Auf der Passhöhe gibt es gegenüber dem Restaurant ebenfalls einen Parkplatz, der sich vor allem für diejenigen eignet, die abends gerne essen gehen möchten.

Kaum haben wir die Passhöhe hinter uns, kündigt ein Schild den nächsten Pass an. Auch der **Col d'Aubisque** ist Fans der »Tour de France« ganz sicher ein Begriff. **Die Straße darf aber nur von Fahrzeugen bis 3,5 Tonnen befahren werden.** Diesmal geht es auf über 1700 Meter hinauf und die Streckenführung erweist sich als deutlich anspruchsvoller. Die Straße ist zeitweise recht schmal und am rechten Fahrbahnrand geht es oft ohne Abgrenzung hinunter. Das Fahren erfordert hier Konzentration und bei viel Gegenverkehr wird es anstrengend. Die Route führt durch einen Naturtunnel und einen Felsbogen und durch einen karge grüne Hügellandschaft, in der viele Schafe grasen. Auf der Passhöhe gibt es ein Restaurant und einen nicht allzu großen Parkplatz.

**(262) WOMO-Parkplatz: Col d'Aubisque**

**GPS:** N 42°58'36.7", W 0°20'24.5", 1.715 m.
**Max. WOMOs:** 1 – 2.
**Ausstattung:** Keine.
**Beschreibung:** Parkplatz vor dem Restaurant auf der Passhöhe. Asphaltiert und nahe an der nachts kaum befahrenen Straße. Verkauf von Käse und Honig.
**Zufahrt:** Auf der Passhöhe.

Auf der anderen Seite des Passes ist die Straße breiter und mit einem Mäuerchen gesichert. Wir rollen recht entspannt bergab bis vor uns die ersten Häuser des Skiortes **Gourette** auftauchen. Unterhalb des Ortes warten die großen Parkplätze einer Skistation, auf denen sich im Winter auch ein offizieller Stellplatz befindet.

**(263) WOMO-Parkplatz: Gourette / Aire Municipale de Ley**

**GPS:** N 42°57'46.7", W 0°20'21.6", 1.190 m. **Max. WOMOs:** 10
**Ausstattung:** Keine.
**Beschreibung:** Es gibt hier an den großen Parkplätzen der Seilbahn einen offiziellen Stellplatz, der aber scheinbar nur im Winter geöffnet ist. Eigentlich ist das aber egal, denn auf dem riesigen, in sechs Terrassen unterteilten Parkplatz werden Sie sicher ein ruhiges Eckchen finden.
**Zufahrt:** In der zweiten Kurve hinter Gourette links zu den Parkplätzen abbiegen.

Weiter geht es in Richtung Laruns, das mit gut 1000 Einwohnern bereits einer der größeren Orte des **Vallée d'Ossau** ist. Das Tal ist ein ausgezeichnetes Wandergebiet, überragt vom 2.885 Meter hohen Pic du Midi d'Ossau mit seinem imposanten spitzen Felsgipfel. Außerdem gibt es hier heiße Quellen. Die Thermalorte Eaux-Chaudes und Eaux-Bonnes haben zwar definitiv schon bessere Tage gesehen, was aber auch einen Teil ihres Reizes ausmacht.

**Eaux-Bonnes** klemmt zwischen Gourette und Laruns in den Bergen und besteht eigentlich nur aus einem großen, von herrschaftlichen Häusern gesäumten Platz. Die verblichenen Fassaden der Hotels verraten, dass der Ort ein Thermalbad mit Geschichte ist. Hier kurten einst wohlhabende Bürger und der Adel, heute bröckelt der Putz und die meisten Häuser sind verlassen. Der neu erbaute Spielplatz und die edle Information mit kleinem Laden wirken beinahe deplatziert in der leicht morbiden Umgebung. Das örtliche Thermalbad wird nur für Kuren genutzt und ist nicht öffentlich zugänglich. Wenn es Ihnen gefällt und ihr Wohnmobil nicht zu groß ausgefallen ist, könnten Sie über Nacht bleiben. Kurz vor dem Ort führt eine schmale Hoppelstraße zum Camping Iscoo hinauf (www.campingiscoo-valleedossau.fr). Der naturnahe Platz liegt auf einer kleinen Bergwiese. Alternativ findet man mit handlichen Mobilen auch einen Parkplatz im Ort.

### (264) WOMO-Parkplatz: Eaux-Bonnes

**GPS:** N 42°58'23.2", W 0°23'37.9", 726 m. **Max. WOMOs:** 1–2

**Ausstattung:** WC unterhalb neben der Information, dort gibt es auch eine Epicerie (Lebensmittelladen), Spielplatz.
**Beschreibung:** Ebener Parkplatz neben dem ehemaligen Casino.
**Zufahrt:** Am unteren Ende des Platzes im Ort links und in der Platzmitte im spitzen Winkel rechts hinauf zum Parkplatz neben dem Casino (heute ein Veranstaltungsort).

Wenn hier schon jemand steht oder ihnen der merkwürdige Ort zu düster ist, fahren Sie einfach noch ein bisschen weiter hinunter bis **Laruns**. Der charmante kleine Ort mit nettem, lebendigen Ortskern hat einen angenehmen offiziellen Stellplatz. Alternativ gibt es am Ortsrand von Laruns mehrere Campingplätze, von denen wir einen besonders empfehlen können.

### (265) Offizieller WOMO-Stellplatz: Laruns

**GPS:** N 42°59'17.5", W 0°25'30.5", 866 m. **Öffnungszeit:** Ganzjährig.
**Ausstattung:** V/E, Strom nur für wenige Fahrzeuge, WC an der Einfahrt.
**Beschreibung:** Am Ortsrand, ruhig und im hinteren Bereich auch grün gelegen. Bäckerei und Restaurants im Ort.
**Preise:** €6 für 24 h, zahlbar per VisaCard am Automaten. **Achtung:** Beleg wird zum Ausfahren gebraucht!
**Zufahrt:** Am Place de la Mairie im Ortszentrum rechts und gleich wieder links über den PKW Parkplatz zum Stellplatz fahren.

### (266) WOMO-Campingplatz: Laruns / Camping du Valentin

**GPS / Kontakt:** N 42°58'47.7", W 0°24'51.0", Vielle Route des Eaux-Bonnes. Tel. 0033 0559 053933, www.ossau-camping-valentin.com.
**Öffnungszeit:** April bis September.
**Ausstattung:** V/E, Pool, Jacuzzi, Bar.
**Beschreibung:** Schön angelegter Platz am Hang, von den oberen Plätzen schöner Bergblick. Erstklassige neue Sanitäranlagen. Nur die Stellplätze sind teilweise etwas eng geraten...
**Preise:** €19–28, Strom €2. Spezialpreis für Wohnmobile auf limitierten Plätzen im unteren Bereich €16–19 inkl. Strom.
**Zufahrt:** Von Eaux-Bonnes kommend in der letzten Kehre oberhalb von Laruns rechts zum Platz abbiegen.

Von Laruns führt unsere Route über den 1.800 Meter hohen Col de Portalet zurück nach Spanien. Dabei durchqueren wir den südlichen Teil des Vallée d'Ossau und den westlichsten Zipfel des Nationalparks. Zuerst treffen wir dabei auf den zweiten Thermalort, sein Name **Eaux-Chaudes** (heiße Wasser) lässt keine Zweifel aufkommen. Hier gab es rechts der Straße eine V/E Station. Das Euro-Relais ist außer Betrieb, der Grauwassereinlass aber weiterhin verwendbar.

*Auf der Tour des Lacs d'Ayous*

Das schönste, aber auch beliebteste **Wandergebiet** der Region befindet sich rechts der Straße am **Pic du Midi**. Von **Gabas** führt eine schmale Straße hinauf zu zwei Wanderparkplätzen am Stausee Etang de Bious-Artiques. Mit halbwegs kompakten Mobilen ist sie gut zu fahren. Alles was größer ist als ein VW-Bus mit Aufstelldach ist, wird von der Parkaufsicht auf den größeren Parkplatz 100 Meter unterhalb des Sees komplementiert. Übernachten ist aber auch hier verboten. Wir führen unsere normale Route also am Abzweig ins Tal vorbei. Die Fahrt hinauf lohnt sich ausschließlich für Wanderer. Vom Stausee sind zwei schöne Wege markiert: der Rundweg **Tour des Lacs d'Ayous** ist mit 14 Kilometern, 680 Höhenmetern und einer Gehzeit von knapp fünf Stunden auch für Normalwandernde mit durchschnittlicher Kondition machbar. Für die große Runde um den Pic du Midi d'Ossau mit sieben Stunden Gehzeit sollten Sie schon gut im Training sein. Vom unteren Parkplatz müssen Sie noch gut 20 Minuten und 100 Höhenmeter hinzurechnen. Beide Rundwege führen durch das Kerngebiet es Nationalparks, sodass Sie keine Hunde mitnehmen können.

Übernachten können Sie dann ein paar Kilometer weiter am **Stausee von Artouste**, wo mit einer recht ungewöhnlichen Bergbahn, die auch weniger Sportliche in die Höhenlagen des Vallée d'Ossau bringt, eine weitere Attraktion wartet.

### (267) Offizieller WOMO-Stellplatz: Artouste

**GPS:** N 42°52'28.5", W 0°23'39.1", 1.287 m. **Öffnungszeit:** Ganzjährig.
**Ausstattung:** V/E am offiziellen Platz.
**Beschreibung:** Drei Parkbuchten in der Nähe der V/E und kurz vor der Seilbahnstation. Sie eignen sich gut als Parkplatz, wenn Sie zur Seilbahn wollen. In Gegensatz zu den weiter vorne am See liegenden Parkplätzen haben sie aber keinen Seeblick, sodass die meisten Mobile vor dem Platz längs des Stausees stehen. Da diese weit weg von der Seilbahn sind, wird das so auch toleriert.
**Zufahrt:** Von der D 934 links nach Artouste abbiegen. Hier liegen mehrere geschotterte Parkbuchten an der wenig befahrenen Stichstraße.

## Auf Schmalspur durch die Berge: der Petit Train d'Artouste

Mit seinen offenen rot-gelben Wagen wirkt der Petit Train von Artouste fast wie eine Spielzeugbahn. Die Streckenführung des 500-Millimeter-Schienenweges ist aber durchaus spektakulär. Schienen und Zug waren 1920 zum Bau eines Wasserkraftwerkes im Einsatz und wurden dann zur sommerlichen Touristenattraktion umgewidmet. Der Startbahnhof liegt bereits auf 2000 Meter Höhe. Vom unteren Stausee fahren Sie mit der Seilbahn hinauf. Dann tuckert der Zug auf der zehn Kilometer langen Trasse durch die Berge bis zum Stausee Lac d'Artouste. Nach einer Pause am See (1 h 30) geht es retour. Wenn Sie vom Stausee aus wandern möchten, brauchen Sie ein spezielles Ticket, das die Rückfahrt mit einem späteren Zug zulässt. Dieses Ticket gibt es auch als »Billet Campeur« für die Rückfahrt am folgenden Tag.

*Fahrtzeiten der Bahn: Ende Mai bis Anfang Oktober. Hinfahrt ab 9 Uhr (immer zu vollen Stunde). Fahrpreis für Seilbahn und Zug (aller et retour) ab €25, Kinder 4 bis 12 Jahre €18, vergünstigte Familientickets. artouste.fr*

Hinter Artouste durchfahren wir ein Bachtal in dem rechts der Straße das eine oder andere idyllische Pausenplätzchen zu finden ist. Wenig später verlassen wir das Tal und die Straße

*Am Col de Portalet weiden unzählige Schafe*

führt in Kurven bergan. Wir beginnen die landschaftlich grandiose und fahrtechnisch erfreulich entspannte Fahrt über den **Col de Portalet** mit kahlen grünen Bergen, auf denen Schafe, Kühe und Pferde weiden. Oben am Pass besteht die Möglichkeit zur Einkehr. Auf der französischen Seite gibt es während der Saison eine Fromagerie und auf der spanischen einen Supermarkt mit allem was in Spanien preisgünstiger ist als in Frankreich. Auf den Parkplätzen an der Passhöhe und auch auf dem großen Liftparkplatz, der sich schon in Spanien befindet, steht ein Nachtparkverbot, aber nicht auf dem folgenden Schotterplatz mit toller Aussicht.

**(268) WOMO-Parkplatz: Col de Portalet**

**GPS:** N 42°47'43.5" W 0°24'36.2", 1.726 m. **Max. WOMOs:** 2
**Ausstattung:** Keine. **Beschreibung:** Ebener Schotterplatz mit Weitsicht rechts der Passstraße auf der spanischen Seite, außerorts und in einsamer Lage. Etwas weiter unten folgt noch einmal ein größerer Schotterplatz auf der rechten Straßenseite, der aber nicht ganz so schön liegt.
**Zufahrt:** Rechts der Passstraße auf der spanischen Seite.

Jenseits des Passes kommen wir ins spanische **Valle de Tena** und zu Tour 11.

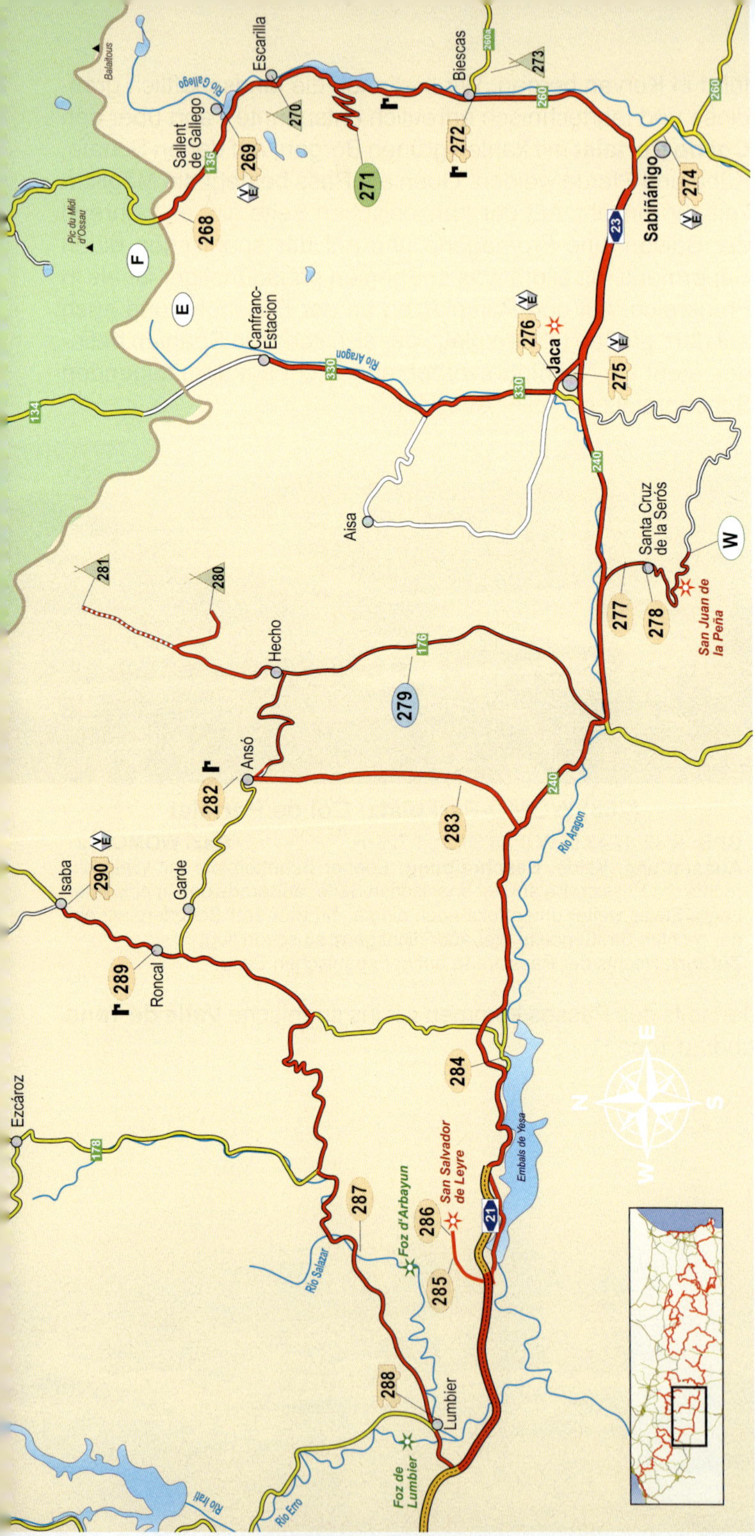

Balaïtous
Escarilla
Biescas
Rio Gallego
Sallent de Gallego
Pic du Midi d'Ossau
Sabiñánigo
Canfranc-Estacion
Rio Aragon
Jaca
Aisa
Santa Cruz de la Serós
San Juan de la Peña
Hecho
Ansó
Isaba
Garde
Roncal
Ezcároz
Rio Salazar
Foz d'Arbayun
San Salvador de Leyre
Embals de Yesa
Lumbier
Foz de Lumbier
Rio Irati
Rio Erro
F
E
W
N
S
268
269
270
271
272
273
274
275
276
277
278
279
280
281
282
283
284
285
286
287
288
289
290
136
260
260a
330
134
240
176
178
23
21

# Tour 11 380 km

## Jaca, Valle de Hecho und der Yesa-Stausee

Col de Portalet – Biescas – Sabiñanigo – Jaca – Canfranc – Santa Cruz de la Serós – Valle de Hecho – Ansó – Yesa Stausee – Lumbier – Roncal

| | |
|---|---|
| **Stellplätze:** | Sallent de Gállego, Biescas, Sabiñánigo, Jaca, Santa Cruz de la Serós, Aragón Subordán, Ansó, Biniés, Yesa-Stausee, Monasterio de Leyre, Lumbier, Roncal |
| **Campingplätze:** | Escarilla, Biescas, Valle de Hecho |
| **Besichtigen:** | Canfranc Estación, Pireneum, Jaca, Monasterio San Juan de la Peña, Monasterio de Leyre |
| **Wandern:** | Parco Faunistico, Balcón del Pireneo, Bocca del Infierno, Foz de Lumbier |
| **Markt:** | Jaca: Fr; Biescas: Sa; Sallent de Gàllego: Fr |

*Über den landschaftlich grandiosen Col de Portalet führt unsere Route zurück nach Spanien. Durch eine alte Kulturlandschaft geht es zur Pilgerstadt Jaca und der Ruine des Felsenklosters San Juan de la Peña. Anschließend können wir dann in den abgelegenen Tälern Valle de Hecho und Valle de Ansó Geier beobachten und in schönster Natur die Seele baumeln lassen.*

Die Landschaft auf der spanischen Seite des Col de Portalet ist weniger grün, im Sommer sind die Wiesen in den Tälern von der Sonne ausgedörrt. Wir fahren durch eine grandiose Gebirgslandschaft, teilweise mit steil aufragenden felsigen Wänden. In **Sallent de Gàllego**, einem der ersten Orte im **Valle de Tena**, gibt es dann einen offiziellen Stellplatz. Der Ort liegt am oberen Ende des Stausees Embalse de Lanuza und, mit dem See auf der einen und der Felsspitze des Pena Foratata auf der anderen Seite, in einer bestechend schönen Kulisse. Freistehen ist in der Gemeinde verboten.

### (269) Offizieller WOMO-Stellplatz: Sallent de Gállego

**GPS:** N 42°46'04.3" W 0°20'06.2", Carrer Tuberia, 1.300 m.
**Öffnungszeit:** Ganzjährig.
**Ausstattung:** V/E, Strom, Müllcontainer.
**Beschreibung:** Neu angelegter Stellplatz auf einer asphaltierten Terrasse oberhalb der Straße am Ortsrand. Zufahrt durch Schranke.
**Preise:** € 10 gültig von 12 bis 12 Uhr, Strom € 5.
**Zufahrt:** Am südlichen Ortsrand gelegen. Zufahrt von der A136 links in die Carrer Tuberia. Der Platz liegt dann rechts an der Straße.

Unterhalb des Stausees haben Sie im Örtchen **Escarilla** auch einen Campingplatz zur Wahl. Der Platz liegt im Ort und trotzdem im Grünen.

### (270) WOMO-Campingplatz: Escarilla / Camping Escarra

**GPS / Kontakt:** N 42°44'04.6", W 0°18'54.2", 1.187 m, Tel. 0034 974 487128, www.campingescarra.com. **Öffnungszeit:** Ganzjährig.
**Ausstattung:** Pool, Restaurant, kleiner Laden, WLAN, Spielplatz.
**Beschreibung:** Kleiner Platz im Ort, schattige Plätze unter Bäumen.
**Preise:** € 22, Strom € 6,85.
**Zufahrt:** Am Ortsende von Escarilla rechts der Straße.

Hinter Escarilla fahren wir am Ufer eines weiteren Stausees entlang. Etwa in der Mitte des fünf Kilometer langen **Embalse de Bubal** zweigt rechts ein Sträßchen ab, das sich in vielen Kehren zunächst zum Dorf **Piedrafita de Jaca** hinaufzieht. Oberhalb des Dorfes geht es weiter zum »Parco faunistico«, einem weitläufigen Wildtierpark.

### (271) WOMO-Parkplatz: Parco Faunistico

**GPS:** N 42°41'49.2", W 0°20'00.6", 1.380 m. **Max. WOMOs:** 3–4
**Ausstattung:** Keine.
**Beschreibung:** Drei Parkterrassen mit schöner Weitsicht, und einsam gelegen, nahe am Tierpark. **Preise:** € 5, kostenlos für Gäste des Tierparks.
**Zufahrt:** Von der A 136 rechts der Beschilderung zum Parco faunistico folgen, den Ort Piedrafita de Jaca durchqueren und noch zwei Kilometer weiter bis zum Parco fahren. Vorbei an dessen Eingang kommt man rechts zum beschriebenen Parkplatz. Das letzte Stück der Straße ist nicht asphaltiert.

## Besuch im Parco Faunistico Lacuniacha

Auch bei diesem Parco faunistco handelt es sich um einen der typischen Pyrenäen-Tierparks, deren Besuch immer eine Mischung aus einer Wanderung und einem Zoobesuch ist. Das Gelände ist weitläufig und liegt am Hang. Die Pfade führen teilweise durch die Gehege der ungefährlichen Tiere wie Hirsch oder Gämse. Die Gehege der Raubtiere sind weitläufig, sodass es ein wenig Glück braucht, um auch Bären, Luchse und Wölfe beobachten zu können. Außerdem leben hier Wildschweine, Mufflons, Damwild, Füchse, Rentiere, Bisons und Przewalski-Pferde. Für den Besuch werden Wanderschuhe empfohlen, im Sommer sollten Sie auch unbedingt etwas zu trinken einpacken. Die Wege sind nicht für Kinderwagen geeignet, Kindertragen können an der Kasse geliehen werden.

*Geöffnet April bis Mitte Oktober, Fr bis Di, 11 – 19 Uhr, Juli und August täglich, Eintritt €16, Kinder 4 bis 17 Jahre €14. www.lacuniacha.es*

*Die Straße zum Parco Faunistico ist auf den letzten Metern nicht asphaltiert.*

Zurück im Tal fahren wir weiter gen Süden in Richtung Biescas. Bei N 42°39'36.0", W 0°19'25.9" stehen an einer Parkbucht an der Straße meist ein paar Autos. Hier gibt es eine Quelle und ein gut befestigter Weg führt zum **Dolmen Santa Elena**. Er ist nicht besonders groß, liegt aber in sehr schöner Umgebung und ist zudem schnell und leicht zu erreichen. Der Spaziergang lohnt unbedingt. Dann sehen wir die ersten Häuser von **Biescas** vor uns. Im netten Ort gibt es einen Stellplatz in guter Lage.

**(272) Offizieller WOMO-Stellplatz: Biescas**

**GPS:** N 42°37'38.0", W 0°19'18.7", 861 m. **Öffnungszeit:** Ganzjährig.
**Ausstattung:** Müll, Wasser an der Platzeinfahrt.
**Beschreibung:** In schöner Lage am Ortsrand an einem winzigen Park und am Fluss. Wenige Schritte zum Ortskern und trotzdem ruhig gelegen, es sei denn, man erwischt gerade die Tage des Volksfestes im August. Der Platz ist dann im hinteren Teil trotzdem noch erreichbar, aber man steht hinter den Karussells. **Samstag Vormittag wegen Markt nicht nutzbar!**
**Zufahrt:** Vor dem Ort links in Richtung Nationalpark abbiegen und gleich hinter der Flussbrücke rechts auf der Calle Ramon y Cajal bis zur Plaza im Zentrum fahren. Hier geht es geradeaus am Fluss entlang auf den geschottertem Parkplatz am Flussufer.

An der Straße von Biescas in Richtung Ordesa Nationalpark liegt außerdem auch ein Campingplatz.

**(273) WOMO-Campingplatz: Biescas / Camping Gavin**

**GPS / Kontakt:** N 42°37'07.5", W 0°18'14.5", 899 m, Ctra. Nacional 260, Tel. 0034 974 485 090, www.campinggavin.com.
**Öffnungszeit:** Ganzjährig.
**Ausstattung:** V/E, Bar, Restaurant, Laden und Pool.
**Beschreibung:** Großer Platz in Alleinlage im Grünen, auf der rechten Seite etwas abseits der Straße.
**Preise:** €21–29, Strom €7.
**Zufahrt:** Der Abzweig zum Camping ist einen guten Kilometer hinter Biescas von der Nationalstraße beschildert.

Von Biescas fahren wir weiter in Richtung Süden bis wir das Industriestädtchen **Sabiñánigo** erreichen. Die Stadt selbst eignet sich eher als Versorgungspunkt. Am Stadtrand gibt es aber einen Miniaturenpark, der zumindest den einen oder anderen Menschen aus der Region in die Kleinstadt ziehen soll. Dieser hat natürlich auch einen Parkplatz und auf dem gibt es einen offiziellen Parkbereich für Wohnmobile.

### (274) Offizieller WOMO-Stellplatz: Sabiñánigo

**GPS:** N 42°30'21.6", W 0°21'28.7", 756 m. **Öffnungszeit:** Ganzjährig.
**Ausstattung:** V/E, Strom.
**Beschreibung:** Neben dem Pireneum, große Asphaltfläche, max. 48 h.
**Preise:** €4 inkl. Strom.
**Zufahrt:** Von Fiscal kommend am ersten Kreisel geradeaus in den Ort (Beschilderung Pireneum). Hinter der merkwürdigen Grünanlage rechts und vor dem Eingang zum Pireneum wieder rechts. Die Zufahrt ist beschildert.

Auf dem Gelände des **Pireneum** werden 120 bekannte Naturplätze, Klöster, Kirchen, Burgen und Schlösser der Pyrenäen in Miniatur gezeigt. Dazwischen fährt eine Modelleisenbahn. Der Besuch gehört aber nicht unbedingt zum Pflichtprogramm.

Wir finden die »echte« Altstadt von Jaca ein reizvolleres Ziel, zumal es auch noch einen recht gut gelegenen angenehmen Stellplatz für Wohnmobile gibt, sodass Sie auch abends zum Essen in die Stadt gehen könnten. Auf beinahe ebener, gerader Straße ist Jaca schnell erreicht. Ein Schild am Ortseingang weist darauf hin, dass Wohnmobile in der Stadt nur auf offiziell ausgewiesenen Plätzen über Nacht parken dürfen.

### (275) Offizieller WOMO-Stellplatz: Jaca

**GPS:** N 42°34'04.4", W 0°32'42.8", 796 m. **Öffnungszeit:** Ganzjährig.
**Ausstattung:** V/E.

**Beschreibung:** Asphaltplatz für 20 Mobile, ruhige Lage an einer Parkanlage mit Spielplatz und nur fünf Minuten Fußweg zur Altstadt.
**Preise:** Am Parkplatz gibt es eine Schranke mit Ticketautomat, der aber dauerhaft außer Betrieb zu sein scheint. Die Zufahrt war auch bei der letzten Recherche frei und der Platz kostenlos.
**Alternative:** Sollte der offizielle Platz voll belegt sein, können Sie auf die ruhig und an einem Grünstreifen gelegenen Parkplätze am nahen Sportplatz bei N 42°33'49.4", W 0°33'01.4" ausweichen.
**Zufahrt:** Am Kreisel am Ortseingang rechts in die Calle de Los Romeros. Der Platz befindet sich an der ersten Kreuzung rechts der Straße hinter dem Parkplatz für Reisebusse.

**Jaca** ist mit 14.000 Einwohnern eine der größten Städte der Region. Schon zu römischen Zeiten gab es hier eine befestigte Siedlung und im Jahr 760 widersetzte sich die Stadt erfolgreich der Eroberung durch die Mauren. Dieses Ereignis wird in Jaca

heute noch an jedem ersten Freitag im Mai gefeiert. Jaca behielt seine militärische Bedeutung über viele Jahrhunderte. Das auffälligste Gebäude im Stadtzentrum, die große, sternförmige Festungsanlage, wurde jedoch erst viele Jahre nach diesem denkwürdigen Ereignis erbaut. Sie existiert seit 1552, Jaca war damals Hauptstadt des Königreiches Aragón. Ein Teil der Anlage wird heute noch als Kaserne genutzt, in anderen Gebäuden können Besucher Tausende von Bleisoldaten bewundern, die im **Museo de Miniaturas Militares** ausgestellt sind. Ebenfalls sehenswert ist die Kathedrale von Jaca, mit deren Bau 1040 bereits begonnen wurde. Sie ist damit eines der ältesten romanischen Bauwerke Spaniens und eine der bedeutensten Kirchen am spanischen Jakobsweg, der auch durch Jaca führt und den wir im letzten Abschnitt unserer Reise noch mehrfach kreuzen werden.

Um die **Altstadt** zu besuchen, steigen wir vom Stellplatz ein

paar Treppen empor und schlendern dann durch die für Autos gesperrten Straßen. Die meisten Geschäfte und Restaurants gibt es an der Calle Mayor. Spazieren wir diese immer geradeaus weiter, treffen wir auf die breite Avenue de Primer Viernes de Mayo und biegen hier rechts ab. Auf der gegenüberliegenden Straßenseite sehen wir dann schon die Mauern der **Zitadelle**. Direkt neben daneben können wir eine Mittagspause an den Tischen des **Pilgrim Café**s (pilgrimjaca.com) wärmstens empfehlen. Hier gibt es leckere Kleinigkeiten, Burger oder ein richtiges Essen und manchmal sitzen tatsächlich Pilger mit schwerem Rucksack am Nachbartisch.

In den Bergen über Jaca versteckt sich ein weiteres ungewöhnliches Ziel: Der alte Bahnhof von Canfranc. Das riesige Gebäude wird gerade restauriert. Es liegt am Col de Somport, einem der ältesten und bekanntesten Pyrenäenpässe. Die Fahrt hinauf ist landschaftlich ein Genuss und die Straße auch mit einem größeren Wohnmobil entspannt zu fahren. Wir verlassen dazu Jaca nach Norden und kommen so noch am zweiten Wohnmobilstellplatz der Stadt vorbei. Er befindet sich auf einem weitläufigen Gelände hinter einem kleinen Einkaufszentrum mit Tankstelle und riesigem Carrefour-Markt, der sich bestens eignet, die Vorräte wieder aufzufüllen. Nebenan kann man in einem Sportgeschäft auch Outdoorzubehör kaufen.

### (276) Offizieller WOMO-Stellplatz: Jaca / Carrefour

**GPS:** N 42°34'31.8", W 0°31'40.3", 860 m. **Öffnungszeit:** Ganzjährig.
**Ausstattung:** V/E.
**Beschreibung:** Mehrere für Wohnmobile markierte Plätze in einem ruhigen Bereich hinter dem Parkplatz des Carrefour-Marktes. Am Rand mit Blick hinunter zum Ort; rund um die V/E oder ruhig und geschützt hinter dem Supermarkt – Sie haben die Wahl. Der Platz liegt ein Stück vom Zentrum entfernt oberhalb der Stadt und eignet sich daher leider nicht als Basis zum Besuch der Altstadt.
**Zufahrt:** Rechts an der N 33, die an Jaca vorbei in Richtung Canfranc und Frankreich führt.

## Canfranc Estación

Der Bahnhof von Canfranc wurde zwischen 1902 und 1928 erbaut und sollte auf der Strecke zwischen Pau und Saragossa als Umsteigebahnhof zwischen Frankreich und Spanien dienen. Bei ihrer Eröffnung war die Estacion Canfranc der größte Bahnhof in Spanien. In dem fast 250 Meter langen prunkvollen Gebäude gab es einen französischen Bahnhof mit europäischer Spurweite und einen spanischen Bahnhof mit iberischer Breitspur. Dazwischen lag die Zollstation und ein nobles Hotel. Das Konzept ging nicht auf. Die Strecke durch die Berge war einfach zu zeitraubend und wurde von weniger Fahrgästen genutzt, als erwartet. Als 1970 auf dem französischen Teil der Strecke eine Brücke einstürzte, gab Frankreich die Verbindung auf. Seitdem fahren nur noch wenige Züge von Saragossa nach Canfranc.

Das Bahnhofsgebäude wird gerade saniert, danach ist geplant, den Zugverkehr nach Frankreich wieder aufzunehmen, allerdings hauptsächlich für den Güterverkehr. Im für den Bahnverkehr nicht genutzten Teil des Gebäudes soll ein Luxushotel entstehen. Die Empfangshalle mit ihrer markanten Kuppel wird aber öffentlich zugänglich bleiben.

## Der Col du Somport

Wer hinter Canfranc weiter hinauffährt kommt zum Col du Somport. Seit hier im Jahr 2003 ein Straßentunnel in Betrieb ging, gehört er zu den unkompliziertesten Übergängen über den Pyrenäenkamm. Gegen den Tunnel gab es viele Proteste, denn eigentlich ist das **Vallée d'Aspe** ein Naturparadies, in dem die letzten Bären der Pyrenäen zu Hause sind. Oberhalb des Tunnels kann die alte Passstraße auch weiterhin befahren werden. Wir drehen hier jedoch um – nicht weil sich der Pass nicht lohnen würde, sondern um weitere spannende Ziele in unserer Route unterzubringen.

Zurück in Jaca geht es in Richtung Westen und zuerst zu einem alten Kloster in eindrucksvoller Lage. Danach kurven wir zurück nach Frankreich über den Col d'Arette Pierre-Saint-Martin, der durch eine malerische Karstlandschaft führt. Er ist landschaftlich ebenfalls grandios, aber viel weniger bekannt.

**Zum Monasterio San Juan de la Peña**

Die N 240 von Jaca in Richtung Pamplona führt schnurgerade durch eine platte Landschaft mit trockenen Feldern. Schnell kommt der Abzweig nach links zum **Kloster San Juan de la Peña** in Sicht. Das alte Kloster gehört für uns zu den eindrucksvollsten Sehenswürdigkeiten der Region, die Fahrt hinauf lohnt unbedingt. Eigentlich besteht San Juan aus zwei Klostergebäuden – das alte Kloster aus dem 11. Jahrhundert steht ein paar Kurven unterhalb der neuen Klosteranlage und unter einem riesigen Felsüberhang direkt an der Straße. Auf dem Weg zu den Klöstern kommen wir an einem kleinen Picknickplatz vorbei, der sich für eine Pause im Schatten und auch zur Übernachtung eignet, wenn ihr Camper nicht zu groß ist: [**277:** N 42°32‘02.2”, W 0°40‘12.4”, Picknickplatz Santa Cruz].

Dann erreichen wir den schönen kleinen Ort **Santa Cruz de la Serós** mit mehreren sehr einladenden Gasthöfen und der Kirche Santa Maria. Eine Besichtigung der Kirche ist im Ticketpreis des Monasterio inbegriffen, Sie könnten sie also auf dem Rückweg besuchen. Der Parkplatz [**278:** N 42°31‘28.5”, W 0°40‘30.1”, Parkplatz Santa Cruz] am Ortsrand ist leicht schräg und daher nur bedingt stellplatztauglich. Es gibt aber in der Nähe des Klosters keine legale Alternative.

Dann fahren wir an mehreren **Aussichtspunkten mit Parkbucht** vorbei, die sich hervorragend für eine Pause mit Weitblick eignen. Im Felsen rechts unterhalb der großen Terrasse nistet eine Gruppe Gänsegeier. Dann treffen wir auf einen kleinen Parkplatz am Straßenrand. Ist der Ticketschalter am 100 Meter entfernten Kloster geöffnet, können Sie hier unten parken und zum Kloster noch 100 Meter auf der Straße weitergehen. Ansonsten muss man oben am neuen Kloster parken und per Shuttlebus hinunterfahren.

## Das Monasterio San Juan de la Peña

Das Kloster San Juan de la Peña wurde im 11. Jahrhundert von Sancho de Navarra gegründet und entstand auf den Resten einer alten Einsiedelei, die hier schon seit über 300 Jahren existierte. Einige Mönche zogen sich damals aus Jaca in die Berge zurück. Das Kloster verfügte über große Ländereien und war wohlhabend und einflussreich, besonders nachdem die weltlichen Herrscher Aragons auf der Flucht vor den Mauren hierher flohen. In der bestens erhaltenen Gruft des Klosters fanden zwischen dem 12. und 16. Jahrhundert fast alle Herrscher Aragons ihre letzte Ruhestätte. Die Chronik berichtet außerdem, dass in San Juan im Mittelalter einige Zeit der heiligen Gral aufbewahrt wurde, der viele Pilger anlockte. Der wertvolle Kelch soll zur Zeit der maurischen Invasionen in den Pyrenäen von Kloster zu Kloster gewandert sein.

Die Blütezeit des alten Klosters unter dem Steinüberhang nahm 1675 ein jähes Ende: das Kloster brannte ab und wurde fast vollständig zerstört, sodass man beschloss, in geringer Entfernung ein neues Kloster zu errichten. 1889 wurde das alte Kloster zum Baudenkmal ernannt. Heute können wir im Untergeschoss die Reste einer mozarabischen Kirche aus dem 10. Jahrhundert mit einigen alten Fresken und, eine Etage weiter oben, die Gruft der Könige von Aragon besuchen. Besonders eindrucksvoll fanden wir aber den ehemaligen Innenhof und die Reste des Kreuzganges. Auch hier schmücken ausdrucksstarke Figuren die Kapitelle der Säulen.

*Geöffnet ganzjährig von 10–14 Uhr, März bis Oktober zusätzlich 15.30–19 Uhr, Juni bis August bis 20 Uhr. Eintritt €12, Kinder 6 bis 14 Jahre €7,50. www.monasteriosanjuan.com*

Auch das »neue«, im 18. Jahrhundert erbaute, Monasterio können Sie besichtigen. Es steht ebenfalls unter Denkmalschutz. Im Gebäude ist auch das »Interpretationszentrum über das Königreich Aragon« untergebracht, das die Geschichte und die Bedeutung des Klosters San Juan für das Land Aragon erklärt. Neben dem neuen Kloster gibt es außerdem einen großen Picknickplatz und eine Mini-Wanderung führt zu einem ausgezeichneten Aussichtsplatz. Die Fahrt hinauf lohnt sich, auch wenn die Straße zum **neuen Monasterio** streckenweise recht steil ist. Auf dem großen Parkplatz bei N 42°30‘26.2“, W 0°39‘53.8“ ist das Übernachten wohl verboten, da er in einem Schutzgebiet liegt. Es ist dort, anders als an anderen Plätzen in der Region, kein Verbotsschild zu finden. Kommentare auf einschlägigen Internet-Seiten berichten aber von Kontrollen und Strafzetteln. Tagsüber können Sie auf dem schattigen Parkplatz aber wunderbar eine Pause machen.

Vom Parkplatz führt eine Kurzwanderung zu einem besonderen Aussichtsplatz. Über die Ebene von Jaca blicken wir dort auf die beeindruckende Bergkette des Pyrenäenhauptkammes.

### Spaziergang zum Balcón del Pirineo

Oberhalb des neuen Klosters führt ein Weg in den Wald. An seinem Beginn erklärt ein Schild einen halbstündigen Rundweg, der zum Aussichtspunkt führt. Schon nach wenigen Schritten schickt uns ein Schild »Balcón de Pirineo« rechts einen breiten Waldweg hinauf und nach etwa zehn Minuten stehen wir auf einer Terrasse mit Steinbank. Der Blick reicht weit über das Tal auf die Bergketten der Pyrenäen. Nehmen Sie am besten einen Snack mit hinauf und bleiben Sie ein bisschen sitzen.

Der Weg führt dann links auf der Höhe weiter, und bevor es wieder hinuntergeht können Sie zwischen den Bäumen auf ein natürliches Plateau (ohne Geländer) treten und den atemberaubenden Blick noch einmal in die andere Richtung genießen. Der Weg führt dann wieder hinunter und endet auf einem breiteren Forstweg. Wir biegen hier links ab und stehen wenige Minuten später wieder am Ausgangspunkt neben dem Kloster.

Auf dem Rückweg stoppen wir noch einmal in **Santa Cruz de la Serós**, um auch die **Kirche Iglesia de Santa Maria** anzusehen. In der Nähe des Parkplatzes entdecken wir dabei eine weitere kleine Kirche. Sie heißt **San Caprasio** und steht seit 1060 an dieser Stelle. Santa Maria stammt ebenfalls aus dem 11. Jahrhundert und ist der Rest eines Benediktinerinnenklosters. Der König von Aragon selbst bedachte es mit zahlreichen Schenkungen, als seine Tochter Dona Urraca dem Kloster beitrat. Später wurde eine ihrer Schwestern dort Äbtissin und eine dritte Tochter Ramiros folgte ihren Schwestern. So erhielt das Kloster den Namen Santa Cruz de las Sorores (Kloster Heilig Kreuz zu den Schwestern). Die interessantesten Details der Kirche sind in der Außenfassade zu finden, die mit etlichen Figuren geschmückt ist. Eine Besichtigung der Innenräume ist zu den Öffnungszeiten des Klosters möglich.

Nach diesem Ausflug »ins platte Land« wenden wir uns jetzt wieder den Bergen zu. Als Zugang wählen wir das **Valle de Hecho**. An Sommerwochenenden ist das Tal bei den Einheimischen äußerst beliebt. Sie kommen zum Wandern und zum Picknick am Flussufer. An Wochentagen ist es hier dagegen eher ruhig. Bis Hecho ist weder von der Idylle noch von der schmalen Straße etwas zu bemerken. Wer bereit ist eine schmale, löchrige Schotterzufahrt hinunterzuhoppeln findet schon vor Hecho unterhalb der Straße einen netten Platz an einer großen Badegumpe des Flüsschens Aragón Subordán. Um sich kurz zu erfrischen, kann man auch einfach rechts der Straße auf einem Schotterplatz parken.

### (279) WOMO-Parkplatz: Aragón Subordán

**GPS:** N 42°40'27.8", W 0°43'54.8", 940 m. **Max. WOMOs:** 3
**Ausstattung:** Keine.
**Beschreibung:** Unebene Schotter-Grasfläche neben dem Fluss und unterhalb der Straße. Zugang zum Flussufer und Möglichkeit zum Baden.
**Zufahrt:** Die Zufahrt zum Platz befindet sich links an der A 176 nach Hecho. Sie knickt im spitzen Winkel nach hinten ab. Am besten parken Sie erst rechts der Straße auf der Schotterfläche an der Kreuzung (Abzweig Jasa und Lizara) und inspizieren die Zufahrt und die Position der Schlaglöcher.

Das eigentliche Valle di Hecho beginnt dann im Dörfchen Hecho. Es gibt im Tal zwei ganz unterschiedliche Campingplätze und viele schöne Plätzchen am Flussufer. Auch der Ort Hecho hat durchaus Charme. Am Ortsrand hinter der Information können wir zuerst einmal eine kleine Freiluftkunstausstellung durchwandern.

**Hecho und die Kunst**
70 massive Steinskulpturen verteilen sich auf der Wiese hinter der Information am westlichen Stadtrand. Der aus der Region stammende Künstler **Pedro Tramullas** bearbeitete zusammen mit fünf Kollegen im Jahr 1975 die ersten Marmorblöcke auf dem Gelände in Hecho. Dann traf man sich jeden Sommer wieder und es entstanden Jahr für Jahr neue Kunstwerke. Parkt man auf den Plätzen neben der Information, kann man anschließend

noch eine Runde durch den Ortskern von **Hecho** drehen. Köstlicher Duft verrät, wo die ausgezeichnete Bäckerei zu finden ist, die abends gegen 17 Uhr nach einer langen Mittagspause noch einmal öffnet. Am südlichen Ortsrand von Hecho gibt es auch einen Campingplatz. Viel schöner stehen Sie aber auf dem Platz ein paar Kilometer weiter im Tal, der auch mit größeren Mobilen noch ganz gut erreichbar ist. Auf dem Weg ins Tal treffen wir hinter dem Ort Siresa auf einen schönen Picknickplatz rechts der Straße bei N 42°45'55.1", W 0°44'41.3". Kurz darauf zweigt rechts die Asphaltpiste zum Refugio ab. Bis zum Campingplatz ist sie gut befahrbar, wird aber zwischenzeitlich etwas schmaler.

### (280) WOMO-Campingplatz: Borda Bisaltico

**GPS/Kontakt:** N 42°47'17.7", W 0°43'47.8", 1.013 m, Tel. 0034 974 348940, www.bordabisaltico.com.
**Öffnungszeit:** April bis Oktober.
**Ausstattung:** WC-Entsorgung, Restaurant, Brotservice.
**Beschreibung:** Weitläufiger, gepflegter Platz mit guten Sanitäranlagen in idyllischer Lage mit toller Bergkulisse, sympathischer Familienbetrieb.
**Preise:** €26–32, inkl. Strom.
**Zufahrt:** Hinter Hecho aber vor der Schlucht der Beschilderung rechts auf die schmale Straße folgen und zum Campingplatz hinauffahren.

Hinter dem Abzweig zum Rifugio und zum Camping Borda Bisaltico verengt sich die Straße ins Tal deutlich. Sie führt neben dem Fluss zwischen die Steilwände der **Bocca del Infierno** – des Höllenschlundes. Teilweise in die Felsen gesprengt, ist der Asphaltstreifen streckenweise nur gut fahrzeugbreit und die Durchfahrt unter den Felsen nur für Fahrzeuge bis 3,50 Meter

Höhe möglich. Es gibt hier aber keine offizielle Einschränkung. Ausweichbuchten sind immer mal wieder vorhanden, trotzdem kann die Fahrt vor allem an Wochenenden, wenn es auch die Menschen der umliegenden Städte in das idyllische Tal zieht, recht anstrengend werden und ist nur mit einem kompakten Fahrzeug zu empfehlen. Alle freien Plätze im Tal, die jahrelang genutzt wurden, sind inzwischen verboten und auch eindeutig so beschildert. Über Nacht müssen Sie im Valle de Hecho auf einen der Campingplätze, tagsüber dürfen Sie aber weiterhin am Fluss parken. Direkt hinter der Schlucht, wenn sich das Tal wieder weitet, kommen wir zu einem ersten idyllischen Platz bei N42°48‘45.6“, W0°42‘41.0“, der auch Startpunkt einer beliebten Wanderrunde ist.

### Rund um die Bocca del Infierno

**3h15min, etwa 450 Höhenmeter.**

Die Wanderung führt weit oben einmal rund um den Höllenschlund. In der Kiesbucht auf der linken Straßenseite beginnt die Via Romana. Sie führt hinauf zu einem alten Wachtturm und dann unter durchlöcherten Felsen entlang, die bei den Geiern recht beliebt sind. Der Blick fällt auf eine schöne Berglandschaft. Dieser Teil der Wanderung ist durchaus lohnenswert, auch wenn man von der Schlucht überhaupt nichts zu sehen kriegt. Unsere Empfehlung wäre es, hier oben umzudrehen und zurückzulaufen.

Wenn Sie den ganzen Rundweg laufen möchten, starten Sie am besten auf

der anderen Flussseite auf dem Pfad Senda de los Ganchos, der uns aber weniger gefallen hat. Er beginnt auf der dem Parkplatz gegenüberliegenden Seite an der schmalen Flussbrücke, die man überquert. Dann geht es rechts ein paar Schritte am Fluss entlang und kurz darauf links den Berg hinauf. Der schmale Weg führt in stetigem Auf und Ab durch den Wald. Nur selten erhascht man einen Blick über das Tal. Kurz vor dem Ziel umrunden wir noch einen Taleinschnitt, halten uns an der einzigen Kreuzung rechts und überqueren eine Brücke. Dann geht es auf einem breiten Fahrweg an einer Quelle vorbei und rechts hinauf zur Straße. Auf der gegenüberliegenden Seite beginnt dann der Aufstieg zur **Via Romana**. Von der Schlucht sehen Sie allerdings wesentlich mehr, wenn Sie mit dem Wohnmobil hindurchfahren.

Weiter hinten im Tal, auf dem Weg dorthin müssen wir durch einen zweiten Engpass, kommen wir an einer großen Lichtung zu weiteren Plätzen über dem Fluss mit großem Parkplatz. Kurz darauf folgt das Campinggelände des **Refugio Selva de Oza**.

**(281) WOMO-Campingplatz: Camping Selva de Oza**

**GPS/Kontakt:** N 42°50'3.4", W 0°42'40.7", 1.150 m, Tel. 0034 74 565515, camping-selvadeoza.com. **Öffnungszeit:** Juni bis September.
**Ausstattung:** WC-Entleerung, kleiner Laden, Restaurant, WLAN.
**Beschreibung:** Naturbelassenes Gelände mit Wiesenplätzen und vielen Bäumen. Für größere Wohnmobile dürfte es schwierig sein, einen geraden Platz zu finden.
**Preise:** € 19–23, Strom € 5–6.
**Zufahrt:** Links an der Straße ins Tal. Rezeption an der Bar, die auch von der Straße zugänglich ist.

Fahren wir noch weiter ins Tal, verlässt uns kurz vor einer Brücke der Asphalt unter den Reifen. Beim Parkplatz Guarinzza errreichen wir dann das Ende der befahrbaren Piste. Von hier aus führen Wanderwege in die Berge. Mit einer Halbtagestour ist zum Beispiel der Bergsee **Ibon de Archerito** (knapp 4 h, 700 Höhenmeter) zu erreichen.

Zurück in Hecho wählen wir die Straße nach **Ansó** und rollen durch einsame Berglandschaften. Im Dörfchen Ansó gibt es nur enge Gassen, wir werden daher außen herumgeleitet und folgen dem Wegweiser zum Parkplatz für Wohnmobile. Erfreut treffen wir dann direkt hinter dem Ort auf einen großen Picknickplatz.

**(282) WOMO-Parkplatz: Ansó**

**GPS:** N 42°45'44.3", W 0°49'42.6", 886 m. **Max. WOMOs:** >5
**Ausstattung:** Wasserhahn, Fitnessgeräte, Bouleplatz.
**Beschreibung:** Eingezäunter Bereich mit Picknicktischen. Ebene geschotterte Parkplätze auf beiden Seiten. Außerorts, aber nicht weit von Ansó entfernt, etwa 10 Minuten Fußweg in den Ort.
**Zufahrt:** Von Hecho kommend in Richtung Valle de Zuriza rechts um den Ort herum und hinter den letzten Häusern etwa 400 Meter weiter in Richtung Zuriza fahren. Der Platz liegt dann rechts neben der Straße. Der Parkplatz ist im Ort mit Parkplatz Busse/Wohnwagen beschildert.

### Das Valle de Ansó

Durch das wenig besuchte Valle di Ansó geht es dann zurück ins Tal. Auch diese Straße führt durch eine Schlucht. Diese ist nicht ganz so eng und spektakulär wie die Bocca del Infierno, aber landschaftlich trotzdem sehr spannend. Bevor die Felsen eng zusammenrücken liegt links an der Straße ein Picknickplatz mit Parkbucht, von dem man mit Fernglas die Gänsegeier beobachten kann, die in den Wänden der Schlucht ihre Jungen aufziehen und hoch oben über den Felsen segeln.

Dann kurven wir zwischen die Felswände und durch zwei Steintore. Hinter dem zweiten Tor weitet sich das Tal und links liegt der Ort **Biniés** und ein zweiter Picknickplatz, auf dem man mit schönem Weitblick parken kann.

### (283) WOMO-Parkplatz: Picknickplatz Biniés

**GPS:** N 42°37'07.64", W 0°49'29.5". **Max. WOMOs:** 2–3
**Ausstattung:** Picknicktisch.
**Beschreibung:** Wiesenstreifen mit Weitblick am Rand der wenig befahrenen Straße nach Biniés.
**Zufahrt:** Von der Straße ins Valle di Ansó rechts nach Binies abbiegen. Der Picknickplatz liegt ein gutes Stück vor dem Ort links an der Straße

Kurz darauf erreichen wir wieder die N240 und fahren jetzt rechts weiter zum **Yesa-Stausee**. Er ist mit 18 Kilometer Länge der größte Stausee der Pyrenäenregion und wird deshalb auch Mare Pirineos »das Meer der Pyrenäen« genannt. Bei unseren Besuch im Herbst 2022 war nach dem superheißen Sommer vom »Meer« nur noch wenig zu sehen. Der komplette Ostteil des Sees lag trocken. Ein Platz am Wasser war nur noch vor dem See am Ufer des Aragón zu finden, der durch den Yesa-Stausee fließt.

### (284) WOMO-Parkplatz: Sigüés / Flussbrücke

**GPS:** N 42°36'48.4", W 1°01'54.9". **Max. WOMOs:** 3–4
**Ausstattung:** Keine.
**Beschreibung:** Schotter-Wiesenfläche am Flussufer, die sich ein ganzes Stück den Fluss entlangzieht.
**Zufahrt:** Gegenüber der geschlossenen Tankstelle rechts auf den Schotterweg abbiegen und bis zum Fluss fahren. Bis hierher ist die Piste gut befahrbar. Wer sich durch den Engpass traut, kann am Flussufer entlangfahren und kommt zu Plätzen weiter entfernt von der Straße.

*Heißes Schwefelwasser an den Ruinen des Bades von Tiermas.*

Kurz darauf erreichen wir das Seeufer – zumindest wenn Wasser im Staussee ist. Dann sehen wir rechts der Straße auf einem Hügel ein Dorf. Auf den ersten Blick sieht es ganz normal aus. Schaut man genauer hin, sieht man Ruinen. **Escó** ist eines der drei Dörfer an der Ostseite des Sees, das beim Bau der Staumauer in den 1950er-Jahren geräumt wurde, aber wegen eines Rechenfehlers doch nicht im See versank. Tiermas und Ruesta teilen dieses Schicksal. Alle drei wurden zu Geisterdörfern. Bei N 42°36'53.4", W 1°03'22.1" kann man am Straßenrand parken und nach Escó hinaufsteigen. Direkt hinter den Häusern ist die Autobahn in Bau, was das Ortsbild noch etwas surrealer macht.

### Aguas Sulfurosa de Tiermas

Noch skurriler wirkt eine Location, die unterhalb von Tiermas am oder im See liegt – je nach Wasserstand. Hier ist das Thermalbad von Tiermas untergegangen. Fällt das Wasser tief genug, was bisher nicht jeden Sommer der Fall war, taucht die Ruine mitsamt der heißen Schwefelquelle wieder auf und in den Warmwasserbecken wird gebadet. Vor allem an Wochenenden wird das Ganze zum Happening. Unten am See sammeln sich dann die geländegängigen Camper. Wer nicht runterfahren will, parkt bei N 42°36'48.8", W 1°06'27.1" oben an der Straße, schnappt die Badesachen und geht zu Fuß.

*Das Ruinendorf Escó*

*Das Westtor des Monasterio de Leyre wird von wilden Gestalten bewacht.*

Die Straße führt weiter am Seeufer entlang. Ab und zu ermöglichen Parkbuchten an der Straße einen Stopp, man kommt aber schlecht zum Wasser hinunter. Wer das Tempo beschleunigen will, kann auch bei Tiermas für ein kurzes Stück auf die Autobahn wechseln bis zur Ausfahrt »Leyre«. Hier geht es hinauf zu einem alten Kloster, von dem man einen grandiosen Blick über den See hat. Kurz vor dem Ziel versteckt sich rechts der Straße ein Aussichtsplatz. Das Schild »Mirador« ist allerdings nur auf dem Rückweg zu lesen. Folgt man dem braunen Pfeil und fährt etwa 100 Meter auf dem Schotterweg weiter, kommt man zu einem geschotterten Plateau [**285:** N 42°37'51.6", W 1°11'08.7"], von dem man die Berge, das Kloster und den See im Blick hat. Noch ein Stück weiter oben, treffen wir dann auf den Parkplatz des Klosters.

### (286) WOMO-Parkplatz: Monasterio de Leyre

**GPS:** N 42°38'10.1", W 1°10'13.9". **Max. WOMOs:** 2–3
**Ausstattung:** Keine.
**Beschreibung:** Ebener Asphaltparkplatz am Kloster.
**Zufahrt:** Hinter Yesa rechts durch zwei Kreisel und unter der Autobahn hindurch der braunen Beschilderung zum Monasterio de Leyre folgen. Der Parkplatz liegt links der Straße gegenüber dem Kloster.

*Unterhalb der Felswände und hoch über dem Yesa-Stausee: Das Monasterio de Leyre.*

*Der ebene Weg durch die Foz de Lumbier war einmal eine Bahntrasse.*

## Monasterio de Leyre

San Salvador de Leyre ist das älteste Kloster in der Region Navarra. Es wird schon 851 in historischen Schriftstücken erwähnt. Fast genauso alt ist die Krypta, deren Gewölbe auf ungewöhnlich kurzen Säulen steht. Hier wurden über Jahrhunderte die Könige von Navarra zu Grabe gelegt. Heute ruhen ihre sterblichen Überreste in einem Sarkophag an der Nordwand der Kirche. Kirche und Krypta können besichtigt werden. Besonders spannend ist auch das Westportal der Kirche, das auch ohne Führung zu sehen ist. Hier bewachen furchterregende Dämonen mit scharfen Krallen den Zugang zur Kirche. Wer die gregorianischen Choräle der Mönche hören möchte, kann auch an den Gottesdiensten teilnehmen. Die Zeiten finden Sie online unter *www.monasteriodeleyre.com.* *Für Besucher geöffnet täglich 10–18 Uhr, im Sommer bis 19 Uhr, Eintritt € 3,50.*

Zurück im Tal bleiben wir auf der A21 bis zur Ausfahrt »Lumbier«. Hier sind zwei tiefe Schluchten unser Ziel, in denen Geier zu Hause sind. Die **Foz de Lumbier** kann man zu Fuß durchqueren, die **Foz de Arbayún**, in der die größte Geierkolonie der Pyrenäen lebt, ist Naturschutzgebiet. Es gibt aber einen Aussichtspunkt an der Straße, von dem man einen guten Blick in die Schlucht und auf die Nistplätze hat.

## Foz de Lumbier

Der Weg in die Schlucht von Lumbier beginnt am kostenpflichtigen Wanderparkplatz östlich des Dorfes bei N 42°38‘16.7“, W 1°18‘26.3“. Er wurde auf der Trasse einer ehemaligen Bahnstrecke angelegt und führt absolut eben durch zwei Tunnel und die Schlucht. Wer ein Fernglas mitnimmt, kann im Frühjahr und Sommer in den Felswänden die Nester erkennen. Dort wo der Stein unter einem Vorsprung weiß vom Kot ist, ist meist auch eine Geierfamilie zu Hause. Im Herbst, wenn die Jungvögel flügge werden, sind die Geier eher in der Umgebung unterwegs und kreisen in großen Gruppen am Himmel.

Wer aus dem Schluchtspaziergang eine richtige Wanderung (5,5, km, Gehzeit 2 Stunden) machen will, folgt dem markierten Rundweg. Er führt am Ende der Schlucht auf dem breiten Weg am Fluss weiter bis links ein Wanderweg abzweigt. Auf diesem geht es hinauf auf die 180 Meter höher liegende Hochebene und über diese zurück zum Parkplatz.

Folgen wir von Lumbier der Straße weiter ins Tal zweigt nach 15 Kilometern rechts die Zufahrt zum Aussichtspunkt über der Foz de Arbayún ab. Der Parkplatz des **Mirador del Iso** liegt bei N 42°41‘29.7“, W 1°11‘04.7“. Am Parkplatz hat man eine große Aussichtsterrasse eingerichtet, von der man bequem zwischen die bis zu 300 Meter hohen Felswände gucken kann. Auch hier befinden sich in den waagrechten Spalten etliche Brutplätze, die man mit einem Fernglas recht gut erkennen kann.

*Blick in die Foz de Arbayún*

Fährt man nun die Serpentinen auf der anderen Seite wieder hinunter, kommt man zum Flussufer. Hier befindet sich rechts an der Brücke ein kleiner Picknickplatz [**287:** N 42°41'46.5", W 1°10'22.3"], auf dem ein bis zwei kleine Fahrzeuge unterkommen. Ein Nachtparkverbot war nirgendwo zu sehen.

Wenn Sie lieber offiziell stehen möchten, ist der kleine Stellplatz am Ortsrand von Lumbier der bessere Platz. Er liegt zwischen beiden Schluchten.

### (288) Offizieller WOMO-Stellplatz: Lumbier

**GPS/Kontakt:** N 42°39'16.1" W 1°18'13.9".
**Öffnungszeit:** Ganzjährig.
**Ausstattung:** Keine.
**Beschreibung:** Einigermaßen ebener Schotterplatz am Ortsrand mit neun markierten Stellplätzen. Maximal 48 Stunden, kein Campingverhalten.
**Zufahrt:** Am Ortsende rechts in die Cuesta de Julio abbiegen und dem Wohnmobilsschild nach links folgen.
**Alternative:** Der kleine, sympathische Camping Iturbero liegt ebenfalls in Lumbier am Ufer des Salazar bei N 42°39'07.2", W 1°18'09.0", geöffnet April bis Oktober. www.campingiturbero.com

Nach diesen Highlights auf der spanischen Südseite der Pyrenäen machen wir uns jetzt wieder auf in Richtung Frankreich. Die Gegend ist hier weiterhin nur dünn besiedelt. Über Navascués geht es weiter nach Burgui und ins Valle Roncal. Im Ort Roncal treffen wir wieder auf einen Stellplatz.

### (289) Offizieller WOMO-Stellplatz: Roncal

**GPS:** N 42°48'19.8", W 0°57'26.1", 700 m. **Öffnungszeit:** Ganzjährig.
**Ausstattung:** Wasserhahn, Picknicktische, Grill, Wertstoffcontainer.
**Beschreibung:** Für Wohnmobile markierter Parkplatz am Ortsrand, auf Asphalt, Grillplatz am unteren Ende. Schön angelegt aber nahe an der Straße.
**Zufahrt:** Der Parkplatz liegt vor dem Ort links zwischen Straße und Fluss.

Durch das **Valle Roncal** machen wir uns jetzt aus den grünen Hügeln der Pyrenäenausläufer wieder auf den Weg ins Hochgebirge und zur letzten großen Passfahrt über den Pyrenäenhauptkamm. Ziel der nächsten Tour ist der französische Teil des Baskenlandes auf der anderen Seite der Berge.

## Die baskischen Pyrenäen

Roncal – Isaba – Arette – Sainte-Engrâce – Larrau – Forêt d'Iraty – Saint-Jean-Pied-de-Port – Roncevalles

| | |
|---|---|
| **Stellplätze:** | Isaba, Refugio Belagua, Larra Belagua, Col de la Pierre Saint-Martin, La Pierre Saint-Martin, Arette, Gorges de Kakuetta, Lac d'Iraty, Col d'Iraty, Saint-Jean-Pied-de-Port, Col d'Ibañeta, Roncevalles, Burguete |
| **Campingplätze:** | Arette, Pont d'Abense, Licq-Athérey, Iraty, Saint-Jean-Pied-de-Port, Urrobi |
| **Besichtigen:** | Grotte de la Verna, Saint-Jean-Pied-de-Port, Roncevalles |
| **Wandern:** | Refugio Belagua, Larra Belagua, Gorges de Kakuetta, Gorges du Holzarté, Forêt d'Iraty |
| **Märkte:** | Saint-Jean-Pied-de-Port: Mo |

*In den westlichen Ausläufern der Pyrenäen geht es beschaulicher zu als in den vielbesuchten Nationalparks. Vor allem die kleinen Orte auf der spanischen Seite sind wenig touristisch. Nur im Tal von Sainte-Engrâce verstecken sich mit der Grotte de la Verna und den Gorges de Kakuetta bedeutende Sehenswürdigkeiten.*

*Ein weiterer Höhepunkt von Tour 12 ist die Begegnung mit dem Jakobsweg am Kloster von Roncevalles und im sympathisch bunten Dörfchen Saint-Jean-Pied-de-Port. Östlich des Dorfes locken uns die einsamen, grünen Hügel des Forêt d'Iraty zu einem letzten Ausflug in die Bergeinsamkeit.*

Zuerst führt uns diese Tour durch das recht sanfte **Valle de Roncal**. Kurz vor dem Ort **Isaba** liegt rechts an der Straße ein schöner Picknickplatz mit ergiebig sprudelnder Quelle. In Isaba gibt es inzwischen einen offiziellen Stellplatz in ruhiger Lage am Ortsrand.

### (290) Offizieller WOMO-Stellplatz: Isaba

**GPS:** N 42°51'32", W 0°55'30", 792 m. **Öffnungszeit:** Ganzjährig.
**Ausstattung:** V/E, Müllcontainer.
**Beschreibung:** Langgezogener, leicht schräger Asphaltplatz am Ortsrand vor der ersten Häuserreihe und mit Blick auf die Häuser. Im oberen Bereich grüner und nur noch geschottert. Ruhig, aber nicht besonders idyllisch gelegen.
**Zufahrt:** Am Ortseingang rechts dem Wohnmobilsymbol folgen.

Kurz hinter Isaba überspannt rechts der Straße eine schöne alte Bogenbrücke den Bach und es folgt eine landschaftlich grandiose Fahrt durch das grüne, von hohen Gipfeln umgebene **Belagua-Tal**. Kurz bevor es zum Pass hinaufgeht versteckt sich rechts der Straße ein **Wanderparkplatz** mit Snackbar [**291:** N 42°55'58.1", W 0°50'03.3"]. Dann geht es in einigen großen Kehren bergan. Kurz unter der Passhöhe bietet der Parkplatz des inzwischen neu aufgebauten Refugio Belagua eine gute Übernachtungsmöglichkeit.

## (292) WOMO-Parkplatz: Refugio Belagua

**GPS:** N 42°56'42.4", W 0°50'06.4", 1.426 m. **Max. WOMOs:** 8
**Ausstattung:** Keine.
**Beschreibung:** Großer, leicht schräger und inzwischen eingezäunter Asphaltplatz neben dem Refugio Belagua. Auf der Terrasse des Refugio sitzt man mit bestem Blick über das Tal – zum Essen oder bei einem Bier. Hier startet auch eine kurze markierte Wanderrunde.
**Zufahrt:** Kurz vor der Passhöhe rechts unterhalb der Straße.

Zwei ebenfalls zum Übernachten geeignete Alternativen gibt es wenige Minuten weiter im Bereich der Passhöhe. Der erste Parkplatz befindet sich gegenüber dem Informationszentrum mit Bar und Restaurant. Dort ist auch ein Lehrpfad markiert, auf dem man sich die Füße vertreten kann. Etwas anspruchsvoller ist der zweite markierte Rundweg durch die grünen Berge, auf denen Pferde und Schafe weiden. Er führt über schmale, zugewachsene Pfade und setzt Orientierungsvermögen voraus.

### (293) WOMO-Parkplatz: Larra Belagua

**GPS:** N 42°57'29.1", W 0°48'03.7", 1.588 m. **Max. WOMOs:** 2–3
**Ausstattung:** Keine.
**Beschreibung:** Asphaltplatz gegenüber Restaurant/Bar.
**Zufahrt:** Kurz vor der Passhöhe links an der Straße.
**Sonstiges:** Beginn eines Lehrpfades und einer schönen, aber anspruchsvollen Wanderrunde.

### (294) WOMO-Parkplatz: Col de la Pierre Saint-Martin

**GPS:** N 42°58'13.4", W 0°45'57.0", 1.764 m. **Max. WOMOs:** 2–3
**Ausstattung:** Keine.
**Beschreibung:** Parkflächen nahe an der nachts wenig befahrenen Passstraße, schöner Weitblick.
**Zufahrt:** An der Passhöhe.

Wir kurven jetzt weiter durch eine karg-schöne Karstlandschaft und sehen schon bald wieder Häuser vor uns. Der Skiort **La Pierre Saint-Martin** liegt auf 1.600 Metern mitten in diesem rauen Bergparadies und sieht ungefähr so aus, wie wir es inzwischen von einem Skiort in den französischen Pyrenäen erwarten. Neben Parkflächen mit Ausblick für eine entspannte Mittagspause gibt es hier in geschützterer Lage am Hang aber auch noch einen gut ausgestatteten offiziellen Stellplatz.

### (295) Offizieller WOMO-Stellplatz: La Pierre Saint-Martin

**GPS:** N 42°58'46.0", W 0°44'56.0", 1.625 m. **Öffnungszeit:** Ganzjährig.
**Ausstattung:** V/E, Strom (war im Sommer abgesperrt).
**Beschreibung:** Gut ausgestatteter Asphaltplatz am Ortsrand des Skiortes Saint-Martin. **Preise:** Im Sommer kostenlos, im Winter € 12.
**Zufahrt:** Von der Passstraße rechts Richtung Ort und vor den ersten Häusern rechts zum Stellplatz abbiegen.
**Alternative:** An der Zufahrt in den Ort links bei N 42°58'48.9", W 0°44'46.6" befindet sich ein ebener großer Parkplatz mit Weitblick in die Berge.

Jetzt geht es wieder bergab und der Blick fällt über grüne Wiesen mit locker verteilten Felsbrocken. Wir kommen jetzt langsam an den Rand der Pyrenäen und die Berge sind weniger hoch und weniger schroff. Der erste größere Ort im Tal ist die Kleinstadt **Arette**, die ebenfalls einen offiziellen Stellplatz anbietet. Am Ortsrand haben wir an einem Freizeitgelände am Flussufer noch eine nette Alternative gefunden.

### (296) Offizieller WOMO-Stellplatz: Arette

**GPS:** N 43°05'41.7", W 0°42'55.8", 326 m. **Öffnungszeit:** Ganzjährig.
**Ausstattung:** V/E, WC, Müll.
**Beschreibung:** Stellplatz für zehn Mobile im Ortszentrum.
**Zufahrt:** An der ersten Kreuzung vor dem Ort rechts halten, dann links in den Ort und die dritte Straße rechts zur Place de la Mairie fahren.

### (297) WOMO-Parkplatz: Arette

**GPS:** N 43°05'35.5", W 0°43'16.1", 320 m. **Max. WOMOs:** 4 – 5
**Ausstattung:** Picknicktische, Spielplatz, Badestelle.
**Beschreibung:** Geschotterter Parkplatz neben einem Picknickplatz am Flussufer, Liegewiese unter großen Bäumen, ruhig gelegen abseits von Straßen.
**Zufahrt:** Im Ort in Richtung Campingplatz und vor der Bachbrücke links zum ausgeschilderten Freizeitgelände.

Als dritte Alternative können wir, vor allem für Fahrzeuge ohne Sanitärausstattung, den Campingplatz am Ortsrand anbieten.

### (298) WOMO-Campingplatz: Camping Arette

**GPS/Kontakt:** N 43°05'54.6", W 0°43'20.2", 320 m, Route de Lanne, Tel. 0033 683 633253, www.camping-arette.com.
**Öffnungszeit:** Ganzjährig.
**Ausstattung:** WLAN kostenlos.
**Beschreibung:** Netter, kleiner Platz am Ortsrand. **Preise:** €12, Strom €4.
**Zufahrt:** Durch den Ort in Richtung Aramits und dann links der Beschilderung zum Campingplatz folgen.

Sicher haben Sie auf den letzten Kilometern schon das eine oder andere Schild gesehen, das Werbung für den Besuch der Grotte de la Verna macht? Vielleicht gab es auch schon eines für die Gorges de Kakuetta? Grotte und Schlucht gehören zu den Hauptsehenswürdigkeiten der Region. Die Schlucht ist allerdings nach einem tödlichen Unfall durch Steinschlag **geschlossen** (siehe Seite 300). Wir wählen nun die D 918 bis **Pont d'Abense**. Hier gibt es nochmal einen kleinen Campingplatz.

### (299) WOMO-Campingplatz: Camping du Pont d'Abense

**GPS/Kontakt:** N 43°06'42.0", W 0°51'48.2", Tel. 0033 678 735359, www.campingdupontdabense.fr.
**Öffnungszeit:** Mitte April bis Mitte September.
**Ausstattung:** V/E, Baguetteservice, WLAN kostenlos.
**Beschreibung:** Ruhig und schön gelegen am Fluss, großes Wiesengelände mit einigen hohen Bäumen, einfache Sanitärausstattung.
**Preise:** €19–22, Strom €5.
**Zufahrt:** An der Kreuzung von D 918 und D 26 rechts nach Tardets abbiegen und vor dem Ort links über die Brücke fahren. Der Platz ist ausgeschildert.

Unsere Hauptroute führt an der Kreuzung mit der D26 nach links und wir halten wieder auf die Berge zu. Einige Kilometer hinter **Licq-Athérey** zweigt links die schmale Straße ab, die nach Sainte-Engrâce führt. Auf halber Strecke zur Schlucht passieren wir einen Campingplatz in sehr schöner Lage.

### (300) WOMO-Campingplatz: Camping Ibarra

**GPS/Kontakt:** N 43°00'55.0", W 0°51'28.0", Quartier Caserne, Tel. 0033 559 287359, www.ibarra-chantina.com.
**Öffnungszeit:** Ostern bis Allerheiligen.
**Ausstattung:** Bar, Baguetteservice, WLAN an der Rezeption.
**Beschreibung:** Kleiner Platz in schöner Lage am Flussufer, Rezeption oben an der Straße. Zufahrt steil und eng, daher eher für kleinere Mobile.
**Preise:** €16,50, Strom €2,50.
**Zufahrt:** Auf halbem Weg nach Sainte-Engrâce rechts hinunter zum Camping. Der Platz ist beschildert.

Kurz vor **Sainte-Engrâce** liegen dann die Parkplätze der Gorges an der Straße. Ist sie geöffnet, platzen sie aus allen Nähten, denn die sehenswerte Schlucht zieht viele Besucher in das schmale Tal. Unseren Selbstversuch an einem Sonntagnachmittag in der Hochsaison können wir nicht zur Nachahmung empfehlen. Versuchen Sie ein besseres Timing. Dass Sie auf dem unteren Parkplatz recht angenehm die Nacht verbringen können, sollte dabei hilfreich sein. **Achtung: Die Schlucht war nach einem tödlichen Unfall durch Steinschlag 2021 und 2022 geschlossen und wird es auch noch 2023 bleiben.** Bitte informieren Sie sich vor dem Besuch (www.sainte-engrace.fr). Wir belassen die Beschreibung unseres Besuchs weiterhin im Buch, da wir davon ausgehen, dass die spektakuläre Schlucht in absehbarer Zeit wieder begehbar sein wird.

### (301) WOMO-Parkplatz: Gorges de Kakuetta

**GPS:** N 43°00'02.7", W 0°50'35.2", 484 m. **Max. WOMOs:** 10
**Ausstattung:** Trocken-Toilette, Müll.
**Beschreibung:** Geschotterter Parkplatz unter Bäumen, tagsüber sehr voll, da Parkplatz für Besucher der Schlucht. Am besten erst am Abend nach 18 Uhr oder am Morgen ankommen, max. 24 h.
**Zufahrt:** Direkt an der Straße nach Sainte-Engrâce. Der Beschilderung zu den Gorges de Kakuetta folgen, die nicht zu übersehen sind.

### Durch die Gorges de Kakuetta

Wir treffen also an einem sonnig-heißen Sonntagnachmittag Mitte August in Kakuetta ein. Es ist uns durchaus bewusst, dass dies ein ganz besonders ungeeigneter Zeitpunkt zum Besuch einer der bekanntesten Sehenswürdigkeiten der Region ist. Aber manchmal ist man einfach zur falschen Zeit am passenden Ort. Erstaunlicherweise und mit viel Glück bekommen wir tatsächlich einen Parkplatz. Und dann wird der Besuch für uns zu einer besonders intensiven Erfahrung.

Der große Parkplatz liegt etwa 400 Meter unterhalb des Eingangs zur Schlucht und wir marschieren auf dem Fußweg neben der Straße bergan. Dann geht es steil hinunter zur Kasse. Die Karten werden in der Bar verkauft. Zuerst kommen wir dann zu einem Picknickplatz an einem künstlichen Teich. Dann marschieren wir auf einem breiten Schotterweg noch einmal steil bergan und gleich darauf noch steiler wieder hinunter zum Fluss und am Ufer entlang. Nachdem jetzt ganz sicher bereits die ersten Schweißperlen gerollt sind, stehen wir nach gut 20 Minuten am Zugang zur Schlucht. Ein schmaler Holzsteg führt an den Felsen und über dem Wasser entlang. Jetzt wird es endlich spannend.

Wir folgen der Gruppe vor uns und machen nur kurze Stopps zum Fotografieren, um den Besucherfluss auf dem Steg nicht allzu sehr zu stören. Nur mit Mühe kommt man an den entgegenkommenden Wanderern vorbei, die bereits auf dem Rückweg sind, was uns zu Anfang nicht weiter tangiert. Dann fällt der Weg zum Fluss ab und führt beinahe am Wasser entlang. Hier gibt es türkisblaue, einladende Wasserbecken und der eine oder die andere packt die Badehose aus und setzt sich in die Sonne. Nicht die schlechteste Idee, denn jetzt wird es auf dem Weg durch die Schlucht erst richtig interessant. An vielen Stellen ist der Weg zu schmal für zwei Wanderer und zudem ist es auf den feuchten Steinen auch noch ziemlich glitschig. Spontan wird das Problem von den Besuchern mit kurzzeitigen Einbahnstraßenregelungen gelöst. So geht es immer langsamer voran. Wir haben auf jeden Fall genug Zeit, die Schlucht zu betrachten, aber leider immer nur dann, wenn vor uns der Besucherfluss zum Stehen kommt.

Den Höhepunkt erreicht das Spektakel am Wendepunkt, der kurz hinter einem imposanten Wasserfall erreicht ist. Der Kletterpfad in die Höhle am Ende der Schlucht lohnt unbedingt, doch hier ist es besonders eng. Nur mit akrobatischen Verrenkungen gelingt der Weg an den entgegenkommenden Besuchern vorbei – und das, obwohl alle geduldig warten, bis in der Höhle genug Platz ist. So langsam siegt bei uns der Humor und wir sehen das ganze als Abenteuer. Am großen Wasserfall, an dem man vorne und hinten vorbeigehen kann, erfrischen wir uns ein wenig im Sprühnebel und reihen uns dann wieder in die zwei Kilometer lange Wanderschlange ein...

*Bitte informieren Sie sich vor dem Besuch, ob die Schlucht wieder geöffnet ist. Der Parkplatz war übrigens unabhängig von der Schließung weiterhin als Stellplatz nutzbar. www.sainte-engrace.fr*

Haben Sie eine dicke Jacke, Mütze und Handschuhe eingepackt? Noch etwas weiter hinten im Tal können wir jetzt noch eine der größten Höhlen Europas besuchen. Dazu fahren wir noch ein bisschen weiter ins Tal hinein bis zum Parkplatz der Höhle in Sainte-Engrâce bei N 42°59'45.5", W 0°49'13.2".

### Grotte de la Verna

Die Hauptkammer der Höhle ist so hoch, dass man hier schon einen Heißluftballon aufsteigen ließ und die Temperatur liegt dort konstant bei frischen 6°C. Trotz ihrer gewaltigen Dimensionen ist die Grotte de la Verna nicht halb so bekannt wie die nahe Schlucht von Kakuetta und so geht es schon auf dem Parkplatz deutlich ruhiger zu. Zur Besichtigung haben Sie die Wahl zwischen der kurzen »Tour Découverte«, die auf einem 800 Meter langen Steg in den höchsten Bereich der Grotte führt, und verschiedenen längeren Entdeckungstouren. Ausgerüstet mit Helm und Grubenlampe geht es durch Gänge und zu einem unterirdischen Fluss.

Es wird empfohlen, die Besichtigung der Höhle vorab unter www.laverna.fr zu reservieren. Vom Parkplatz bringt Sie dann ein Shuttlebus zum Höhleneingang. Wer den sechs Kilometer langen Weg laufen möchte, kann auch ein Ticket ohne Transport lösen.
*Tour Decouverte (1h) €17, Kinder 5 bis 15 Jahre €11, Exploration Rivière (Fluss), 1h30 €22, Kinder ab 7 Jahre €16, Exploration Sportive, 2h, €27.*

Hinter dem Ort Sainte-Engrâce versteckt sich im Tal eine alte romanische Kirche mit alten baskischen Grabstelen. Direkt an der Kirche gibt es einen kleinen, engen Parkplatz, der aber auch zum benachbarten Gasthof gehört und daher so gut wie immer

*Noch eine romanische Kirche: Sainte-Engrâce stammt aus dem Jahr 1085.*

*Alte baskische Grabstelen auf dem Friedhof von Sainte-Engrâce.*

voll ist. Wenn ihr Fahrzeug größer als ein VW-Bus ist, parken Sie daher unbedingt am Parkplatz der Grotte und laufen den knappen Kilometer an der Straße entlang bis zum Kirchlein.

Die Gorges de Kakuetta ist nicht die einzige Schlucht der Region. An der Kirche von Sainte-Engrâce beginnt der Wanderweg durch die deutlich kleineren **Gorges de Ehujarre** und auch die nahen **Gorges de Holzarté** sind für Besucher erschlossen, wenn auch auf ganz andere Weise als der Touristenmagnet Kakuetta. Die Schlucht selbst ist nicht zugänglich, aber man kann von einer langen Hängebrücke von oben zwischen die engen Wände gucken. Dazu fahren wir zuerst auf die D 26 zurück und dann links weiter in Richtung spanische Grenze.

**Gorges du Holzarté**

Der Wanderparkplatz für den Weg zur Schlucht liegt an der Straße bei N 43°01‘09.5“, W 0°55‘33.6“ oder eine Kurve weiter an der Bar. Der Parkplatz oberhalb der Bar ist für Wohnmobile wegen der Zufahrt über eine sehr schmale Brücke nicht geeignet. Vom Parkplatz zur Hängebrücke über der Schlucht ist man etwa eine Stunde unterwegs. Der Weg ist beschildert.

Der nächste Ort an der Strecke ist **Larrau**. Rechts geht es jetzt auf einer schmalen, aber gut befahrbaren und landschaftlich sehr reizvollen Passstraße in die grünen Hügel des Forêt d‘Iraty. Die grüne Berglandschaft ist nur sehr dünn besiedelt. Auf den weitläufigen Wiesen grasen vor allem Schafe. Das Laxta-Schaf, das typische Schaf des Baskenlandes, ist ein robustes Milchschaf. Es gibt verschiedene Unterarten, von denen einige mit ihren schwarzen Gesichtern und imposant gedrehten Hörnern am ehesten unseren Heidschnucken ähneln. Die Landschaft im Iraty ist rau und ursprünglich und der Ausflug hierher lohnt besonders für Liebhaber wilder Natur.

Durch viele Kurven fahren wir bis zur Passhöhe des Col de Bagargiak. Hier befindet sich die Rezeption der Chalets d'Iraty, wo inzwischen auch die **Anmeldung** für den **Camping D'Iraty** stattfindet, der einige Kurven weiter unten gut zwei Kilometer weiter in Richtung Westen zu finden ist. An einem heißen Tag steht man auf dem Campingplatz deutlich angenehmer als weiter unten im Tal.

**(302) WOMO-Campingplatz:**
**Aire Naturelle de Camping D'Iraty**

**GPS/Kontakt:** N 43°02'13.2", W 1°02'59.4", 1.170 m, Tel. 0033 559 285129, chalets-iraty.com. **Öffnungszeit:** Juni bis Oktober. **Ausstattung:** V/E, Brot kann an den Chalets d'Iraty bestellt werden. **Beschreibung:** Kleiner Platz in Alleinlage mitten in den Bergen und im Wald. Sanitäranlagen einfach aber funktionell. **Anmeldung an der Rezeption der Chalets d'Iraty** zwei Kilometer weiter oben an der Passhöhe! **Preise:** € 10 – 11,50, Strom € 3,50. **Zufahrt:** Zwei Kilometer unterhalb der Passhöhe links an der Straße. Zufahrt zum Platz über einen kurzen schmalen Schotterweg.

Fährt man vor dem See links weiter in Richtung Lac d'Iraty, gibt es mehrere Parkbuchten an der Straße, auf denen man auch ein kleineres Mobil platzieren könnte, teilweise auch mit Zugang zum Bach. Dann fahren wir weiter hinunter in eine Senke mit einem kleinen See, der im Sommer meist nur wenig Wasser hat, und halten uns dort links. Hinter dem **Lac d'Iraty** gibt es einen größeren Parkplatz und dahinter am Waldrand

einen offiziellen Stellplatz, auf dem Sie damit rechnen müssen, dass morgens weidende Pferde und Kühe ihren Frühstückstisch inspizieren. Gegenüber des Parkplatzes führt ein kurzer Weg zu einer kleinen Käserei. Dort können Sie den vor Ort produzierten Käse direkt vom Erzeuger kaufen.

**(303) Offizieller WOMO-Stellplatz: Lac d'Iraty**

**GPS:** N 43°02'33.6", W 1°04'26.4", 1.002 m. **Öffnungszeit:** Ganzjährig.
**Ausstattung:** Wasser, im Sommer WC.
**Beschreibung:** Schöner Platz auf einem Wiesengelände am Waldrand, einsam gelegen, kein Schatten, **Preise:** €5 für 24 h.
**Zufahrt:** Vom Col de Bagargiak kommend am See Lac d'Iraty (im Sommer wenig Wasser) links abbiegen und am PKW-Parkplatz vorbeifahren. Hinter diesem links in den beschilderten Wohnmobilstellplatz einbiegen.

Der Stellplatz ist außerdem auch ein guter Ausgangspunkt für eine Wanderung in die grünen Berge und zu einem eindrucksvollen Platz mit mehreren niedrigen Steinkreisen.

*Steinkreise vor dem Gipfel des Occabe*

### Auf dem GR 10 zu den Cromlechs d'Occabe

**Gehzeit: etwa 4 h, 10 km, 500 Höhenmeter**. Läuft man auf der schmalen Straße hinter dem Stellplatz etwa 800 Meter hinauf, kommt man zum Chalet Pedro, Restaurant und Wanderunterkunft am Fernwanderweg GR 10, der einmal quer durch die Pyrenäen führt. Gegenüber dem Chalet am oberen Ende der Parkbucht mündet der GR 10 auf die Straße. Diesen Weg wandern wir hinauf und folgen immer den rot-weißen Markierungen des GR. Der Weg führt zuerst ein gutes Stück durch den Wald bergan, dann stehen wir oberhalb der Bäume vor einer grünen Bergkuppe mit einigen Felsen. Das ist der Occabe. Der markierte Weg führt hinauf und auf der anderen Seite auf eine ausgedehnte, karge Hochebene. Zwischen den Grashalmen verbergen sich mehrere niedrige Steinkreise – die Cromlechs d'Occabe. Sie finden Sie in der Nähe des Wegweiserpfostens an der Kreuzung des GR 10 mit dem GR 9. Auf dem gleichen Weg geht es dann zurück zum Lac d'Iraty und zum Wohnmobilstellplatz.

Vom Lac d'Iraty überqueren wir dann den Col d'Iraty und halten uns in Richtung **Saint-Jean-le-Vieux**. Es geht noch einmal bergauf und nach ein paar Kurven sind wir auf der Höhe angekommen und treffen auf einen ersten Parkplatz neben der Straße.

Ein kurzer Fußmarsch auf dem dort abzweigenden Weg bringt uns zu einer hübschen alten Kapelle.

**(304) WOMO-Parkplatz: Col d'Iraty Kapelle**

**GPS:** N 43°04'35.1", W 1°05'52.3", 901 m. **Max. WOMOs:** 1–2
**Ausstattung:** Keine. **Beschreibung:** Großer Platz mit Naturboden rechts der Straße. Toller Ausblick, aber relativ nahe an der nachts kaum befahrenen Straße.
**Zufahrt:** Rechts an der Passstraße

Wir fahren dann auf der Höhe weiter und nach 1,5 Kilometer liegt links der Straße ein weiterer Parkplatz.

**(305) WOMO-Parkplatz: Col d'Iraty**

**GPS:** N 43°05'20.2", W 1°06'33.9", 773 m. **Max. WOMOs:** 1–2
**Ausstattung:** Keine. **Beschreibung:** Leicht abschüssige Schotterfläche mit tollem Bergblick auf einem Parkplatz, relativ nahe an der Straße.
**Zufahrt:** Direkt links an der Passstraße gelegen.

Wenig später kommen wir an einer Käserei vorbei, bei der Sie ebenfalls direkt vom Erzeuger einkaufen können. Der typische Käse der Region wird natürlich aus Schafsmilch hergestellt. Der Parkplatz vor der Tür ist auch für Wohnmobile groß genug. Unten angekommen geht es durch kleine Dörfer, in mehreren Häusern wird auch dort Käse verkauft. Dann verlassen wir das Reich der Schafe wieder uns begeben uns stattdessen auf die Spur der Jakobspilger.

Unser nächstes Ziel ist das Dorf **Saint-Jean-Pied-de-Port**. Der charmante Ort ist geprägt von seiner Lage am Jakobsweg, wird aber durchaus nicht nur von pilgernden Menschen besucht. Die Gassen im Zentrum sind im Sommer mit Fähnchen geschmückt, am Straßenrand sitzen etliche Straßenmusiker und es gibt eine gute Auswahl an Cafés und Restaurants. Und weil Pilger in der Regel keine Nobeltouristen sind, ist das Preisniveau gemäßigt und die Stimmung eher gemütlich und ein bisschen alternativ angehaucht. Neben dem schönen Stadtkern gibt es im Ort keine großen Sehenswürdigkeiten. Man kann zur Zitadelle hinaufspazieren, die jedoch nur im Rahmen einer Führung zugänglich ist. Unten im Ort gibt es schon lange einen offiziellen Stellplatz auf einem Parkplatz. Oberhalb der Altstadt stehen Sie auf dem neueren Stellplatz ungleich besser. Eine drittes gutes Quartier bietet der zentral gelegene Camping Municipal. Sie haben also die Wahl und können hier problemlos einen gemütlichen Abend verbringen.

## (306) Offizieller WOMO-Stellplatz: Saint-Jean-Pied-de-Port Aire des Camping-Car du Fronton

**GPS:** N 43°09'32.2", W 1°14'14.0", 180 m. **Öffnungszeit:** Ganzjährig.
**Ausstattung:** V/E, Stromsäule an jedem Platz, Müllcontainer.
**Beschreibung:** Schöner Platz mit befestigten Parkplätzen in einem Wiesengelände mit hohen Bäumen, oberhalb der Altstadt (max. 5 min Fußweg). Einfahrt durch Schranke. **Preise:** €9 für 24h inkl. Strom.
**Zufahrt:** Am besten schon vor dem Ort rechts in den Chemin de Mayorga abbiegen und auf Höhe des Altstadttores rechts hinauffahren, dann links halten. Der Weg zum Platz ist mit unauffälligen weißen Schildern markiert.

## (307) WOMO-Campingplatz: Saint-Jean-Pied-de-Port Camping Municipal Plaza Berri

**GPS/Kontakt:** N 43°09'40.7", W 1°14'11.5", 7 Av. du Fronton. Tel. 0033 559 371119.
**Öffnungszeit:** Mitte April bis Oktober. **Ausstattung:** V/E.
**Beschreibung:** Kleiner Camping in perfekter Lage direkt an der Altstadt und trotzdem im Grünen und am Fluss, einfache Sanitäranlagen, in der Hochsaison meist voll belegt.
**Preise:** €11, Strom €3,50.
**Zufahrt:** Am besten schon vor dem Ort rechts in den Chemin de Mayorga abbiegen und dann direkt vor dem Altstadttor rechts in die Avenue de Fronton fahren. Die Zufahrt zum Camping ist hier beschildert.

## (308) Offizieller WOMO-Stellplatz: Saint-Jean-Pied-de-Port Aire des Camping-Car Jai-Alai

**GPS:** N 43°09'54.8", W 1°13'55.1", 165 m. **Öffnungszeit:** Ganzjährig.
**Ausstattung:** V/E.
**Beschreibung:** Asphaltierter Parkplatz für Wohnmobile unterhalb der Altstadt. Eher zweckmäßig als idyllisch. Wir würden die beiden anderen Plätze im Ort jederzeit vorziehen. **Preise:** €8 für 24h.
**Zufahrt:** Den Ort durchqueren und am Kreisel hinter der Flussbrücke rechts zum Parkplatz fahren. Ist hier alles belegt, stehen meist auch einige Mobile auf dem Parkplatz des benachbarten Supermarktes.

Von Saint-Jean-Pied-de-Port folgen wir der Route der Pilger über die Grenze nach Roncevalles, wenn diese auch parallel zur Straße auf einem Wanderweg unterwegs sind. Oben auf dem **Ibañeta-Pass** kreuzen sich die Wege. Vom Parkplatz hat man einen tollen Blick in die umliegenden Berge.

**(309) WOMO-Parkplatz: Col d'Ibañeta**

**GPS:** N 43°01'14.9", W 1°19'26.8", 1054 m. **Max. WOMOs:** 2–3
**Ausstattung:** Keine. **Beschreibung:** Auf der Passhöhe neben einer modernen Kapelle, meist etwas windig, toller Bergblick
**Zufahrt:** Von Roncevalles in Richtung Saint-Jean-Pied-de-Port fahren. Vor der Kapelle auf der Passhöhe rechts in einen Schotterweg einbiegen und zum Parkplatz hinter der Kapelle fahren.

Kurz hinter der Passhöhe erreichen wir **Roncevalles**. Das alte **Kloster** ist die erste Station des Jakobswegs auf der spanischen Seite. **Roncevalles** ist überschaubar. Eigentlich besteht es nur aus dem Augustinerkloster aus dem 12. Jahrhundert, in dem auch die Pilgerherberge untergebracht ist, und einigen Hotels. Auf dem Parkplatz hinter dem Kloster sind auch Wohnmobile willkommen.

**(310) WOMO-Parkplatz: Roncevalles**

**GPS:** N 43°00'32.4", W 1°19'08.9", 947 m.
**Max. WOMOs:** 5.
**Ausstattung:** WC, Müllcontainer.
**Beschreibung:** Parkplatz unterhalb des Klosters, größere Parkbuchten ganz unten an der Wiese,
**Zufahrt:** Am Ortseingang rechts.

## Das Kloster von Roncevalles

Um Roncevalles ranken sich alte Geschichten. Schon zu Römerzeiten gab es hier einen beliebten Übergang über die Pyrenäen und im Jahr 778 soll vor dem Ibañeta-Pass eine große Schlacht stattgefunden haben. Hier geriet die Armee Karls des Großen auf dem Rückweg aus Spanien in einen Hinterhalt und wurde von baskischen Truppen überfallen, was der Ursprung für die Rolandssage gewesen sein soll. Dieser Geschichte sind wir auch schon einmal im Zentrum der Pyrenäen begegnet, an der Breche de Roland. So ganz einig scheint man sich über den tatsächlichen Schauplatz dieser Schlacht nicht zu sein.

Konkreterer Zeuge der Geschichte ist das Kloster von Roncevalles. Es steht hier schon seit 1132 und das ist ziemlich sicher. Nach mehreren Bränden wurde es im 17. Jahrhundert umfangreich renoviert und verändert. Heute sind im Gebäude eine Pilgerherberge und die Jugendherberge untergebracht. Die Stiftskirche Colegiata de Santa Maria und ein Museum mit mittelalterlichen Gemälden und Skulpturen können besichtigt werden. Im Klosterladen wird außerdem leckerer, im Kloster produzierter Käse verkauft. Das älteste Gebäude des Ortes ist die hübsche kleine Kapelle Sancti Spiritus vor dem Kloster.

## Begegnung mit dem Jakobsweg

Der Jakobsweg ist einer der bekanntesten Pilgerwege der Welt und wird seit über 1000 Jahren begangen. Spätestens seit Hape Kerkelings »Ich bin dann mal weg« ist der Weg auch in Deutschland in aller Munde und so bekannt, dass man ihn unter Eingeweihten eigentlich nur noch als »den Camino« bezeichnet. Man begegnet ihm in Europa an etlichen Stellen, da kann schon einmal etwas Verwirrung aufkommen. Wo führt dieser Pilgerweg denn eigentlich entlang?

Die Lösung ist einfach: Den einen Jakobsweg gibt es gar nicht. In Frankreich sind es vier offizielle, historische Routen, die das Land von Ost nach West und Nord nach Süd durchziehen. Sie beziehen sich auf die »Liber Sancti Jacobi«, einen handgeschriebenen Pilgerführer aus dem 12. Jahrhundert, der neben Gebeten und Erzählungen aus dem Leben des Jakobus auch eine Beschreibung der vier zu dieser Zeit gängigen Routen und den wichtigsten, an der Wanderstrecke liegenden Kirchen enthält.

Die historische **Via Turonensis** startet in Paris, die **Via Lemovicensis** beginnt etwas weiter südlich in Asquins oder Vézelay, die **Via Podiensis** beginnt in Le-Puy en Velay in der Auvergne und die südlichste Route, die **Via Tolosana,** führt von Arles in der Camargue zur spanischen Grenze. Die ersten drei Strecken treffen sich noch in Frankreich und durchqueren die Pyrenäen auf der gleichen Route. Diese führt von Saint-Jean-Pied-de-Port über Roncevalles nach Pamplona und weiter nach Puenta La Reina. Der vierten Route des Jakobsweges sind wir bereits in Jaca begegnet. Die Via Tolosana erreicht die Grenze am Col du Somport und führt über den **Camino Aragones** weiter nach Jaca und auch zum Kloster San Juan de la Peña.

In Puenta La Reina trifft der Camino Aragones auf die anderen Routen und erst ab hier wird daraus der **Camino Francés**, der die Pilger auf einer weitgehend einheitlichen Streckenführung nach Santiago bringt. Camino Francés heißt der Weg in Spanien, weil er aus Frankreich kommt. Es gibt Spanien auch noch einen **Camino Portoguês** oder den aus Sevilla kommenden **Camino de la Plata**. In San Sebastian begegnen wir dann in Tour 13 der Wegvariante **Camino del Norte**, die von dort an der Küste entlang nach Santiago verläuft. Sie sehen also, die Spuren des heiligen Jakobus sind überall.

Südlich von Roncevalles gibt es noch weitere Möglichkeiten zur Übernachtung. Zuerst treffen wir im Ort Burguete auf einen neu eingerichteten Parkplatz für Wohnmobile, dann bei Urrobi auf einen gut ausgestatteten Campingplatz.

### (311) Offizieller WOMO-Stellplatz: Burguete

**GPS:** N 42°59'40.7", W 1°19'48.2", 910 m. **Öffnungszeit:** Ganzjährig.
**Ausstattung:** Keine.
**Beschreibung:** Kleiner, etwas unebener, eingezäunter Wiesenplatz mit Blick über Felder. Ein Schild weist ihn als Wohnmobilparkplatz aus. Die Übernachtung ist kostenlos. Gaststätte zum Frühstücken wenige Schritte entfernt.
**Zufahrt:** Südlich von Roncevalles am Ortseingang von Burguete von der N 135 vor dem Café Goxona rechts zum Parkplatz fahren.

### (312) WOMO-Campingplatz: Camping Urrobi

**GPS/Kontakt:** N 42°58'22.0", W 1°21'09.2", 865 m, Tel. 0034 948 760200, www.campingurrobi.com.
**Öffnungszeit:** April bis Oktober.
**Ausstattung:** V/E, Restaurant und Laden, überdachter Pool und schönes Naturbadebecken, WLAN gratis auf dem ganzen Gelände.
**Beschreibung:** Riesiger, gepflegter Platz mit unkomplizierter Zufahrt. Durch Hecken von der Straße abgeschirmt. Rezeption bis 21 Uhr geöffnet, Juli und August bis 22 Uhr.
**Preise:** € 20 – 22, Strom € 9.
**Zufahrt:** Direkt an der Kreuzung N140/N1720 links abbiegen und gleich wieder links zum Campingplatz fahren

Noch ein paar Meter weiter befindet sich auf der anderen Straßenseite bei N 42°58'21.4", W 1°21'13.8" ein großer Picknickplatz. Aus dem Hahn am Brunnen fließt tatsächlich ungechlortes Wasser und auf einer großen Wiese stehen mehrere Picknicktische, teilweise auch im Schatten hoher Bäume.

### Von Roncevalles zurück nach Frankreich

Um nicht auf dem gleichen Weg zurückzukehren, haben wir mehrere Routen ausprobiert, die uns aber alle nicht so richtig überzeugen konnten. Von Urrobi führt ein Abstecher nach Süden zu zwei Badeplätzen am aufgestauten **Rio Urrobi** bei N 42°51'47.2", W 1°22'31.6" und der etwas größeren **Playa Nagore** bei N 42°51'05.0", W 1°22'29.6". Im Spätsommer befindet sich im See aber nur wenig Wasser. Zum Baden erschien er uns zu dieser Zeit wenig attraktiv – früher im Jahr mag das anders sein. Auf beiden Parkplätzen ist zudem das Übernachten verboten.

Wer einen schmalen Kastenwagen fährt, könnte von **Zubiri** den Rückweg über den kleinen Stausee **Embalse de Eugi** nach Elizondo antreten. Die Strecke ist landschaftlich durchaus lohnend, aber hinter dem Stausee kurvig und meist nur einspurig.

Keine der Varianten konnte uns wirklich überzeugen. Wir führen diese Route daher zurück über den Ibañeta-Pass nach Saint-Jean und machen uns nach diesem letzten Ausflug in die Berge von dort aus mit Tour 13 auf den Weg an die Atlantikküste.

*Stausseen sind am Ende eines heißen Sommers leider nur mäßig attraktiv.*

Hasparren
Cambo-les-Bains
Espelette
Ainhoa
Saint-Pée-sur Nivelle
Sare
Urdax
Aritzkun
St. Etienne-de-Baïgorry
Saint-Jean-Pied-de-Port
Saint-Jean-le-Vieux
Saint-Jean-de-Luz
Hendaye
Irun
Donostia San Sebastian
Nive
F
E
WC

## TOUR 13 etwa 180 km

### Von Saint-Jean-Pied-de-Port an die Atlantikküste

Saint-Jean-Pied-de-Port – Saint-Étienne-de-Baïgorry – Urdax – Ainhoa – Espelette – Cambo-les-Bains – Sare – Rhune – Donostia-San Sebastian – Hendaye – Saint-Jean-de-Luz

| | |
|---|---|
| **Stellplätze:** | Col d'Ispeguy, Arizcun, Otxondo, Urdax, Casa Paolo, Espelette, Cambo-les-Bains, Lac de Saint-Pée, Sare, Rhune, Donostia-San Sebastián, Irun, Hendaye, Saint-Jean-de-Luz |
| **Campingplätze:** | Staint-Etienne-de-Baïgorry, Erratzu, Ainhoa, Hendaye, Socoa, Saint-Jean-de-Luz |
| **Baden:** | Lac de Saint Pée, Donostia-San Sebastián, Hendaye, Socoa, Saint Jean de Luz |
| **Besichtigen:** | Höhlen von Urdax, Ainhoa, Espelette, Rhune, Donostia-San Sebastián, Château d'Abbadia, Saint-Jean-de-Luz |
| **Wandern:** | Aufstieg auf die Rhune |
| **Märkte:** | Espelette: Mi, Sa; Cambo-les-Bains: Fr; Donostia: Mo bis Fr im Einkaufszentrum La Bretxa; Hendaye: Mi, Sa; Saint-Jean-de-Luz: Di, Fr, Guethary: So |

*Die Fahrt durch kleine baskische Dörfer, ein Aussichtsberg mit historischer Bergbahn, ein Besuch in der Küstenmetropole Donostia-San Sebastián und natürlich das Meer an der rauen Atlantikküste – unsere letzte Tour durch die Pyrenäen ist abwechslungsreich und voller Kontraste.*

Schon im Forêt d'Iraty stolpern wir die ersten Male über ungewöhnliche Ortsnamen, die so gar nicht französisch klingen. Wenn wir uns jetzt der Küste nähern, wird das häufiger vorkommen. Einige Ortsschilder sind auch zweisprachig. Genau wie Katalonien hat auch das Baskenland eine eigene Sprache. Das baskische **Euskara** gilt als isolierte Sprache, das heißt es ähnelt keiner anderen Sprache der Welt. Man suchte nach verwandten Sprachen im iberischen Sprachraum, in Afrika und auf dem Kaukasus, aber keine dieser Theorien erwies sich als überzeugend. Euskara wird ausschließlich im französischen Pays Basque und im spanischen Baskenland gesprochen. Es gibt drei teilweise recht unterschiedliche Dialekte und in den letzten Jahren etablierte man erfolgreich die Hochsprache Euskara Batua. Fast alle Baskischsprechenden sind zweisprachig und beherrschen außerdem die Sprache ihres jeweiligen Herkunftslandes.

Wenn Sie jetzt zügig an die Küste wollen, wählen Sie die D 918 und fahren an der Nive entlang nach Espelette und weiter nach Saint-Jean-de-Luz oder gleich nach Biarritz. Wir nehmen uns noch ein bisschen Zeit für die kleinen Orte des Baskenlandes mit ihren schönen Fachwerkhäusern und den meist rot gestrichenen Fensterläden. Schon kurz hinter Saint-Jean-Pied-de-Port biegen wir links auf die D 15 ab und fahren über Irouléguy nach **Saint-Étienne**, wo es einen Campingplatz gibt.

**(313) WOMO-Campingplatz: Saint-Étienne-de-Baïgorry Camping Municipal Irouléguy**

**GPS/Kontakt:** N 43°11'03.8", W 1°20'05.9", Tel. 0033 33 559 374396, www.baigorry.fr.
**Öffnungszeit:** März bis November.
**Ausstattung:** V/E, WLAN.
**Beschreibung:** Kleiner Platz mitten in einem typisch baskischen Dorf. Einfach ausgestatteter, aber gepflegter Wiesenplatz mit einigen großen Bäumen.
**Preise:** € 15.
**Zufahrt:** Im Ortsteil Lespars, dort wo die D 15 auf die D 948 trifft, rechts der Straße.

Dann folgt noch einmal eine Passstraße und ein Kurzausflug nach Spanien. Kurve für Kurve geht es hinauf auf 640 Meter – nicht wirklich beeindruckend nach den vielen Passüberquerungen dieser Reise. Aber auch hier gibt es auf der Höhe einen Parkplatz.

**(314) WOMO-Parkplatz: Col d'Ispeguy**

**GPS:** N 43°10'32.5", W 1°24'06.8", 673 m. **Max. WOMOs:** 3
**Ausstattung:** Keine.
**Beschreibung:** Kleiner Parkplatz neben einigen Häusern.
**Zufahrt:** Auf der Passhöhe.

Ebenso flott sind wir wieder unten und kurz vor dem Ort **Erratzu** ermöglicht ein komfortabler Campingplatz eine Übernachtung in Spanien.

### (315) WOMO-Campingplatz: Erratzu / Camping Baztan

**GPS / Kontakt:** N 43°10'50.0", W 1°27'04.0", Tel. 0034 948 453133, www.campingbaztan.com.
**Öffnungszeit:** April bis Oktober.
**Ausstattung:** V/E, Restaurant, Laden, Spielplatz, großer Pool, WLAN gratis.
**Beschreibung:** Gepflegter Platz mit parzellierten Stellplätzen.
**Preise:** €26 – €46 inkl. Strom.
**Zufahrt:** Kurz vor Erratzu.
**Sonstiges:** Zum Camping gehört der Outdooranbieter Navarra Aventura mit Angeboten wie Canyoning, Rafting, eine Via Ferrata und ein Hochseilgarten. www.navarraaventura.com

Ein Örtchen weiter können Sie links der Straße ein kleines Kunstmuseum mit Werken des **baskischen Bildhauers Xabier Santxotena** besuchen. Die ausdrucksstarken Skulpturen aus Marmor, Holz und Eisen stehen im Museums-Workshop, wo auch der Künstler oft anwesend ist, und in einer kleinen Parkanlage. *Geöffnet Mitte Juli bis August Di bis Sa 11 – 14 und 16.30 – 19.30 Uhr, So 11 – 14 Uhr, ansonsten nur am Wochenende Sa 11 – 14 und 16 – 19, So 11 – 14 Uhr, www.santxotena.org.*

In einem Ortsteil des nächsten Ortes **Arizcun** gibt es dann einen kleinen kostenlosen Wohnmobilstellplatz. Er liegt am Rande eines Gewerbegebietes, dafür stehen Sie am Fluss und eine V/E gibt es auch. Deutlich schöner ist aber der zweite offizielle Platz der Region. Er hat keine V/E, ist aber mit mehreren Picknicktischen ausgestattet und liegt einige Kilometer weiter und etwas abseits der Straße im Grünen.

### (316) Offizieller WOMO-Stellplatz: Arizcun Ordoqui

**GPS:** N 43°10'43.0", W 1°29'17.0", 245 m. **Öffnungszeit:** Ganzjährig.
**Ausstattung:** V/E.
**Beschreibung:** Asphaltierte Parkplätze am Ortsrand an einer alten Steinbrücke, am Fluss, Geschäfte im nahen Ort.
**Zufahrt:** Vor den ersten Häusern des Ortsteils Arizcun Ordoqui links abbiegen. Der Parkplatz liegt hinter dem Kreisel an der romanischen Bogenbrücke.

Hinter Ordoqui biegen wir dann rechts ab und fahren durch Felder und Wald weiter hinauf zum **Col Otxondo**. Diesmal befindet sich die Passhöhe nur noch auf 570 Metern und kurz bevor diese erreicht ist, biegen wir links zum oben angesprochenen Picknickplatz ab.

**(317) Offizieller WOMO-Stellplatz: Otxondo**

**GPS:** N 43°13'58.9", W 1°29'55.7", 552 m. **Öffnungszeit:** Ganzjährig.
**Ausstattung:** WC, Wasser, Picknicktische.
**Beschreibung:** Schattiger Picknickplatz für vier Mobile auf einer Wiese mit hohen Bäumen, ruhig und im Grünen gelegen.
**Zufahrt:** Kurz vor der Passhöhe des Col Otxondo links zum Parkplatz.
**Wanderung:** Vom Stellplatz führt ein Weg hinauf auf den Monte Alkurruntz und auf dem Weg zum Gipfel, von dem man weit über die hügelige Landschaft blickt, kann man die Monolitos de Artxubieta entdecken, eine kleine Gruppe prähistorischer Menhire.

Auf der Passhöhe stehen dann noch einmal Picknicktische, es gibt aber nur wenig Platz zum Parken. Dann geht es wieder hinunter und links neben der N 121B wartet ein besonders netter kleiner Ort auf uns.

In **Urdax** gibt es eine **alte Mühle** und auffällig große Kanäle, die für deren Betrieb gebaut wurden. Im **Kloster** aus dem 11. Jahrhundert informiert ein kleines Museum über dessen Geschichte, die eng mit dem Jakobsweg verbunden ist. Im Kreuzgang und den anschließenden Gebäuden sind Gemälde und Skulpturen baski-

scher Künstler ausgestellt (geöffnet Mi bis Fr 14–18.30 Uhr, WE 11–19 Uhr. Eintritt €5). Die Hauptsehenswürdigkeit des Ortes sind jedoch die etwa außerhalb gelegenen Höhlen **Cuevas de Urdax**. Parken können Sie im Ort hinter dem Kloster. Für große Mobile ist die Zufahrt zu eng, der Parkplatz an der Höhle ist etwas größer.

**(318) WOMO-Parkplatz: Urdax**

**GPS:** N 43°15'53.6", W 1°30'14.3", 100 m. **Max. WOMOs:** 3
**Ausstattung:** Öffentliches WC an der Platzzufahrt.
**Beschreibung:** Parkplatz hinter dem Kloster, etwas eng und daher nur für kompakte Mobile geeignet. Im wirklich netten kleinen Ort mehrere Restaurants zur Auswahl,.
**Zufahrt:** Ins Ortszentrum und über den Platz vor dem Kloster zum hinter dem Gebäude liegenden beschilderten Parkplatz fahren. Vorsicht, enge Kurven. Maximale Fahrzeuglänge auf dem Parkplatz etwa 6,50 m.
**Alternative:** Parkplatz Cuevas de Urdax bei N 43°16'35.1", W 1°30'42.2". Asphaltierter Parkplatz vor der Tropfsteinhöhle, für Gäste, Übernachtung vor oder nach Besichtigung. Zufahrt vor dem Ort links zu den Höhlen fahren.

**Die Höhlen von Urdax**

Wenn Sie die Höhlen von Urdax besuchen, bekommen Sie eine schöne kleine Tropfsteinhöhle zu sehen. Funde von Werkzeugen aus Knochen und Feuerstein belegen, dass die Höhle in der Steinzeit wohl zeitweise bewohnt war. In der nahen Höhle von Alkerdi sind in einigen tieferen Gängen auch Gravuren eines Pferdes, eines Bisons und eines Hirsches gefunden worden. Diese Höhle ist aber, zum Schutz der Kunstwerke, nicht zu besichtigen.
*Führungen im Juli und August sowie an Feiertagen zwischen 10.30 und 18 Uhr im Stundentakt, außerhalb der Saison ab 11.15, 13.15, 17.15 Uhr , am WE häufiger. Eintritt €6, Kinder €3, Kombikarte mit Besuch des Klosters und des Museums €8. cuevasurdax.com*

Wir sind jetzt kurz vor der Grenze nach Frankreich, und auch hier gibt es auf spanischer Seite ein kleines Einkaufsparadies mit großen Parkplätzen. Links unterhalb der Läden steht man dort sogar recht ruhig am Waldrand.

## (319) WOMO-Parkplatz: Casa Paolo

**GPS:** N 43°17'03.8", W 1°30'26.7". **Max. WOMOs:** 3–4
**Ausstattung:** Keine.
**Beschreibung:** Asphaltierter Parkplatz im Einkaufszentrum an der Grenze. Unterhalb der Läden ruhig und mit Bergblick. Keine Einrichtungen.
**Zufahrt:** Am Kreisel links und auf den unteren Parkplatz fahren.

Dann sind wir zurück in Frankreich. Wir fahren weiter durch grüne Hügel und passieren dabei einige nette kleine Orte. Der erste ist **Ainhoa**, das durch seinen schönen Ortskern mit alten baskischen Fachwerkhäusern gefällt. Ainhoa ist eines der »Plus Beaux Villages de France«. Der Ort wurde im 13. Jahrhundert als Quartier für Jakobspilger gegründet und 1629 von Soldaten niedergebrannt. Die meisten Häuser, die heute die einzige zentrale Straße säumen, stammen aus dem 17. und 18. Jahrhundert. Im Ortszentrum steht die massige Kirche »Notre Dame de l'Assomption« und davor ein Wahrzeichen baskischer Kultur: der Pelotaplatz.

**Pelota** ist ein Ballspiel, bei dem ein kleiner Ball gegen eine Wand gespielt und mit einem an einem Handschuh befestigten langen Weidenkorb wieder aufgefangen wird. **Pelota** ist der Volkssport der Basken und ein Pelotafeld (Fronton) gibt es in fast jedem baskischen Dorf. Sie erkennen es unschwer an der hohen mit Netzen abgesicherten Mauer. Der Ball darf nur einmal den

Boden berühren und das Spielfeld nicht verlassen, bevor er wieder gegen die Wand zurückgespielt wird.

Am Ortsrand gibt es einen kleinen Campingplatz, sodass Sie in Ainhoa einen entspannten Abend verbringen könnten.

**(320) WOMO-Campingplatz: Ainhoa / Camping Harazpy**
**GPS / Kontakt:** N 43°18'31.5", W 1°30'06.4", Tel. 0033 05 59 298938, www.camping-harazpy.com.
**Öffnungszeit:** März bis Oktober.
**Ausstattung:** V/E, WLAN gratis.
**Beschreibung:** Angenehmer kleiner Platz im Grünen am Ortsrand mit älteren Sanitäranlagen, befestigter Bereich für Wohnmobile.
**Preise:** € 18, Strom € 4.
**Zufahrt:** Im Ortszentrum am Pelotafeld links und 250 Meter der Straße bis zum Campingplatz folgen.

**Espelette**, der nächste Ort, hat ebenfalls ein attraktives Ortszentrum zu bieten und ist außerdem das Zentrum des Pimentanbaus. Die roten Chilischoten mit dem Namen **Piment d'Espelette** werden in der Umgebung in 140 Betrieben angebaut und verarbeitet. Das Gewürz ist im Baskenland sehr beliebt und verhilft vielen der regionalen Spezialitäten zu ungewöhnlicher Schärfe. Ab September schmückt man auch die Häuser im Dorf mit Girlanden aus roten Paprikaschoten. Im Januar findet hier ein weithin bekannter und beliebter Pferdemarkt statt, auf dem hauptsächlich **Pottoks**, die kleine, typisch baskische Pferderasse, ihren Besitzer wechseln. Die Touristeninformation und eine Ausstellung über den Piment (Mo bis Fr 8.30 – 12.30 und 14 – 18 Uhr, WE 9.30 – 12.30 Uhr, Juli und August auch Samstag Nachmittag) besuchen wir im ehemaligen Schloss, in dem auch das Rathaus untergebracht ist. Ein kleiner Stellplatz befindet sich praktischerweise direkt hinter der Schlossanlage.

**(321) Offizieller WOMO-Stellplatz: Espelette**

**GPS:** N 43°20'19.1", W 1°26'51.0", 77 m. **Öffnungszeit:** Ganzjährig.
**Ausstattung:** Keine.
**Beschreibung:** Für sechs WOMOs markierte Plätze auf einem Parkplatz am Ortsrand. Der Platz ist nicht besonders schön, aber immer gut belegt.
**Zufahrt:** Am Kreisel vor dem Ort rechts halten, der Parkplatz befindet sich am zweiten Kreisel, den Sie bis zur Einfahrt 3/4 herum fahren.

Wer hier keinen Parkplatz findet, folgt der Einbahnstraße. Hier gibt es längs an der Straße weitere Parkplätze, die groß genug für ein Wohnmobil sind und Ihnen den lohnenden Bummel durch das Dorf ermöglichen.

Espelette ist ein Bilderbuchdorf aus rotem Fachwerk. Im Ortszentrum kann man in jedem zweiten Haus Piment d'Espelette kaufen. Die roten Schoten gibt es komplett, als Pulver oder gemischt mit Salz. Außerdem wird Käse und Wein aus der

Region angeboten. Unter die baskischen Spezialitäten mischen sich auch exotischere Gewürze: Links an der Straße gibt es bei Patchamama Gewürze aus aller Welt – stilecht präsentiert in Leinensäcken. Gegenüber im Laden ist auch Foie Gras zu haben – Espelette ist ein Paradies für Feinschmecker. Und so verlässt kaum ein Besucher den Ort ohne eine kleine Papiertüte mit schmackhaften Einkäufen.

Nicht weit von Espelette entfernt liegt der Kurort **Cambo-les-Bains**. Hier kann man Rheuma und Atemwegserkrankungen mit Thermalwasser kurieren, und das schon seit Jahrhunderten. So ist der Bau des Thermalbades am Ortsrand recht ungewöhnlich. Er ist im neoklassizistischen Stil errichtet, wirkt wie ein Herrenhaus mit Parkanlage und ist von etlichen Palmen umgeben. Das Bad ist nicht öffentlich zugänglich, sondern kann nur im Rahmen einer Kur zu besucht werden. Die Parkplätze sind überdacht, für höhere Fahrzeuge gibt es oberhalb Parkmöglichkeiten. Nachts ist dort das Parken verboten. Dafür gibt es am anderen Ende des Ortes einen offiziellen Stellplatz.

### (322) Offizieller WOMO-Stellplatz: Cambo-les-Bains

**GPS:** N 43°21‘19.1“, W 1°24‘42.7“, 85 m. **Öffnungszeit:** Ganzjährig.
**Ausstattung:** V/E. **Beschreibung:** Ebener Platz am Ortsrand, nur für autarke Mobile mit WC geeignet.
**Preise:** € 10 inkl. Strom, zahlbar bei Einfahrt am Automaten mit Karte.
**Zufahrt:** Von Süden kommend am Kreisel vor dem Ort auf der Rue d'Espagne in Richtung Zentrum. Der Platz liegt dann oberhalb der Straße vor dem Ort rechts und ist beschildert.

Der Ortskern des Städtchens mit immerhin 6000 Einwohnern ist lebhafter als die umliegenden Dörfer und Sie finden hier die zu einem Kurort gehörige Gastronomie. Über Espelette folgen wir dann ein kurzes Stück der breiten P918, weil Sie uns zum einzigen Badesee der Region bringt. Kurz vor dem Ort **Saint-Pée-sur-Nivelle** zweigt rechts die Straße zum See ab. Am Lac de Saint-Pée gibt es einen großen offiziellen Stellplatz.

### (323) Offizieller WOMO-Stellplatz: Lac de Saint-Pée

**GPS:** N 43°20'57.9", W 1°31'16.8", 44 m. **Öffnungszeit:** Ganzjährig.
**Ausstattung:** V/E (vor der Schranke).
**Beschreibung:** Angenehmer Platz unter Bäumen, am Ortsrand. Einfahrt durch Schranke. 5 min Fußweg zum aufgeschütteten Badeufer mit Tretbooten und schwimmenden Gummiinseln.
**Preise:** € 5,50 für 12 h, € 9,50 für 24 h zahlbar am Automaten mit Visa-Karte, Wasser und Strom kosten extra (Jetons).
**Zufahrt:** Von der D918 rechts abbiegen und am See entlang am aufgeschütteten sandigen Badestrand vorbei zum Stellplatz am linken Seezipfel fahren.

Eine der bekanntesten Attraktionen der Region ist tatsächlich ein Aussichtsberg. Die **Rhune** ist mit 900 Metern Höhe der höchste Gipfel in Küstennähe, liegt genau auf der französisch-spanischen Grenze und ist durch den Sendemast auf ihrer Spitze leicht zu erkennen. Hier hinauf fährt eine historische Bergbahn, die sich großer Beliebtheit erfreut. Wir verlassen also in Saint-Pée noch einmal die Nationalstraße und biegen auf die schmalere Route ab, die über das Dorf Sare zur Talstation der Bergbahn führt. **Sare** ist ein weiterer dieser netten kleinen Orte mit historischem Ortskern und baskischen Fachwerkhäusern, die sich um die Plaza an der ebenfalls sehenswerten Kirche Saint Martin gruppieren. Machen Sie es sich einfach im Café gemütlich und besuchen vielleicht anschließend das originelle Museum zur Herstellung des »gateau basque«, einem mit Früchten oder Mandelcreme gefüllten Mürbeteigkuchen, den Sie in den meisten Bäckereien vor Ort kaufen und probieren können. Auch Sare erhielt das Prädikat »Plus Beaux Village de France«. Am Ortsrand treffen wir zudem auf einen gut gelegenen Stellplatz.

### (324) Offizieller WOMO-Stellplatz: Sare

**GPS:** N 43°18'44.3", W 1°35'02.4", 61 m. **Öffnungszeit:** Ganzjährig.
**Ausstattung:** V/E.
**Beschreibung:** Ruhige Lage am Ortsrand am Schwimmbad.
**Preise:** €8 für 24 h zahlbar am Automaten.
**Zufahrt:** Von Saint-Pée kommend auf der Umgehungsstraße einmal rund um den Ort. Der Platz liegt am östlichen Ortsrand kurz hinter dem zweiten Kreisel der Umfahrung auf der linken Seite und ist beschildert.

Vom zweiten Kreisel der Umgehungsstraße um Sare zweigt auch die D4 ab, die zur Station der Bergbahn führt. Dort gibt es mehrere Parkplätze und ein Restaurant, das aber nur tagsüber geöffnet ist.

### (325) WOMO-Parkplatz: Zugstation Rhune

**GPS:** N 43°19'28.6", W 1°35'59.6", 172 m. **Max. WOMOs:** 8
**Ausstattung:** WC tagsüber der Bahnstation, Depot de pain an der Snack-Bar.
**Beschreibung:** Geschotterter ebener Platz hinter dem Restaurant der Zugstation, am Waldrand und durch Bäume von der Straße abgeschirmt. Hier wird es morgens nicht so schnell voll wie auf dem unteren Asphaltplatz, auf dem man theoretisch auch stehen kann. Frühstück im Gasthof gegenüber der Bahn möglich (abends ist der Gasthof geschlossen).
**Zufahrt:** An der Talstation der Bahn vor dem Restaurant im spitzen Winkel rechts zum Parkplatz hinter dem Haus fahren.
**Alternative 1:** Kurz hinter der Bahnstation gibt es rechts der Straße eine weitere Parkbucht für Besucher der Bahn.
**Alternative 2:** 500 Meter hinter der Bergbahn zweigt rechts bei N 43°19'52.0", W 1°36'08.4" eine schmale Straße ab. An ihrer rechten Seite liegt ein kleiner etwas schräger Parkplatz, auf dem ein kleineres Mobil einen einsamen Parkplatz findet.

**Aussicht mit Bergbahn – Eine Zugfahrt auf die Rhune**

Der 360° Blick von der Rhune reicht auf der einen Seite weit über die Atlantikküste und auf der anderen Seite sieht man die Bergspitzen der Pyrenäen. Hinauf tuckert man schon seit 1924 im gemütlichen Tempo mit einem kleinen offenen Zug. Auf den Wiesen rund um den Gipfel grasen Pottoks, die kleinen Pyrenäenpferde, und vom Gipfel kann man oft Geier beobachten. Es ist auch möglich, eine Strecke zu wandern und eine Strecke zu fahren. Der Wanderweg ist gelb markiert und nimmt im Aufstieg 2,5 Stunden Anspruch. Bergab geht es schneller, da müssen Sie etwa mit 2 Stunden rechnen. Der Weg ist anspruchsvoll und Wanderausrüstung ist notwendig. Wandern Sie hinauf, müssen Sie das Ticket für die Rückfahrt unbedingt vorher unten kaufen. Die Plätze im Zug sind limitiert und in der Saison oft ausgebucht. Der Zug fährt von Mitte April bis Anfang September 9–15.40 Uhr. Im Juli und August von 8.20–17.30 Uhr, im 40 Minuten-Rhythmus. Ticket aller-retour €20, Kinder 4 bis 12 Jahre €13. Reservieren können Sie unter www.rhune.com oder direkt an der Station.

Im folgenden Ort **Herburu** biegen wir dann rechts ab und halten auf die Küste zu. Bei **Urrunge** treffen wir auf die Autobahn und kurz dahinter auf die Bundesstraße D810. An der Küste befindet sich hier der Ort **Hendaye** mit schönem langen Sandstrand und vielen Campingplätzen, die aber alle nicht direkt am Meer liegen. Im Ort dürfen Wohnmobile von Mai bis September nicht einmal parken und am Meer sind sämtliche Plätze mit stabilen Höhenschranken verziert. Nur Busse mit Aufstelldach tauchen unversehrt unter der Schranke hindurch. Gibt es ausnahmsweise keine Schranke, steht zumindest ein Parkverbot für Wohnmobile auf dem Platz. Wollen Sie jetzt zum Abschluss noch einmal zum Baden ans Meer, funktioniert das am besten mit einem Aufenthalt auf dem Campingplatz. Eine Alternative zu Hendaye bieten dabei die schönen Plätze nördlich von Saint-Jean-de-Luz, die deutlich näher am Wasser liegen (siehe Seite 337).

Bevor wir uns dem Strandleben widmen, machen wir noch einen Abstecher in die nahe und äußerst interessante Küstenstadt, die in Spanien **San Sebastián** heißt, im Baskenland aber den Namen **Donostia** trägt. Welchen Namen man benutzt, wird leicht zum Politikum. Dessen sollten Sie sich vor Ort bewusst sein. Wir verwenden die Namen hier abwechselnd, damit wir nicht immer den kompletten Rattenschwanz ausschreiben müssen.

San Sebastián war ehemals ein Fischerort. Im 13. Jahrhundert entdeckte man durch die Verbindung mit Kastilien den Seehandel und das Dorf wurde zu einer wohlhabenden Stadt. 1719 stürmten die Truppen Napoleons die Stadtmauern und erst 1813 konnten die spanischen Truppen die Franzosen wieder vertreiben. Leider brannte bei dieser Befreiung fast die komplette Stadt nieder, sodass es auch in der Altstadt wenige Gebäude gibt, die älter als 200 Jahre sind. Der stimmungsvollen Atmosphäre tut das aber keinen Abbruch. **Zwei lange Sandstrände** im Stadtgebiet sorgen für das ganz besondere Flair der Küstenstadt, dem im 19. Jahrhundert auch das spanische Königspaar erlag. Sie verlegten ihren Sommersitz nach Donostia und sorgten damit für eine nicht mehr abreißende Touristenflut. Adel und wohlhabendes Bürgertum machten es ihnen nach, und so gibt es in der Stadt auch heute noch jede Menge nobler Villen. Der Tourismus ein wichtiger Wirtschaftszweig für San Sebastián geblieben.

Da die Küste zwischen der Grenze und der Stadt entweder ziemlich verbaut oder Steilküste ist, empfehlen wir die Anfahrt über die Autobahn oder von Irun über die Schnellstraße. Im Westen von Donostia-San Sebastián nahe der Universität gibt es einen offiziellen Stellplatz, der dem sommerlichen Ansturm

auf die Stadt aber nicht einmal ansatzweise gewachsen ist. So erweitern in unmittelbarer Nähe des offiziellen Platzes mehrere kostenpflichtige, für Wohnmobile nicht verbotene Parkplätze das Angebot und im Sommer entwickelt sich in diesem Gebiet eine ausgedehnte »WOMO-Ansiedlung«. Der Platz an der Uni ist gut mit Bussen an die Altstadt angeschlossen, zudem ist das westliche Ende der muschelförmigen Bucht **La Concha**, dem längeren der beiden Stadtstrände, gut zu Fuß zu erreichen. Es gibt also kaum einen Grund nach einem anderen Platz Ausschau zu halten. Beginnen wir also beim offiziellen Stellplatz, der zum Erforschen der Stadt günstig liegt:

### (326) Offizieller WOMO-Stellplatz: Donostia - San Sebastián

**GPS:** N 43°18'27.7", W 2°00'51.0" **Öffnungszeit:** Ganzjährig.
**Ausstattung:** V/E,
**Beschreibung:** Ebener Parkplatz mit großen Bäumen in ruhiger Lage für 45 Mobile, maximal 48 oder 72 Stunden.
**Preise:** €7,80 für 24 h, zahlbar am Automaten mit Münzen oder Karte.
**Busverbindung:** Zum Kreisel zurücklaufen und die Straße überqueren. Rechts befindet sich der Bushalt Unibertsitatea. Hier halten unter anderen die Linien 5, 25 und 45, die direkt in die Innenstadt fahren. Den Fahrplan finden Sie an der Haltestelle oder unter www.dbus.eus. Die Seite kann man auf englisch, französisch und spanisch umstellen und es gibt auch eine App dazu. Tickets für die Fahrt kauft man ganz einfach beim Busfahrer.
**Zufahrt:** Die GI20 an der Ausfahrt 8 verlassen und auf der Tolosa Hiribidea immer geradeaus bis zum dritten Kreisel (Europa Plaza) fahren. Hier links (de Berio Pasealekua) an den ersten Parkplätzen vorbei und am nächsten Kreisel geradeaus und gleich darauf rechts zum Stellplatz fahren.
**Alternativen:** Ist der offizielle Platz belegt, kann man auf Parkplätze in der Umgebung ausweichen. Alle Alternativplätze haben großzügige PKW-Buchten, sind also nur für kleine Mobile geeignet. Gut steht man zum Beispiel bei N 43°18'29.0", W 2°00'40.1" direkt hinter dem Kreisel. Sie kommen auf der Fahrt zum offiziellen Platz dort vorbei.

## Rundgang durch Donostia - San Sebastián

Wenn Sie vom Kreisel an der Zufahrt des Stellplatzes immer der breiten **Tolosa Hiribidea** folgen, treffen Sie nach einem Kilometer direkt auf das westliche Ende des Strandes **La Concha,** der als einer der schönsten Stadtstrände Europas gilt. Netter zu laufen ist allerdings die Parallelstraße auf der rechten Seite, die durch ein Wohngebiet mit vielen kleine Läden führt. Dann geht es rechts auf der Strandpromenade weiter in Richtung Altstadt. Diese befindet sich am östlichen Ende der langen Sandbucht. Sie haben also einen schönen, aber recht langen Weg vor sich. Vom Kreisel zur Altstadt sind es gut drei Kilometer. Dann stehen Sie am Eingang zum alten Hafen und hinter diesem ragt der immerhin 120 Meter hohe **Monte Urgull** auf, der die Bucht am östlichen Rand abschließt. Am anderen Ende hat der **Monte Igueldo** eine vergleichbare Position und zwischen den beiden Hügeln liegt im türkisfarbenen Wasser der Bucht die **Insel Santa Clara,** zu der Ausflugsboote fahren. Auf dem Monte Igueldo gibt es einen Freizeitpark mit Karussells, Rutschen, Autoscooter und Achterbahn und er ist ganz einfach per Bergbahn zu erobern. Die »Funiculaire« ist historisch und hilft schon seit 1912 beim Besteigen des Igueldo.

Wir stehen jetzt aber erst einmal am anderen Ende der Bucht und könnten im Hafen das **Aquarium** besuchen oder in einem der Boote nach Santa Clara übersetzen. Rechts neben uns beginnen die Gassen der Altstadt. Läuft man vom Hafen hinein, sieht man am linken Ende der zweiten Querstraße die **Basilika Santa Maria,** auf die Sie unbedingt einen Blick werfen sollten. Laufen Sie stattdessen geradeaus weiter, kommen Sie ins Zentrum der Altstadt zur **Plaza de la Constitucion**. In den Gassen gibt es etliche **Restaurants**. Donostia – San Sebastián gilt als ausgezeichnete kulinarische Adresse mit sehr guten Fischrestaurants, viele dekoriert mit einem oder mehreren Michelinsternen. Der Besuch hat allerdings auch seinen Preis. Allein in der Altstadt gibt es so viel Auswahl, dass ich Sie für die passende Empfehlung auf den Tripadvisor (www.tripadvisor.de) verweisen möchte. Legerer geht es in den vielen Tapa-Bars der Altstadt zu. Die kleinen Häppchen, die man

selbst an der Theke wie an einem Buffet auswählt, nennt man hier im Baskenland **Pinxtos** und sie sind der optimale Snack bei einem Stadtbummel. Wählen Sie aus, wo es lecker aussieht, das Angebot steht ja direkt vor Ihnen, und probieren Sie einfach in mehreren Bars, wenn Sie sich nicht entscheiden können. Als besonders kreativ und kulinarisch hochwertig gelten die Pinxtos-Kreationen der Bar Zeruku in der Calle Pescaderia in der Nähe der zentralen Plaza.

Wenn Sie dann die Altstadt komplett durchschreiten, sehen Sie rechts eine Fußgängerbrücke über den Fluss **Urumea**. Auf der anderen Seite zieht sich eine weitere Sandbucht am Stadtrand entlang. Die **Playa de la Zurriola** ist nicht mehr ganz im Originalzustand. Hier wurde Sand aufgeschüttet und das Meer mit Wellenbrechern gebändigt. Das Ergebnis ist eine angenehme Badebucht, in der auch jüngere Kinder ungefährdet planschen können.

Wenn Sie nach dem Besuch der Altstadt auch noch auf den **Monte Igueldo** wollen, der als bester Aussichtspunkt der Stadt gilt, oder vielleicht das **Kunstmuseum San Telmo** besuchen oder den **Miramar Palace,** in dem einst die königliche Familie den Sommer verbrachte, sollten Sie einen zweiten Tag in der Stadt einplanen. Wir haben uns nach dem Bummel durch die Altstadt mit müden Füßen entschieden, per Bus zum Stellplatz zurückzukehren.

Bis Irun fahren wir auf der Schnellstraße zurück. Hier wartet ein neuer, gut ausgestatteter Stellplatz.

**(327) Offizieller WOMO-Stellplatz: Irun Autocaravanpark Rxingudi**

**GPS/Kontakt:** N 43°19'07.9", W 1°50'17.7", www.parkingjaizubia.eus.
**Öffnungszeit:** Ganzjährig. **Ausstattung:** V/E, Strom, Müll, WLAN.
**Beschreibung:** Neu angelegter Parkplatz für Wohnmobile am Rand eines Gewerbegebietes. Enge Parkbuchten auf Asphalt. Zufahrt durch Schranke, vorbuchbar. **Preise:** €20 von 12 bis 12 Uhr.
**Zufahrt:** Von der Ausfahrt »Irun« der AP-8 bis zum Kreisel und dort links ins Gewerbegebiet fahren.

Zwischen Donostia und Irun liegt eine Steilküste, an der nur ein Wanderweg entlangführt. Mit dem Auto kommt man hier kaum ans Meer. Aber ab Irun führt mit der **Corniche** wieder eine gut befahrbare Straße an der Küste entlang. Wir verlassen also bei Irun die Nationalstraße und durchqueren den Ort Badeort **Hendaye**. Wie bereits erwähnt, ist es beinahe unmöglich, dort meernah ein Wohnmobil zu parken, aber immerhin gibt es einen offiziellen Stellplatz, der nicht allzu weit vom Wasser entfernt ist.

**(328) Offizieller WOMO-Stellplatz: Hendaye**

**GPS:** N 43°22'13.2", W 1°45'52.0". **Öffnungszeit:** Ganzjährig.
**Ausstattung:** V/E, Strom.
**Beschreibung:** Asphaltplatz an der Bahnlinie, zentral gelegen, aber nicht sehr idyllisch, 600 Meter zum Strand, 10 Meter zur Bahnlinie, Einfahrt durch Schranke. **Preise:** € 10 für 24 h zahlbar mit Bankkarte, Strom extra.
**Zufahrt:** Von Irun kommend hinter der Bahnlinie links auf die D 912 und wieder links in die Rue de Pohotema. Am Campingplatz vorbei bis zum Bahnhof fahren, wo sich der Stellplatz befindet.
**Alternative:** Gegenüber liegt der Camping Alturan, ruhiger und deutlich näher am Meer. Mittagspause 12–15 Uhr. www.camping-alturan.com

Ebenfalls gut gelegen ist der kleine Camping Ametza am östlichen Ortsrand. Der Zugang zum Strand liegt nahe der Landspitze mit ihren malerisch ins Meer gestreuten Felsen und vorgelagerten Mini-Inseln, die man vom Campingplatz leicht bei einem Spaziergang erreicht.

**(329) WOMO-Campingplatz: Hendaye/Camping Ametza**

**GPS:** N 43°22'22.0", W 1°45'22.4", 156 Boulevard de l'Empereur, Tel. 0033 559 200705, www.camping-ametza.com.
**Öffnungszeit:** April bis September
**Ausstattung:** V/E, Pool, Restaurant, Laden, WLAN.
**Beschreibung:** Gepflegter 4-Sterne-Platz, gute Lage am Ortsrand und am ruhigeren Ende des langen Strandes von Hendaye, aber nahe an der Bahnlinie. 800 Meter zum Meer. **Preise:** €28–45.
**Zufahrt:** Am östlichen Ortsrand von Hendaye rechts D 912 und an der Zufahrt zur Corniche.

Ansonsten ziehen wir die Campingplätze nördlich von Saint-Jean-de-Luz vor und fahren hier einfach weiter an der Küste

entlang. Kurz hinter dem Ort kann man links einen Blick auf ein Schloss mit vielen Türmchen erhaschen. Das verspielte neugotische Gebäude ist das **Château d'Abbadia**, das auch besichtigt werden kann. Es wurde 1879 vom weitgereisten Kartographen Antoine Thomson d'Abbadie in Auftrag gegeben, der das Schloss als herrschaftlichen Wohnsitz konzipieren ließ. Einige der Räume sind mit Gegenständen eingerichtet, die Abbadie von seinen Expeditionen mitbrachte. Neben einer Kapelle gibt es im Schloss auch ein Observatorium. Der Besuch ist fast das ganze Jahr über möglich. Infos auf www.chateau-abbadia.fr.

Kurz vor dem nächsten Ort liegt rechts der Straße ein ruhiger, im Grünen versteckter Campingplatz, auf dem Sie auch in der Saison noch die Chance auf einen Platz haben. 1500 Meter Fußweg führen zum Hafen und zum Stadtstrand von **Socoa**. An der Hafenmole gibt es eine Reihe Restaurants mit Blick auf die **Burg von Socoa,** in der eine Surfschule untergebracht ist. Knapp vier Kilometer sind es vom Camping bis Saint-Jean-de-Luz.

*Der Wanderweg, der parallel zur Corniche an der Küste entlang führte, ist inzwischen leider gesperrt.*

**(330) WOMO-Campingplatz: Socoa/Camping Juantcho**

**GPS/Kontakt:** N 43°23'36.9", W 1°41'36.1", 875 Route de la Corniche. Tel. 0033 559 471197, www.camping-juantcho.com.
**Öffnungszeit:** Mai bis Oktober.
**Ausstattung:** V/E.
**Beschreibung:** Einfacher, angenehmer Platz mit sympathischer Bar am Eingang. Ordentliche Sanitäranlagen, ruhige Lage, 500 Meter Fußweg nach Socoa und zum dortigen Ortsstrand.
**Preise:** €17–27, Strom €3,50–4,70, ACSI-Tarif in der Nebensaison.
**Zufahrt:** Kurz vor Socoa rechts an der Corniche.

Weiter geht es nach **Saint-Jean-de-Luz**, einem der beliebtesten Badeorte an der baskischen Atlantikküste. In der Mündung des Flusses Nivelle liegt ein gut geschützter Hafen, in dem viele bunte Boote schaukeln und in der mit Dämmen abgesicherten halbrunden Bucht eine ebenso geschützte Sandbucht. Die oft heftigen Atlantikwellen dringen kaum bis hierher vor, sodass man auch an windigen Tagen gut baden kann.

Der offizielle WOMO-Stellplatz von Saint-Jean-de-Luz **[331: N 43°23'07.4", W 1°39'46.3"]** liegt recht zentral und verkehrsnah – eingequetscht zwischen der Durchgangsstraße und der Bahnlinie. Zum Parken eine gute Sache – sollten Sie im Sommer tatsächlich einen der 17 Plätze erwischen. Wie man hier schlafen soll, ist uns jedoch ein Rätsel... Wir nennen ihn der Vollständigkeit halber.

Sind Sie im Sommer unterwegs und wollen den Ort sehen, kommen Sie am besten recht früh oder spät. Die meisten Plätze haben Höhenschranken und die raren Parkplätze außerhalb dieser Begrenzungen sind schnell belegt (die innerhalb auch). Bei unserem ersten Besuch haben wir den Ort aus dem Camper besichtigt – an Parken war Mitte August um 11 Uhr vormittags nicht einmal zu denken.

## Saint-Jean-de-Luz

In den Gassen im Stadtzentrum gibt es etliche gute Restaurants, die Fisch und Meeresfrüchte servieren, an Ständen werden frische Austern verkauft und am Hafen kann man frisch gegrillte Sardinen verspeisen. Direkt vor der Altstadt liegt eine hübsche, geschützte Sandbucht, an der im Sommer einiges los ist.

Außer den besonderen Annehmlichkeiten eines Badeortes, die von Restaurants und Cafés bis zu Souvenirgeschäften reichen, ist in Saint-Jean-de-Luz aber auch noch die Kirche zu sehen, in der Ludwig XIV. im Jahr 1660 die Infantin Maria Teresa von Spanien heiratete. Diese Ehe besiegelte nach einem langen Krieg den Frieden zwischen Frankreich und Spanien, war aber für die Braut nicht sehr glücklich. Sie stand schnell im Schatten der wechselnden Maitressen des Sonnenkönigs. Das Haus, in dem das Paar während der Hochzeitsfeierlichkeiten wohnte, ist heute ein Museum. Mit der Originaleinrichtung aus dem 17. Jahrhundert illustriert es das Leben einer adeligen Familie vor über 300 Jahren. Unter anderem ist aber auch das Zimmer zu sehen, in dem der Sonnenkönig bei seinem vierwöchigen Aufenthalt geschlafen hat.

Auf der anderen Seite des Hafenbeckens lohnt auch ein Spaziergang durch die malerischen, engen Gassen von Ciboure, das im Schatten des bekannten Saint-Jean leicht übersehen wird.

Nördlich der Stadt liegen vier Sand-Kies-Buchten: Plage d'Erromardie, Plage de Lafitenia, Plage de Mayarco und Plage de Senix. Dahinter verteilen sich am Hochufer etliche Campingplätze. Die Strände sind durchaus erfreulich zum Baden. Das Hinterland der Buchten ist häuserfrei. Uns hat es hier gut gefallen.

An der Zufahrt zur ersten Bucht, Plage d'Erromardie, liegen die ersten drei Campingplätze. Am besten Sie fahren direkt auf den Campingplatz ihrer Wahl, für Manöver anderer Art, inklusive dem Drehen am Ende der Straße, ist hier eigentlich kein Platz vorgesehen. Links der Straße kommen Sie zuerst auf den kleineren Camping Le Bord de Mer, dessen Stellplätze am Hochufer liegen und teilweise Meerblick haben. Dann folgt rechts die Zufahrt zum Campingplatz Erromardie.

### (332) WOMO-Campingplatz: Camping Le Bord de Mer

**GPS/Kontakt:** N 43°24'19.7", W 1°38'35.8", 71 Chemin d'Erromardie, Tel. 0033 559 262461, camping-le-bord-de-mer.fr,
**Öffnungszeit:** April bis Oktober.
**Ausstattung:** V/E, Bistro, WLAN.
**Beschreibung:** Langgezogener Platz am Hochufer seitlich des Badestrandes. Viele Plätze mit Meerblick.
**Preise:** €25–40, Strom €6–8. ACSI-Tarif.
**Zufahrt:** Auf der D810 aus der Stadt hinaus und am Kreisel nahe der Bahnschienen geradeaus in den Chemin d'Erromardie, diesem links bis zum Meer folgen. Der Camping befindet sich vorne am Meer auf der linken Seite.

### (333) WOMO-Campingplatz: Camping La Ferme Erromardie

**GPS/Kontakt:** N 43°24'22.4", W 1°38'15.1", 40 Chemin Erromardie, Tel. 0033 559 263426, www.camping-erromardie.com.
**Öffnungszeit:** Mitte März bis Oktober.
**Ausstattung:** V/E, Pool, kostenloses WLAN auf dem ganzen Platz.
**Beschreibung:** Am Hochufer direkt an der Küste.
**Preise:** €16–37, Strom €4–6. ACSI-Tarif.
**Zufahrt:** Auf der D810 aus der Stadt und am Kreisel nahe der Bahnschienen geradeaus in den Chemin d'Erromardie, diesem links bis zum Meer folgen. Der Camping befindet sich ganz vorne am Meer auf der rechten Seite.
**Alternative:** Direkt benachbart befindet der komfortable Camping International d'Erromardie.

Um zu den Campingplätzen an der Bucht von Mayarco zu kommen, müssen wir zuerst zurück zur Bundesstraße und dann wieder links zum Meer. Hier geht es links zu einem einfachen, aber angenehmen Camping Municipal, der ebenfalls über der Plage d'Erromardie liegt, aber nur von der nördlichen Seite angefahren werden kann.

### (334) WOMO-Campingplatz: Saint-Jean-de-Luz Camping Municipal Chibau Berria

**GPS/Kontakt:** N 43°24′33.1″, W1°38′11.1″, 525, Chemin de Chibau Berria, Tel. 0033 559 261194, www.camping-saintjeandeluz.fr.
**Öffnungszeit:** Mitte Mai bis September.
**Ausstattung:** V/E, Bar in der Hochsaison, Fahrradverleih.
**Beschreibung:** In zweiter Reihe, aber immer noch nahe zum Meer. Kurzer Fußweg zur Plage d'Erromardie.
**Preise:** €15–30, Strom €3,60–4,20. ACSI-Tarif.
**Zufahrt:** Vom Chemin d'Agueria vor dem kreisrunden Parkplatz links abbiegen und immer geradeaus bis zum Campingplatz fahren.

Zwei Buchten weiter gibt es erneut eine Gruppe von Campingplätzen im Stadtteil Acotz hinter der Bucht **Plage du Mayarco**. Der erste liegt noch in der Steilküste

### (335) WOMO-Campingplatz: Saint-Jean-de-Luz Camping Inter-Plages

**GPS/Kontakt:** N 43°24'54.0", W 1°37'36.0", 305 Route des plages, Tel: 0033 559 265694, www.campinginterplages.com.
**Geöffnet:** April bis Anfang November.
**Ausstattung:** V/E, Pool, Spielplatz, Snackbar, kleiner Laden, WLAN.
**Beschreibung:** Kleiner Campingplatz auf einer felsigen Landzunge zwischen der Plage Mayarco und der benachbarten Sandbucht.
**Preise:** €17–41, Strom €5.
**Alternative:** Direkt benachbart liegt der winzige Camping Playa mit spektakulär in der Klippe klebenden Stellplätzen, www.camping-playa.com.
**Zufahrt:** Auf der D810 vor Saint-Jean rechts in den Chemin d'Aguerria abbiegen und beim Erreichen der Küste rechts abbiegen. Direkt hinter einem kreisrunden Parkplatz liegt links zuerst die Zufahrt zum Camping Playa, dann die zu Camping Inter-Plages.

Direkt hinter der Bucht stehen Sie auf dem Camping Soubelet Plage und dem Camping Merko Lacarra.

*Bei Ebbe bildet sich an der Plage du Mayarco ein flaches Planschbecken fast ohne Wellen.*

**(336) WOMO-Campingplatz: Saint-Jean-de-Luz Camping Plage Soubelet**

**GPS/Kontakt:** N 43°24'59.2", W 1°37'29.5", 520 Route des plages, Tel. 0033 559 265160, www.camping-plage-soubelet.de.
**Öffnungszeit:** April bis September.
**Ausstattung:** Fitnessbereich, Spielplatz, WLAN-Raum.
**Beschreibung:** Am Hochufer mit Zugang zu einer schönen Sand-Kies-Bucht, die allerdings häufig viel Brandung hat und dann bei Surfern beliebt ist.
**Preise:** €19–33, Strom €7.
**Zufahrt:** Auf der D810 aus der Stadt und links in den Chemin d'Aguerria und am kreisrunden Parkplatz vorbei zu den Campingplätzen.

**(337) WOMO-Campingplatz: Saint-Jean-de-Luz Camping Merko Lacarra**

**GPS/Kontakt:** N 43°25'08.0", W 1°37'24.0", 820 Route des Plages, Tel. 0033 559 265676, www.merkolacarra.com.
**Geöffnet:** April bis September.
**Ausstattung:** V/E, Spielplatz, Snackbar, kleiner Laden, WLAN kostenlos.
**Beschreibung:** Ruhig und nahe am Meer, sehr gute Sanitäranlagen.
**Preise:** €17–33, Strom €5, Rabatt mit CCI in der NS.
**Zufahrt:** Von der D810 links in den Chemin d'Aguerria, an der Küste rechts und am kreisrunden Parkplatz vorbei zu den Campingplätzen. Der Merko Lacarra ist der letzte Platz auf der rechten Seite.

Wer nur mal schnell ins Wasser springen möchte, bevor es in Richtung Heimat geht, findet an der **Plage de l'Uhabia** nördlich von Guétary einen Strandparkplatz ohne Höhenbalken.

Hier am Meer ist unsere Reise durch die Pyrenäen zu Ende. Wenn Sie mehr vom Atlantik sehen wollen, helfen Ihnen die Bücher **Spanien Nord** oder **Südwest-Frankreich**. Mit dem zweiten Buch können Sie aus Ihrer Pyrenäentour wunderbar eine Frankreichrundreise machen – das Buch begleitet Sie hinauf nach Bordeaux und dann durch das Tal der Dordogne in die traumhaft schöne Region des Périgord. Von dort kommen Sie in einer gemütlichen Tagesfahrt zurück zur deutschen Grenze.

### Ausrüstung

Durch die starken Höhenunterschiede in den Pyrenäen müssen Sie sich auch im Hochsommer auf ganz unterschiedliche Wetterbedingungen einstellen. Einen Fleece und eine Jacke brauchen Sie auf jeden Fall. In der Nebensaison sind auch Handschuhe und Mütze kein Fehler. Vor allem an der Südseite der Berge kann es im Hochsommer aber auch richtig heiß werden. Temperaturen um 40 Grad sind in den spanischen Pyrenäentälern keine Seltenheit. Kurze Hosen und Badesachen müssen also ebenfalls ins Sommergepäck. Wenn Sie nicht nur im Wohnmobil sitzen möchten, gehören Bergschuhe und die Wandergrundausstattung mit dichter Regenjacke, Sonnenhut, Wasserflasche und einem leichten Tagesrucksack zu den wichtigsten Ausrüstungsgegenständen. Wir hatten sie fast täglich im Einsatz.

### ACSI-Tarif

Sind Sie länger unterwegs und reisen in der Nebensaison, kann sich für den Aufenthalt auf Campingplätzen eine ACSI-Card lohnen – vor allem auf den vergleichsweise teuren Plätzen an der Küste. Mit der Karte übernachten Sie auf ausgewählten Campingplätzen zu einem günstigen Komplettpreis. Sie können die Karte entweder für ein Jahr kaufen oder ein Abo abschließen. Sie bekommen dazu einen dicken Katalog mit allen teilnehmenden Plätzen. Praktischer finden wir die App, die man leider bisher noch extra zahlen muss. www.acsi.eu

### Baden und Wassersport

Unsere Route durch die Pyrenäen führt von Meer zu Meer und es bietet sich an, am Anfang und am Ende der Reise einige Badetage einzulegen. An den Küsten gibt es nur wenige freie Stellplätze. In Badeorten mit Sandstrand ist ein Campingplatz die einzige sinnvolle Lösung, wenn Sie nahe am Meer stehen wollen. Im Hochsommer empfiehlt sich dazu eine frühzeitige Reservierung. Von Juli bis Mitte August sind viele Campingplätze an der Küste bis auf den letzten Platz belegt.

Im Landesinneren gibt es nur wenige Möglichkeiten zum Baden. Die meisten Bergseen in den Pyrenäen sind dazu einfach zu kalt. In den Nationalparks ist das Baden in Seen und Bächen sogar oft verboten. Die besten Badeplätze in der Natur sind an den Flüssen auf der spanischen Seite der Berge zu finden. Außerdem bieten sehr viele Campingplätze im Sommer einen Pool und in vielen größeren Orten gibt es auch ein Freibad. In der kühleren Jahreszeit locken in den französischen Pyrenäen mehrere Thermalbäder. In Frankreich müssen Sie in allen öffentlichen Bädern (auch im Pool des Campingplatzes) beachten, dass Badeshorts als unhygienisch geächtet und verboten sind. Männer und auch kleine Jungs müssen eine kurze, eng anliegende Badehose tragen. Dass diese Hosen bei uns ganz unglaublich »out« sind, interessiert dabei nicht und bringt manchen modebewussten Teenager in ernsthafte Nöte.

Die französische Atlantikküste ist ein Dorado für Surfer, aber auch in den Bergen gibt es unerwartet gute Möglichkeiten für verschiedene Wassersportarten. In einigen Schluchten der Pyrenäen, wie zum Beispiel in den Gorges de Galamus, wird Canyoning angeboten. Die Ariège auf der französischen Seite der Berge eignet sich auch gut für eine spitzige Kanutour. Flüsse wie Aude und Noguera Pallaresa sind anspruchsvoller, können aber auch ohne Wildwasserkenntnisse mit einem Raftingboot befahren werden. An allen drei Flüssen gibt es Stationen direkt am Flussufer, die wir in der passenden Tour genauer vorstellen.

## Bergpässe

Wer Bergstraßen in den Alpen kennt, wird in den Pyrenäen meist recht entspannt unterwegs sein. Fast alle größeren Bergpässe und auch die Zufahrten zu den meisten hoch gelegenen Skigebieten sind relativ breit, gut zu fahren und es gibt vergleichsweise wenig Einschränkungen für größere Fahrzeuge. Nur die Zufahrt zu abgelegenen Wanderparkplätzen und kleinen Dörfern sollten Sie sich mit dem WOMO gut überlegen. Für größere Fahrzeuge kritische Strecken auf unseren Routen sind in der Karte gestrichelt eingezeichnet.

Viele der höheren Bergpässe sind im Winter gesperrt und nicht passierbar. Hinweise zum aktuellen Zustand der Passstraßen finden Sie zum Beispiel unter www.alpenpaesse.de unter den Regionen Pyrénées-Atlantiques und Hautes Pyrenées.

## Camping und offizielle Wohnmobilstellplätze

Sowohl in Spanien als auch in Frankreich gibt es etliche offizielle Wohnmobilstellplätze. Die meisten sind eher einfach – oft handelt es sich nur um einen für Wohnmobile freigegebenen Parkplatz. Eine Ver- und Entsorgung (V/E) ist meist vorhanden, manchmal gibt es auch Stromanschlüsse. Viele der einfachen Plätze sind kostenlos, ansonsten zahlt man eine Parkgebühr zwischen 5 und 12 Euro.

Auf der französischen Seite der Berge sind in den letzten Jahren etliche neue Plätze der Kette »Camping-Car Park« entstanden. Oft

*Der Col d'Aubisque ist eine der wenigen Passstraßen mit einer Begrenzung auf Fahrzeuge mit 3,5 Tonnen.*

ersetzen sie die einfachen kostenlosen Plätze der Gemeinden, was ihnen bei französischen Campern wenig Sympathie eingebracht hat. Die meisten ausländischen Reisenden stört das weniger, denn die Nutzung der Plätze ist unkompliziert und praktisch. Hat man einmal den »Pass d'Etapes«, die Zugangskarte, erstanden, funktioniert die Anmeldung überall gleich. Alle Plätze sind über die Camping-Car-App reservierbar und man kann auch nachsehen, wie viele Stellplätze schon belegt sind. Strom und V/E sind immer inklusive und das WLAN funktioniert auch meist recht gut.

Die Zahl der Campingplätze scheint, vor allem auf der französischen Seite der Berge, beinahe unendlich. Wir nennen daher nicht alle an der Route liegenden Plätze, sondern treffen vor allem in Regionen mit vielen Plätzen eine Auswahl. Das heißt aber nicht, dass die nicht erwähnten Campingplätze schlecht sind. Wir haben nur nicht alle besichtigt.

Preisgünstig und gut stehen Sie auf den einfachen »Camping Municipal«, die von den Gemeinden unterhalten werden. Hier gibt es nur das wirklich Notwendige: schattige Plätze, Strom und einfache Sanitäranlagen. Ab und zu findet man auch eine V/E oder WLAN. Für eine Übernachtung zahlen Sie mit zwei Personen zwischen 12 und 18 Euro. Viele dieser Plätze liegen sehr schön, sind naturnah und nicht allzu groß. Wenn Sie mit einem Campingbus ohne WC unterwegs sind, hat ein Camping Municipal einige Vorteile gegenüber einem offiziellen Stellplatz, ohne dabei wesentlich teurer zu sein. Wir schätzen diese typisch französische Einrichtung jedenfalls sehr. Private Campingplätze sind meist komfortabler, aber auch deutlich teurer. Ein Laden oder in der Nebensaison zumindest ein Baguetteservice (Depot de Pain), ein Restaurant oder eine Snack-Bar und oft auch ein kleiner Pool gehören dort zur Standardausstattung.

In Spanien sind Campingplätze tendenziell etwas teurer als in Frankreich. Ungewöhnlich hoch sind mit 5 bis 8 Euro pro Tag die Gebühren für den Stromanschluss. Für uns ungewohnt ist auch die Differenzierung zwischen Anschlüssen mit unterschiedlicher Leistung. Angeboten

werden meist zwischen 4 und 10 Ampère. Für Stromfresser, wie Heizlüfter, Föhn oder Wasserkocher und den Einsatz mehrerer Geräte zur gleichen Zeit, brauchen Sie eher den Anschluss mit höherer Leistung. Ein normales deutsches Haushaltsnetz erlaubt, je nach Baujahr der Elektrik, eine Belastung mit 10 bis 16 Ampère.

### Crit'Air Umweltplakette

Wie auch in Deutschland gibt es in Frankreich in den Großstädten permanente Umweltzonen, in die nur mit einem Fahrzeug eingefahren werden darf, das eine bestimmte Norm erfüllt und dies durch eine Umweltplakette anzeigt. Sie heißen ZCR-Zonen (zones à circulation restreinte) und sind mit Straßenschildern markiert. Permanente Umweltzonen gibt es zur Zeit in Paris, Lyon, Toulouse, Nizza, Marseille, Grenoble, Straßburg und Lille. Sie sind aber selbst bei einer Reise in diese Städte gut zu umgehen, wenn Sie nicht in die Innenstadt fahren.

Der Grund, warum Sie sich inzwischen bei jeder Frankreichreise über die aktuellen Bedingungen informieren sollten, sind die temporären Umweltzonen, die teilweise ganze Departements und in diesen auch die Autobahnen betreffen. Temporäre Umweltzonen werden als Zone ZPA (zone de protection de l'air) bezeichnet. Erstrecken sie sich auf das ganze Departement, kommt ein kleines »d« dahinter: ZPAd. Die Einfahrt in diese Zonen wird dann verboten, wenn die Luftverschmutzung kritische Werte überschreitet – also häufig zu den verkehrsreichen Ferienzeiten im Sommer. Das Verbot gilt auch für ausländische Fahrzeuge ohne Plakette und zwar auch dann, wenn Ihr Wohnmobil laut deutscher Plakette die Voraussetzungen für die Einfahrt in die Zone erfüllen würde. Sie brauchen also die entsprechende französische Plakette auf der Windschutzscheibe, sonst müssen Sie im Fall der Fälle das entsprechende Departement umfahren. Werden Sie ohne Plakette kontrolliert kostet das mit dem Wohnmobil mindestens 135 Euro.

Temporäre Sperrzonen werden vor Ort nicht angezeigt, Sie müssen sich also selbst informieren. Aktuelle Sperrungen werden zum Beispiel über den Verkehrsfunk bekanntgegeben. Sie können den Stand der Dinge aber auch direkt über die Website des Verkehrsministeriums einsehen. Von »Green-Zones.eu« gibt es auch eine kostenlose App, mit der Sie sich unterwegs auf dem Laufenden halten können.

Die Plakette kann nur online in Frankreich bestellt werden und wird per Post zugeschickt. Sie sollten also rechtzeitig daran denken, sie zu beantragen. Am kostengünstigsten und völlig unkompliziert geht das online direkt beim französischen Verkehrsministerium unter www.certificat-air.gouv.fr. Die Seite lässt sich auf Deutsch umstellen. Die Plakette kostet dort 4,51 Euro zuzüglich Porto für die Zustellung nach Deutschland. Auf der Green-Zones-Website und bei einigen anderen Vermittlern können Sie die Plakette ebenfalls bestellen, zahlen dann jedoch deutlich mehr für die gleiche Leistung.

Die französische Umweltplakette gibt es in Stufe 1 bis 5. Welche Sie bekommen, ist vom Alter und der Schadstoffklasse Ihres Wohnmobiles abhängig. Anders als bei uns tragen die saubersten Fahrzeuge eine Crit'Air Plakette mit der Klasse 1. Für ein Dieselfahrzeug ist jedoch maximal die Klasse 2 zu bekommen. Wohnmobile bis 3,5 Tonnen, deren Erstzulassung vor dem 1. Januar 1997 liegt, bekommen gar keine Umweltplakette. Fahren Sie ein Wohnmobil über 3,5 Tonnen, wird dieses als LKW gewertet und muss nach dem 1. Januar 2001 zugelassen sein, um noch berücksichtigt zu werden. Bei Fahrverboten werden zuerst alle Fahrzeuge ohne Plakette und dann die Schadstoffklassen 4 und 5 vom Verkehr ausgeschlossen. Bleiben die Werte in der Luft schlecht, können weitere Schadstoffklassen folgen.

**Temporäre Umweltzonen auf der Fahrt in die Pyrenäen:** Der Großraum Lyon, den Sie oft auf dem Weg in den Süden durchqueren, kann als ZPA-Zone von temporären Fahrverboten betroffen sein, die dort allerdings zur Zeit nicht auf den Autobahnen gelten. Eine zweite temporäre Umweltzone durchfahren wir im Departement Clermont-Ferrand (ZPAd-Zone). Sollte es in dieser Region Einschränkungen geben, gelten diese auch für die A89 nach Bordeaux. Direkt in den Pyrenäen gibt es keine Umweltzonen. Für eine Reise nach Südfrankreich sind also sowohl die Plakette als auch die App sinnvoll, mit der Sie sich über die aktuelle Situation auf dem Laufenden halten können.

## Einkaufen

Während es in allen größeren Orten in den französischen Pyrenäen mindestens einen Supermarkt, eine Bäckerei und meist auch einen Metzger gibt, haben wir in Spanien immer wieder Mal nach den entsprechenden Läden gesucht. Supermärkte am Ortsrand mit Parkplatz vor der Tür sind nur in wenigen Orten vorhanden. Läden finden Sie eher in den Ortszentren und auf einigen Pässen kurz vor der französischen Grenze. In Andorra kann man fast überall fast alles einkaufen.

Besonders gut, frisch und preiswert kaufen Sie auf dem Markt, der auch in kleineren Orten ein- bis zweimal in der Woche stattfindet. Die wichtigsten Märkte einer Region haben wir in der Tourenübersicht für Sie aufgelistet. An Markttagen müssen Sie allerdings auch mit blockierten Parkplätzen und vollen Straßen rechnen.

## Essen und Trinken

Auf ihrer Pyrenäenreise kommen Sie durch sehr unterschiedliche Regionen mit ebenso unterschiedlichen Spezialitäten. Am Meer kocht man anders als in den Bergen und die französische Küche unterscheidet sich von der spanischen. Dazu kommen die besonderen Traditionen der katalanischen und der baskischen Küche. Kurz – die Liste der regionalen Spezialitäten wäre endlos. In Küstenähe werden vor allem Fisch und Meeresfrüchte angeboten, im Landesinneren setzt man eher auf Wild, Lamm und den köstlichen Pyrenäenkäse. In der katalanischen Küche wird Deftiges gerne mit Fruchtig-Süßem kombiniert und im Baskenland würzt man vieles mit dem ultrascharfen »Piment d'Espelette«. Tapas und Paella werden Ihnen ebenso begegnen wie französische Crèpes oder spanische Churros. Seien Sie einfach neugierig und schauen Sie sich in Ihrer Umgebung um.

Der Google-Übersetzer oder eine entsprechende App für Französisch, Spanisch und Katalanisch helfen beim Dechiffrieren der Speisekarten und sorgen dafür, dass Sie nicht entmutigt vor der Tür von Restaurants stehen bleiben, weil Sie kein Wort verstehen. Nur in touristischen Gebieten sind Speisekarten mehrsprachig und es gibt zumindest eine englische Übersetzung.

Die grundsätzlichen Essensgewohnheiten sind in Spanien und Frankreich ähnlich. Nach einem spartanischen Frühstück wird am Mittag und am Abend mehrgängig gegessen. Ein sehr gutes Preis-Leistungs-Verhältnis haben die angebotenen Menüs, die mittags oft auch noch zum Sonderpreis serviert werden. Zum Essen trinkt man in Spanien und Frankreich meist Wein. Fast alle Restaurants bieten einen guten und preisgünstigen offenen Tischwein in rot/weiß/rosé an (Vin du Table / Vino de la Casa). Abends sind die späten südeuropäischen Essenszeiten üblich. Restaurants öffnen nicht vor 19 Uhr und in Spanien, wo erst ab 13.30 Uhr zu Mittag gegessen wird, ist man abends oft noch später dran als in Frankreich.

Die Zeiten zum Mittagessen sind in Frankreich eng umrissen. Serviert wird etwa ab 12.30 Uhr. Spätestens ab 14.30 Uhr sind die Tische der Restaurants wieder leer und die Türen werden verschlossen. Wenn Sie zwischen 14.30 und 19 Uhr hungrig sind, hilft nur noch eine Bar oder ein Café. Diese Regelung gilt übrigens auch für die wenigen Berghütten. Nachmittags bekommen Sie auch dort nur Kuchen oder Snacks.

### Freie Übernachtung

Nach Information des französischen Fremdenverkehrsamtes »Atout France« gilt in Frankreich folgende Regelung: »Laut französischer StVO dürfen auch Wohnmobile auf Parkplätzen und an Straßen – dort wo es allgemein gestattet ist – parken, sofern durch die Größe des Wohnmobils der Verkehr oder die Sicht der anderen Verkehrsteilnehmer nicht behindert wird, maximal jedoch für sieben Tage. Nicht gestattet ist hingegen das Aufstellen von Tischen, Stühlen, Sonnenschirmen etc., da dies dem Camping entspräche und nur an dafür vorgesehenen Stellen erlaubt ist.«

In Spanien ist laut Informationen des ADAC mit räumlichen Einschränkungen eine einzelne Übernachtung im Wohnmobil auf Parkplätzen ebenfalls erlaubt. Einschränkungen gibt es vor allem in touristischen Gebieten an der Küste und im Umfeld von 1000 Metern zu einem Campingplatz.

In beiden Ländern sind bisher Verbotsschilder außerhalb touristischer Hotspots nur vereinzelt anzutreffen und freie Übernachtungen im Wohnmobil weitgehend toleriert – wenn man sich an die Regeln hält. Auch in den spanischen Pyrenäentälern machte sich der Camperboom der letzten Jahre bemerkbar und inzwischen stehen dort viele neue Verbotsschilder. Meist hat man im Tal einen offiziellen Übernachtungsplatz ausgewiesen und alle anderen Plätze gesperrt. In den französischen Bergen sind Verbotsschilder weiterhin die Ausnahme. Damit das auch so bleibt, verhalten Sie sich bitte auf freien Plätzen rücksichtsvoll, vermeiden Sie Ansammlungen von zu vielen Wohnmobilen, die Plätze für andere Besucher blockieren. Überprüfen Sie vor Ort immer, ob Sie unter den aktuellen Bedingungen so stehen, dass Sie niemanden behindern und keine Anwohnenden gestört werden. Dass auf freien Plätzen kein Müll zurückbleibt, das Chemie-WC nicht in Toiletten entleert wird und auch kein Grauwasser aus dem Abwassertank läuft, müssen wir wohl nicht extra erwähnen.

Einige unserer schönsten Stellplätze befinden sich in nicht unerheblicher Höhe an den Passstraßen. Bei schönem Sommerwetter gehören diese Plätze mit Weitblick zu den absoluten Höhepunkten einer Pyrenäenreise. Ist es sehr windig, sind sie dagegen mit Vorsicht zu genießen. Sehr beeindruckend sind auch sommerliche Gewitter, wenn man auf einer Passhöhe steht und die Geschwindigkeit der schwarzen Wolken mit bester Rundumsicht verfolgen kann. Außerhalb der Sommermonate sollten Sie bei der Platzwahl auch im Auge behalten, dass es in den Höhenlagen nachts oft schon empfindlich kalt werden kann.

## Gasversorgung

Dass beim Thema Gasversorgung im Wohnmobil jedes europäische Land sein eigenes Süppchen kocht, ist bekannt. **Deutsche Gasflaschen** können Sie weder in Frankreich noch in den spanischen Pyrenäen tauschen oder legal nachfüllen lassen. Am besten starten Sie Ihre Reise daher mit zwei vollen 11 kg Gasflaschen. Mit einem »Euro-Adapterset« (erhältlich im deutschen Fachhandel) können Sie auch französische und spanische Flaschen anschließen, für die Sie jedoch beim Erwerb Pfand zahlen müssen.

Einfacher haben es Besitzer von Wohnmobilen mit **Gastank**, der an Gas-Tankstellen nachgefüllt werden kann. Die gibt es in den Pyrenäen aber auch nur in den größeren Städten, wie zum Beispiel Lourdes, Saint-Girons und Foix oder an den Küsten. Hier hilft es, ein »Euro-Füllset« im Gepäck zu haben.

Am einfachsten ist es, Ersatz für die großen blauen **Campingaz-Flaschen** mit 2,7 Kilo-Füllung zu bekommen, die in vielen Campingbussen benutzt werden. Die gibt es in Frankreich und Spanien in vielen Supermärkten oder im Baumarkt.

## Gesundheit

In EU-Staaten gilt zur Behandlung bei Ärzten und im Krankenhaus über das Sozialversicherungsabkommen Ihre ganz normale deutsche Krankenversicherung. Notwendig ist vor Ort nur eine aktuelle Versicherungkarte, mit dem Vermerk »Europäische Krankenversicherungskarte« auf der Rückseite. Nur wenn Sie auch Krankenrücktransport und ähnliche Sonderleistungen abgesichert haben wollen, brauchen Sie eine spezielle Auslandskrankenversicherung. Das gilt so für Frankreich und Spanien, aber leider nicht für Andorra. Mit Andorra besteht kein Sozialversicherungsabkommen und Sie sind dort ohne zusätzliche Reiseversicherung nicht krankenversichert!

## GPS-Navigation

GPS-Daten sind eine extrem bequeme Hilfe bei der Ortung unserer Stellplätze. Leider wählen ihr Navi und auch Google Maps nicht immer den von uns vorgeschlagenen Weg. Oft ist das egal, aber manchmal lotst Sie das Gerät auch über Sträßchen, die für Wohnmobile nicht geeignet sind. Werfen Sie daher immer einen Blick in die Anfahrtsbeschreibung und folgen Sie den Vorschlägen ihres Navis niemals blindlings. Gefällt Ihnen dessen Wegwahl nicht, können Sie sich besseren Überblick verschaffen, indem Sie einen größeren Kartenausschnitt wählen.

**Vorsicht:** Auf Höhe der Nationalparks überqueren wir den Nullmeridian und der zweite Wert (Längengrad) unserer GPS Daten wechselt von Ost auf West. In manchen Navis wird die Position dann mit negativem Vorzeichen angegeben.

## Haustiere

Mitreisende Haustiere wie Hund und Katze brauchen für alle Reisen innerhalb der EU einen EU Heimtierausweis und eine gültige Tollwutimpfung (durchgeführt mindestens 21 Tage und maximal 36 Monate vor Genzübertritt). An fast allen Stränden am Mittelmeer und der Atlantikküste sind Hunde während der Badesaison verboten.

Überraschender kommt das Hundeverbot in der Kernzone des französischen Nationalparks. In den Außenbereichen dürfen Hunde an der Leine mit auf eine Wanderung, in den Kernzonen hilft auch die Leine nicht weiter. Mit Hund dürfen Sie das Nationalparkgebiet nicht betreten.

## Kartenmaterial und Literatur

Neben den Übersichtskarten in unserem Buch und den GPS-Daten empfiehlt es sich auf jeden Fall, eine detaillierte Straßenkarte mitzunehmen. Wir hatten die Pyrenäenkarte von Reise Know-How dabei (world-mapping-projekt), die mit einer einzigen Karte im Maßstab 1:250.000 das komplette Reisegebiet abdeckt und eine gute Übersicht bietet. Die befahrbaren Straßen sind hier komplett eingezeichnet und die Karte ist außerdem aus besonders robustem Material. Die Zuordnung der Straßen überzeugt nicht immer so richtig. Viele weiße Straßen entpuppten sich als durchaus bequem fahrbar und kaum schmaler als die gelben Bundesstraßen. Wer Wert auf detailliertere Angaben legt, kann auf die Michelinkarten 144, 145 und 146 im Maßstab 1:150.000 zurückgreifen.

Für Informationen über Orte abseits unserer Strecke ist der Reiseführer »Pyrenäen« von Michael Schuh aus dem Reise Know How-Verlag empfehlenswert – eines der wenigen Bücher, das die komplette Region in einem Buch abdeckt. Informationen über passende Wanderführer finden Sie unter der Rubrik »Wandern« auf Seite 352.

## Maut

Autobahnen gibt es in den Pyrenäen nicht. Das Thema Maut ist also ausschließlich für die Anreise durch Frankreich relevant. Die berechnete Maut ist abhängig von der Fahrzeuggröße und dem Gewicht. Wohnmobile fallen dabei normalerweise in die Fahrzeugklasse 2 oder 3.

Klasse 2: Höhe zwischen zwei und drei Meter, unter 3,5 t.

Klasse 3: zweiachsiges Fahrzeug, Höhe ab drei Meter oder über 3,5 t.

Zu Klasse 4 gehören nur Fahrzeuge mit mehr als zwei Achsen und Gespanne ab drei Meter Höhe oder mit einem Zugfahrzeug über 3,5 t.

Für einen PKW kalkuliert man je nach Streckenabschnitt ab 7 Euro für 100 km, für ein Fahrzeug der Klasse 3 ist die Gebühr gut doppelt so hoch, Klasse 2 liegt dazwischen. Eine nach Fahrzeugklassen gestaffelte Übersicht über die aktuellen Tarife finden Sie unter www.autoroutes.fr.

In Frankreich wird die Autobahngebühr abschnittsweise an Stationen (Péage) an der Autobahn gezahlt. Zahlen können Sie mit Bargeld oder mit Visa- oder Mastercard. Da es für Kartenzahlung an den Péage-Stellen mehr Durchfahrten gibt als für die Zahlung mit Bargeld, kann die Entscheidung für die Kreditkarte durchaus ein Zeitgewinn sein. Noch schneller geht es nur mit Telepéage. Um auf den Spuren mit dem t-Symbol durchzufahren, braucht es eine Mautbox, die an der Windschutzscheibe befestigt wird. Abgerechnet wird per Bankeinzug. Die Boxen sind auch für Touristen erhältlich. Man muss sie vorab bestellen und zahlt dafür eine Bereitstellungsgebühr von etwa 15 Euro plus Porto. Für jeden Monat, in dem man die Box benutzt, fällt eine Gebühr von 1,70 Euro an. Der Aufwand lohnt also nur für regelmäßige Fahrten durch Frankreich. Die Boxen können auch in Italien, Spanien und Portugal genutzt werden, müssen aber mindestens einmal in zwölf Monaten genutzt werden. Eine Box für Wohnmobile unter drei Metern Höhe können Sie unter www.bipandgo.com und www.fulli.com bestellen. Beide Seiten kann man auf Deutsch umstellen. Für höhere Mobile schauen Sie bei www.maut1.de.

## Nationalparks und Naturparks

Auf dem Gebiet der Pyrenäen gibt es drei Nationalparks. Das größte Schutzgebiet ist der »Parc National des Pyrénées« auf der französischen Seite der Berge. Hier sind die Pyrenäen weniger schroff als im

Süde, die landschaftlichen Höhepunkte des Parks sind tiefe Bergkessel wie der Cirque de Gavarnie, der Cirque de Troumouse oder der Cirque de Cagataille. Die beiden anderen Nationalparks liegen in Spanien. Der älteste von ihnen ist der 1918 gegründete »Parque Nacional de Ordesa y Monte Perdido«, der direkt südlich an das Kerngebiet des französischen Nationalparkes anschließt. Hier ist das Landschaftsbild besonders ungewöhnlich. Schroff abfallende Felsen bilden tiefe Schluchten wie das Valle Ordesa oder den Cañon d'Añisclo, die ein wenig an den Grand Canyon erinnern.

Ganz anders ist die Landschaft im »Parque Nacional d'Aigüestortes y Estany Sant Maurici«, dem kleinsten Pyrenäennationalpark, der etwas weiter östlich zu finden ist. »Aigüestortes« kommt aus dem Katalanischen und bedeutet »gewundene Wasser«. Neben etlichen Karseen und Berggipfeln mit zackigen Spitzen sind es malerische Flusstäler, durch die glasklares Wasser mäandert, die den Reiz dieses Nationalparks ausmachen.

Neben den drei Nationalparks gibt es etliche Naturparks, wie zum Beispiel den »Parc Naturel Regional des Pyrénées Ariègeoises«, den »Parque Naturel Posets-Maladeta«, in dem die höchsten Gipfel der Pyrenäen zu finden sind, oder den ebenfalls im Zentrum des Gebirges gelegenen »Parque Natural d'Alt Pirineos«. Sie sind auf dieser Reise also fast überall von ursprünglicher Natur umgeben. Die kulturellen Höhepunkte und Sehenswürdgkeiten finden Sie dagegen eher an den flacheren Rändern der Pyrenäen.

## Notruf und Pannenhilfe

Für alle EU Staaten gibt es inzwischen die einheitliche Notrufnummer 112. Sie funktioniert auch vom Handy ohne Ländervorwahl und zusätzlich zu den länderspezifischen Notrufnummern.

## Öffnungszeiten und Preise

Öffnungszeiten und Preise haben wir sorgfältig recherchiert und kontrollieren diese erneut für jede neue Auflage des Buches. Aber natürlich sind diese Angaben immer nur eine Momentaufnahme, an der Sie vortrefflich die Preisentwicklung in einer Region beobachten können. Wir haben uns trotzdem entschlossen, konkrete Zahlen zu nennen, um Ihnen zumindest einen Anhaltspunkt über die zu erwartenden Kosten zu geben.

*Der Etang de Pradelle im Naturpark Pyrénées Ariègeoises.*

## Reisezeit

Die Pyrenäen sind ein beliebtes Wintersportgebiet und es gibt einige Camping- und Stellplätze, die sich im Winter auf Skifahrer umstellen. Die Routen in diesem Buch orientieren sich jedoch vorrangig an einer Sommerreise. Unsere Strecke überquert mehrfach den Pyrenäenhauptkamm. Alle höher liegenden Pässe sind im Winter gesperrt, sodass unsere Routen frühestens ab Mai, in schneereichen Jahren eventuell auch erst im Juni komplett befahrbar sind. Im Herbst wird es in den Höhenlagen schon empfindlich kalt und ab Ende Oktober muss man mit den ersten Schneefällen rechnen. Hinweise zum aktuellen Zustand der Passstraßen finden Sie unter www.alpenpaesse.de.

Die Pyrenäen sind durchaus ein geeignetes Ziel für den Sommerurlaub. Natürlich ist es auch hier in den Sommerferien voller als außerhalb der Hochsaison, aber die Gäste verteilen sich doch recht gut. Unterkünfte gibt es fast überall in ausreichender Zahl. Eng wird es eigentlich nur an einigen wenigen touristischen Attraktionen und in den beiden großen Nationalparks. In den Höhenlagen bleibt es auch mitten im Hochsommer angenehm frisch und wer längere Wanderungen plant oder gar einmal im Zelt oder im Biwak in den Bergen übernachten möchte, ist im Juli und August genau richtig.

## Siesta

Während in Frankreich nur die kleineren Läden in der Mittagszeit geschlossen sind, ist in Spanien eine ausgedehnte Siesta üblich, die gegen 13 Uhr beginnt und am Nachmittag bis mindestens 16 Uhr geht. In dieser Zeit sind nicht nur Läden, sondern auch Sehenswürdigkeiten geschlossen und oft kommen Sie dann auch nicht auf den Campingplatz.

## Sprachen

Unsere Pyrenäenreise führt durch die Länder Frankreich, Spanien und Andorra und immer wieder quer über die höchsten Berge, sodass wir unterwegs mehrfach in kurzen Abständen die Sprache wechseln. In der spanischen Provinz Katalonien und in Andorra wird zudem auch noch Katalanisch gesprochen, das sich deutlich vom Spanischen unterscheidet. Englisch hilft Ihnen nur in ausgesprochenen Tourismusorten weiter. Es empfiehlt sich also, mit dem Google-Übersetzer zu arbeiten, wenn man Französisch oder Spanisch gar nicht oder kaum versteht. Das funktioniert meist wunderbar. In der Nähe der Grenze kommt man außerdem meist auch mit der Sprache des Nachbarlan-

des zurecht. Mein Spanisch ist zum Beispiel rudimentär. Nachdem ich endlich auf die Idee kam, mein Gegenüber in Spanien nach Französisch-, statt nach Englischkenntnissen zu fragen, klappte die Verständigung deutlich besser.

Nähern wir uns der Atlantikküste, begegnen wir im Baskenland einer weiteren Sprache, die Sie ganz sicher nicht verstehen werden. Euskara ist mit keiner anderen europäischen Sprache verwandt. Da alle Basken außerdem entweder Französisch oder Spanisch sprechen, ist die Verständigung im Baskenland aber nicht schwieriger als in anderen Pyrenäenregionen.

## Tanken

Da wir immer wieder durch größere Orte kommen, ist das Tanken ist in den Pyrenäen kein Problem. Diesel heißt in Frankreich an der Säule »diesel« oder »gazole«, in Spanien »gasóleo« oder »diésel« – »gasolina« ist dagegen Benzin! Um eine Tankstelle mit AdBlue-Zapfsäule in ihrer Nähe zu finden ist die Website www.findadblue.com sehr hilfreich.

Am preisgünstigsten tanken Sie in Frankreich, und meist auch in Spanien, an den Tankstellen der Supermärkte. Diese sind nur an Wochentagen mit Personal besetzt. An Sonn- und Feiertagen kann man aber fast immer per Automat und mit Kreditkarte zahlen. Noch geht das auch mit der normalen EC/Maestro-Karte, aber Maestro gehört ja nun bald der Geschichte an. Hin- und wieder werden auch Kreditkarten nicht akzeptiert. Man sollte also nicht unbedingt »mit dem letzten Tropfen« zur Tankstelle fahren!

Die günstigsten Dieselpreise bekommen Sie übrigens an den Tankstellen in Andorra, denn nicht nur Alkoholika und Lebensmittel – auch Kraftstoffe sind dort steuerfrei zu haben.

## Ver- und Entsorgung / Frischwasser

Frei zugängliche V/E Stationen finden Sie an vielen offiziellen Stellplätzen, und auch viele Campingplätze sind mit V/E-Station auf Wohnmobile eingerichtet. Die korrekte Entsorgung ist also nirgendwo ein Problem. Frischwasser ist dagegen vor allem in Spanien auf vielen Campingplätzen und auch an manchem öffentlichen Wasserhahn standardmäßig gechlort und schmeckt nicht besonders gut. Beim Erhitzen verfliegt ein guter Teil des Chlorgases, sodass das Wasser für Tee und Kaffee durchaus verwendbar ist. Trotzdem weichen wir, wenn verfügbar, gerne auf Quellwasser aus. Notfalls kaufen wir auch mal stilles Mineralwasser. Man bekommt es überall auch in Fünf-Liter-Kanistern, was die Plastikflut überschaubarer hält.

## VISA-Card

Auf vielen offiziellen Stellplätzen in Frankreich können Sie inzwischen nur noch mit Karte zahlen. Eine normale deutsche EC/Girocard funktioniert im Ausland nicht mehr. Sicher gehen Sie mit einer Debitkarte oder einer VisaCard, die Sie zu vielen Bankkonten kostenfrei beantragen können.

## WLAN und Internet

Seit Sommer 2017 werden innerhalb der EU bei vorübergehenden Reisen keine Roaminggebühren mehr berechnet. Sie können in Frankreich und Spanien also wie zu Hause zu den Bedingungen Ihres Handyvertrags telefonieren und im Internet surfen. Nur in Andorra gilt diese Regelung nicht! Sie sollten dort Ihre mobilen Daten unbedingt ausschalten. Die Datenmengen, die Apps im Hintergrund verbrauchen sind nicht unerheblich – auch wenn Sie Ihr Handy nicht aktiv nutzen. Das Gleiche gilt bei der Durchfahrt durch die Schweiz. Nur Verträge der Deutschen Telekom decken meist auch Datenverbindungen in der Schweiz ab.

## Wandern

Mit rund 200 Gipfeln über 3000 Metern sind die Pyrenäen eines der höchsten und größten Gebirge in Europa. Gleich zwei Fernwanderwege führen zwischen den Gipfeln vom Mittelmeer zum Atlantik: der GR 11 verläuft auf der südlichen Seite und der GR 10 auf der nördlichen Seite des Pyrenäenhauptkammes. Im Westen queren außerdem zwei Routen des Jakobsweges. Darüber hinaus sind etliche kürzere Wanderwege markiert. In allen drei Nationalparks haben Sie mehrere Tagestouren und auch mehrtägige Rundwege zur Wahl. In den spanischen Nationalparks sind Übernachtungen nur in den Refugios möglich und müssen reserviert werden. Auf der französischen Seite dürfen Sie zwischen 19 Uhr und 9 Uhr zur einmaligen Übernachtung ein Zelt aufschlagen, wenn Sie sich mindestens eine Wegstunde von der nächsten Straße oder der Nationalparkgrenze entfernt befinden.

Auch außerhalb der Parks gibt es etliche gut markierte Wanderwege. Trotzdem sind die Pyrenäen wilder und weniger erschlossen als die Alpen. Nur wenige Bergbahnen fahren auch im Sommer und die üblichen Berghütten sind eher spartanische Quartiere zur Übernachtung als gemütliche Berggasthöfe.

In diesem Buch sind kurze Wanderungen beschrieben, die Sie ohne weitere Hilfsmittel finden werden. Für längere Touren brauchen Sie im Hochgebirge aber zumindest eine Wanderkarte. Für alle, die mehr machen wollen als

den einen oder anderen Bergspaziergang, empfehlen wir daher auf jeden Fall einen zusätzlichen Wanderführer. Für ambitionierte, sportliche Wanderer sind da die vier Pyrenäenbände des Rother Verlages die richtige Wahl. Sie sind besonders geeignet, wenn Sie die Berge in einer bestimmten Region näher erkunden möchten, denn jedes dieser Bücher deckt nur einen kleinen Bereich der Pyrenäen ab. Sind Sie eher der Genusswandertyp und wollen bei Ihrer Fahrt quer durch die Pyrenäen mal hier und mal da ein paar Stunden laufen, haben wir eine Alternative für Sie: Parallel zu diesem Wohnmobilreiseführer ist für die Reihe »Naturzeit aktiv« ein Wanderbuch entstanden, in dem wir 50 Touren in den verschiedenen Wandergebieten der Pyrenäen zusammengestellt haben. Mit Gehzeiten von 2 bis 5 Stunden und mäßigem technischen Anspruch eignen sich diese auch für durchschnittlich trainierte und weniger erfahrene Wandernde. Die Startpunkte fast aller Touren sind zudem auch mit einem größeren Fahrzeug erreichbar. Einige der Streckenvorschläge aus unserem Wanderführer finden Sie auch hier in diesem Buch.

## Währung

Frankreich und Spanien sind seit 2002 Euroländer und auch in Andorra wird seitdem mit dem Euro gezahlt. Eigene Münzen darf der Kleinstaat aber erst seit Dezember 2014 prägen. Besonders nett finden wir die Cent-Münzen mit Gämse und Geier als Motiv.

## Waschmaschinen

Wer unterwegs waschen möchte, findet an fast jedem Campingplatz eine Waschmaschine. Fast noch praktischer sind aber die schnellen Industriemaschinen, die auf dem Parkplatz vieler großer Supermärkte installiert sind. Die Trommeln sind riesig und Trockner sind ebenfalls vorhanden. Gute dreißig Minuten dauert ein Waschgang, das reicht gerade, um auch noch den Einkauf zu erledigen.

## Wetter

Durch die erheblichen Höhenunterschiede und die unterschiedlichen klimatischen Bedingungen auf der Nord- und der Südseite der Berge werden Sie in den Pyrenäen auch im Sommer mit stark wechselhaftem Wetter und deutlichen Temperaturschwankungen konfrontiert sein. Auf der Nordseite des Pyrenäenhauptkammes sammeln sich gerne die Wolken. Im Extremfall kann das so aussehen, dass die Nebelsuppe kurz vor der Passhöhe über die Gipfel schwappt und sich dann, mit etwas Glück, in der von Süden kommenden Sonne auflöst. Sollte es Ihnen also auf der spanischen Südseite im August zu heiß werden oder, umgekehrt, der Nebel nördlich der Berge immer dichter werden, könnte das Studieren des Wetterberichtes hilfreich sein. Es funktioniert nicht immer – aber meist ist es nördlich der Berge etwas kühler und auf der Südseite gibt es in kühlen Perioden weniger Nebel und mehr Sonne.

# Stichwortverzeichnis

## Der WOMO® Online-Service

Nutzen Sie auch das Angebot unseres Online-Shops!
Unter **www.womo.de** finden Sie nicht nur alle Reiseführer, sondern weitere wertvolle Anregungen und Zusatzinformationen – von der Gesamtübersicht aller Touren eines WOMO-Reiseführers bis zu weiterführendem Material.
Dazu gehören:

- die **besten Autokarten**, die garantiert die komplette Reiseroute abdecken
- und die **passenden Rother-Wanderführer** mit den schönsten Wanderregionen Ihres Reiselandes.

## Einfach sicher unterwegs.

Sichern Sie Ihr Wohnmobil ab: mit unserer **exklusiven**, universellen und **sofort sichtbaren** Einbruchssperre. Sie wird **ganz einfach** in die beiden Tür-Armlehnen eingehängt, zusammengeschoben und abgeschlossen.

## Der WOMO® Knackerschreck

- Passend für Ducato, Peugeot, Renault Master, MB Sprinter bis 2018 und VW (alle Typen)
- Krallen aus **10 mm massivem**, einbrennlackiertem, also nahezu unverwüstlichem Stahl

und nur bei **www.womo.de**

## Alle WOMO® Reiseführer auf einen Blick

**Albanien**, Ulrike und Frank Staub
**Allgäu**, Heiner Newe
**Andalusien**, Christina und Christian Winkler
**Auvergne**, Esther Vergenz
**Baden-Württemberg**, Heiner Newe
**Baltikum**, Stefanie Holtkamp und Andrea Bergmann
**Bayern Der Nordosten**, Heiner Newe
**Bayern Der Südosten**, Christina und Christian Winkler
**Bayern Der Nordwesten**, Heiner Newe
**Belgien/Luxemburg**, Ulrike und Frank Staub
**Bretagne**, Anette Scharla-Dey und Franz Peter Tschauner Neu 2023
**Burgund**, Ralf Gréus
**Dänemark**, Anke Globi
**Elsass**, Ralf Gréus
**England Der Süden**, Christina und Christian Winkler
**England Der Norden**, Christina und Christian Winkler
**Finnland**, Uwe und Annegret Rohland
**Französische Alpen**, Heiner Newe Neu 2023
**Französische Atlantikküste Der Norden**, Esther Vergenz
**Französischer Jura**, Heiner Newe
**Griechenland**, Waltraud Roth-Schulz und Reinhard Schulz Neu 2023
**Harz**, Heiner Newe
**Hessen Der Norden**, Anette Scharla-Dey und Franz Peter Tschauner
**Hessen Mitte und Süden**, Anette Scharla-Dey und Franz Peter Tschauner
**Hunsrück/Mosel/Eifel**, Anette Scharla-Dey und Franz Peter Tschauner
**Irland**, Uwe und Annegret Rohland
**Island**, Jutta und Alexander Ramin Neu 2023
**Korsika**, Waltraud Roth-Schulz und Reinhard Schulz
**Kroatien**, Silvia Sussmann und Peter Simm
**Languedoc-Roussillon**, Ralf Gréus
**Ligurien**, Ralf Gréus Neu 2023
**Lothringen**, Friedrich Riehl
**Lüneburger Heide**, Heiner Newe
**Marokko**, Ulrike und Frank Staub
**Mecklenburg-Vorpommern Teil 1**, Stefanie Holtkamp und Andrea Bergmann
**Mecklenburg-Vorpommern Teil 2**, Stefanie Holtkamp und Andrea Bergmann
**Mittel-Italien**, Friedrich Riehl
**Münsterland**, Regina Stockmann
**Namibia**, Ute Nast-Linke und Frank Linke
**Neuseeland Der Norden**, Andrea Lossen und Dieter Giesen
**Neuseeland Der Süden**, Andrea Lossen und Dieter Giesen
**Niederlande**, Friedrich Riehl
**Normandie**, Anette Scharla-Dey und Franz Peter Tschauner
**Norwegen Der Süden**, Waltraud Roth-Schulz und Reinhard Schulz
**Norwegen Der Norden**, Waltraud Roth-Schulz und Reinhard Schulz
**Österreich Der Osten**, Christina und Christian Winkler
**Österreich Der Westen**, Christina und Christian Winkler

**Ostfriesland**, Heiner Newe
**Pfalz**, Ralf Gréus
**Piemont und Aostatal**, Ralf Gréus
**Peloponnes**, Waltraud Roth-Schulz und Reinhard Schulz
**Polen Der Norden**, Nicola Kluftinger
**Portugal Der Norden**, Stephanie Seufert
**Portugal Der Süden**, Stephanie Seufert
**Provence Der Westen**, Ralf Gréus
**Provence Der Osten**, Ralf Gréus
**Pyrenäen**, Stefanie Holtkamp und Andrea Bergmann Neu 2023
**Rumänien**, Christina und Christian Winkler
**Sachsen**, Anette Scharla-Dey und Franz Peter Tschauner
**Sardinien**, Waltraud Roth-Schulz und Reinhard Schulz
**Schleswig-Holstein und Hamburg**, Heiner Newe
**Schottland**, Uwe und Annegret Rohland
**Schwarzwald**, Ralf Gréus
**Schweden Der Norden**, Uwe und Annegret Rohland Neu 2023
**Schweden Der Süden**, Waltraud Roth-Schulz und Reinhard Schulz
**Schweiz Der Osten**, Stefanie Holtkamp und Andrea Bergmann
**Schweiz Der Westen**, Stefanie Holtkamp und Andrea Bergmann
**Sizilien**, Christina und Christian Winkler
**Slowakei**, Ulrike und Frank Staub
**Slowenien**, Silvia Sussmann und Peter Simm
**Spanien Der Norden**, Waltraud Roth-Schulz und Reinhard Schulz Neu 2023
**Spanien Der Osten**, Waltraud Roth-Schulz und Reinhard Schulz
**Süditalien Der Osten**, Waltraud Roth-Schulz und Reinhard Schulz
**Süditalien Der Westen**, Waltraud Roth-Schulz und Reinhard Schulz
**Südafrika Krügernationalpark**, Ute Nast-Linke und Frank Linke
**Südwestfrankreich**, Stefanie Holtkamp und Andrea Bergmann
**Südtirol**, Waltraud Roth-Schulz und Reinhard Schulz
**Tal der Loire und Paris**, Anette Scharla-Dey und Franz Peter Tschauner Neu 2023
**Thüringen**, Katja Eisenschmidt
**Toskana und Elba**, Ralf Gréus Neu 2023
**Trentino**, Silvia Sussmann und Peter Simm
**Tschechien**, Eva und Steffen Peuker
**Umbrien und Marken**, Ralf Gréus Neu 2023
**Ungarn**, Silvia Sussmann und Peter Simm
**Venetien und Friaul**, Christina und Christian Winkler Neu 2023
**Wales**, Christina und Christian Winkler
**Zentralspanien Der Osten**, Ulrike und Frank Staub Neu 2023
**Zentralspanien Der Westen**, Ulrike und Frank Staub Neu 2023

**Außerdem im Programm:**
**Die gordische Lüge – Reiseroman**, Ralf Gréus
**Allgemeines Wohnmobil Handbuch**, Reinhard Schulz
**Allgemeines Wohnmobil Kochbuch**, Waltraud Roth-Schulz
**Heitere Wohnmobil Geschichten**, Silvia Sussmann und Peter Simm